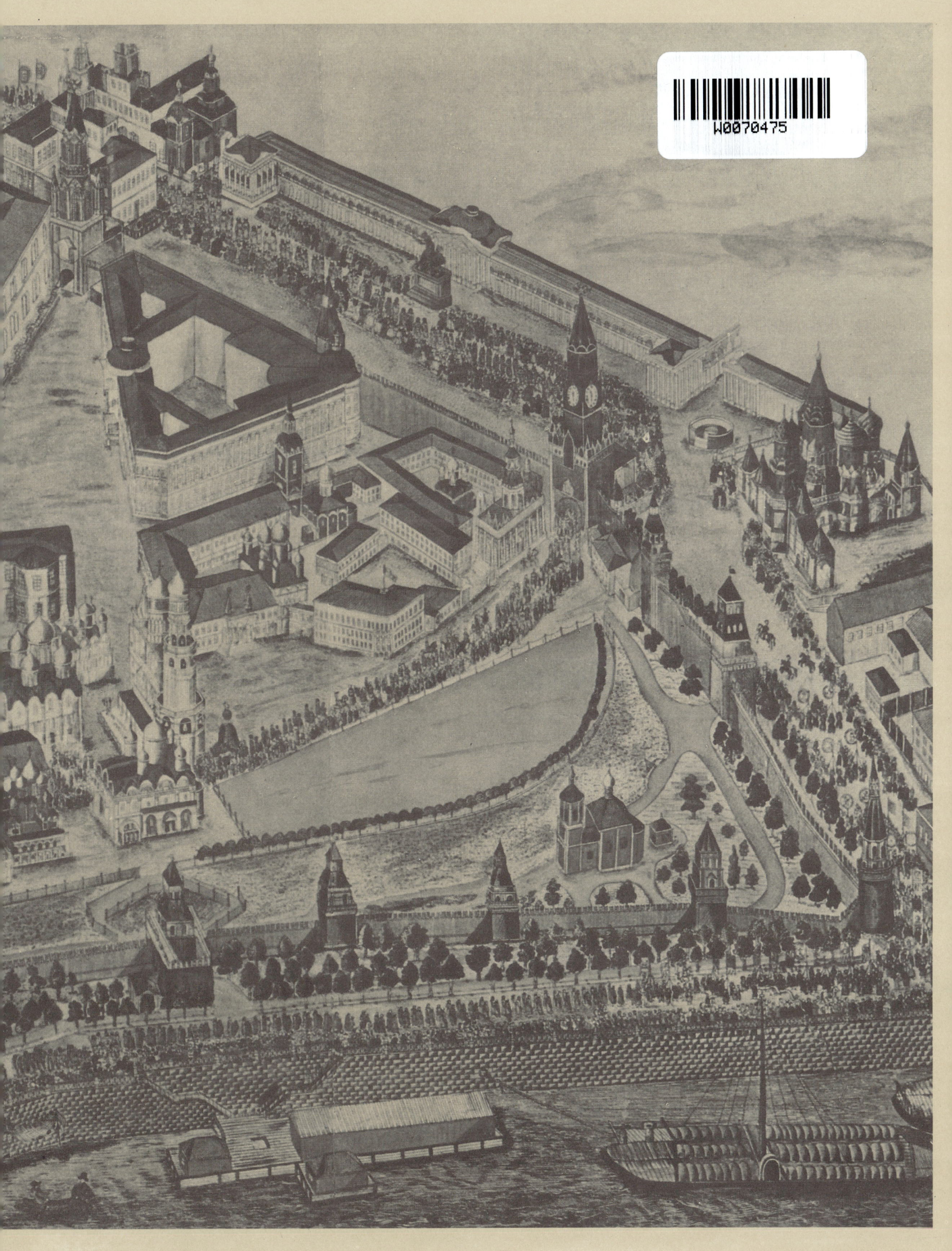

Martynowa/Tschorny   **DER KREML**

VEB E. A. Seemann
Buch- und Kunstverlag
Leipzig 1990

DER KREML

von Marina Martynowa und Walentin Tschorny

Titel des russischen Manuskripts:
Moskowski Kreml – Sapetschatlennaja
pamjat Rossii
Übersetzung aus dem Russischen:
Lisa Schirmer

Von Marina Wasiljewna Martynowa
stammen die Teile: Großer Kremlpalast
mit Terem- und Facettenpalast und
Hauskirchen, weiterer Bauten und
Denkmäler, Rüstkammer und Glossar
der angewandten Kunst. Die übrigen
Teile verfaßte Walentin Dmitrijewitsch
Tschorny.
Die Fotos wurden im Auftrag der Autoren
angefertigt von Dmitri Wladimirowitsch
Belous, Boris Alexejewitsch Kusnezow,
Nikolai Nikolajewitsch Rachmanow, Ro-
man Jefroimowitsch Roman, Rolf Schra-
de, Eduard Iwanowitsch Steinert.

Martynova, Marina Vasil'evna:
Der Kreml/von Marina Martynowa u.
Walentin Tschorny. [Übers. aus d. Russ.:
Lisa Schirmer]. – 2. Aufl. – Leipzig:
E. A. Semann Verl., 1990. – 382 S.:
255 Ill. (z. T. farb.); 30 cm
EST Moskovskij Kreml' – zapečatlennaja
pamjat' Rossii [dt.]

ISBN 3-363-00006-5
2. Auflage 1990
© by VEB E. A. Seemann Verlag, Leipzig 1986
Veröffentlicht unter der Lizenznummer 460
LSV-Nr. 8138
Gestaltung: Walter Schiller, Altenburg
Printed in the German Democratic Republic
Gesamtherstellung: Druckhaus Weimar
Bestell-Nr. 505 866 0
DDR 98,– M

INHALT

Der Moskauer Kreml heute. Schematische Ansicht.
aus: »Po Kremlju. Kratkij Putjewoditelj«
(»Durch den Kreml. Kurzer Führer«) Moskau, 1970. S.246

1 Borowizki-Turm
2 Wasserhebe-Turm
3 Verkündigungs-
  Turm
4 Geheim-Turm
5 Erster
  Namenloser Turm
6 Zweiter
  Namenloser Turm
7 Petrow-Turm
8 Beklemischewski-
  Turm
9 Konstantin-
  Helena-Turm
10 Sturmgeläut-Turm
11 Zaren-Turm
12 Spasski-Turm
13 Senats-Turm
14 Nikolaus-Turm
15 Arsenal-
   Eckturm
16 Mittlerer
   Arsenal-Turm
17 Dreieinig-
   keits-Turm
18 Dreieinig-
   keits-Brücke
19 Kutafja-Turm
20 Kommandanten-
   Turm
21 Waffen-Turm
22 Mauern
   des Kreml
23 Kathedralen-
   platz
24 Mariä-Himmel-
   fahrts-
   Kathedrale
25 Mariä-
   Verkündigungs-
   Kathedrale
26 Kirche der
   Niederlegung des
   Gewandes Mariä
27 Facettenpalast
28 Erzengel-
   Kathedrale
29 Glockenturm
   Iwan Weliki
30 Terempalast
31 Lazarus-Kirche
32 Obere Erlöser-
   Kirche

33 Zwölf-Apostel-
   Kirche und
   Patriarchen-
   palast
34 Lustschloß
35 Arsenal-Gebäude
36 Gebäude des
   ehem. Senats
37 Großer
   Kremlpalast
38 Rüstkammer
39 Gebäude
   der ehem.
   Zarengemächer
40 Verwaltungs-
   gebäude (ehem.
   Militärschule)
41 Zar-Kolokol
42 Zar-Puschka
43 Kanonen,
   die 1812
   erbeutet
   worden sind
44 Lenin-Denkmal
45 Kongreßpalast
46 Alte russische
   Kanonen
47 Grabmal des
   Unbekannten
   Soldaten
48 Obelisk
49 Alexandergarten
50 Ausgang aus dem
   Alexandergarten
51 Große Steinbrücke
52 Kreml-Ufer
53 Moskwa
54 Geheim-Garten
55 Basilius-
   Kathedrale
56 Minin-und-
   Posharski-
   Denkmal
57 Lenin-Mausoleum
58 Roter Platz
59 Staatl.
   Univermag
60 Historisches
   Museum
61 Platz des
   50.Jahrestages
   der Oktober-
   revolution

EINFÜHRUNG

DIE ALTE RUS

»Oh du hellichtes, bildschönes russisches Land . . . Viele Seen, Flüsse und klare Quellen sind deine Zier, steile Berge und hohe Hügel, dichte Eichen und wunderbare Felder, vielerlei Getier, Vögel ohne Zahl, große Städte . . .« So schrieb im 13. Jahrhundert ein russischer Dichter über die Weiten seines Heimatlandes. Und nicht zufällig gehörten zu den Dingen, auf die der Schreiber stolz war, die »großen Städte«. Die Rus jener Zeit galt selbst im Ausland als ein »Land der Städte«. Am Vorabend der verheerenden Verwüstungen der russischen Fürstentümer durch die tatarisch-mongolischen Horden im 13. Jahrhundert wurden auf dem Territorium der Rus ungefähr 300 »Städte« gezählt. Natürlich sind das nicht alles große Ansiedlungen gewesen. Es gehörten sowohl kleine Wehrfestungen dazu als auch an vielbegangenen Wegen liegende Handelsplätze oder Zentren einer landwirtschaftlichen und handwerklichen Umgebung. Doch gab es darunter auch wirklich bedeutende Städte, die in damaliger Zeit bereits eine hervorragende Rolle in der russischen Geschichte spielten.

Berühmt war im 10./11. Jahrhundert Kiew, die erste Hauptstadt der Rus, die »Mutter der russischen Städte«, wie sie in alten Quellen genannt wird. Nachdem ein knappes Jahrhundert hindurch in den Chroniken immer wieder die Namen dieser und anderer alter Städte der Kiewer Rus aufgetaucht waren – Tschernigow, Nowgorod, Smolensk, Rostow, Susdal –, fanden zum erstenmal auch Wladimir (an der Kljasma) und Moskau Erwähnung, die künftigen Bollwerke des russischen Staates. Vom Standpunkt der Kiewer aus weit »hinter den Urwäldern« gelegen, in der sogenannten Salessker Rus (sa heißt »hinter« und less »Wald«), waren diese Orte für die im Süden der Rus wohnenden Menschen schwer zugänglich, und deshalb wurde ihnen in den südrussischen Chroniken ziemlich wenig Beachtung zuteil.

Die nordöstliche Rus, die im Gebiet zwischen den Flüssen Oka und Wolga lag, völlig zu durchdringen, war in der Tat keine leichte Sache, vor allem, wenn man nicht die üblichen Umwege entlang der Flußläufe benutzte, sondern sich direkt durch das Land der kriegerischen Wjatitschen-Stämme bewegte. Voll Stolz erinnert einer der be-kanntesten Kiewer Fürsten, Wladimir Monomach, der, wie es in der Chronik heißt, »für das russische Land nicht wenig Schweiß vergossen hat«, an seine Feldzüge ins Salessker Land. In seiner »Belehrung« – einem originellen, an seine Söhne gerichteten Vermächtnis – berichtet er, wie sein Vater, Fürst Wsewolod, ihn auf seinem ersten Zug durchs Land der Wjatitschen nach Rostow sandte. Ende des 11., Anfang des 12. Jahrhunderts gab es auch andere Feldzüge, die der mit den Jahren weise gewordene Fürst nicht versäumte, in der »Belehrung« zu erwähnen. Bei einem dieser Unternehmen wurde an einem bewohnbaren Platz am Zusammenfluß von Oka und Kljasma eine Stadt gegründet, die den Namen Wladimir erhielt und bereits fünfzig Jahre später (1158) zur Hauptstadt der nordöstlichen Rus wurde.

Die Aufmerksamkeit Wladimir Monomachs für die fernen nördlichen Länder wuchs noch nach dem Allrussischen Fürstenkongreß von 1097. Von nun an erhielt jede Fürstenfamilie ihr Fürstentum als Erbbesitzung zugesprochen, wodurch sich das Rostow-Susdaler Besitztum festigte. Der sechste Sohn Wladimir Monomachs, Juri, wurde schon im Kindesalter dorthin geschickt. Nach dem Tode des Vaters im Jahre 1125 war Juri Wladimirowitsch im Grunde genommen unabhängiger Regent der Salessker Rus. Es stellte ihn jedoch nicht zufrieden, daß er, wenn auch einer der bedeutendsten Herrscher, so doch nur Teilfürst war, und er schaltete sich aktiv in den Kampf um den Kiewer Thron ein. Wegen seiner weitreichenden Bemühungen erhielt der Rostow-Susdaler Fürst den Beinamen Dolgoruki (»Dolgije ruki« = »Lange Hände«). Militärische Erfolge Dolgorukis wurden von Fehlschlägen abgelöst, doch sowohl das eine wie das andere kehrte sich in zahllose Opfer und Verwüstungen um, die den zu jener Zeit einheitlichen Staat in einander befehdende Teilfürstentümer spalteten.

Die feudale Zersplitterung, die in der Rus einsetzte, zog fast die ganze Bevölkerung in den Strudel des Blutvergießens hinein. Mit Bitterkeit geht die Chronik auf diese unruhige Zeit ein: ». . . Zaren, Fürsten, Bojaren, Würdenträger, Kaufleute, Handwerker und Arbeitsleute sind eines Geschlechts und eines Adamsstammes und hassen einander und befehden sich und kratzen und beißen sich . . .«.

7

Einzeln vermochten die Fürsten ihr Ziel nicht zu erreichen, und so schlossen sie sich zu Bünden zusammen, wodurch aus einem unbedeutenden lokalen Konflikt jeden Augenblick ein großer Krieg entbrennen konnte.

In der Absicht, gegen den Kiewer Großfürsten Isjaslaw zu Felde zu ziehen, ging Juri Dolgoruki ein Bündnis mit dem Tschernigower Fürsten Swjatoslaw Olgowitsch und dessen Sohn Oleg ein. Jeder der Bündnispartner verfolgte sein persönliches Ziel. Deshalb richteten sich die Kriegshandlungen nicht sofort gegen die Hauptstadt der alten Rus, Kiew. Juri Dolgoruki bemächtigte sich der großen Nowgoroder Stadt Torshok, und Swjatoslaw Olgowitsch unternahm einen erfolgreichen Feldzug in die Smolensker Besitzungen. Bestrebt, einen rauschenden Sieg zu feiern, wandte sich Juri an Swjatoslaw: »Komm zu mir, Bruder, nach Moskau« (in einer Moskauer Chronik). Von einer nicht sehr zahlreichen Drushina (Gefolgsleute) begleitet, die sich aus ihnen am nächsten stehenden Personen zusammensetzte, trafen die Verbündeten am 4. April 1147 in Moskau ein. Am folgenden Tag krönten der Austausch von Geschenken und ein grandioses Festmahl das Treffen der siegreichen Verbündeten.

Doch weniger die Begegnung und ihre Zielsetzung als vielmehr der Ort, an dem sie stattfand, zog in Verbindung mit dem Datum die Aufmerksamkeit vieler Generationen von Historikern auf sich. Handelte es sich doch hierbei um die erstmalige Erwähnung Moskaus in bisher bekannten historischen Dokumenten. Mehr noch, Juri Dolgoruki wurde lange Zeit die Ehre zugesprochen, der Gründer Moskaus zu sein. Die »Erzählungen über den Anfang der regierenden großen Stadt Moskau«, geschrieben im 17. Jahrhundert, berichten zum Beispiel von der Ankunft Juri Dolgorukis am Ufer der Moskwa im Jahr 1156 und von der Errichtung eines hölzernen Kreml an einer Stelle, an der »schöne« Dörfer lagen, die dem Bojaren Kutschka gehörten: »Großfürst Juri Wladimirowitsch persönlich erstieg den Hügel und ließ seine Augen über beide Ufer der Moskwa und über die Neglinnaja schweifen (die hier in die Moskwa einmündet – W. Tsch.), und er gewann diese Dörfer lieb und gebot, an diesem Ort sogleich eine kleine Stadt aus Holz zu errichten und sie nach jenem Fluß zu nennen – Moskau.«

Allerdings rief das Gründungsdatum der Stadt, das in dieser Erzählung genannt wird, Bedenken bei den Forschern hervor: Ein Jahr später bereits starb Juri Dolgoruki im Süden, im fernen Kiew, nachdem er sechs Jahre die alte Hauptstadt regiert hatte, in die es ihn sein ganzes Leben lang ständig gezogen hatte. Daß Moskau seine Gründung wohl doch nicht Juri Dolgoruki verdankt, dafür spricht auch ein an einem Faden hängendes Bleisiegel des Kiewer Metropoliten, das einst ein Dokument begleitete, welches vom Haupt der russischen Kirche nach

Erste Erwähnung Moskaus in der Chronik. 1147.
In: Lizewoi Swod, Golizyn-Bd. 1, Blatt 147

Moskau geschickt worden war. Das Siegel wurde nicht weit von dem Platz gefunden, wo bis Mitte des vergangenen Jahrhunderts die Kirche der Geburt Johannes' des Täufers stand, und in der russischen Chronik ist folgende Überlieferung festgehalten: »Man sagt, daß dies die erste Kirche in Moskau ist: Auf jenem Platz stand ein Wald, und jene Kirche wurde in diesem Wald errichtet ...«. Wahrscheinlich war eben hierher, an die erste Moskauer Kirche, das Schriftstück gerichtet gewesen, das durch das Petschaft besiegelt worden ist. Auf der Vorderseite des Siegels ist die Gottesmutter dargestellt – das Wahrzeichen des Metropoliten – und auf der Rückseite der Erzengel Michael – das Symbol fürstlicher Macht. Beachtenswert ist, daß das Petschaft von Fachleuten in die Jahre 1093–1096 datiert wird; besagt dies doch, daß Moskau bereits in jener

Zeit ein bedeutendes religiöses Zentrum war. Wann Moskau aber tatsächlich gegründet worden ist – auf diese Frage gilt es noch eine Antwort zu finden.

Eine neue, früher nicht bekannte Seite in der Geschichte des Moskauer Kreml vermochten die Archäologen in den letzten Jahren aufzuschlagen: der doppelkuppige Borowizki-Hügel auf dem linken hohen Ufer der Moskwa, an der Einmündung der Neglinnaja, auf dem heute der Kreml steht, war bereits von alters her besiedelt. Der Hügel bewahrt Zeugnisse aus dem Leben vieler Generationen von Moskauern. Hier finden sich auch die Spuren verheerender Feuersbrünste, die einige Male in jedem Jahrhundert die Holzbauten der alten Siedlungen völlig vernichteten. Unter der Asche liegen Werkzeuge und Gebrauchsgegenstände aus vergangenen Epochen begraben, Scherben von Gefäßen, die aus vielen Ländern der Welt hierhergebracht worden waren, und Kriegstrophäen, die an einstige Schlachten erinnern, sowie Horte von Schätzen, zu denen jene, die sie zurückgelassen haben, nie heimgekehrt sind . . .

Die ältesten Spuren des Aufenthalts von Menschen auf diesem Territorium gehören in die Zeit vom Ende des 3. bis Mitte des 2. Jahrtausends v.u. Z. Dieser Periode können steinerne Streitäxte zugerechnet werden, die typisch sind für die sogenannte bronzezeitliche Fatjanowo-Kultur (die Bezeichnung geht auf Funde zurück, die bei dem Dorf Fatjanowo unweit von Jaroslawl gemacht worden sind). Die Fatjanower gehörten zu den ersten Viehzüchtern und Ackerbauern des Waldgürtels; sie gingen in den Bestand einer großen kulturhistorischen Gemeinschaft ein – die »Streitäxte-Kultur« –, deren Verbreitung das gewaltige Territorium von der Wolga bis zur Weichsel erfaßte und das Leben der Vorfahren der Slawen, Balten und Germanen prägte. Ins 1. Jahrtausend v.u. Z. gehören Überreste einer Stammessiedlung der sogenannten Djakowo-Kultur, die von den Archäologen in den mittleren und südlichen Teilen des Kremlhügels entdeckt wurden.

Das reiche archäologische Material gibt uns ein vielseitiges Bild von der Lebensweise der Moskauer Siedler im frühen Mittelalter. Unter den zahlreichen Hinterlassenschaften befinden sich Erzeugnisse Moskauer Handwerker – wie Gußformen, verschiedenartiges Geschirr, sinnreich konstruierte Schlösser mit Schlüssel, reich verziertes Schuhwerk aus Leder, Details von Kleidungsstücken, Fingerringe usw. Besonders interessant ist ein eiserner Pisalo (Stilo – Schreibfeder), der dazu bestimmt war, Texte auf Stücken feinster Birkenrinde einzudrücken. Obwohl die sogenannten Birkenrinden-Dokumente in Moskau und auf dem Territorium des Kreml bisher noch nicht gefunden worden sind, weist der Pisalo unwiderlegbar darauf hin, daß es sie auf alle Fälle gab und ihre baldige Entdeckung nicht ausgeschlossen ist. Die Birkenrinde

war ein hervorragendes Schreibmaterial, das breite Schichten der Stadtbevölkerung nutzen konnten. Als glänzendes Beispiel dafür kann das alte Nowgorod dienen, wo bisher mehr als 600 Schriftstücke auf Birkenrinden gefunden worden sind, die die Sorgen und Gedanken ihrer Einwohner vom einfachen Handwerker bis zum namhaften Feudalherrn widerspiegeln.

Die Funde aus der Kulturschicht des Borowizki-Hügels beschränken sich nicht auf Erzeugnisse lokaler Herstellung. Bei den alten Moskauern waren Handwerksgegenstände aus verschiedenen russischen Landen in Gebrauch. Beispiele dafür sind ein Kupferkowsch aus Nowgorod, Amphoren, Glaspokale, ein Bronzekreuz und Armbänder aus Kiew, gläserne Armbänder aus Rjasan, Keramik- und Bernsteinperlen aus Polozk und dem Baltikum. Auch ausländische Kaufleute besuchten das an der Kreuzung der Handelswege gelegene Moskau. Hierher brachten die Einheimischen und ihre Zwischenhändler aus anderen russischen Besitzungen ihre Erwerbungen aus fernen Ländern, so aus Mittelasien und China, woher Keramikgefäße mit Glasurinschriften kamen. Von den Ufern des Indischen Ozeans stammten Kaurimuscheln, die in der Rus als Wechselgeld dienten, aus Byzanz goldene Gewebe und Fingerringe, aus Syrien mit Gold und Email bemalte Glaspokale.

Über acht Jahrhunderte lag auf dem Grund eines Grabens, der die Ostseite der Moskauer Festung des 11.–12. Jahrhunderts umgab, ein Schwert, das aus sechs Stahlschichten verschweißt ist. Im nahen Vorfeld der Kremlmauer mag es aus den Händen eines bewaffneten Kriegers geschlagen und später von Erde bedeckt worden sein. Von den Archäologen nun wieder ans Tageslicht gebracht, gelang es, den Namen des Meisters zu entziffern, der es dereinst geschaffen und sich durch eine Inschrift auf dem Stahl verewigt hat: »Etzelin« (oder, nach anderen Versionen, Gizelin bzw. Ziselin) »hat es mir gemacht«. Auf der anderen Seite des Schwertes steht die Ritterdevise »Im Namen Gottes«. Nach Meinung der Forscher stammt dieses seltene Beispiel aus deutschen Landen und datiert in die Mitte des 12. Jahrhunderts. All diese Funde sind nur ein winziger Teil dessen, was zum Leben im alten Moskau gehörte und in jüngster Zeit durch archäologische Grabungen ans Licht gebracht werden konnte.

Der stürmische Aufschwung der unterschiedlichsten Gewerke, ihr hoher professioneller Stand, die stabilen Handelsverbindungen der ersten Generationen von Moskauern mit anderen, zum Teil sehr fernen Ländern erlauben es, sich Moskau in der Zeit seiner Erwähnung in den Chroniken als ein großes Zentrum des Handwerks und des Handels vorzustellen. Zweifellos war das Moskau des 12. Jahrhunderts auch ein bedeutendes administratives Zentrum, das weitgehend die Interessen eines ausgedehnten landwirtschaftlichen Gebietes vertrat. »Moskau ist nicht auf einmal erbaut worden«, besagt ein russisches Sprichwort. Nicht sofort erreichten die Gewerbe ihren hohen Stand, nicht sofort sind die Handelsbeziehungen in Gang gekommen, und nicht sofort wuchs die große Stadt heran.

Die erste in der Chronik festgehaltene Nachricht über die Errichtung von Festungsmauern um die Stadt ist unter dem Jahr 1165 vermerkt: »In eben jenem Jahr gründete Großfürst Juri Wladimirowitsch die Stadt (gemeint ist »Festung«, da der Begriff »Stadt« in der russischen Sprache auf das Wort »einzäunen« oder »umfrieden« zurückgeht und in diesem Fall als Bezeichung für eine Stadtbefestigung verwendet worden ist, d.Ü.) Moskau an der Mündung der Neglinnaja oberhalb des Flusses Jausa.« Juri Dolgoruki befand sich allerdings während dieser Zeit in Kiew, und seinen Namen nennt die Chronik hier einfach, weil der Fürst formal noch die Herrschaft über die nordöstliche Rus besaß, die damals faktisch sein Sohn Andrej Jurjewitsch Bogoljubski regierte.

Diese Festung war nicht sehr groß; sie nahm lediglich die Kuppe des Borowizki-Hügels ein, die sich bis 25 m über den Wasserspiegel der Moskwa erhob. Geschickt wurde das natürliche Relief der Örtlichkeit genutzt – den Schutz der Stadt im Süden durch die Moskwa und im Westen durch die Neglinnaja ergänzten die Erbauer der Befestigung im 12. Jahrhundert durch Gräben und Wälle sowie Eichenholz-Pfahlzäune im Norden und Osten. Eichenholzstämme waren das hauptsächliche Baumaterial für die Stadtmauern in jener historischen Periode; die Moskauer Festung wurde aus ihnen erbaut: die Stämme, zu zwei parallelen Reihen angeordnet, deren Zwischenraum mit Erde angefüllt war, stellten zusammen mit anderen Befestigungen für den Feind schwer einnehmbare Hindernisse dar.

Daß es im westlichen Randgebiet Rostow-Susdals (und seit Ende der fünfziger Jahre des 12. Jahrhunderts des Wladimirer Fürstentums) einen so mächtigen Vorposten gab, war vollauf berechtigt. Grenzte das Moskauer Land doch im Westen an die Smolensker Besitzungen, im Südwesten an die Tschernigower und im Süden an die Rjasaner. Die große strategische Bedeutung der Stadt Moskau im Verteidigungssystem der nordöstlichen Länder machte es erforderlich, daß hier – wie auch in anderen Städten des Wladimirer Fürstentums, in Jurjew-Polski, Perejaslawl und Wladimir – eine Festung errichtet wurde.

Die hölzernen Städte – und eine solche war das alte Moskau ja – erwiesen sich als äußerst lebensfähig. Immer wieder kehrten die Einwohner in die verwüsteten und eingeäscherten Städte zurück, und über Schutt und Asche erhoben sich neuerrichtete Bauten. Anfang des 13. Jahrhunderts wuchs die Bedeutung Moskaus gegenüber den

anderen Städten der Salessker Rus erheblich, es wurde zum wichtigsten Vorposten des Fürstentums Wladimir. Junge Fürsten bemühten sich darum, den Moskauer Amtsbezirk als persönlichen Besitz zu erhalten, die alten Fürsten – Anwärter auf den Großfürstenthron von Wladimir – waren bestrebt, dies zu verhindern. Und die Befürchtung der Großfürsten war verständlich: Weitab von den Wladimirer Landen gelegen, konnte sich der sehr reiche Moskauer Amtsbezirk mit seinen stabilen Handwerkertraditionen und Handelsbeziehungen in ein separates autonomes Fürstentum verwandeln.

Dem Moskauer Fürstentum und seiner Hauptstadt standen harte Prüfungen bevor, ehe Moskau die erste Stadt eines mächtigen russischen Staates wurde. Die erbitterten Fürstenfehden schwächten die Rus. Dutzende winziger Besitztümer, Dutzende von Herrschern und Dutzende von eigennützigen Interessen konnten selbst angesichts der Gefahr einer feindlichen Invasion nicht in Einklang gebracht werden.

1237 sammelten sich an der Südgrenze des Rjasaner Fürstentums die von Mittelasien vorstoßenden mongolischen Horden. Die Rjasaner wandten sich mit der Bitte um Beistand an den Großfürsten von Wladimir, Juri Wsewolodowitsch, fanden jedoch kein Gehör. Nachdem der Anführer des mongolischen Heeres, Batu, mit den Rjasanern abgerechnet hatte, holte er zum nächsten Schlag auf die Stadt Kolomna an der Mündung der Moskwa in die Oka aus. Die Schlacht bei Kolomna machte den Eindringlingen den Weg nach Moskau frei. Nun konnte auch das Heer, das der Großfürst diesmal zur Unterstützung schickte, nicht mehr helfen. Anfang des Jahres 1238 fiel Moskau. Fünf Tage hatten die Moskauer unter Führung des Wojewoden Filipp Njanko den Belagerern standgehalten. Diese schütteten die Gräben mit Erde, abgetragenen Bauten, Bäumen und den Körpern erschlagener Verteidiger Moskaus zu und arbeiteten sich bis dicht an die Mauern und die durch die Angriffe entstandenen Breschen heran. Feuer vollendete die Zerstörung der Festungsstadt. Nach wenigen Tagen hatten, wie ein Perser des 13. Jahrhunderts schrieb, die feindlichen Heere von der Stadt »nur noch ihren Namen« übriggelassen. Die Chronik teilt mit, daß alle – »vom Greis bis zum Säugling« – erschlagen wurden.

So fiel ein Fürstentum nach dem anderen, wurde eine Stadt nach der andern im Sturm genommen und zerstört, wurden die Menschen in den eroberten Gebieten getötet, während die nächsten wußten, daß die Reihe bald auch an sie kommen würde. Und obwohl nicht eine Stadt sich dem Sieger auf Gnade und Ungnade ergab, sondern jede mit allen Mitteln Widerstand leistete, war das Schicksal Rußlands besiegelt. Nach zwei Jahren waren fast alle russischen Lande unterworfen, und die Rus geriet für mehr als zwei Jahrhunderte in die Abhängigkeit der Goldenen Horde. Das Fremdjoch abzuschütteln erforderte eine Kraft, die die isolierten Teilfürstentümer zu einem einheitlichen Staat zusammenschloß. Das ganze Volk mußte sich zum Kampf um die Befreiung erheben. Diese Kraft sollte Moskau werden. Der Weg dahin war lang und dornenvoll.

DER AUFSTIEG MOSKAUS

Nach dem Pogrom Batus fand Moskau über viele Jahrzehnte nur selten Erwähnung auf den Seiten historischer Dokumente. 1248 vertrieb der Moskauer Fürst Michail Chorobrit (Chrabry – von dem altrussischen Wort Chabr, der Tapfere, herrührend), ein kampfesmutiger Recke, mit seiner Moskauer Drushina seinen Onkel aus Wladimir, der sich der damaligen Hauptstadt der nordöstlichen Rus bemächtigt hatte. Noch im selben Jahr fiel Chrabry jedoch im Kampf gegen die litauischen Fürsten.

Die nächste Erwähnung Moskaus gehört in die achtziger bis neunziger Jahre des 13. Jahrhunderts, als sich die Stadt von den schweren Folgen der mongolisch-tatarischen Eroberung zu erholen schien. Seit dieser Zeit zeigten die Moskauer Herrscher weniger Interesse an der Residenzstadt Wladimir, und es bildeten sich bereits die historischen Voraussetzungen für den Aufstieg Moskaus heraus, für die Festigung seiner ökonomischen Stärke und seiner politischen Bedeutung. Die nicht abreißenden Überfälle der Nomadenheere veranlaßten einen bedeutenden Teil der Bevölkerung, die südlichen und südöstlichen Randgebiete der Salessker Rus zu verlassen. Viele Menschen strömten nach dem Norden, weiter weg von den unruhigen Grenzen zur »wilden Steppe«. Die Ufer der Moskwa und seiner zahllosen Zuflüsse verhießen den Umsiedlern eine hoffnungsvolle Zuflucht und einen gesicherten Lebensunterhalt. Die zunehmende Bevölkerungsdichte hatte die Entwicklung der landwirtschaftlichen Produktion und ein Wiederaufleben von Handwerk und Handel zur Folge. Der fürstliche Staatsschatz wuchs, und auch der Wiederaufbau der Stadt belebte sich.

Erstmals entstanden Steinbauten auf der Höhe des Borowizki-Hügels: offenbar drei Kathedralen, deren Errichtung sowohl bedeutende Mittel als auch hohe handwerkliche Fertigkeiten der Bauleute erforderten. Es muß hier bemerkt werden, daß die Krieger der Goldenen Horde (aus dem von Batu in Mittelasien gegründeten Mongolenreich) fast alle russischen Handwerker verschleppt bzw. getötet hatten – praktisch eine ganze Generation von Handwerksmeistern, die die jahrhundertealte Tradition vieler Gewerbezweige bewahrt und weiterentwickelt hatten, darunter die der Baukunst. Als traurige Folge davon gingen einige Gewerke und ihre technologischen Verfahren für immer oder auf lange Zeit verloren. Für ein halbes Jahrhundert kam der Steinbau zum Erliegen. Selbst in dem fernen und reichen Groß-Nowgorod, das den Verwüstungen entgangen und der Goldenen Horde nur tributpflichtig war, wurde die erste Steinkirche erst wieder im Jahr 1292 erbaut.

Da über viele Jahre jede Bautätigkeit unterblieben war, konnten die Architekten der neuen Generation die Geheimnisse der Meisterschaft nicht von ihren Vätern und Vorvätern erlernen, sondern mußten sich den Bauwerken zuwenden, die ihnen ihre fernen Vorfahren hinterlassen hatten. So wiederholte die bedeutendste Moskauer Kathedrale des 13. Jahrhunderts auf dem Borowizki-Hügel, die Mariä-Himmelfahrts-Kathedrale, die konstruktiven Besonderheiten eines Steinbaus der Wladimirer Rus der vormongolischen Zeit, der Georgs-Kathedrale in Jurjew-Polski. Damit wurde zugleich der Wunsch der Moskauer Baumeister deutlich, den unterbrochenen Faden der Wladimirer Bautradition wieder aufzunehmen. Wladimir mit seinen kulturellen und politischen Errungenschaften wurde das unmittelbare Vorbild für das aufblühende Moskau.

Seit den achtziger Jahren des 13. Jahrhunderts schaltete sich das Moskauer Fürstentum aktiv in den politischen Kampf um die Führung in der nordöstlichen Rus ein. Den Thron in Moskau besetzte für mehr als drei Jahrhunderte eine Moskauer Dynastie. Ihr Begründer war Daniil Alexandrowitsch, der letzte Sohn einer der hervorragendsten politischen Persönlichkeiten der russischen Geschichte, des Großfürsten Alexander Newski, der durch seine großen Siege an der Newa über die Schweden und am Peipussee über den Deutschritterorden auch als Krieger und Heerführer berühmt geworden war. Sein Sohn Daniil gliederte Moskau die Fürstentümer Twer und Perejaslawl an. Er stand kurze Zeit an der Spitze dieser Koalition, die sich gegen den Großfürsten Andrej Alexandrowitsch richtete, den Bruder Daniils. Bei dem annähernden Kräftegleichgewicht der beiden Fürstengruppierungen spielte der Beistand Groß-Nowgorods – der großen politischen Macht der nordwestlichen Rus – eine entscheidende Rolle.

In diese komplizierten Aktionen griff auch die Goldene Horde von Zeit zu Zeit ein. 1293 verwüstete sie erneut eine Reihe von russischen Städten, darunter auch Moskau. Der Moskauer Fürst Daniil büßte jedoch seine Position nicht ein, im Gegenteil, bald stand er an der Spitze eines sogenannten Fürstenbundes. Allerdings verfolgte jedes Mitglied dieses Bundes nur sein persönliches Ziel und setzte sich über die Interessen der anderen Mitglieder hinweg. Dem Großfürsten Andrej Alexandrowitsch gelang es, seinen Günstling auf den Thron von Nowgorod zu setzen; die Fürsten von Twer und Perejaslawl vermoch-

Einweihung der Uspenski-Kathedrale. 1326.
In: Lizewoi Swod, Osterman-Bd.; Blatt 520 Rückseite

ten sich nicht über die Bedingungen des Bundes zu einigen, und der Fürst von Tver verließ die Moskauer Gruppierung und trat der großfürstlichen Gruppe näher. Die Waagschale schien sich jetzt deutlich auf die Seite der Gegner Moskaus zu neigen. Doch da starb der kinderlose Fürst von Perejaslawl, und auf Grund seines Vermächtnisses ging das strategisch wichtige und dicht besiedelte Gebiet, das zwischen Moskau auf der einen sowie Tver und Waldimir auf der anderen Seite lag, in die Zuständigkeit des Moskauer Fürsten Daniil über.

Die erfolgreichen kriegerischen Unternehmungen Daniils im Jahr 1301 gegen den Fürsten von Rjasan führten zur Angliederung der großen, an der Einmündung der Moskwa in die Oka gelegenen Stadt Kolomna in das Moskauer Besitztum. 1303, in dem Jahr, in dem Daniil Alexan-

drowitsch starb, wurde von den Moskauern die Stadt Moshaisk aus dem Fürstentum Smolensk zurückerobert – eine mächtige Festung am Oberlauf der Moskwa und ein wichtiges Handelszentrum auf dem Weg aus den nordöstlichen russischen Fürstentümern nach dem Westen. So verwandelte sich Moskau aus einem einfachen Mitglied des Fürstenbundes in eine selbständige mächtige politische Kraft.

Inzwischen festigte sich das Fürstentum Tver, ein ehemaliger Verbündeter und nun einer der gefährlichsten Rivalen Moskaus. Der verstorbene Großfürst Andrej Alexandrowitsch hatte das Fürstentum Wladimir dem Fürsten von Tver vermacht. Zweimal bedrohten die Twerer Moskau, einnehmen konnten sie es jedoch nicht. Der Kampf um die Vormachtstellung in den russischen Landen zwischen dem Moskauer Fürsten Juri Danilowitsch ud dem Twerer Fürsten Michail Jaroslawowitsch, der mit wechselndem Erfolg geführt wurde, endete für beide tragisch. Juri Danilowitsch sicherte sich die Hilfe des Khans der Goldenen Horde, in dessen Lager er seinen politischen Gegner zu locken verstand. Dort rechnete er mit ihm ab, wurde jedoch bald selbst von dessen Sohn ermordet.

Von den fünf Söhnen des Moskauer Fürsten Daniil Alexandrowitsch blieb nur einer am Leben – Iwan Danilowitsch, der künftige Iwan Kalita. Als er 1325 den Thron bestieg, war er bereits ein bejahrter Mann, durch Erfahrung gewitzt und nicht nur in seinem Fürstentum, sondern auch weit über dessen Grenzen hinaus bekannt. Schon in den neunziger Jahren des 13. Jahrhunderts hatte er die Interessen des Moskauer Fürsten im fernen Groß-Nowgorod vertreten, an Feldzügen teilgenommen und diplomatische Aufträge in der Goldenen Horde ausgeführt.

1322 begleitete Iwan mit einem Trupp Moskauern ein Strafkommando und unterdrückte aufflammende Unruhen in den russischen Städten. Da der Khan fest an Iwans Ergebenheit gegenüber der Goldenen Horde glaubte, gab er dem Fürsten die Hälfte des Rostower Landes. Doch das Hauptziel des Moskauer Herrschers war die Niederwerfung seines wichtigsten und wohl einzigen ernsten Gegners – des Fürsten von Tver. Und diese Stunde schlug nun. Eine Abrechnung der Twerer mit dem Baskaken (tatarischer Tributeinnehmer) Tschol-Khan im Jahre 1327 hatte wiederum eine Strafexpedition zur Folge, an der auch Iwan Danilowitsch teilnahm, dem es gelang, sich Tver dabei zu unterwerfen. Nach diesem Ereignis bestieg der Moskauer Fürst den großfürstlichen Thron und wurde damit nach allen Fehden der mächtigste Herrscher der nordöstlichen Rus.

Die Außenpolitik Iwan Danilowitschs spiegelte seine innerrussischen Interessen wider. Indem er beim Khan

Einweihung der Iwan-Lestwitschnik-Kirche. 1329.
In: Lizewoi Swod, Osterman-Bd. 1, Blatt 329

die Illusion unbedingter Ergebenheit wachhielt, beseitigte er mit dessen Hilfe seine politischen Rivalen, unterwarf sich die Teilfürsten, zog sie nach eigenem Ermessen zu kriegerischen Unternehmungen heran und ließ selbst den Tribut in den russischen Landen eintreiben, um ihn der Goldenen Horde zu überreichen. Nach allem zu urteilen, gelangten aber längst nicht alle Abgaben, die in der Rus von den »zuverlässigen Staatsbürgern« eingesammelt wurden, in die Hände des Khans. Ein Teil davon verschwand im Staatssäckel Iwan Daniilowitschs, dem die Zeitgenossen den Beinamen Kalita – Geldsack – gaben.

Die bedeutende ökonomische und politische Stärkung des Moskauer Fürstentums begünstigte die Verlegung der Residenz der russischen Kirche von Wladimir nach Moskau. 1326 wurde auf Initiative des Metropoliten Pjotr

in Moskau anstelle eines älteren Baues die Mariä-Himmelfahrts-Kirche errichtet, der erste Vorgängerbau der heutigen Uspenski-Kathedrale im Kreml. Ihr Name ist gewiß der Wladimirer Kathedrale entlehnt, die seit dem Jahr 1300 die Hauptkirche der Rus war. Der Metropolit Pjotr, der in jenem Jahr verstarb, wurde in der neu errichteten Moskauer Kathedrale beigesetzt, in einem Steinsarkophag, der auf seine Anweisung schon vor seinem Tod angefertigt worden war. Einige Zeit später wurde Pjotr als erster Moskauer Metropolit heiliggesprochen und zum Beschützer Moskaus erklärt.

Nach der Errichtung der Metropoliten-Kathedrale entstanden an demselben Platz im Kreml aus weißem Kalkstein die Iwan-Lestwitschnik-Kirche (1329) und die Erzengel-Michael-Kirche (1333). Letztere wurde anstelle eines anderen, baufällig gewordenen Steingebäudes vom Ende des 13. Jahrhunderts aufgeführt. Neben seinem Palast ließ Iwan Kalita in dem von ihm hier gegründeten Kloster die Erlöser-Kirche errichten (1330). So erhielt der Kreml eine Reihe markanter Akzente, durch die der spätere Platz der Kathedralen als städtisches und religiös-administratives Zentrum Moskaus hervorgehoben wurde.

Damit war die Errichtung des Kreml-Ensembles jedoch nicht abgeschlossen. 1339 wurde die während einer Feuersbrunst in Flammen aufgegangene hölzerne Stadtfestung durch eine neue mächtigere aus Eichenholz ersetzt, die in der Konfiguration jedoch vermutlich eine genaue Wiederholung darstellte unter bestmöglicher Ausnutzung der Vorteile, die das Relief der Borowizki-Anhöhe bot. Nur an der nordöstlichen Seite, wo sich ein verhältnismäßig ebenes Plateau befand, wurde die Mauer weiter vorverlegt.

Die ausgedehnten Bauarbeiten kamen weder durch Mißernten und die Verteuerung des Brotes zum Erliegen noch durch die verheerenden Feuersbrünste, die immer wieder in Moskau und im Kreml wüteten. Erst nach dem Tod Iwan Kalitas im Jahr 1340 verloren die Arbeiten im Moskauer Kreml ihren früheren Schwung. Im Jahre 1350 berichtete die Chronik, daß an der klösterlichen Erlöserkirche »im Wald« ein Seitenaltar aus Stein angebaut worden ist.

Mit der Errichtung der Bauwerke allein war die Arbeit natürlich noch längst nicht abgeschlossen. Die steinernen Kathedralen wurden mit dünnen Schindeln aus Holz (Lemech), mit Blei oder Dachziegeln eingedeckt. Für die Glockentürme, die sich neben den Kirchen erhoben, mußten Glocken gegossen, für die traditionellen drei Eingänge der Kultbauten Gitter und Türen geschmiedet werden. Die Türfüllungen aus Kupfer wurden mit Wiedergaben biblischer Sujets verziert. Hervorragende Künstler schufen Ikonastase – die Bilderwand der rus-

Ausmalung der Erzengel-Kathedrale. 1344.
In: Lizewoi Swod, Osterman-Bd. 1, Blatt 409 Rückseite

sisch-orthodoxen Kirche aus mehreren übereinanderliegenden Reihen, die den Altarteil vom Gemeinderaum trennt. Für die Kirchen entstanden außerdem einzelne Ikonen, von denen die besonders verehrten in geschnitzten hölzernen Kästchen oder Schränkchen Aufstellung fanden. Die Wände wurden bemalt und Wand- sowie Deckenleuchten geschmiedet. Ferner ergänzten handgeschriebene Bücher mit Schmuckvignetten und Miniaturen, prächtige Stickereien und anderes die Ausstattung der Kirchen.

Somit waren die Kathedralen nicht nur Werke der Architektur; sie vereinten in sich verschiedene Arten der dekorativen, angewandten und bildenden Kunst. Leider haben sich über die stürmischen Jahre der russischen Geschichte hinweg, die von Feuersbrünsten, kriegerischen

Zusammenstößen und Verwüstungen erfüllt waren, aus dem einst von einem reichen künstlerischen Leben kündenden Kathedralenkomplex Iwan Kalitas nur einzelne Details bis heute erhalten.

Offenkundig hatten alle Kirchen, die im zweiten Viertel des 14. Jahrhunderts aufgeführt worden sind, nur eine Kuppel. Die Mariä-Himmelfahrts-Kathedrale besaß im Westen, Norden und Süden je eine niedrige Vorhalle und war mit Ziegeln bedeckt, von denen bei archäologischen Ausgrabungen Fragmente gefunden worden sind. Vom äußeren Aussehen der Kathedrale, vor allem von der Form des oberen Gebäudeteils, geben der sogenannte Große und Kleine Sion der Mariä-Himmelfahrts-Kathedrale eine Vorstellung, zwei Kathedralenmodelle und wahre Kunstwerke, die 1486 entstanden und heute in der Rüstkammer zu sehen sind. Sie wurden bei Festgottesdiensten als Weihrauchgefäße benutzt und stellen die Nachbildung einkuppliger Bauwerke mit einer komplizierten Konstruktion in Form mehrstufiger Kokoschniki dar. Die Kathedrale kann durchaus ein solch kompliziertes, schweres Oberteil gehabt haben, da die von den Archäologen freigelegte Fläche (etwa je 5 m²) für die Pfeilerfundamente einer kleinen Kathedrale doch recht beträchtlich ist, so daß man zu dem Schluß kommen muß, daß solche mächtigen Stützen eine massive Gewölbekonstruktion getragen haben müssen.

Wesentlich weniger wissen wir über das Aussehen der anderen Steinkirchen dieser Bauperiode. Sie alle wurden im 16. Jahrhundert wieder umgebaut, und die Erlöser-Kirche »im Walde« existiert überhaupt nicht mehr. Einzelne Details der dekorativen Ausstattung – Fragmente des Schmuckgürtels der Erlöser-Kirche und ein Säulchen von dem Arkaturgürtel der Iwan-Lestwitschnik-Kirche – legen die Vermutung nahe, daß die Bauten Iwan Kalitas einen reichen Kalksteindekor hatten. Wahrscheinlich ist für die Hauptkathedrale des russischen Metropolitensitzes das »Goldene Tor« (Türen aus mit Gold belegtem Kupfer) geschaffen worden, das Schriftquellen unter dem Jahr 1332 erwähnen. 1346 hat der russische Meister Borisko im Auftrag des Sohnes und Nachfolgers Iwan Kalitas, Semjon Gordy, für die Erzengel-Michael-Kathedrale »drei große Glocken« gegossen. Heute ist es schwierig, über ihre absolute Größe zu urteilen; fest steht jedoch, daß sie für damalige Zeit recht beträchtlich war.

Den größten Anteil an der Ausschmückung der neuen Steinkathedralen hatten die Maler. 1344 begannen griechische Meister im Dienst des russischen Metropoliten Theognost, eines gebürtigen Griechen, die Mariä-Himmelfahrts-Kathedrale auszumalen. Während einer Saison, die in der Regel vom späten Frühjahr bis zum frühen Herbst währte, wurde die Kirche völlig mit Wandmalerei bedeckt, wozu außerdem eine Reihe von Ikonen kam.

Im selben Jahr nahmen drei russische Maler des Groß-fürsten, Sachari, Iosif und Nikolai, »mit Gehilfen« die Ausmalung der Erzengel-Kathedrale in Angriff. Doch gelang es ihnen in jenem Jahr lediglich – der Chronist versäumte nicht, dies schriftlich festzuhalten – die Hälfte des Gebäudes mit Fresken zu schmücken, da die Kirche beträchtliche Ausmaße hatte. Im folgenden Jahr allerdings erscheint eine Eintragung über die Fertigstellung der Wandmalerei in gleich drei Kirchen sowie der Erlöser-Kirche »im Wald«. Vermutlich haben die erwähnten Meister die Fresken der erstgenannten Kirche zu Ende geführt. In der Iwan-Lestwitschnik-Kirche arbeiteten wahrscheinlich die griechischen Künstler, die nun nicht mehr in der Ma-riä-Himmelfahrts-Kathedrale benötigt wurden, und in der Erlöser-Kirche »im Wald« russische Meister, die bei den griechischen Malern gelernt hatten: Semjon und Iwan Goitan mit ihren Schülern und Gehilfen. Diese Wandmalereien sind nicht einmal in Fragmenten auf uns gekommen. Eine gewisse Vorstellung vom hohen Stand der Meisterschaft der russischen und griechischen Künstler in der Mitte des 14. Jahrhunderts vermitteln Ikonen aus jener Zeit, die heute in der Mariä-Himmelfahrts-Kirche aufbewahrt werden – »Christus der Beschützer«, »Der Erlöser mit dem zornigen Blick«, »Petrus und Paulus«, »Dreieinigkeit« und andere.

Auch die Werke der angewandten Kunst, die sich in den alten Kathedralen befanden, haben sich nicht erhalten. Ihren hohen künstlerischen Rang vergegenwärtigt ein sil-berner Evangeliar-Beschlag von 1343, den Semjon Gordy einer Kirche aus der Umgebung der Stadt Dmitrow ge-stiftet hatte. Die Vorderseite des Bibeldeckels ist mit ei-nem kleinteiligen Pflanzenornament bedeckt, das in der Basma-Technik ausgeführt ist, einer Prägung in der Art der metallenen Einfassung russischer Heiligenbilder. An den Ecken und in der Mitte sind Plättchen mit schwarzem Fond aufgelegt, in denen Darstellungen der Kreuzigung sowie von Engeln und den vier Evangelisten eingraviert sind. Der grafische Stil der gravierten Darstellungen und das plastische klare Basma-Muster beweisen, daß es in Moskau Mitte des 14. Jahrhunderts eine hervorragende Schule von Meistern der angewandten Kunst gegeben hat.

Die Künstler und Kunsthandwerker Moskaus standen aber nicht nur für die Bedürfnisse des Moskauer Kreml zur Verfügung, und längst nicht alle Mittel des Großfür-sten und des Metropoliten wurden für die Ausgestaltung ihrer Residenzen verbraucht. Es genügt daran zu erin-nern, daß 1347 bedeutende Gelder aus Moskau nach Kon-stantinopel geschickt wurden, um den eingestürzten Al-tarteil der Sophien-Kathedrale, der Hauptkirche des Patriarchen, wiederherzustellen. Werke der Moskauer Meister, die zum Verkauf und als Auftragsarbeiten gefer-

tigt worden waren, verbreiteten sich über das ganze Ter-ritorium des Moskauer Fürstentums und anderer russi-scher Länder und gelangten als Waren oder Diplomaten-geschenke ins Ausland. Im Auftrag des Großfürsten ent-standen außerdem nicht nur in Moskau neue Bauten. Zum Beispiel wurde 1342 in Nowgorod auf Anweisung von Semjon Gordy die steinerne Verkündigungs-Kathe-drale errichtet.

Gegen Mitte des 14. Jahrhunderts zeichnete sich im Moskauer Fürstentum ein ökonomischer Aufschwung ab, der in Zusammenhang stand mit der konsequenten Poli-tik der Großfürsten und deren Bestrebungen, ihren Besitz vor den verheerenden Invasionen der Goldenen Horde zu schützen. Dies schuf die unerläßlichen Bedingungen für die allseitige Entwicklung der Kultur in der betreffenden Region. Der Großfürst von Moskau und Wladimir, Sem-jon Gordy, war sowohl in der Innen- wie auch in der Au-ßenpolitik der direkte Nachfolger seines Vaters Iwan Ka-lita. Er orientierte sich vor allem auf die Goldene Horde: Zur gegebenen Zeit trieb er für sie die Tribute ein und führte auf Forderung des Khans diplomatische Verhand-lungen und Kriegszüge durch. Doch verfolgte er dabei ein großes und edles Ziel: einen verfrühten Konflikt mit der Horde, dem die Rus zu diesem Zeitpunkt noch nicht ge-wachsen war, zu verhüten und die russischen Lande vor Verwüstung zu bewahren. Bezeichnend in dieser Hin-sicht ist die Charakteristik eines Moskauer Gelehrten über Gordy: ». . . den Krieg liebte er nicht, doch hatte er ein Heer und hielt es in Ehren . . . Er gab Tribute und klei-ne Geschenke und nahm selbst nicht viel, doch mischten sich die Tataren nicht in seine Domäne ein . . .«

Der Zusammenstoß mit der Horde reifte nichtsdesto-trotz unaufhaltsam heran: Die Festigung des Moskauer Fürstentums konnte die von inneren Widersprüchen ge-schwächten Eroberer der russischen Lande nicht kalt las-sen. Und die politischen Gegner des Großfürsten wollten sich der Führung Moskaus in den inneren Angelegenhei-ten nicht unterwerfen. Die komplizierter werdende Si-tuation erforderte die entschiedene Stärkung der Position des Moskauer Fürstentums und unter seiner Führung den Zusammenschluß aller Kräfte, die bereit waren, der tata-rischen Gefahr entgegenzutreten. Ein wichtiger Schritt in dieser Richtung war die Schaffung einer neuen steiner-nen Festung in Moskau.

DER STEINERNE KREML

Lange Jahre hatte die Reiterei der Horde die Erde von Moskowia nicht zertreten, lange Jahre sicherten die Nachkommen des ersten Moskauer Großfürsten Iwan Kalita dem russischen Land Frieden. In dieser Zeit gab es nicht nur in der nordöstlichen Rus, die sich von den stän-digen Überfällen, Verwüstungen und Metzeleien erholte, sondern auch in der Goldenen Horde Veränderungen. Die inneren Widersprüche, die Ende des 13. Jahrhunderts in ihren Reihen aufgetreten waren, flammten erneut auf, als Mitte des folgenden Jahrhunderts innerhalb von zwanzig Jahren fünfundzwanzig Herrscher einander auf dem Khan-Thron ablösten. Diese Vorkommnisse, die unter der Bezeichnung »Khan-Gemetzel« in die Geschichte eingegangen sind, schwächten natürlich den unlängst noch mächtigen asiatischen Staat. Auch die Beziehungen zu den Tataren – wie die russischen Quellen dessen Einwohner nannten – änderten sich. Die mittelalterlichen Russen, die in ihrer religiösen Weltsicht früher die Anwesenheit der Goldenen Horde als Strafe für ihre Sünden angesehen hatten, erwähnen in den Chroniken immer häufiger Strafen, von denen die Tataren selbst heimgesucht wurden. So verwandelten sich die Tataren schon Mitte des 14. Jahrhunderts aus den »strafenden Kräften« in den Vorstellungen der russischen Menschen in die »Bestraften«. Moskowia war auch moralisch bereit zum Kampf um seine nationale Unabhängigkeit.

Schon 1358 nahm sich der Bruder und Nachfolger Semjon Gordys, Iwan Iwanowitsch Krasny, die Freiheit heraus, dem Thronfolger der Horde den Zutritt zu seinem Besitztum zu verweigern. Doch ein Jahr später starb der Fürst, und auf den Moskauer Thron kam sein Sohn Dmitri, der gerade erst neun Jahre alt war. Und sofort gerieten die politischen Rivalen Moskaus in Bewegung: Die Fürsten von Twer und von Susdal und Nishegorod. Für kurze Zeit fiel sogar der Jarlyk für das Großfürstentum in die Hände der Nishegoroder Herrscher – ein Dokument, mit dem der Khan der Goldenen Horde dem einen oder anderen Fürsten das Recht einräumte, sich als Oberhaupt an die Spitze der übrigen russischen Fürsten zu stellen. Doch der Nishegoroder Fürst war bald darauf gezwungen, zugunsten von Dmitri aus Moskau wieder auf den Jarlyk zu verzichten. Die Geschichte schweigt sich über die Motive dieses Verzichts aus, es kann nur gemutmaßt werden, daß bei dieser Entscheidung eine nicht unwesentliche Rolle der Erzieher des jungen Dmitri und derzeitige Regent gespielt hat, der russische Metropolit Alexej (Alexius), ein erfahrener und einflußreicher Politiker.

Der Einfluß des Moskauer Metropoliten war nicht nur auf die russischen Lande begrenzt. Der Khan der Goldenen Horde, der gut wußte, daß die Rus ohne Hilfe der Kirchenmacht unmöglich zum Gehorsam zu bewegen war, beschenkte den Metropoliten großzügig mit Landbesitzungen. Eines dieser Geschenke war vermutlich das Gehöft der Horde im Kreml. An seiner Stelle wurde Überlieferungen zufolge 1365 die steinerne Kirche des Wunders des Erzengels Michael erbaut, ein »Prüfstein« für die grandiose Steinbaukunst in einem bisher für die russischen Städte unbekannten Ausmaß.

Spärlich berichten die Annalen von den Bemühungen, in Moskau einen Steinkreml zu errichten. Im Winter 1366 begann das Heranschaffen des Baumaterials. Die Vorbereitungs- und Bauarbeiten erforderten viele tausend Arbeitskräfte, Hunderte qualifizierter Steinmetzen. Gewaltige Mengen von Steinblöcken mußten gebrochen und zugehauen werden. Zu all dem war die Kraft des ganzen Großfürstentums Moskau notwendig. Offenbar handelte es sich bei diesem Vorhaben nicht um eine Laune junger Fürsten und einiger Bojaren, sondern um eine Entschließung der Bojarenduma – des damaligen regierenden Organs, dem außer den Fürsten die ältesten Bojaren angehörten. Nur so war es möglich, die für den Bau unerläßlichen Mittel und Reserven an Menschen aufzubringen. Das Baumaterial wurde im Winter auf Schlitten übers Eis der zugefrorenen Moskwa herangebracht, und im Frühjahr, kaum daß der Schnee verschwunden war, begann man, die Fundamente auszuheben und die Mauern zu errichten.

Mit Besorgnis blickten die politischen Gegner Moskaus auf die buchstäblich vor ihren Augen emporwachsenden Mauern. Nicht unbegründet sprachen die Twerer davon, daß der damals noch sehr junge Moskauer Fürst Dmitri Iwanowitsch (der später den Beinamen Donskoi erhielt) danach trachtete, alle anderen Fürsten seinem Willen zu unterwerfen und jene, die sich weigerten, mit Gewalt dazu zu zwingen. Bereits 1368 war ein starkes Heer aus Moskau nach Twer geschickt worden. Um seine Position zu stärken, wandte sich der Fürst von Twer mit der Bitte um Beistand an seinen Schwiegervater, den litauischen Fürst Oligerd, der ebenfalls nach der politischen Vorherrschaft in den russischen Landen strebte.

Im selben Jahr belagerten die vereinigten Heere der Fürsten von Litauen, Twer und Smolensk den Moskauer Kreml. Und obwohl Oligerd nach Ansicht der Russen selbst »nicht nur mit Kraft, sondern auch mit Fähigkeit« vorging – den neuen Kreml einzunehmen gelang ihm nicht, wenn auch Plünderungen, Gewalttätigkeit und Feuersbrünste großen Schaden verursachten.

Der Feldzug des Fürstenbundes unterbrach den Frieden in den russischen Landen, auf den die Chronik im Jahr 1328 in Verbindung mit der Regentschaft des Fürsten Iwan Kalita hinweist. 1370 belagerten die Heere aus Litauen und Twer den Kreml erneut, doch auch dieses Mal führte die achttägige Belagerung zu keinem Ergebnis. Und ebenso endete der nächste Kriegszug Oligerds nach Moskau, der auf Drängen des Fürsten von Twer 1372 unternommen wurde, erfolglos. Diesmal ergriffen die Moskauer die Initiative und stellten sich den Litauern weit entfernt von der Hauptstadt am Ufer der Oka. Oligerd vermied den offenen Kampf und zog sich zurück. Doch auch jetzt gab der Fürst von Twer, Michail Alexandrowitsch – der wichtigste politische Gegner Moskaus – keine Ruhe. 1375 gelang es ihm, im Hauptquartier des Khans einen Jarlyk auf das Großfürstentum Wladimir zu bekommen.

Um die Ansprüche des Twerer Fürsten ein für allemal zu unterbinden, organisierte Dmitri Iwanowitsch jetzt einen großen Feldzug nach Twer. Der Großfürst vermochte unter seinen Fahnen die Kräfte nahezu aller nordöstlichen Länder zu sammeln und damit anschaulich die organisatorischen Möglichkeiten Moskaus zu demonstrieren. Nach einmonatiger Belagerung ergab sich Twer. Dieser Sieg konsolidierte die Lage Moskaus als allrussisches Zentrum. Es begannen rege Aktivitäten zum Zusammenschluß aller russischen Kräfte und zur Wiederherstellung eines einheitlichen Staates und der nationalen Unabhängigkeit.

Der Steinkreml Dmitri Donskois, der die Eichenholzfestung Iwan Kalitas ersetzte, wurde nicht einfach eine städtische Zitadelle, sondern das erste Glied im allrussischen Verteidigungssystem gegen die äußeren Feinde, vor allem gegen die Goldene Horde. Als Bestätigung dafür können die Verteidigungsmaßnahmen dienen, die die Teilfürsten zur Unterstützung der Moskauer Herrscher in die Wege leiteten. In der ersten Hälfte der siebziger Jahre des 14. Jahrhunderts wurden an den Ufern der Oka – der wichtigsten Wasserscheide auf dem Weg der Horde ins Landesinnere – gleich zwei Festungen aufgeführt: eine steinerne in Nishni Nowgorod (heute Gorki) und eine aus Eichenholz in Serpuchow.

Während des Baus der Festungen an den südlichen Grenzen in unmittelbarer Nähe dieser Städte sicherten nicht hier ansässige, sondern Moskauer Heere den Zugang zu ihnen. Dabei ging es nicht ohne kriegerische Zusammenstöße ab. 1378 vernichtete ein russisches Heer unter Führung von Dmitri Iwanowitsch am Zufluß der Oka in die Wosha das vieltausendköpfige tatarische Heer des Mirsa Begitsch. Dies war der erste offene Kampf gegen die mongolischen Tataren, der mit einem Sieg der Russen endete. Mamai, der damals an der Spitze der Goldenen Horde stand und sehr wohl begriff, daß die Rus nur zu bezwingen war, wenn alle Kräfte der Horde mobilisiert wurden, bereitete eine neue Invasion vor. Am 23. Juli 1380 erhielt Dmitri Iwanowitsch während eines Festmahls im Kreml die Kunde, daß die tatarischen Kriegshorden an den Ufern des Don aufgetaucht waren. Doch traf diese Nachricht den Großfürsten nicht unvorbereitet. Aus allen Enden des Landes strömten bewaffnete Heere nach Moskau. Die Stadt war bereit zur entscheidenden Schlacht.

Im Kreml sammelten sich die russischen Heerscharen, wurde die Strategie der bevorstehenden Schlacht ausgearbeitet. Hier lagen die Höfe des Organisators des Kampfes

Heranschaffen der Steine für die Mauern des Kreml. 1366. In: Lizewoi Swod, Osterman-Bd. 1, Blatt 572

gegen die Goldene Horde und um die Unabhängigkeit der Rus – des Großfürsten Dmitri Iwanowitsch – sowie seiner nächsten Mitstreiter. Hier in der großfürstlichen Grishna – dem Festsaal für Empfänge und Beratungen der Regierung – wurden die operativen Entscheidungen gefällt, die Marschrichtung des Heeres zu den Ufern des Don festgelegt und die Kommandeure der Truppen bestimmt.

Vor dem Ausrücken der Truppen wurde in der Hauptkathedrale des Metropoliten, der Mariä-Himmelfahrts-Kathedrale, ein Gottesdienst abgehalten; Fürsten und ihre Begleitpersonen verrichteten Gebete vor den am meisten verehrten Ikonen der Kirche: »Die Gottesmutter« und »Der Erlöser«. Sie knieten am Grab des Metropoliten Pjotr nieder, der in jener Zeit als Beschützer Moskaus

Bau der Steinmauern des Kreml. 1367.
In: Lizewoi Swod, Osterman-Bd. 1, Blatt 579 Rückseite

galt. Danach besuchte Dmitri Iwanowitsch die Erzengel-Kathedrale – die Grabstätte der Moskauer Fürsten, wo sein Vater, sein Großvater und andere Fürsten bestattet worden waren, die zum Aufstieg Moskaus beigetragen hatten. Und er ging auch zu seinem Beichtvater im Drei-einigkeits-Kloster in Sagorsk, Sergius Radoneshski, der ihm den Segen erteilte.

Im August 1380 verließ die Vorhut der russischen Armee, unterteilt in drei Kolonnen, den Kreml. Sie zogen durch die Tore des Spasski-, Nikolaus- und Timofejew-Turms und schlugen drei verschiedene Wege zum Don ein. Die Aufteilung in drei Kolonnen wird in den historischen Quellen mit der bis dahin nie dagewesenen Größe dieser Armee begründet. Die mittelalterlichen Chroniken und Erzählungen nennen wahrhaft phantastische

Zahlen zwischen hundert- und vierhunderttausend. Zieht man die realen Möglichkeiten des Moskauer Fürstentums und seiner Verbündeten in Betracht, so kann man schlußfolgern, daß die Anzahl der Krieger 100 000 kaum überschritten hat, doch auch eine solche Truppenstärke hatte die Rus noch nie zusammenziehen können.

Vom hohen Nabereshny-Terem am Moskwa-Ufer aus konnte man die bereits am anderen Flußufer befindliche Heerschar Dmitri Iwanowitschs gut sehen. Die Bewegung der russischen Truppen glich dem Flußlauf. Die goldenen Rüstungen glänzten in der Sonne, die Banner und die kleinen, auf den Helmen der Krieger befestigten roten Fähnchen flatterten. Vom jenseitigen Ufer wiederum war der Nabereshny-Terem schön anzusehen – ein hohes, mehrstufiges Gebäude, errichtet aus Dutzenden von rechteckigen Holzzellen. Ähnlich den Häusern einer Märchenstadt krönte den Terem eine goldene Bedachung, die wahrscheinlich aus vergoldetem Kupfer bestand, und in den Buntglasfenstern spielte das blitzende Licht der aufgehenden Sonne. Aus den Fenstern des Terem blickten die Frauen der angesehenen Krieger dem davonziehenden Heer nach, darunter auch Jewdokia, die Frau Dmitri Iwanowitschs.

In den Erzählungen jener Zeit, die der Schlacht auf dem Feld von Kulikowo gewidmet sind, werden die Abschiedsszenen beschrieben, das Ausrücken des russischen Heeres aus Moskau, sein Weg zum Kulikowo-Feld, wo am 8. September 1380, dem religiösen Feiertag der Geburt der Gottesmutter, die entscheidende Schlacht stattfand. Die Schlacht wird mit einem blutigen Mahl verglichen, bei dem es jedem von Gott bestimmt war, seine Schale zu leeren. Die Russen errangen den Sieg, doch sie zahlten einen hohen Preis dafür. Nahezu ein Drittel der gesamten Armee blieb auf dem Schlachtfeld, fast eine Woche lang begruben die Überlebenden ihre Gefallenen.

Den Rückweg nach Moskau, eine Strecke von reichlich 200 km, legte das Heer mit seinem Troß an Verwundeten in zehn Tagen zurück. Am 30. September übernachteten die Krieger im Bereich des großfürstlichen Dorfes Kolomenskoje bei Moskau, um am 1. Oktober, dem Festtag der Niederlegung des Gewandes der Gottesmutter, in die Hauptstadt einzuziehen – ein genau festgelegter Ablauf der Heimkehr der Sieger. Galt doch die Gottesmutter als Beschützerin der Christen, und mit den Gedenkfeiern für sie sollte die Siegesfeier zusammenfallen. Der Gottesmutter zu Ehren wurden an ihrem Festtag Beratungen anberaumt oder, wenn es sich ergab, einer Schlacht gedacht. So also wurde auch am Tag der Rückkehr der Sieger Maria durch Dankgebete gehuldigt: Ihr schrieb man den Sieg zu. Doch auch den Kriegern wurde gebührendes Lob zuteil. Die Moskauer kamen ihnen entgegen und begleiteten sie, beginnend an den Klöstern vor der Stadt bis

Großfürst Dmitri Donskoi nimmt Abschied von den Gräbern seiner Eltern in der Erzengel-Kathedrale vor dem Aufbruch zur Schlacht auf dem Kulikowo-Feld. 1380. In: Lizewoi Swod, Osterman-Bd. 2, Blatt 59

Aufbruch russischer Krieger zum Kulikowo-Feld durch das Frolow-, Nikolaus- und Timofejew-Tor des Kreml. 1380.
In: Lizewoi Swod, Osterman-Bd. 2, Blatt 58 Rückseite

hin zu den Festprozessionen um die weißen Steinmauern des Kreml, von wo aus sie einen Monat zuvor ausgerückt waren.

Die Freude über den Sieg hatte sich noch nicht gelegt, und der Schmerz über die Verluste war noch nicht verklungen, da stand dem Kreml wiederum eine schwere Prüfung bevor. Der neue Herrscher der Horde, Tochtamysch, marschierte 1382 auf Moskau zu. Er maß, wie im übrigen auch sein auf dem Kulikowo-Feld geschlagener Vorgänger Mamai, der Unterwerfung der Rus als einer der Haupteinnahmequellen der Khane große Bedeutung bei. Seit 1373 hatte der Großfürst Dmitri Donskoi (wie er seit dem Sieg auf dem Kulikowo-Feld am Oberen Don hieß) seinem Oberlehnherrn von der Goldenen Horde keine Tribute mehr entrichtet. Überzeugt, daß die Rus-

sen im offenen Kampf nicht zu überwältigen waren, beschloß Tochtamysch, Moskau in einem Überraschungsangriff zu nehmen und den aufsässigen Fürsten zu zwingen, der Goldenen Horde eine beachtliche Summe zu zahlen.

Die Kunde vom Anrücken der Horde traf die Rus diesmal völlig unvorbereitet. Zu spät liefen diese Nachrichten ein. Eiligst machten sich Großfürst Dmitri sowie sein Vetter und Kampfgefährte in der Kulikowo-Schlacht, Fürst Wladimir, auf den Weg, um in den Städten Truppen zu sammeln und den aggressiven Khan aufzuhalten. Auf die festen Kremlmauern vertrauend und eine baldige Rückkehr ins Auge fassend, ließ Dmitri Iwanowitsch seine Familie in der Stadt zurück. Die Festung war in der Tat zur Abwehr des Feindes bestens geeignet. Sie hatte mächtige Steinmauern mit Erdwällen und Gräben. In ihrem Arsenal befanden sich verschiedenartige Waffen, die auf den Mauern in Stellung gebracht wurden, darunter auch die jüngst aufgekommenen Feuerwaffen. Unter dem Schutz des Kreml strömten die Menschen der ganzen Umgebung zusammen und brachten Reliquien, Kostbarkeiten und Bücher mit.

Drei Tage berannte Tochtamysch erfolglos die Moskauer Festung. Völlig wirkungslos drohten die Krieger mit ihren gezogenen Säbeln. Das Geplänkel führte zu nichts. So geschickt die Bogenschützen der Horde auch waren, die gut gesicherten russischen Krieger erlitten keine spürbaren Verluste. Kochend heißes Wasser und siedendes Pech, mit denen die über Anlegeleitern an den Mauern emporklimmenden Neuankömmlinge überschüttet wurden, ließen deren Eifer erlahmen. Der Versuch, den Kreml im Sturm zu nehmen, mißlang.

Da wurde zu einer List gegriffen. Tochtamysch versprach den Moskauern »Frieden und Liebe«. Sie schenkten den Reden des Khans natürlich nicht sofort Glauben, doch die Susdaler Fürsten, die den Khan begleiteten und auf dessen Seite standen – die Brüder Jewdokias, der Frau des Großfürsten – legten einen Eid ab über die Aufrichtigkeit seiner Absichten. Es läßt sich denken, daß viele Moskauer bereit waren, Augenzeuge des Aktes der Unterzeichnung eines Friedensvertrages zu werden und deshalb ihren Kampfposten verließen. Doch stattdessen mußten sie sehen, wie der Gesandte aus dem Kreml von den wortbrüchigen Belagerern erschlagen wurde und in die geöffneten Festungstore die bereitstehenden Krieger der Horde einströmten. Andere kletterten auf die von den Moskauern verlassenen Mauerteile. Der Fall der Festung war besiegelt.

Tochtamysch verwüstete Moskau völlig und äscherte es ein. Sein gewaltiges Heer setzte, unterteilt in drei Abteilungen, seinen Feldzug durch die Rus fort. Es schien, daß nichts den Wirbelsturm dieser Invasion aufhalten konnte. Doch bald wurde westlich von Moskau eine der Abteilungen der Horde vom Füsten Wladimir Andrejewitsch geschlagen, dem es bereits gelungen war, einen Teil des Heeres zu sammeln. Tochtamysch fürchtete einen Zusammenstoß mit dem Großfürsten und beeilte sich, das Gebiet der russischen Erde zu verlassen. Damit war die Gefahr vorüber. Doch vor dem nach Moskau zurückkehrenden Dmitri Iwanowitsch breitete sich eine tote Stadt aus. Zahlreiche Steinkathedralen waren ausgebrannt. Hier waren Bücher aus der ganzen Umgebung Moskaus aufbewahrt und nun vernichtet worden. Überall häuften sich Tausende Körper der erschlagenen Verteidiger des Kreml – mehr als 12000, nach anderen Mitteilungen ungefähr 24000. Die Zerstörung Moskaus durch Tochtamysch rief bei den Zeitgenossen beklemmende

Empfang der russischen Krieger an der Kremlmauer nach dem Sieg auf dem Kulikowo-Feld. 1380.
In: Lizewoi Swod, Osterman-Bd. 2, Blatt 117

Vergleiche mit der Verwüstung der Stadt durch Khan Batu im Jahre 1238 hervor.

Doch an Siege erinnert man sich immer länger als an die Fehlschläge. Die Schlacht auf dem Kulikowo-Feld und das Unvermögen Tochtamyschs, Moskau auf ehrlichem Wege einzunehmen, prägten sich dem Bewußtsein der Zeitgenossen und nachfolgenden Generationen ein. Nicht zufällig erhielt die Periode vom Ende des 14. bis zum Beginn des 15. Jahrhunderts in der russischen Geschichte die Bezeichnung »Epoche der Kulikower Schlacht«. Diese Epoche ist kennzeichnend für ein nie dagewesenes Anwachsen des nationalen Selbstbewußtseins und einen machtvollen Aufschwung der russischen Kultur. Die Niederlage der tatarischen Armee im offenen Kampf hatte die Goldene Horde entscheidend geschwächt. Und obwohl ihre Truppen noch mehrmals in das Gebiet der Rus eindrangen und Moskau gefährdeten, hatten die Anführer der Horde nicht mehr die Kraft, dem großfürstlichen Heer wirksam Widerstand zu leisten. Der große Sieg auf dem Kulikower Feld stärkte die Bedeutung Moskaus als nationales und politisches Zentrum der Vereinigung der russischen Lande zu einem Staat.

Dmitri Donskoi, der seit der Schlacht von 1380 höchstes Ansehen genoß, starb bereits 1389 im Alter von erst 39 Jahren. Er vererbte das Großfürstentum durch Testament seinem ältesten Sohn Wassili I. und ignorierte damit die noch bestehende Regel, nach der nur der Khan das Recht hatte, den russischen Fürsten Machtbefugnisse zu verleihen. In seinem Nachlaß brachte der Held des Kulikowo-Feldes die Hoffnung auf eine baldige vollständige Befreiung von der Abhängigkeit der Horde zum Ausdruck – ein Anliegen, das sich seine Nachfolger zur höchsten Pflicht machten. Am 20. Mai wurde Dmitri Iwanowitsch in der Gruft der Großfürsten bestattet – in der Erzengel-Kathedrale des Kreml.

Die Erinnerung an die Schlacht von Kulikowo und ihre Helden spiegelt sich nicht nur in den schriftlichen Quellen wider – den Chroniken, literarischen Werken und der Buchminiatur, die in Moskau späterhin weite Verbreitung fanden –, sondern auch in den Kreml-Bauten. Wenige Jahre nach dem Tod Dmitri Donskois ließ seine Witwe zum Gedenken an die Schlacht und an ihren Gatten in dem großfürstlichen Komplex des Kreml die heute nicht mehr existierende Mariä-Geburts-Kirche errichten (1393): Am 8. September, dem Feiertag zu Ehren der Geburt der Gottesmutter, hatte die berühmte Schlacht stattgefunden. Als Memorialbau wurde diese kleine Kirche bald nach ihrer Fertigstellung Gegenstand besonderer Aufmerksamkeit. An ihrer Ausmalung waren anerkannte Künstler beteiligt: Theophanes der Grieche und Semjon Tschorny.

Nicht lange vor ihrem Tode (sie starb am 7. Juli 1407) soll Jewdokia die Ikone »Erzengel Michael« in Auftrag gegeben und angewiesen haben, sie – nach den Worten der Chronik – zum Wohle des ganzen Staates in der Mariä-Geburts-Kirche anzubringen (heute hängt die Tafel in der Erzengel-Kathedrale). Daß sich die Witwe Donskois vor ihrem Tod mit der Gestalt des Erzengels Michael und der Anbringung der Ikone in jener Kirche befaßte, die dem Sieg von Kulikowo geweiht war, ist nicht ungewöhnlich. Wird doch in den Schriftquellen über die grandiose Schlacht der Erzengel Michael als Anführer der himmlischen Heerschar als erster erwähnt, der in den Vorstellungen der russischen Menschen jener Zeit den Kriegern Dmitris Hilfe leistete. Zudem ist Jewdokias Mann in der Erzengel-Michael-Kathedrale bestattet. Aller Wahrscheinlichkeit nach war auch die nicht auf uns gekomme-

Ausmalung der Kirche der Geburt der Gottesmutter durch Theophanes den Griechen und andere Künstler, 1395.
In: Lizewoi Swod, Osterman-Bd. 2, Blatt 463 Rückseite

ne Kathedrale des Christi-Himmelfahrts-Klosters, deren Grundstein ebenfalls auf Wunsch der Fürstin Jewdokia am 20. Mai 1407 gelegt worden ist, ein spezieller Memorialbau, denn an eben diesem Tag war 1389 Dmitri Iwanowitsch bestattet worden.

Neben den Denkmälern, die der Kulikower Schlacht gewidmet sind, erlangte der Kreml selbst, die bedeutendste Schöpfung der Zeit Dmitri Donskois, als ein für die Epoche insgesamt charakteristisches Werk Memorialbedeutung. Die Zeitgenossen stellten den Kreml in eine Reihe mit solchen hervorragenden Werken der Weltkunst wie der Sophien-Kathedrale in Konstantinopel. Diese hohe Wertschätzung war aller Wahrscheinlichkeit nach nicht nur auf die hohe Qualität der Bauausführung zurückzuführen, sondern auch auf die faszinierende architektonische Wirkung. Durch den ungewöhnlichen Gleichklang mit dem Zeitgeist wurde der Kreml aus weißem Stein zu einem Symbol, das den Kurs aktiver Verteidigung verkündete.

Ende des 14. Jahrhunderts besaß die Rus noch nicht genug Macht, um mit einem Schlag dem Joch der verhaßten Horde ein Ende zu setzen. Doch in dieser Zeit erlaubten die Positionen, die durch die Einigungspolitik Moskaus erreicht worden waren, sich den ständigen Überfällen der Feinde entschlossen entgegenzustellen und sie abzuwehren. Diesem Ziel dienten die Verteidigungsbauten, und an erster Stelle stand dabei der Moskauer Steinkreml. Damals trat die Darstellung des Kreml in weltlichen wie auch in kirchlichen Bauten auf, obwohl die Malerei jener Zeit einer äußerst starren und straffen Reglementierung von seiten der orthodoxen Kirche unterworfen war. So erschien diese Art Panorama, wie erhaltene Quellen mitteilen, im Terem Wladimir Andrejewitschs – wahrscheinlich ist damit jener Terem gemeint, der sich auf dem Kremlgelände befand – und auf der Wandmalerei der Erzengel-Kathedrale von 1399.

Die bildende Kunst erreichte zu dieser Zeit einen außerordentlich hohen Entwicklungsstand. Im Kreml arbeiteten Ende des 14., Anfang des 15. Jahrhunderts Künstler, deren Namen im Unterschied zu den Architekten gut bekannt sind: Andrej Rubljow und Theophanes der Grieche. Ihre Werke, ausgeführt in unterschiedlicher künstlerischer Manier – voller Expressivität, Kontraste und Spannungsgeladenheit die Darstellungen Theophanes' des Griechen, mit wie von innen her leuchtenden, friedfertigen Gesichtern die Gestalten Rubljows — stand sogar in ein und demselben Bauwerk wunderbar nebeneinander: in der damaligen Verkündigungs-Kathedrale.

Die von der Behandlung und vom Stil her verschiedenartigen Wiedergaben der beiden Künstler vereinten das tiefe Eindringen in das Wesen der Epoche und wahre Meisterschaft.

Die allgemeine Entwicklungsrichtung der russischen Kultur in der Epoche der Kulikowo-Schlacht und ihr Hauptinhalt wurden von den Aufgaben der Herausbildung eines geeinten Staates mit dem Zentrum Moskau und der vollständigen Befreiung von der Vorherrschaft durch die Horde bestimmt. Der Sieg trug zur geistigen Befreiung des russischen Menschen, zum Erwachen seiner Lebenskräfte bei. Kennzeichnend in dieser Beziehung ist das Sendschreiben des Khans Edigei an den Großfürsten Wassili I., das nach der erfolglosen Belagerung Moskaus im Jahre 1408 geschrieben wurde. In ihm wirft der Khan dem Moskauer Herrscher Mangel an Respekt vor, der sich darin zeige, daß die Moskauer abgeneigt seien, den Tribut zu zahlen, und auch darin, daß jedes Auftauchen eines Tataren von Verhöhnung begleitet werde.

Einbau der ersten Uhr in Moskau neben der Blagowestschenski-Kathedrale durch Lasar (aus Serbien), 1404.
In: Lizewoi Swod, Osterman-Bd. 2, Blatt 664 Rückseite

Vielleicht läßt sich durch die gegebenen Umstände das relativ Neuartige bei der Behandlung der traditionellen Sujets in der bildenden Kunst erklären, die hohe Wertschätzung menschlicher Weisheit, die die Kirchendogmen als Übel mißbilligten. Auch die künstlerischen Mittel erneuerten sich. Kriegerische Ereignisse außerhalb der Rus ließen Flüchtlinge aus verschiedenen Ländern nach Rußland strömen – aus Bosnien, Serbien und Bulgarien zum Beispiel. Sie brachten Elemente ihrer eigenen Kultur mit: Ikonen, Bücher und Werke der angewandten Kunst. Besonders wertvoll aber waren die Menschen selbst, darunter Künstler und Meister verschiedener Handwerke, die einen bedeutenden Beitrag zur Entwicklung der russischen Kunst leisteten. Der südslawische Einfluß schlug sich im literarischen Stil, in der Buchgestaltung, der Ikonenmalerei und nicht zuletzt in technischen Neuerungen nieder. So wurde 1404 im Kreml auf einem Turm hinter der Verkündigungs-Kathedrale die erste städtische Uhr mit einem Schlagwerk errichtet. Ihr Urheber war ein Einwanderer aus Serbien namens Lasar, dem auf Grund seiner Herkunft nach russischem Brauch der Beiname »der Serbe« verliehen wurde.

Die Russen, die sich ihrer Bedeutung bewußt wurden, erhoben Anspruch auf einen eigenen Staat. Moskau betrachtete sich als Nachfolgerin der alten Städte Kiew und Wladimir, und von diesem Geist sind die Chroniken und literarischen Werke jener Zeit durchdrungen. Doch der Prozeß des Zusammenschlusses der russischen Lande, für den nach dem Sieg der Rus auf dem Kulikowo-Feld günstige Voraussetzungen entstanden waren, wurde im zweiten Viertel des 15. Jahrhunderts durch einen um sich greifenden Feudalkrieg aufgehalten. Gerade in dieser Zeit spaltete sich die Goldene Horde, die ihre einstige Schlagkraft eingebüßt hatte, in einzelne Khanate. Keinerlei Unheil schien dem Moskauer Fürstentum fürderhin zu drohen, das Ende des 14., Anfang des 15. Jahrhunderts sein Territorium um mehr als das Doppelte vergrößert hatte, indem es die Länder an der Mittleren Wolga und ihren Zuflüssen sowie auch an den nördlichen Flüssen Suchona und Nördliche Dwina angegliedert hatte. Als aber 1425 Großfürst Wassili I., der Sohn Dmitri Donskois, starb, entbrannte in der Rus ein jahrelanger Dynastienkrieg um den Moskauer Thron.

Wassili II. war es nicht möglich, den Feudalkrieg erfolgreich zu beenden, da der Enkel Tochtamyschs, Khan Ulugh Muhammad, überraschend tief in die russischen Lande vordrang. 1445 gelang es den Heeren der Horde bei der Stadt Susdal, den kleinen Trupp von Moskauern zu schlagen, und der Großfürst geriet in Gefangenschaft. Als »Lösegeld« für seine Freilassung forderte der Khan die zu damaliger Zeit phantastische Summe von 200 000 Silberrubeln. Die Nachricht von der Gefangennahme des Großfürsten gelangte zu dem Zeitpunkt nach Moskau, als dort eine verheerende Feuersbrunst wütete, die sämtliche Holzbauten der Stadt einäscherte. Große Verluste wurden auch den Steingebäuden zugefügt: Einige Kirchen fielen dem Feuer zum Opfer, an vielen Stellen stürzten die steinernen Stadtmauern ein, die Schatzkammer, die sich damals im Untergeschoß der Verkündigungs-Kathedrale befand, brannte aus. Und die Situation verschlimmerte sich noch durch das Vorrücken des Heeres der Horde auf Moskau.

In der Stadt brach eine Panik aus, die durch das Eingreifen des Wetsche, eines gewählten Organs der Stadtverwaltung, beigelegt werden konnte. Die Initiatoren und Führer des Wetsche waren im wesentlichen Leute aus dem niederen Volk oder, wie die Chronik sie nennt,

»schwarze Leute«. Trotz der unerträglichen, durch die Feuersbrunst hervorgerufenen Hitze beschlossen die Städter, den Kreml nicht im Stich zu lassen, ihn nicht der Plünderung durch die Angehörigen der Horde preiszugeben. Wer aus der Stadt zu flüchten suchte, wurde in Arrest genommen; die vom Feuer beschädigten Mauern und Stadttore wurden wiederhergestellt und danach auch die niedergebrannten Gebäude wieder errichtet. Diese Maßnahmen verhinderten den Sturm auf Moskau: Ulugh Muhammad nahm Abstand von seinem Plan, nach Moskau zu ziehen.

Bald darauf kehrte Wassili II. mit einer Gesandtschaft der Horde nach Moskau zurück, die das für den Großfürsten geforderte »Lösegeld« haben wollte. Die schwere Schuldenlast, für die der Großfürst seine Freiheit erkauft hatte, rief Unzufriedenheit in breiten Kreisen der Bevölkerung hervor. Diese Strömung nutzte der letzte Vertreter der großfürstlichen Opposition – Dmitri Schemjaka. Mit Hilfe der Mönche des Dreieinigkeits-Sergius-Klosters im heutigen Sagorsk gelang es ihm, sich Wassilis II. zu bemächtigen, der zur Wallfahrt dorthin gekommen war, und er ließ ihn blenden. Seither hatte Wassili II. den Beinamen »Tjomny« (der in Dunkelheit Versunkene). Dann begab sich Dmitri Schemjaka im Februar 1446 ungehindert nach Moskau.

So fiel der Kreml zum dritten Mal in den Jahren des Feudalkrieges in die Hände der Moskauer Opposition. Doch auch diesmal gelang es ihrem Vertreter nicht, sich auf dem Thron festzusetzen. Er handelte den Einheitsbestrebungen der Moskauer Großfürsten zuwider und verfolgte die Politik der feudalen Zersplitterung, indem er selbständige Herrscher an die Spitze der Moskauer Lande setzte. Damit rief Dmitri Schemjaka die Mißbilligung des Dienstadels (niederen Adels), eines großen Teils der Geistlichkeit und der Städter hervor. Ende 1446 wurde er wieder aus Moskau vertrieben. Seinen Platz nahm nun Wassili II. Tjomny ein. Die letzten Versuche Dmitri Schemjakas, den Kampf um Moskau fortzusetzen, endeten für ihn mit schweren militärischen Niederlagen. Der erfolglose Prätendent floh in das für seine gegen Moskau gerichtete Einstellung bekannte Nowgorod.

Über 25 Jahre hatte der Feudalkrieg gewährt, durch den die weitere Vereinigung der russischen Lande aufgehalten worden war. In den Kriegsjahren wurde den Kremlbauten großer Schaden zugefügt: Viele Gebäude, Mauern und Türme erlitten Schäden. Das untergrabene Wirtschaftspotential der Moskauer Fürsten und die labile wirtschaftliche Situation machten es unmöglich, große Wiederherstellungsarbeiten durchzuführen oder gar neue Bauten zu beginnen. Doch der schließliche Sieg Moskaus förderte die weitere Festigung der großfürstlichen Macht und das Wachsen des Kreml.

DER KREML – DIE STAATLICHE RESIDENZ

Mitte des 15.Jahrhunderts begann eine entscheidende historische Periode für die alte Rus: die abschließende Etappe der Schaffung eines unabhängigen vereinten russischen Staates. Begleitet war das Entstehen des Staatswesens von einem allgemeinen wirtschaftlichen Aufschwung des Moskauer Fürstentums, dessen Grenzen einen großen Teil der nordöstlichen Rus einschlossen. Die Einigungspolitik der Moskauer Großfürsten fand bei der Bevölkerung lebendigen Widerhall und die Unterstützung aller sozialen Schichten, vor allem der russischen Kirche, die eine außergewöhnliche Stellung in der mittelalterlichen Gesellschaft einnahm.

Als Kandidaten für den russischen Metropolitenstuhl hatte die byzantinische Regierung, um politischen Einfluß in der Rus zu gewinnen, den Griechen Isidor vorgeschlagen. Wassili II. Tjomny wies ihn jedoch zurück und billigte statt dessen als Metropoliten den Rjasaner Bischof Iona, der ihm in den Jahren des Feudalkrieges im zweiten Viertel des 15.Jahrhunderts beigestanden hatte. Im Unterschied zu anderen Metropoliten fuhr Iona nicht zur Einsetzung nach Konstantinopel zum Patriarchen. Seine Bestätigung als Metropolit vollzogen die Bischöfe der russischen Lande. Damit wurde die faktische Unabhängigkeit der russischen Kirche ausgerufen.

Die Position Moskaus als Zentrum der wahren orthodoxen Religion festigte sich nach der Einnahme Konstantinopels durch die Türken im Jahr 1453. Für alle russischen Geistlichen wurde der Moskauer Metropolit die höchste Instanz im System der Kirchenverwaltung, darunter auch für jene, die in Gebieten wohnten, deren Autonomie gewahrt blieb. Der Metropolit konnte die Kandidatur von ungelegenen Anwärtern auf den Bischofssitz in diesem oder jenem russischen Land ablehnen und andererseits auf der Bestätigung eines anderen Kandidaten bestehen.

Die Kirchenbehörden kamen nicht nur den religiösen Bedürfnissen des ganzen russischen Volkes nach, sondern sie lenkten zugleich aktiv die Ideologie des großfürstlichen Moskau. In der Absicht, die Autorität des Großfürsten Wassili II. Tjomny zu heben, »belegte« ihn der Metropolit Iona mit dem Herrschertitel »Gottgekrönter Zar« – ein Titel, den bis zur Eroberung Konstantinopels durch die Türken allein der byzantinische Kaiser tragen durfte. Durch die Einführung der Bezeichnung »Gottgekrönter Zar ganz Rußlands« für das Oberhaupt der Moskauer Rus erlangte Moskau die Bedeutung eines zweiten Konstantinopel oder, wie es russische Kirchenvertreter etwas später formulierten, »eines dritten Rom«: Das erste (antike) Rom fiel nach dieser Theorie durch Unglauben, das zweite (Konstantinopel) wurde durch die Türken zerschlagen, das dritte (Moskau) besteht, und ein viertes werde es nicht geben.

Feuersbrunst im Kreml. 1477.
In: Lizewoi Swod, Schumilow-Bd., Blatt 170

Die Moskauer Kirche unterband geflissentlich die Versuche einzelner russischer Länder, aus der Abhängigkeit vom Großfürsten auszubrechen; insbesondere trat sie den Herrschern entgegen, die Kontakt mit Staaten katholischer Konfession aufzunehmen trachteten. Dies betraf vor allem zwei Feudalrepubliken – Pskow und Nowgorod –, die in den nordöstlichen Teilen der Rus lagen und sich unter ständiger Bevormundung des Moskauer Metropolitenhofes befanden. Das Haupt der russischen Kirche beschuldigte die Nowgoroder des Ungehorsams gegenüber dem Großfürsten – des Mangels an Ergebenheit gegenüber der wahren orthodoxen Religion, und sie forderten »ihre Söhne« auf, sich »den festen Händen des rechtgläubigen und gottesfürchtigen Großfürsten zu unterwerfen«. Das Bündnis der geistlichen und weltlichen Macht trug in vielem zum Erfolg der Politik der Vereinigung der russischen Lande bei. Es erhöhte nicht nur die Autorität des Großfürsten, sondern auch das wirtschaftliche und politische Ansehen des Moskauer Metropoliten. Die Festigung der Position der Kirche fand ihren Ausdruck in der Errichtung des neuen Metropolitenpalastes im Kreml. 1450 ließ der Metropolit Iona nordwestlich der Verkündigungs-Kathedrale einen wahrscheinlich für festliche Empfänge bestimmten Steinpalast aufführen und unmittelbar dabei eine Kirche. Außerdem wurden noch drei Ziegelstein-paläste auf dem Metropolitenhof erbaut, und zwar Anfang der siebziger Jahre, als Geronti Metropolit wurde. Die in der Residenz der russischen Kirche und im Kreml in den ersten Jahrzehnten nach dem Feudalkrieg in großem Maße errichteten Steinbauten erforderten gewaltige Mittel. Und allem Anschein nach verfügten die Moskauer Metropoliten in ausreichendem Maße darüber.

Schlechter stand die Angelegenheit mit dem großfürstlichen Schatz, der 1445 durch die Feuersbrunst und die Zahlung der 200 000 Silberrubel, die für die Freilassung Wassilis II. aus der Gefangenschaft gezahlt wurden, stark zusammengeschrumpft war. Die Forscher nehmen mit Recht an, daß diese Summe nicht mit einemmal zur Verfügung gestellt werden konnte, sondern im Verlauf von etlichen Jahren übergeben wurde. Dieser Umstand erklärt auch, daß der Großfürst in den fünfziger bis sechziger Jahren im Prinzip nur eine Reihe von Reparatur- und Wiederherstellungsarbeiten ausführen ließ. Weiter reichten die Mittel damals nicht. Außerdem erforderte die Schaffung einer mobilen Armee erhebliche Kräfte – einer Armee, die geeignet war, den Besitz und die konsequente Einheit der russischen Lande zu sichern.

Ein ernstes Hindernis auf dem Weg der Bildung eines russischen Staates war die Republik Nowgorod, die flächenmäßig größeren europäischen Ländern nicht nachstand. Das Haupt der Republik war faktisch der Erzbischof, doch auf Grund der eigentümlichen Struktur der Republik Nowgorod lag die Entscheidungskraft bei den großen Landbesitzern, den Bojaren, die den Kern der großfürstlichen Opposition bildeten. Die Versuche der Moskauer Fürsten, das Nowgoroder Land in das Groß-Moskauer Fürstentum einzubeziehen, stießen stets auf den erbitterten Widerstand der Bojarenpartei. Ihr ständiger Kontakt mit Litauen machte die Nowgoroder Feudalrepublik zu einem besonders gefährlichen Gegner.

Bei einem erfolgreichen Feldzug Wassilis II. nach Nowgorod wurden die Nowgoroder Krieger in dem weiten Vorgelände vor der Stadt geschlagen, doch wenn die Freiheit der Nowgoroder dadurch auch eingeschränkt wurde – ihrer Selbständigkeit konnte die Republik noch nicht beraubt werden. Nowgorod zahlte Wassili II. Tjomny eine hohe Kontribution und sicherte zu, daß es nicht mit den

Die Nowgoroder Wetsche-Glocke wird nach Moskau gebracht. 1478. In: Lizewoi Swod, Schumilow-Bd., Blatt 275 Rückseite

politischen Gegnern Moskaus paktieren werde. Aber schon in den sechziger Jahren nahmen die Nowgoroder erneut geheime Kontakte mit dem polnischen König Kazimierz IV. auf, und 1470, nach dem Tod des Erzbischofs, beschlossen sie, den neuen Kandidaten nicht in Moskau bestätigen zu lassen, wie es bis dahin üblich war, sondern in Kiew, das damals zu Polen gehörte.

1471 organisierte der Nachfolger und Sohn Wassilis II., Iwan III., den nächsten Feldzug gegen Nowgorod, an dem die Truppen aller Moskau unterstellten Länder teilnahmen. Dabei erlitten die Nowgoroder eine völlige Niederlage. Iwan III. wies die einflußreichsten gegen Moskau eingestellten Bojarenfamilien aus der Stadt und konfiszierte ihren Besitz. Die Macht der Nowgoroder Republik war untergraben, und 1478 erfolgte ihre endgültige Ein-

Vermessung der Uspenski-Kathedrale in Wladimir. 1472.
In: Lizewoi Swod, Schumilow-Bd., Blatt 28 Rückseite

gliederung in das Moskauer Großfürstentum, dessen Staatsterritorium sich dadurch beträchtlich vergrößerte. Die Republik wurde liquidiert und das Symbol der Nowgoroder Unabhängigkeit, die Wetscheglocke (von dem Begriff Wetsche – Verwaltungsorgan Nowgorods) nach Moskau gebracht.

Parallel zu dem Prozeß der Vereinigung der russischen Lande zu einem Staat führte die Rus den Kampf um ihre nationale Befreiung. Die einstige Goldene Horde war in einzelne Khanate zerfallen. Aus diesen »Trümmern« hatte sich in den vierziger Jahren des 15. Jahrhunderts die sogenannte Große Horde herausgebildet, die die Unterdrückung der Rus fortsetzte. Dem blieben die anderen Khanate nichts schuldig. Laufende überraschende Überfälle schneller Reitertrupps hielten nicht nur die Grenz-

siedlungen in ständiger Spannung, sondern auch jene, die sich weitab von den Grenzen zur »wilden Steppe« befanden. Doch mit jedem Jahr wurde es für die Horde schwerer, in die Tiefe des russischen Landes vorzudringen. Eine besonders schwierige Lage entstand 1451, als es Masowscha, einem Khan-Nachfolger der Horde, gelang, den Kreml zu belagern. Doch als sich die Verteidiger der Moskauer Festung zum Gegenschlag vorbereiteten, flüchtete Masowscha, und zwar an dem Tag, an dem die russischen Menschen das Fest der Niederlegung des Gewandes der Gottesmutter (Rispoloshenie risy bogomateri) begingen.

Die lauten Gebete in den Kirchen, so berichtet die Chronik, die beim Gottesdienst zu Ehren dieses Festtags erklangen, hielten die Krieger des Masowscha für das Lärmen des großfürstlichen Heeres, das ihnen gewaltig vorkam und sie in Schrecken versetzte. Erneut geplante Überfälle der Großen Horde in den folgenden Jahren wurden schon fernab von Moskau zum Stehen gebracht.

Iwan III., der unter seiner Gewalt einen großen Teil des russischen Territoriums vereint hatte, stellte die Zahlung der Tribute an die Horde völlig ein. Zu dieser Zeit nahmen die Beziehungen zwischen der Rus und der Großen Horde einen besonderen Charakter an. Die Erfolglosigkeit der Horde bei ihren Anschlägen auf russisches Grenzland zwang deren Herrscher zu einer veränderten Politik. 1474 kam eine Gesandtschaft der Horde nach Moskau. Ihr gehörten über 3000 Kaufleute »mit Pferden und anderen Waren« an. Der Umfang der Handelsgeschäfte war erstaunlich: Es wurden allein 40000 Pferde verkauft. Eine ähnliche Aktion, wenn auch in etwas geringerem Umfang, wiederholte sich vier Jahre später. Solch ein bedeutender Warenaustausch kann das Ergebnis eines Vertrages gewesen sein, der die Beziehungen zwischen der Rus und der Großen Horde regelte. In dieser Periode ist in den russischen Chroniken kein einziger Überfall der Horde vermerkt.

Während der siebziger Jahre bereitete sich Moskau auf den Übergang von der Hauptstadt des Großfürstentums zur Hauptstadt eines riesigen Staates vor. Und die Vorbereitungen fanden ihren materiellen Niederschlag in der Errichtung einer neuen Kreml-Kathedrale von noch nie dagewesener Größe: der Mariä-Himmelfahrts-Kathedrale anstelle der alten aus der Zeit Iwan Kalitas. Ihre Grundsteinlegung bringt eine Reihe von Spezialisten nicht ohne Grund mit dem bereits erwähnten erfolgreichen Abschluß des Feldzuges nach Nowgorod 1471 in Zusammenhang. Ein paar Jahre später stürzte die Kathedrale ein. Die nun folgende Etappe der Errichtung der Hauptkathedrale der Metropole lag bereits in den Händen des italienischen Architekten Fioravanti Rudolfo, genannt Aristotele. Die Heranziehung eines italienischen Meisters für den

Errichtung der Uspenski-Kathedrale durch Pskower Meister. 1472.
In: Schumilow-Bd., Blatt 31 Rückseite

Bau der Uspenski-Kathedrale durch Aristotele Fiovaranti. 1475.
In: Lizewoi Swod, Schumilow-Bd., Blatt 108 Rückseite

Bau war das Ergebnis der zunehmenden internationalen Beziehungen Moskaus. 1472 heiratete Iwan III. die Nichte des letzten byzantinischen Kaisers, Sofia (Sofja) Palaiologos, um das politische Prestige der Rus zu erhöhen und gewissermaßen den damals noch strahlenden Ruhm der byzantinischen Kaiser als Erbe zu übernehmen. Die Beziehungen Sofias beim päpstlichen Hof und vor allem mit Kardinal Bessarion nutzend, nahm Iwan III. den überaus erfahrenen Ingenieur und Architekten Aristotele Fioravanti in seine Dienste. Im Frühjahr 1475 brachte ihn der russische Gesandte Semjon Tolbusin nach Moskau. 1479 war der Bau der Kathedrale, die durch ihre Höhe alle umliegenden Bauten überragte, abgeschlossen.

Ein Ereignis von großer historischer Bedeutung brachte das Jahr 1480. Im Sommer trafen Nachrichten ein über die Vorbereitung eines Überfalls des Khans der Großen Horde, Ahmed, auf die russischen Besitzungen. Die Lage wurde wegen der Zwistigkeiten zwischen dem Großfürsten und seinen Brüdern besonders heikel. Doch konnte Iwan III. durch seine geschickte Politik und das Versprechen, die Landanteile der Brüder zu erhöhen, die Geschlossenheit seiner bewaffneten Kräfte sichern. Außerdem ging der Moskauer Herrscher einen Militärpakt mit dem Gegner Ahmeds ein, dem Krimkhan Mengli Girai, der in das Territorium Polens eingedrungen war und dadurch den Verbündeten der Großen Horde, König Kazimierz IV., davon abhielt, Ahmed-Khan zu Hilfe zu kommen. Die Heere der Rus und der Horde begegneten sich an den Ufern der Ugra, einem Zufluß der Oka. Einige Monate lang standen sich die Gegner auf beiden Seiten des Flus-

Die Uspenski-Kathedrale, Grabstätte der russischen Metropoliten. 1479.
In: Lizewoi Swod, Schumilow-Bd., Blatt 311 Rückseite

Bau des Geheim-Turms. 1485.
In: Lizewoi Swod, Schumilow-Bd., Blatt 387 Rückseite

ses gegenüber, ohne sich zu aktiven Handlungen zu entschließen. Mit dem Einsetzen der Kälte erhielten die Russen Rückenstärkung. Ihr Heer war besser bewaffnet (im Stellungskrieg wurden zahlreiche Kanonen eingesetzt) und darauf vorbereitet, den Krieg unter Winterbedingungen zu führen. In den großfürstlichen Regimentern erfolgte eine Umgruppierung der Kräfte, die von den Hordenangehörigen als Vorbereitung zur Offensive aufgefaßt wurde. Ahmed entschloß sich zur Flucht, kam dabei ums Leben, und die nun führerlose Große Horde zerfiel in einige kleine Gruppen, die nicht in der Lage waren, an eine Unterwerfung der gewaltigen nördlichen Macht zu denken. So endete der letzte Versuch der Horde, ihre Herrschaft über die russischen Lande zu verlängern, die mehr als zweieinhalb Jahrhunderte gewährt hatte.

Aus diesem Anlaß gab der russische Bischof Wassian (Wassili) Rylo den Ikonostas für die Mariä-Himmelfahrts-Kathedrale in Auftrag, der bereits 1481 unter Leitung des hervorragenden Malers Dionissi vollendet wurde. Damit hatten in diesem bedeutenden Denkmal der russischen Architektur alle grundlegenden Ereignisse der russischen Geschichte während der Herausbildung eines einheitlichen Staates ihren Niederschlag gefunden: die Angliederung Nowgorods, die Aufnahme internationaler Beziehungen und die nationale Befreiung.

Die Mariä-Himmelfahrts-Kathedrale bildete eine erste Keimzelle bei der Entwicklung des Moskauer Kreml zur Residenz des russischen Staates. Sie setzte sich im Größenverhältnis deutlich gegenüber den bereits baufälligen kleineren Anlagen ab und wurde gleichsam zum

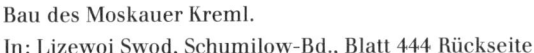

Bau des Moskauer Kreml.
In: Lizewoi Swod, Schumilow-Bd., Blatt 444 Rückseite

Errichtung des Frolow- (Spasski-) Turms unter Leitung von Pietro
Antonio Solari. 1491. In: Lizewoi Swod, Schumilow-Bd., Blatt 456

Maßstab für die Abmessungen aller künftigen Bauwerke. In der Absicht, das gesamte Kremlensemble entsprechend dem erreichten Status zu erneuern, schickten die Moskauer Behörden ihre Vertreter in die Städte, die für ihre Architekturtraditionen bekannt waren.

1482 begab sich eine Gesandtschaft nach Italien, deren Aufgabe es war, gute Architekten und Ingenieure nach Moskau einzuladen. Nach Aristotele Fioravanti kam Anton Frjasin (ital. Antonio Gilardi) aus Italien nach Rußland und errichtete 1485 den Geheim-Turm. Im selben Jahr wurde der Gesandte Iwans III., Juri Trachianot, erneut nach Italien geschickt. Wahrscheinlich ist damals auch Mark Frjasin (Marco Ruffo) nach Moskau gekommen. Er begann 1487 mit dem Bau des Facettenpalastes, der für festliche Empfänge bestimmt war. Im Winter 1490

nahmen die Erbauer des Kreml in ihre Reihen den Italiener Pietro Antonio Solari auf, dessen Erfahrung, Wissen und Meisterschaft die Auftraggeber in vollem Maße zufriedenstellte. Eine weitere, im Sommer 1490 ins Ausland geschickte russische Gesandtschaft fand keine geeigneten Architekten mehr.

Unter den ausländischen Meistern leistete Pietro Antonio Solari den größten Beitrag zum Moskauer Festungsbau. Er arbeitete in der Metropole etwas mehr als drei Jahre und schuf in dieser Zeit den Spasski-, den Nikolaus-, den Konstantin-Helena- und den Borowizki-Turm. 1493, als gerade der Arsenal- (Sobakin-) Turm vollendet war, verstarb Solari, ohne die von ihm begonnene nordwestliche Kremlmauer fertiggestellt zu haben. Erneut ließ Iwan III. in Italien nach Architekten Ausschau halten. Der

Grundsteinlegung der nordöstlichen Kremlmauer. 1492.
In: Lizewoi Swod, Schumilow-Bd., Blatt 473

Einweihung der Rispoloshenski-Kathedrale. 1485.
In: Lizewoi Swod, Schumilow-Bd., Blatt 401 Rückseite

1494 nach Moskau gekommene Alewis d. Ä. (Alevisio da Carcano) hatte schwierige ingenieurtechnische Aufgaben zu lösen. Auf Anweisung des Großfürsten sollte die neue Mauer nicht entlang dem alten Fundament errichtet werden, sondern näher am morastigen, abfallenden Uferhang der Neglinnaja. Ein anderer Teil der Mauer, der näher an der Mündung lag, führte dann über einen an Gefälleunterschieden reichen Geländeabschnitt. Deshalb verstrich das erste Baujahr mit dem Anlegen und Sichern der Fundamente.

Ende 1495 waren die Mauern und Türme der nordwestlichen Seite und mit ihnen auch der ganze Komplex der Festungsanlage des Kreml in Ziegelbauweise fertiggestellt. Doch der Ausbau des Kreml als städtebauliches Zentrum wurde fortgeführt.

Die Ende des 15. Jahrhunderts auf dem zentralen Kremlplatz errichtete Mariä-Himmelfahrts- und die Verkündigungs-Kathedrale sowie der zwischen ihnen liegende Facettenpalast erdrückten durch ihre Ausmaße die verhältnismäßig kleinen, auf der gegenüberliegenden Seite stehenden Gebäude regelrecht: die Erzengel-Kathedrale aus dem Jahr 1333 und die noch früher entstandene Iwan-Lestwitschnik-Kirche. Die Verkündigungs-Kathedrale und der Facettenpalast, die ein Bestandteil des Ensembles des Kathedralenplatzes waren, gehörten zugleich auch zum Palastkomplex. Von Anfang an stellten sich die Architekten das Ziel, beide Ensembles miteinander zu verbinden. 1487 errichtete Mark Frjasin parallel zum Facettenpalast den kleinen Uferpalast. Der Bau der anderen Gebäude des Hofs Iwans III. wurde aus einer

Errichtung des Facettenpalastes. 1491.
In: Lizewoi Swod, Schumilow-Bd., Blatt 455

Errichtung von drei Palästen im Metropolitenhof. 1493.
In: Lizewoi Swod, Schumilow-Bd., Blatt 499

Reihe von Gründen bis 1499 aufgeschoben, als Alewis d. Ä. die Arbeiten fortsetzte. Doch auch sie gingen sehr langsam voran und wurden bereits von anderen Meistern zu Ende geführt.

Die Absicht Iwans III., den gesamten Kremlkomplex neu zu gestalten, verlangte immense Mittel und viele befähigte Meister, da an jedes Gebäude der staatlichen Residenz spezielle Anforderungen gestellt wurden. Diese Umstände zwangen den Großfürsten, das Bautempo nicht zu forcieren und systematisch und rationell die Reihenfolge für die Schaffung dieses oder jenes Objektes festzulegen. So befahl Iwan III. 1505, kurz vor seinem Tode, anstelle der Kathedralen des 14. Jahrhunderts – der Erzengel-Kathedrale und der Iwan-Lestwitschnik-Kirche – neue Sakralbauten aufzuführen. Als gegen 1508 mit der

Vollendung des Baus dieser beiden Kirchen die Gestaltung des Kathedralenplatzes abgeschlossen war, wurde damit auch das Ensemble der Residenzbauten zum Abschluß gebracht. Am 7. Mai jenes Jahres berichtet die Chronik von der Übersiedlung des Großfürsten Wassili III. »in den neuen Wohnhof«.

Die architektonische Gestaltung der staatlichen Residenz berührte nicht nur seine zentralen Komplexe, sondern auch die weitere Bebauung. Bereits 1479 wurde in der südöstlichen Ecke des Kreml die Kirche des Metropoliten Pjotr errichtet. 1482 erhob sich neben dem künftigen Dreieinigkeits-Torturm die neue Christi-Erscheinen-Kathedrale. Nach Verlauf eines Jahres wurden auf dem Gelände des Tschudow-Klosters, das sich zwischen dem Kathedralenplatz und dem Spasski-Turm befand, die Kirche des Metropoliten Alexej und ein neues Refektorium anstelle des niedergebrannten aus den siebziger Jahren des 15. Jahrhunderts aufgeführt. Die ersten Jahre des 16. Jahrhunderts sind noch wegen eines weiteren Bauwerks in diesem Kloster erwähnenswert – der Kathedrale des Wunders des Erzengels Michael. In den Jahren 1506 bis 1508 ergänzte der Schöpfer der Erzengel-Kathedrale Alevisio Novo (Alewis Lamberti de Montanjano) die Silhouette des Kreml durch drei weitere wirkungsvolle, heute nicht mehr existierende Sakralbauten.

Somit war Ende des 15., Anfang des 16. Jahrhunderts das gesamte Territorium des Kreml systematisch mit neuen Ziegelsteingebäuden bebaut, deren Größe die Vorgängerbauten übertraf. Die Erneuerung fast aller Hauptkomponenten des Kreml, einschließlich der Mauern und Türme, der inneren Bebauung, des Kathedralenplatzes, des großfürstlichen Hofes und der zahlreichen Kultbauten weist auf die Bestrebungen der Moskauer Behörden hin, innerhalb der historisch entstandenen städtebaulichen Struktur ein neues Architekturensemble zu schaffen, das der gewachsenen Bedeutung des Kreml als staatliche Residenz zu entsprechen vermochte. Es war 1508 vollendet.

Inzwischen war dem Moskauer Staat 1485 auch das Twerer Fürstentum angegliedert worden, das an der Oberen Wolga lag – der langjährige politische Gegner Moskaus. Einige Jahre später fielen das Wjatkaer Land und das Territorium zwischen Oka und Wolga an Rußland, ein Gebiet, das von nichtrussischen Völkern besiedelt war. Auch für diese nationalen Minderheiten und die zahllosen Völkerschaften des Nordens, die in den Bestand der Nowgoroder Feudalrepublik eingegangen waren, wurde Moskau die Hauptstadt. Unmittelbar an der Wende vom 15. zum 16. Jahrhundert vergrößerten sich die staatlichen Besitzungen durch die Eingliederung der angestammten russischen Lande am Oberen Dnepr und seinem Zufluß, der Desna. 1510 fiel die Republik Pskow, und ihre angesehensten Bojaren wurden in zentrale Gebiete Rußlands umgesiedelt. 1521 schließlich hörte das Rjasaner Fürstentum auf zu existieren, das im Süden an der Oka lag und sich schon lange in der Abhängigkeit Moskaus befand. Die Vereinigung der russischen Lande war nun im wesentlichen vollzogen. In Osteuropa hatte sich ein gigantischer Staat herausgebildet, der in seinen Ausmaßen selbst die größten westeuropäischen Länder um vieles übertraf.

Im Vordergrund stand in jener Zeit der Kampf um die Anerkennung Rußlands als große Weltmacht und das Zustandekommen gleichberechtigter politischer Beziehungen mit anderen hochentwickelten Ländern. Von besonderer Bedeutsamkeit für die internationale Position Rußlands war der Nachweis, daß dieser Staat schon lange existierte und die Moskauer Herrscher als rechtmäßige

Erbfolger die Macht von den Wladimirer und Kiewer Fürsten übernommen haben. Diese Frage stand im engen Zusammenhang mit dem Titel »Zar«, den die russischen Herrscher seit dem 16. Jahrhundert in Anspruch nahmen. Bereits Iwan III. wurde von den Zeitgenossen manchmal als Zar bezeichnet, das bedeutete in den Vorstellungen der Menschen jener Zeit »oberster Monarch«. Iwan III. befaßte sich mit der Ausarbeitung eines speziellen Krönungszeremoniells nach dem Beispiel des byzantinischen Kaisers und erprobte es bei der feierlichen Krönung seines Enkels Dmitri, dessen Vater, Iwan Iwanowitsch d. J., der eigentliche Nachfolger Iwans III., frühzeitig verstorben war.

Eine besondere Rolle kam bei dem Krönungsritual der Fürstenkrone zu, die damals zum erstenmal als »Kappe des Monomach« bezeichnet wurde. Der byzantinische Kaiser Konstantin Monomach (Monomachos) hatte die Kappe dem Kiewer Fürsten Wladimir geschickt, was als Symbol für die Übertragung der Macht der byzantinischen Kaiser, der Nachfolger des römischen Kaisers Augustus, an die russischen Fürsten gewertet wurde. Diese Version lag den politischen Traktaten zugrunde, mit denen der Zarentitel und die Genealogie der russischen Herrscher begründet wurden. Als Zar bezeichnete sich auch Wassili III., der nach dem Sturz Dmitris den Thron bestieg. Offiziell allerdings rief sich erst Wassilis Sohn, Iwan IV. – der später den Beinamen Grosny (der Schreckliche) erhielt –, als Zar aus. Seine Krönung erfolgte im Januar 1547 in der Mariä-Himmelfahrts-Kathedrale.

Die Idee der ideologischen Untermauerung des Zarentitels für den Moskauer Herrscher und die Herleitung des russischen Staates als Nachfolger der früheren russischen Hauptstädte Wladimir und Kiew fanden ihre repräsentative künstlerische Widerspiegelung in den geschnitzten Darstellungen auf dem Zarensitz in der Uspenski-Kathedrale (dem sogenannten Thron des Monomach), in der Wandmalerei des Goldenen Gemachs im Palastkomplex, in dem das Motiv der Krönung des Wladimir Monomach den Hauptplatz einnahm, und in einer außerordentlich umfangreichen illustrierten Chronik – der »Persönlichen Annalensammlung« des 16. Jahrhunderts.

Die Herausbildung des einheitlichen russischen Staates und seine außen- und innenpolitischen Aufgaben erforderten die Schaffung eines verzweigten Staats- und Verwaltungsapparates. Seit Anfang des 16. Jahrhunderts formierten sich die sogenannten Prikase: exekutive Verwaltungsorgane für verschiedene Territorien und Bereiche der wirtschaftlichen und politischen Wirksamkeit des Staates. Die Prikasgebäude wurden östlich von der Erzengel-Kathedrale angelegt. 1565 entstanden anstelle der Holzbauten zweigeschossige Räumlichkeiten aus Stein, die im Verlaufe des 16. und 17. Jahrhunderts wiederholt umgebaut und durch neue Gebäudeteile ergänzt und erweitert wurden.

Das Bemühen, ein staatliches Verwaltungssystem aufzubauen, war vom erbitterten Kampf der politischen Gruppierungen um die Macht begleitet, und die Annahme von Gesetzen, die für die feudalen Oberschichten vorteilhaft waren, rief ständige soziale Widersprüche hervor. Bisweilen mündeten die Widersprüche in scharfe Konflikte zwischen den Vertretern der verschiedenen Parteien und Klassen. Zur Arena solcher Zusammenstöße wurde nicht selten der Kreml und hier vor allem der Kathedralenplatz, der damals die Funktion eines Stadtzentrums hatte, bevor der Rote Platz zum wichtigsten Platz der Stadt Moskau wurde.

Eine in ihren Ausmaßen ungewöhnliche Erhebung fand im Juni 1547 statt, als eine der größten Feuersbrünste in der Geschichte Moskaus fast die ganze Stadt – praktisch alle Wohn- und Wirtschaftsgebäude – vernichtete. Die Bewohner, die alles verloren hatten, suchten mit jenen abzurechnen, in denen sie die Ursache all ihres Unglücks sahen. Der allgemeine Haß richtete sich gegen die allgewaltigen Verwandten der Mutter des Zaren, die Bojaren Glinski. Ihnen wurde auch diese Feuersbrunst zugeschrieben, die angeblich die Folge einer Hexerei der Großmutter Iwan Grosnys war.

An dem Aufstand nahmen sowohl das einfache Volk als auch Bürger vornehmer Herkunft teil, die ihre Position in der staatlichen Verwaltung festigen wollten. Die Aufständischen, die sich auf dem zentralen städtischen Platz versammelten, forderten vom Zaren die Auslieferung Glinskis. Kein Zureden konnte dem Zornesausbruch des Volkes Einhalt gebieten. Es drang in die Mariä-Himmelfahrts-Kathedrale ein, wo der Zar und sein Onkel Juri Glinski dem Gottesdienst beiwohnten. Die Entschlossensten unter den Rebellierenden schleppten den verhaßten Juri Glinski auf den Kathedralenplatz. Dort erschlugen sie ihn sowie seine Bediensteten.

Der Volksaufstand versetzte den Zaren in Angst und Schrecken. Selbst einige Jahre später erinnerte er sich mit Schaudern an das aufrüttelnde Ereignis: »Es erfüllte meine Seele mit Furcht und zerrte an meinen Knochen«. Um die öffentliche Meinung zu besänftigen, entfernte Iwan Grosny den Bojaren Michail Glinski aus dem obersten Staatsrat der Bojarenduma. Doch der Zar mußte auch darüber nachdenken, wie er sich künftig vor ähnlichen Katastrophen bewahren konnte. Wahrscheinlich ging unmittelbar nach dem Volksaufstand von 1547 die Funktion des Kathedralenplatzes als des wichtigsten öffentlichen Platzes der Stadt auf den Handelsplatz über, der seit dem 17. Jahrhundert Roter Platz heißt und sich außerhalb des Kremlgeländes vor dem Spasski- und Nikolaus-Turm befindet.

Krönungszeremonie mit der Kappe des Monomach im Moskauer Kreml. 1498. In: Lizewoi Swod, Schumilow-Bd., Blatt 564

Wenn der Kreml im Verlauf der Jahrhunderte häufig mit dem Begriff »Stadt Moskau« gleichgesetzt wurde, so begann er im 16. Jahrhundert die Stellung des Regierungssitzes einzunehmen. Die Massenaktionen in der Stadt fanden mehr und mehr auf dem Roten Platz statt und die Regierungstätigkeit vornehmlich im Kreml. Hier wurden die wichtigsten Staatsfragen entschieden, von hier gingen die Impulse grundlegender Veränderungen aus. Seit Mitte des 16. Jahrhunderts wurde im Kreml die Landesversammlung (semski sobor) einberufen. Diese repräsentative Vertretung des russischen Staates hatte die Beschlüsse der Zentralgewalt in ihren Bereichen zu realisieren. Durch die Einbeziehung von Vertretern aus den verschiedenen Regionen des Landes versuchte Iwan Grosny möglichen Konflikten und Aufständen vorzubeugen. Etwa 300 Mitglieder des Sobor, die der Zar selbst berief, versammelten sich auf dem Kathedralenplatz in Erwartung der feierlichen Eröffnung der Sitzungen. Für gewöhnlich wurden sie mit Gebeten in der Mariä-Himmelfahrts-Kathedrale eingeleitet und die Arbeit dann im Facettenpalast fortgesetzt.

Die Veränderung des Verwaltungssystems und die Durchführung wichtiger Reformen, darunter auch auf militärischem Gebiet, brachten Rußland entscheidende internationale Erfolge und eine weitere Erhöhung seines Prestiges. Ein wesentlicher Schritt auf diesem Weg war die Unterwerfung der aggressiven östlichen Nachbarn Rußlands, der Khanate Kasan und Astrachan. Die sorgfältige Vorbereitung der Kriegszüge von 1552 und 1556 führte zu einem vollen Erfolg, und die feindlichen Nachbarländer wurden zu Gebieten des russischen Reiches.

Hauptgestalt eines Berichtes über diesen Feldzug war der Zar. Vor dem Auszug aus dem Kreml, so heißt es darin, besuchte er die Mariä-Himmelfahrts-Kathedrale. Er verneigte sich vor dem Grabmal des Metropoliten Pjotr und vor der Gottesmutter-Ikone, und er bekreuzigte sich in der Erzengel-Kathedrale an den Gräbern seiner Vorfahren, der Moskauer Fürsten. Die ganze Erzählung ist durchzogen von Analogien mit dem Auszug Dmitri Donskois zur entscheidenden Schlacht auf dem Kulikowo-Feld. Selbst das Ritual, das mit dem Besuch der nach den damaligen Vorstellungen geweihten Stätten im Kreml zusammenhing, wiederholt sich. Die erwähnte Gottesmutter-Ikone zum Beispiel soll Dmitri Iwanowitsch 1380 mit zum Kulikowo-Feld genommen haben. Iwan Grosny, der mit seinem Heer nach Kasan auf demselben Weg wie Dmitri Donskoi aufbrach, trug das Kreuz bei sich, das »die Ahnen am Don bei sich hatten«.

So wie Rußland seine östlichen Grenzen weitgehend sicherte, wandte es seinen Blick auch auf das Baltikum. Durch einen Feldzug zur Ostsee wollte sich der Staat den für seine weitere Entwicklung sehr wichtigen freien Zugang zu den europäischen Ländern erkämpfen. Doch der mehr als zwanzig Jahre während Krieg (1558–1583) brachte Rußland nur Verwüstungen und Verluste an Menschen und Territorium.

Recht erfolgreich hingegen entwickelte sich die Eroberung der fernöstlichen Länder. Selbst in der Zeit »des großen Ruins«, in den siebziger und achtziger Jahren des 16. Jahrhunderts, verlor der Moskauer Herrscher den Gedanken an die Erschließung der Reichtümer Sibiriens, die dem Staat verlockende Aussichten verhießen, nicht aus dem Sinn. Anfang der achtziger Jahre bereiteten die im Ural tätigen Industriellen aus der reichen russischen Kaufmannsfamilie Stroganow im Auftrag Iwan Grosnys eine große sibirische Expedition vor, an deren Spitze der Kosakenataman Jermak stand. Dieser Feldzug führte zur Angliederung der unübersehbaren Weiten Sibiriens an Rußland.

Die weitreichenden Pläne der Moskauer Administration waren unmittelbar abhängig von der Innenpolitik des Staates. Eine Garantie für die Verwirklichung der zahlreichen Reformen und des erforderlichen politischen Kurses sah Iwan Grosny in den von ihm gegründeten Opritschnina, den persönlichen Besitzungen des Herrschers. In die Opritschnina-Gefolgschaften wurden Leute aufgenommen, denen der Zar vertraute und die auf dem nicht zareneigenen Territorium, der Semstschina, den »Verrat ausrotten« sollten.

Auch Moskau wurde auf diese Weise geteilt, und der Zar bereitete außerdem die Abtrennung einer Opritschnina im Kreml vor. Zu diesem Zweck befahl er 1565, an der Westseite etwa vom Borowizki- bis zum Dreieinigkeits-Turm das Gelände einzuebnen, wo sich die Gemächer seiner ersten Frau, der verstorbenen Anastasia, die Wirtschaftsbauten des Palastes, der Hof seines Cousins Fürst Wladimir Starizki und das Territorium, das dem Metropoliten gehörte, befanden. Der neue Opritschnina-Hof sollte sich an die hölzernen Gemächer anschließen, die auf Geheiß des Zaren 1560 für seine Söhne Iwan und Fjodor entstanden waren. 1566 jedoch trat der Zar von seinem ursprünglichen Gedanken zurück und ließ den Opritschnina-Hof außerhalb des Kreml, gegenüber dem Kutafja-Wachturm und dem Borowizki-Turm erbauen.

Der Grundgedanke der Opritschnina war die Beseitigung der Widerstandszentren gegen die zentrale Staatsgewalt, eines Widerstands, der vor allem von seiten der Gegner der Einigungspolitik betrieben wurde. Dem Ziel, diese Zentren zu schwächen, diente auch die Anordnung des Zaren, die am meisten verehrten Ikonen, kostbares Geschirr und Kirchengerät aus einer Reihe von Klöstern und Kirchen zu konfiszieren. Wahrscheinlich hängt damit das Auftauchen der Nowgoroder Ikonen in den Kreml-Kathedralen und vieler Werke der angewandten Kunst in den Schatzkammern des Zaren zusammen.

Die Opritschnina-Politik, die schrecklichen Terror mit sich brachte, führte zu starken Verwüstungen des Staatsterritoriums und zur Ausrottung eines beträchtlichen Teils der Bevölkerung. In dieser Zeit brach ein weiteres Unglück über Moskau herein. 1571 fiel der Krimkhan Dewlet Girai unvermutet in die Hauptstadt ein. Er ließ die Mehrzahl der Bevölkerung töten und den Stadtrand in Brand stecken. Durch starken Sturm wurde das Feuer, in dem Russen und Tataren gleichermaßen umkamen, schnell verbreitet. Nach Aussage des päpstlichen Gesandten Possevino, der Moskau zehn Jahre nach diesem Ereignis besuchte, war die Bevölkerung damals auf ein Sechstel dezimiert worden. Die Einäscherung Moskaus im Jahr 1571, die Mißerfolge im Livländischen Krieg und die entsetzlichen Verwüstungen des Landes zwangen Iwan IV., die Opritschnina zu reorganisieren und die Position des Staates zu festigen. Doch um die Folgen der gewaltigen Zerrüttung zu überwinden, waren Jahrzehnte notwendig.

Aus historischen Quellen ist ersichtlich, daß es noch im Jahre 1588 in Moskau nicht wenig unbebautes Kremlgelände mit Überresten niedergebrannter Gebäude gab. Unter solchen Bedingungen war es selbst im Kreml sehr schwierig, wieder mit den Bauarbeiten zu beginnen. In den siebziger und achtziger Jahren des 16. Jahrhunderts entstand in der Moskauer Zitadelle faktisch nicht ein einziges neues Gebäude aus Stein oder Ziegelmauerwerk.

Die dumpfe Gärung im Volk, das mit seiner schwierigen Lebenslage unzufrieden war, die ständige Rivalität der politischen Gruppierungen, die alten Rechnungen, die noch aus den Zeiten der inzwischen wieder abgeschafften Opritschnina offen waren, brachen unmittelbar nach dem Tod Iwan Grosnys aus, der am 18. März 1584 verstarb. Die Volksmassen versuchten, den Kreml zu stürmen. Sie brachen das Tor des Spasski-Turms auf und schleppten die Zar-Puschka (Kanone) zu ihm, die zu jener Zeit auf dem Roten Platz stand. Mit großer Mühe gelang es den Mitgliedern der Moskauer Regierung, den Duma-Beamten, die Aufständischen zu beruhigen.

Gegenstand der Unzufriedenheit eines bedeutenden Teils der Bevölkerung war ein einflußreicher Bojar: Boris Godunow, der Schwager des Nachfolgers Iwan Grosnys, des willenlosen und unfähigen Fjodor Iwanowitsch. Zu dessen Lebzeiten war Boris Godunow der eigentliche Regent in Rußland. Sein Einfluß am Zarenhof festigte sich noch nach der erfolgreichen Abwehr des Krimtatarenüberfalls auf Moskau im Jahre 1591. Nach dem Tod des kinderlosen Zaren Fjodor brach die Dynastie der Moskauer Fürsten ab. Den Zarenthron nahm Boris Godunow ein.

Dem neuen Monarchen gelang es für einige Zeit, die innenpolitische Krise zu überwinden und die Wirtschaft des Landes zu stabilisieren. Nachdem er Zar geworden war, ließ sich Boris Godunow an der Stelle, an dem der Palast der Söhne Iwan Grosnys gestanden hatte, einen neuen Hof errichten – ein zweigeschossiges Gebäude mit hohen Gemächern im Souterrain. Architekturhistoriker nehmen an, daß es sogar drei oder vier Etagen hatte.

Im Jahr 1600 veranlaßte Boris Godunow, daß der Glockenturm Iwan Weliki aufgestockt und mit einer höheren Kuppel versehen wurde. Eine dreireihige Inschrift, die er unter der Kuppel anbringen ließ, verkündet fälschlicherweise, daß das ganze Bauwerk unter Zar Boris geschaffen worden sei.

Zu den nicht realisierten Plänen des eitlen, unerwartet zum Zaren aufgestiegenen Bojaren gehört das Projekt einer grandiosen Kathedrale nach dem Vorbild der berühmten Grabeskirche in Jerusalem. Schon waren die Materialien dafür bereitgestellt und ein Modell des vorgesehenen Bauwerks angefertigt worden, das den Namen Boris Godunows unsterblich machen sollte, da verstarb der Zar im April 1605 plötzlich.

In den letzten Regierungsjahren Godunows reifte im Volk Unzufriedenheit mit dessen Staatspolitik heran. Mißernten in den Jahren 1601 bis 1603 verschlimmerten die ohnehin schwierige Lage weiter Bevölkerungskreise, vor allem aber der Bauernschaft, noch mehr. So kam es in Rußland zu Aufständen, die an vielen Stellen ausbrachen und in einen großen Bauernkrieg einmündeten. Die politischen Gegner Boris Godunows machten sich seine Unbeliebtheit im Volk zunutze, die u. a. auf dessen ungesetzliche Thronbesteigung zurückzuführen war und darauf, daß ihm der Ruf anhaftete, den jüngsten Sohn Iwan Grosnys, Dmitri, ermordet zu haben, den gesetzlichen Nachfolger der Moskauer Zarendynastie.

Alle diese Umstände erschütterten die Position Godunows und bereiteten den Zusammenbruch seiner Herrschaft vor. Doch kaum hatte nach seinem Tode 1605 sein Sohn Fjodor den Thron bestiegen, da wurde dieser zusammen mit seiner Frau nach dem Einmarsch der Truppen des sogenannten Falschen Demetrius I. getötet: In Moskau trat ein Günstling der polnischen Magnaten auf den Plan, der sich als der vom gewaltsamen Tod errettete Zarewitsch Dmitri ausgab, als Sohn Iwan Grosnys. Allem Anschein nach war es der ehemalige Diakon des Tschudow-Klosters im Kreml, der seines Amtes enthobene Mönch Grigori Otrepjew. Der neue Zar ließ unverzüglich einen Teil des Godunowschen Palastes im Kreml abreißen und an dessen Stelle einen neuen Holzpalast erbauen. Dieser bestand aus zwei Gebäudeteilen, die rechtwinklig aneinanderstießen. Entlang der Moskwa wurden die Gemächer des Usurpators Dmitri eingerichtet und daneben die seiner Braut Maryna, der Tochter des polnischen Wojewoden Mniszek.

Der neue Zar, der sich selbst ernannt hatte und unter dem Namen »der Falsche Demetrius I.« in die russische Geschichte eingegangen ist, hielt sich kein Jahr an der Macht. Die Übergriffe der mit dem Falschen Demetrius nach Moskau gekommenen polnischen Interventen führten dazu, daß die empörte Stadtbevölkerung eine Palastrevolte unterstützte, bei der sowohl der Usurpator als auch ein großer Teil seines Gefolges getötet wurden.

Doch auch der im Ergebnis dieser Revolte an die Macht gekommene Bojar Wassili Schuiski genoß kein Vertrauen. Er konnte den sich von der Ukraine ausbreitenden Bauernkrieg unter Führung des ehemaligen Leibeigenen Iwan Bolotnikow nicht zum Stehen bringen. Bolotnikow zog nach Moskau und belagerte mit einem gewaltigen Heer von Aufständischen drei Wochen lang den Kreml.

Erst eineinhalb Jahre nach Beginn der großen Bauernerhebung gelang es den Regierungstruppen, die Hauptkräfte Bolotnikows zu zerschlagen. Doch es gärte weiter im Volk. Diesen Umstand machte sich ein neuer Usurpator zunutze, der Falsche Demetrius II., der Moskau zwei Jahre lang belagerte. 1609 rückten Truppen des polnischen Königs Sigismund III. in das russische Land ein. Sigismund wollte seinen Günstling Demetrius auf dem Moskauer Thron sehen. Die gegen sein Heer kämpfenden Zarentruppen wurden geschlagen. Die Unzufriedenheit vieler Bevölkerungsschichten mit der Regierung Wassili Schuiskis führten zu einer erneuten Palastrevolte und zum Sturz dieses Zaren. Aus Furcht vor einem Überfall schlossen die Verschwörer einen Vertrag mit Sigismund III. und öffneten ihm die Tore der Hauptstadt und des Kreml.

Die polnischen Krieger trieben ihr Unwesen in der Stadt, beraubten die Einwohner und beleidigten deren menschliche und nationale Gefühle. Im Land erhob sich ein Sturm der Entrüstung, der zur Organisierung eines breiten Volksbefreiungskampfes, zur Schaffung eines Landsturmaufgebots führte, an dessen Spitze Fürst Dmitri Posharski und Kosma Minin, ein Einwohner aus Nishni Nowgorod, standen. Auf dem Roten Platz vor der Basilius-Kathedrale erhebt sich das von Iwan Martos geschaffene Denkmal, das die beiden Volkshelden wiedergibt. 1612 wurde der Moskauer Kreml nach langer polnischer Besetzung durch den Landsturm befreit.

Die Ereignisse zu Beginn des 17. Jahrhunderts, der »Zeit der Wirren«, führten zu einer unvorstellbaren Verwüstung bedeutender Landesteile und einer schwierigen Wirtschaftslage in Rußland. Erst in den zwanziger Jahren kam es im Kreml zur Errichtung einiger neuer Ziegelsteinbauten – des Filaretow-Anbaus und des kunstvoll gestalteten Zeltdachs auf dem Spasski-Turm, dessen Form den Traditionen der volkstümlichen Holzarchitektur entsprach. Die Hinwendung zur Folklore in dieser Periode erklärt sich aus dem Aufschwung des nationalen Selbstbewußtseins, das aus der Welle der nationalen Befreiungsbewegung in der »Zeit der Wirren« emporgetragen wurde. Es ist bemerkenswert, daß das 1625 errichtete Zeltdach des Spasski-Turms auch noch nach fünfzig Jahren als nachahmenswertes Vorbild für die Überbauung anderer Kremltürme angesehen wurde. Das Aufgreifen der Formen alter Holzbaukunst spiegelte sich selbst im bedeutendsten Ziegelbauwerk aus der Periode nach der »Zeit der Wirren« wider, dem Terempalast, der 1635–1636 auf Geheiß des Zaren Michail Fjodorowitsch Romanow gebaut wurde.

In den dreißiger und vierziger Jahren wurden allmählich die Folgen der Feuersbrünste und der polnischen Intervention überwunden, die beschädigten Gebäude ausgebessert, die schadhaften Wandmalereien erneuert und neue geschaffen. In diese Zeit fallen auch die Arbeiten zur Sicherung der stellenweise gefährdeten Konstruktion der Mariä-Himmelfahrts-Kathedrale und die Schaffung neuer Fresken in deren Innerem, die Vollendung der Innenraumgestaltung der Kirche der Niederlegung des Gewandes Mariä und die Ausmalung einer der Räumlichkeiten im Palastkomplex mit Goldfond, die aus diesem Grund die Bezeichnung Goldenes Gemach erhielt.

Die Wiederherstellung der Wirtschaft und die Stabilisierung des politischen Lebens in Rußland durch die Festigung der zentralen und örtlichen Organe der staatlichen Regierung vermochten nicht, die sich zuspitzenden Klassenwidersprüche zu beseitigen. Die wirkungsvollste Form zur Überwindung des Ruins und zur Auffüllung des Staatsschatzes sah die Moskauer Regierung in der Erhöhung der Steuern, was zahlreiche Übergriffe und Korruption nach sich zog. 1648 brach in Moskau der größte Stadtaufstand in der ganzen Geschichte der Metropole aus. Seine Wellen überfluteten in erster Linie den Kreml, doch auch über mehrere andere Städte breiteten sich die Erhebungen aus.

Der Zar berief den Semski Sobor ein – die Versammlung der obersten Geistlichkeit, der Bojaren, des niederen Adels, der Kaufleute und Bürger. Etwa 350 Gewählte vertraten die Interessen der höchsten und mittleren Schichten der Bevölkerung vieler Gebiete des Landes. Nach sechseinhalb Monaten der Beratung verabschiedeten die Teilnehmer des Semski Sobor eine Gesetzessammlung, die die Bezeichnung Sobornoje Uloshenije erhielt. Der neue Gesetzeskodex wurde für zwei Jahrhunderte zum Handbuch der zentralen und örtlichen Behörden. Zweifellos förderte die allseitige Reglementierung der staatlichen Rechtsnormen die Festigung und weitere Zentralisierung des Staatsapparates.

Das alte Prikasgebäude, das 1591 im Kreml geschaffen worden war, konnte den neuen Anforderungen nicht mehr genügen, da sich die Zahl der für die verschiedenen Fragen der Verwaltung zuständigen Prikase in der ersten Hälfte des 17. Jahrhunderts verdoppelt hatte. 1675 wurde am Südrand des Iwanow-Platzes der Bau eines zweigeschossigen Prikasgebäudes begonnen, das sich in einer Länge von etwa 150 m von der Erzengel-Kathedrale nach Osten erstreckte.

Die zweite Hälfte des 17. Jahrhunderts war die Zeit der Durchsetzung des Absolutismus in Rußland. Das Anwachsen der selbstherrlichen Zarenmacht wurde zum Ausgangspunkt eines Konfliktes mit der Kirchenelite, vor allem mit dem Patriarchen Nikon. Der kluge, energische und machtliebende Kirchenvertreter begann, bald nachdem er 1652 die Patriarchenwürde erlangt hatte, mit durchgreifenden Kirchenreformen. Er strebte danach, die Bedeutung der russischen Kirche zu heben und ihr die anderen orthodoxen Patriarchen zu unterstellen und veranlaßte, daß die Kirchenriten dem griechischen Vorbild angepaßt wurden. Doch die Verfechter der bisherigen Bräuche widersetzten sich den Neuerungen, die sie in bezug auf die im Verlauf von Jahrhunderten eingebürgerten Rituale als eine Lästerung ansahen. Als Vertreter der »wahren Religion« betrachtete sich indessen auch Nikon, er ließ die Gegner der »Korrektur« der alten Rituale verfolgen und aus der offiziellen Kirche ausstoßen.

Ebenso erklärte Nikon den neuen Strömungen in der russischen Ikonenmalerei und in der Architektur den Krieg. Historische Quellen besagen, daß Nikon während des Gottesdienstes eigenhändig Ikonen zerschlug, die den Einfluß westlicher, oder wie es damals hieß, »fränkischer« Malerei verrieten, wobei vor allem die italienische Kunst gemeint war. Auf Ikonen, die nicht dem Kanon entsprachen, wurden den Dargestellten die Augen ausgekratzt, und in diesem Zustand ließ Nikon die Tafeln zur Abschreckung durch die Stadt tragen.

Einer »Korrektur« wurde auch die Baukunst unterzogen. Der Patriarch verbot, weitere der im Volk beliebten Bauten zu errichten, die von einem Zeltdach gekrönt waren oder auf andere Weise dem traditionellen Architekturstil widersprachen, und er ordnete an, die Kirchen »im Einvernehmen mit den apostolischen Regeln« mit einer, drei oder fünf Kuppeln zu bauen.

All das hemmte die Entwicklung einer realistischen Malerei und die Suche nach neuen Lösungen in der Architektur. Zugleich war das Haupt der russischen Kirche aber ein eifriger Förderer ausgedehnter Bauarbeiten. In der Zeit, in der Nikon das Patriarchenamt bekleidete, wurde der Patriarchen-Palast gebaut, der nach Augenzeugenberichten in seiner Schönheit den Zarenbesitzungen nicht nachstand. Bewußt archaisch wurden die Kuppeln der neuen Hauskirche des Patriarchen gestaltet, der Zwölf-Apostel-Kirche. Die Architektur des Patriarchen-Palastes, Spiegelbild der Eitelkeit des glänzenden Reformators und einstigen Bauern aus dem Wolgagebiet in der Nähe von Nishni Nowgorod, ist kennzeichnend für das Verlangen Nikons, den Monarchen zu übertrumpfen. Wie der Zar maßte er sich den Titel »Großer Herr« an und unterstrich den Vorrang der geistlichen vor der weltlichen Macht.

Seine Kräfte und realen Möglichkeiten überschätzend, zog sich Nikon die Ungnade des Zaren zu. Eine auf Initiative von Alexej Michailowitsch einberufene Kirchensynode, auf dem die orthodoxen Bischöfe zusammenkamen, verurteilte Nikon, nahm ihm die Patriarchenwürde und verbannte ihn 1667 in ein entlegenes nördliches Kloster.

Das 17. Jahrhundert – eine Zeit heftiger Konflikte und sozialer Widersprüche – ist in die Geschichte als Übergangsperiode vom Mittelalter in die »neue Zeit« eingegangen. Alle Eigentümlichkeiten dieser Epoche schlugen sich ungewöhnlich deutlich in Ereignissen nieder, die sich im Kreml abspielten. Und sie spiegelten sich in den Denkmälern wider, die auf dem Territorium der staatlichen Residenz geschaffen wurden. Diese Bauten sind geprägt von der Geschichte jener Zeit, von dem ideologischen und politischen Kampf, den Entwicklungsströmungen der nationalen Kultur, den ästhetischen Idealen und Traditionen und der schöpferischen Suche der Künstler.

Ende des 17. Jahrhunderts erreichte der Kreml seine höchste Blüte. Die malerische, farbenfrohe Kunst dieser Zeit verwandelte die strenge Festungsanlage damals in ein prächtiges Ensemble von üppiger, vielfarbiger und vielgestaltiger dekorativer Ausstattung mit hohen, schlanken Türmen und Zeltdächern und herrlichen, über die alte Kremlerde und sogar die Dächer einiger Gebäude verteilten Gärten. Doch die märchenhafte Pracht des Kreml, die in mittelalterlichen Traditionen wurzelt, konnte den sich ankündigenden Erfordernissen der »neuen Zeit«, die in Rußland an der Jahrhundertwende ihren entschiedenen Vormarsch antrat, schon nicht mehr in vollem Umfang genügen.

EIN DENKMAL RUSSLANDS

Seit Beginn des 18. Jahrhunderts war der russische Staat in einen aufreibenden, mehr als zwei Jahrzehnte währenden Krieg mit Schweden verwickelt (1700–1721), der unter der Bezeichnung »Nordischer Krieg« in die Geschichte eingegangen ist. Schon der erste Zusammenstoß endete mit einer vernichtenden Niederlage der russischen Truppen bei Narwa. Auf Geheiß des Zaren Peter I. wurden damals in vielen Moskauer Kirchen die Glocken abgenommen und zu Kanonen umgeschmolzen. Der weitere Verlauf der Kriegshandlungen war erfolgreicher. Die russischen Truppen konnten dem Schwedenkönig Karl XII. die Mündung der Newa in den Finnischen Meerbusen wieder abnehmen. Nun hatte Rußland den schon längst benötigten Zugang zur Ostsee, und Peter I. legte 1703 an der Newa-Mündung feierlich den Grundstein für eine neue Stadt – St. Petersburg.

Indessen nahm der Krieg seinen Fortgang. Moskau bereitete sich auf die Abwehr feindlicher Angriffe vor. War das 17. Jahrhundert dazu angetan gewesen, die Funktion des Kreml als Festung in Vergessenheit geraten zu lassen, so änderte sich das jetzt wieder. Um ihn herum wurde ein Befestigungsgürtel mit Bastionen errichtet, wuchsen Mauern und Türme, auf denen Geschütze aufgestellt wurden. Zugleich begann der Bau des großen Arsenalgebäudes, das zur Aufbewahrung von Waffen bestimmt war. Doch die Kriegsgefahr ging vorüber. Auf speziellen Erlaß Peters I. wurde Petersburg 1712 zur neuen Hauptstadt erklärt. Hierher siedelten die Verwaltungseinrichtungen über und der Zarenhof, und Moskauer Handwerker der verschiedensten Spezialgebiete wurden nun in St. Petersburg eingesetzt. In der Rüstkammer und den Werkstätten des Kreml blieben von der einst glanzvollen Plejade von Meistern nur einige wenige qualifizierte Handwerker zurück.

Insgesamt verlor der Kreml nun für etliche Jahrzehnte seine Bedeutung als Zentrum der alten Hauptstadt. 1701 hatte eine große Feuersbrunst die Holzbauten in Moskau eingeäschert und die Steingebäude erheblich beschädigt. Die Folgen zu beheben, dazu waren weder die Mittel noch die Kräfte vorhanden: Der Hauptteil der Moskauer Maurer und Steinmetzen arbeitete in jener Zeit an der Errichtung der neuen Stadt an der Newa. Wenn gar nicht lange zuvor in Moskau der Bau von Steingebäuden einen großen Auftrieb erlebt hatte und im zentralen Stadtgebiet das Aufführen von Holzbauten nicht mehr erlaubt war, so änderte sich das Bild seit 1714 grundlegend. Jetzt war es kategorisch verboten, in Moskau Ziegelstein- oder Steingebäude zu errichten. Die einzige Ausnahme bildete der Bau des Arsenals, doch auch er ging ungewöhnlich langsam voran.

Als Peter I. den Sieg im Nordischen Krieg davongetragen hatte, erklärte er sich zum Imperator und Rußland zum Imperium. Petersburg, erbaut nach neuesten städtebaulichen Grundsätzen und in Übereinstimmung mit den in Europa vorherrschenden Architekturstilen, erwarb den Glanz einer imperialen Stadt, während sich Moskau in eine Provinzstadt verwandelte und nun lediglich noch ein altehrwürdiges Kulturzentrum war.

Mit jedem Jahr wurde das menschenleer gewordene Kremlensemble baufälliger und verfiel mehr und mehr. Von Zeit zu Zeit stellten Architekten auf höchste Anordnung Bestandsaufnahmen über den Zustand der Gebäude zusammen und Verzeichnisse über unerläßliche Reparaturarbeiten. In diesen Listen ist die Rede von eingestürzten Gewölben, abgebrannten Fensterrahmen, Fußböden und Dächern ... Doch die Wiederherstellungsarbeiten erstreckten sich nur auf einen winzigen Teil dessen, was unbedingt hätte getan werden müssen.

Eine Reihe von Teilrenovierungen, die in den Jahren 1725–30 durchgeführt und für die Krönungszeremonien Katharinas I., Peters II. und Anna Ioanownas anberaumt wurden, verbesserten den Zustand des Kreml ein wenig. Außerdem baute Bartholomeo Rastrelli 1730 für Anna Ioanowna nicht weit vom Arsenal einen kleinen eingeschossigen Winterpalast, der die Bezeichnung Annenhof erhielt. Dieses gemütliche, prächtig ausgestattete Barockgebäude stand dort nur sechs Jahre, danach wurde es abgetragen und außerhalb des Kreml neu aufgeführt. 1737 verschlechterte sich die Situation durch eine der verheerendsten Feuersbrünste im Kreml noch mehr.

Seit Ende der vierziger Jahre des 18. Jahrhunderts begann eine Periode intensiven Umbaus der Kremlkomplexe, vor allem der Palastanlagen. Anstelle des bis zum Kellergeschoß abgetragenen Palastes von Rastrelli wurde 1753 ein »Winterpalast« geschaffen. Einige Jahre später errichtete der Architekt Dmitri Uchtomski auf dem Fundament des 1737 in Flammen aufgegangenen Gebäudes der Schatzkammer Werkstätten und die Rüstkammer, die an die Ostfassade der Verkündigungs-Kathedrale angrenzten.

Doch bereits fünf, sechs Jahre später mußte das Bauwerk einem neuen Projekt Platz machen: 1767 erhielt der Architekt Wassili Bashenow den Auftrag, einen Kremlpalast von ungewöhnlichen Ausmaßen zu bauen. Nach dem Plan des Architekten sollte der Kreml erneut das staatliche Zentrum Rußlands werden. Indem sich Bashenow von einer solchen Idee leiten ließ, richtete er sein Hauptaugenmerk auf die funktionale Bedeutung des Gebäudes und seine zentrale Stellung im Kremlensemble. Die Hauptfassade des viergeschossigen Bauwerks, der Uferseite zugewandt, sollte die alte Kremlmauer ablösen und die südliche Seite des ganzen Komplexes bilden, der Innenhof die wichtigsten Kathedralen und Palastbauten einschließen. Im Grunde genommen wäre eine solche Baumaßnahme das Ende des eigentlichen Kremlensembles gewesen. Im Zusammenhang mit der Vorbereitung dieser Unternehmung wurden die Prikasgebäude aus dem 17. Jahrhundert, die Werkstätten und die Rüstkammer von 1764, ein Teil des alten Palastkomplexes und der Ufermauer sowie eine Reihe von Guts- und Klosterhöfen, Kirchen und anderen Bauten abgerissen. Es begannen bereits die Fundamentarbeiten für den künftigen Palast, da ließ Katharina II. das Projekt einstellen.

Nachdem 1790 das dreigeschossige Senatsgebäude als eines der größten Bauwerke des Kreml vollendet war, wurden erneut Versuche unternommen, den vorhandenen Kremlpalast zu rekonstruieren, und 1797 zwei Projekte – das eine von Matwej Kasakow, das andere von dem bekannten Architekten Nikolai Lwow – zur Prüfung vorgelegt. Sie waren nicht von so weitgespannten Ideen bestimmt wie das Vorhaben Bashenows und auch nicht von der Vorstellung, die ganze Komposition des Kremlensembles zu verändern, sondern sie sahen lediglich eine Rekonstruktion des vorhandenen Palastes innerhalb seiner damaligen Grenzen und die Erhaltung einer Reihe älterer Gebäude vor. Die beiden Projekte ähnelten sich in mancher Hinsicht: Es sollte eine dreiteilige Komposition mit zwei Seitenflügeln und einem Säulenportikus in der Mitte entstehen. Zugleich gab es aber wesentliche Unterschiede: Kasakow wollte der Fassade den mehr offiziellen Charakter eines administrativen Gebäudes verleihen und Lwow den eines in den Oberen Ufergarten eingebetteten Landhauses. Zur Ausführung kam das Projekt von

Lwow, doch auch dieses wurde in den letzten Jahren des 18. Jahrhunderts nur teilweise realisiert.

Viele der ein Jahrhundert lang ohne Reparatur gebliebenen, durch Niederschläge, Hitze und Kälte in Mitleidenschaft gezogenen Gebäude waren zu Beginn des 19. Jahrhunderts in kritischem Zustand und wurden abgerissen. Bauten, deren Reparatur nach den Vorstellungen damaliger Zeit keinen Sinn mehr hatte, wurden abgetragen. Auch die Mauern und Türme befanden sich nicht im besten Zustand. Sie neigten sich und waren rissig geworden, die inneren Gewölbe in einigen Räumlichkeiten stürzten zusammen. Erstmals wurden die alten Befestigungen in den Jahren 1802 bis 1806 wieder einer umfassenden und gründlichen Renovierung unterzogen.

Sofort nach Beendigung der Arbeiten an den Mauern und Türmen begann der Architekt Iwan Jegotow auf dem Gelände des Dreieinigkeits-Sergius-Klosters mit dem Bau eines Rüstkammer-Gebäudes. Der 1809 fertiggestellte Bau bildete im nördlichen Teil des Kreml zusammen mit Arsenal und Senat einen großen Komplex um den sogenannten Senatsplatz. 1809 legte der Petersburger Architekt Karl Rossi neben dem Spasski-Turm den Grundstein zur Katharinen-Kirche, die in einem national-romantischen Stil errichtet wurde, wenn auch unter Verwendung gotischer Elemente. Die Wände dieser Kathedrale waren bis zum Dach aufgeführt, als 1812 der Krieg gegen das napoleonische Frankreich ausbrach und der Bau abgebrochen wurde.

Während des Vaterländischen Krieges wurden Moskau und der Kreml nach mehr als einhundertjähriger Pause erneut zum Mittelpunkt der Aufmerksamkeit ganz Rußlands. Napoleon Bonaparte widmete der Einnahme Moskaus große Beachtung. Die Schlacht von Borodino im Vorgelände Moskaus brachte keiner Seite einen Vorteil, zeigte aber erstmals, daß Napoleons bisher unaufhaltsamer Vormarsch nur noch unter gewaltigen Verlusten an Menschen und Material fortgesetzt werden konnte und schließlich zum Stehen kommen würde. Die russische Armee verlor bei Borodino rund 40000 Menschen, die französische noch mehr. Um neue Kräfte zur Vertreibung der Franzosen aus Rußland zu sammeln, entschied das russische Oberkommando unter Führung M. I. Kutusows, Moskau kampflos zu übergeben.

Etwa einen Monat hielt sich die französische Armee im Kreml auf. Die alten Bauwerke, der Stolz der russischen Nation, wurden geplündert und geschändet, indem sie als Pferdeställe, Speicher und für ähnliche Zwecke mißbraucht wurden. Ein verheerendes Feuer, das die Moskauer angelegt hatten, um den Feind aus ihrer Stadt zu vertreiben, zwang Napoleon, Moskau fluchtartig zu verlassen. Zuvor befahl er noch, den ganzen Kreml zu sprengen. Nur einem dichten Regen, der einige bereits angezündete Lunten löschte, und dem entschlossenen Handeln der Moskauer ist es zu danken, daß die Zerstörung des gesamten Kremlensembles verhütet wurde.

Der Sieg über das napoleonische Frankreich bestärkte das patriotische Gefühl der russischen Menschen. Indem sie die jüngsten Ereignisse würdigten und dem Vaterländischen Krieg seinen Platz in ihrer Geschichte zuwiesen, erinnerten sie sich zugleich auch an die ruhmreichen Taten der Vergangenheit, die mit dem Moskauer Kreml verbunden sind: die Schlacht auf dem Kulikowo-Feld, den Befreiungskrieg von 1612 ... Als Symbol der historischen Größe Rußlands lenkte der Kreml erneut die Blicke der Öffentlichkeit auf sich.

1815 begannen der Neuaufbau von Wohnhäusern in der Stadt und umfangreiche Reparaturarbeiten im Kreml. Diese dauerten ungefähr zwanzig Jahre und fanden ihre Fortführung u. a. 1838–1849 in der Errichtung eines neuen Hauptgebäudes innerhalb des Palastkomplexes, das 1812 niedergebrannt war – des Großen Kremlpalastes. 1844 bis 1851 wurde in der Nähe ein weiteres Gebäude errichtet: die heutige Rüstkammer. Beide Bauten enthielten trotz der für jene Zeit modernen Konstruktionslösungen in ihren Formen und vor allem ihrer dekorativen Ausstattung stilisierte Elemente der altrussischen Architektur. Durch die stilistische Ähnlichkeit bilden die beiden Gebäude, die durch einen Übergang verbunden sind, ein einheitliches Ensemble. Von diesem Komplex ausgehend, der unter Leitung des aus Deutschland gekommenen russischen Architekten Konstantin Andrejewitsch (Karl) Thon entstand, erhielt in der zweiten Hälfte des 19. und zu Beginn des 20. Jahrhunderts in der Architektur Rußlands ein Stil große Verbreitung, der als »pseudorussischer« Stil bezeichnet wird. Die Geburt des beliebten, der Moskauer Architektur des 17. Jahrhunderts nahestehenden Stils, mochte er auch recht eklektizistisch sein, läßt das tiefe Interesse an der russischen Geschichte erkennen, das in den dreißiger Jahren des 19. Jahrhunderts aufkam.

Zugleich mit den Renovierungs-, Wiederherstellungs- und Bauarbeiten im Kreml erfolgten die Begrünung des Geländes, die Aufstellung zahlreicher mittelalterlicher russischer und eroberter Kanonen auf dekorativen Lafetten und die Errichtung eines Metallgitters zwischen Großem Kremlpalast und Rüstkammer nach einer Zeichnung des Architekten I. Mironowski.

Eine außerordentlich wichtige Etappe in der Geschichte der Moskauer Hochburg begann in den sechziger Jahren des 19. Jahrhunderts, als die ersten Versuche einer wissenschaftlich fundierten Restaurierung der Mauern und Türme sowie einzelner Gebäude unternommen und darüber hinaus entsprechende Dokumentationen erarbeitet wurden, die ihre Formen im anfänglichen und im fertigen Zustand festhielten. In diesen Jahren wurden die

Grundlagen für die russische Wissenschaft der Restaurierung von Architekturdenkmälern gelegt. Um die Jahrhundertwende hatten die Wiederherstellungsarbeiten aber nicht mehr diese Spannweite; sie beschränkten sich wieder auf die Restaurierung einzelner Objekte und oberflächliche »kosmetische« Renovierungen.

Nach der Großen Sozialistischen Oktoberrevolution 1917 begann in Rußland eine neue Zeitrechnung, die des ersten sozialistischen Staates in der Welt. Am 3. November besetzten nach den schweren Oktoberkämpfen die revolutionären Truppen den Kreml, den die Weißgardisten ohne Rücksicht auf seinen hohen Wert als Kunstwerk nur als Festung betrachteten und sich darin verschanzten. Am 12. März 1918 ließ sich die aus Petrograd (wie Petersburg von 1914 bis 1929 hieß, bevor es in Leningrad umbenannt wurde) nach Moskau umgesiedelte Sowjetregierung im Moskauer Kreml nieder, der sich nun in die Residenz der Russischen Sozialistischen Föderativen Sowjetrepublik verwandelte und zugleich in das bedeutendste Kunstmuseum des russischen Volkes. Sitz der staatlichen Organe wurde das Senatsgebäude.

Das alte Ensemble war in der Zeit der revolutionären Kämpfe ziemlich in Mitleidenschaft gezogen worden. Artilleriefeuer hatte viele Architekturdenkmäler beschädigt: die Kuppeln der Mariä-Himmelfahrts-Kathedrale, die Terem-Kirchen des Großen Kremlpalastes, die Mauern und Türme der ganzen Festung, insbesondere den Nikolaus-Turm. Bereits wenige Monate nach Umsiedlung der Sowjetregierung nach Moskau ließ Wladimir Iljitsch Lenin die gewaltige Summe von 600 000 Goldrubeln für die Restaurierung des Kreml bereitstellen. Am 17. Mai 1918 verpflichtete Lenin als erster Vorsitzender der Sowjetregierung den Kremlkommandanten, in kürzester Frist den Nikolaus-Turm zu restaurieren. Auf diese Weise wurde der Turm, ein Denkmal der alten Architektur, zum Symbol der Geburt der sowjetischen Restaurierungstätigkeit. Seither erfolgen im Kreml planmäßige komplexe Restaurierungsarbeiten, die noch heute fortgesetzt werden.

Seit Gründung der Union der Sozialistischen Sowjetrepubliken 1922 ist der Moskauer Kreml das offizielle Zentrum des ausgedehnten Vielvölkerstaates. Hier finden die bedeutendsten nationalen und gesellschaftlichen Veranstaltungen statt: Die Parteitage der Kommunistischen Partei der Sowjetunion, die Plenen des Zentralkomitees der KPdSU, die Sitzungen des Obersten Sowjets der UdSSR und des Nationalitäten-Sowjets, die internationalen Konferenzen der Kommunistischen und Arbeiterparteien. Die auf einer breiten Massenbasis fußende sowjetische Demokratie ließ den alten Kremlpalast zu klein für die neuen Aufgaben werden. Aus diesem Grunde wurde 1961 der neue Große Kongreßpalast errichtet, ein moderner Neubau, der sich harmonisch in das historisch gewachsene Kremlensemble einfügt.

Neben den staatlichen Einrichtungen, die im Senatsgebäude, der Kriegsschule und einzelnen Räumlichkeiten des Großen Kremlpalastes untergebracht wurden, beherbergt der Kreml einen der größten Museumskomplexe der Welt. Die Staatlichen Museen des Moskauer Kreml, deren Sammlungen sich auf diesem Territorium historisch entwickelt haben und organisch mit den Architekturdenkmälern verschmolzen sind, schließen den ältesten Teil des Ensembles ein – den Komplex des Kathedralenplatzes, den Patriarchenhof mit der Zwölf-Apostel-Kirche und die Rüstkammer. Museumscharakter hat auch ein Teil der Räumlichkeiten im Großen Kremlpalast. In vier Zimmern des Senatsgebäudes kann der Besucher das Arbeitszimmer und die Wohnung W. I. Lenins mit ihrer vollständigen ursprünglichen Einrichtung besichtigen.

Die weitere sorgsame Wahrung des kulturellen Erbes der Vergangenheit garantiert das »Gesetz über die Bewahrung und Nutzung der Denkmäler der Geschichte und Kultur«, das am 29. Oktober 1976 auf der Tagung des Obersten Sowjets der UdSSR im Kreml angenommen wurde. Eine These des Gesetzes verkündet feierlich: »Der Denkmalschutz ist eine der Hauptaufgaben der staatlichen Organe und gesellschaftlichen Organisationen. Der sorgsame Umgang mit den Denkmälern der Geschichte und Kultur ist die patriotische Pflicht eines jeden Bürgers der UdSSR.«

Alljährlich besuchen Millionen sowjetischer Menschen und ausländischer Gäste den Moskauer Kreml. Wie ein geöffnetes Buch tut sich vor ihnen das eindrucksvolle Denkmal Rußlands auf, das hervorragende Architekturensemble der Vergangenheit und Gegenwart, das staatliche und kulturelle Zentrum der Union der Sozialistischen Sowjetrepubliken.

MAUERN UND TÜRME

DIE ersten Befestigungen auf dem Gelände des Borowizki-Hügels entstanden vor undenklichen Zeiten. Im 1. Jahrtausend gab es hier bereits eine befestigte Siedlung der Djakowo-Kultur, die durch Gräben, Wälle und Pfahlzäune gesichert war. Wie jüngste archäologische Forschungen zeigten, entstanden im frühen Mittelalter auf zwei Kuppen des Kremlhügels zwei im Umriß ovale Befestigungen: Detinez – die Feudalresidenz – und Okolny Gorod – die Siedlung der Bürger. Das Anwachsen der Bevölkerung machte es erforderlich, den Fortifikationsring zu erweitern, der den auf der Landzunge am Zusammenfluß der Moskwa und der Neglinnaja gelegenen Detinez und die im Nordwesten daran anschließende Okolny Gorod zusammenfaßte. Dabei blieb wahrscheinlich die innere Mauer, die die Feudalresidenz von der übrigen Festungsanlage trennte, wie es in einer Reihe anderer altrussischer Städte der Fall war, einige Zeit erhalten.

Ein Datum dafür anzugeben, wann die beiden Festungsstützpunkte vereinigt wurden, ist schwierig. Die Wälle, die 1156 neu aufgeführt worden sind, stellten nach den Angaben in der Chronik eine Wiederholung der Fortifikation dar, die sich bereits am gleichen Platz befunden hatte. Die Holzfestung jener Zeit nahm unter optimaler Ausnutzung der Vorteile, die das natürliche Geländerelief bot, schon damals das ganze Hochplateau des Borowizki-Hügels ein. Im Norden durchquerte ein Graben die Kremlanhöhe, der sich mit der Schlucht vereinte, die zur Moskwa hinabführte. Dieser mit Wasser gefüllte Graben, der durch eine Holzkonstruktion und einen Pfahlzaun befestigte Wall und die Mauern bildeten den Komplex der Kremlfortifikation.

In den Jahren 1339–40, unter Großfürst Iwan Kalita, wurden die Verteidigungsanlagen erneuert bzw. erweitert. Diese neue Eichenholzfestung erfaßte eine große Fläche unter Einschluß der Mauern auf dem Possadgelände im Norden und Osten. Eine Vorstellung von den Ausmaßen des in den Kreml einbezogenen Territoriums gibt die Chronik, in der von dem Bau der Erzengel-Michael-Kirche »innerhalb der Stadt« (d.h. des Kreml) die Rede ist. Die Lage dieser Kirche, die bis ins 20. Jahrhundert existierte, ist gut bekannt: Sie stand nicht weit vom heutigen Spasski-Turm entfernt. Auf die Frage nach den konstruktiven Besonderheiten der Eichenholzfestung, der Form ihrer Mauern und Türme läßt sich noch keine ausreichend belegbare Antwort geben. Bislang konnten keinerlei Überreste der hölzernen Festungsmauern aus dem 14. Jahrhundert gefunden werden. Ein großer Teil des Eichenholz-Kreml wurde noch im selben Jahrhundert abgerissen, als entlang eines beträchtlichen Teils der früheren Wälle Mauern aus Weißstein aufgeführt wurden.

Die Kremlfortifikation aus weißem Stein (Kalkstein aus den Mjatschkowo-Steinbrüchen bei Moskau) entstand 1367–68. Die Architekten hielten sich beim Ausbau der Festung bereits nicht mehr an das natürliche Relief. Ihnen oblag es vielmehr, unter dem Schutz der Mauern weitere für die Kremlbewohner erforderliche Flächen zu erschließen – für die Mitglieder der großfürstlichen Familie, für das Metropolitenhaus und die Bojarenfamilien, die hier ihre Gutshöfe hatten. Auf diese Weise nahm die Moskauer Festung nicht nur den an die östliche Mauer des Kreml aus der Zeit Iwan Kalitas angrenzenden Possad ein, sondern auch einen Teil der Böschung des Moskwa-Ufers. Dazu mußte die Mauer 15 bis 20 Meter von der Kremlanhöhe herabgeführt werden. Doch die Festung wurde deshalb nicht verwundbarer: Die Fläche zwischen der Ufermauer und dem Fluß lag frei und war ungeeignet für »Manöver« oder die Errichtung von Belagerungsschanzen. Außerdem machten die Gräben und Wälle, die den Kreml auf allen Seiten umgaben, seine Erstürmung unmöglich.

Der Kreml aus weißem Stein war ein für seine Zeit hervorragendes Bauwerk. Nach wissenschaftlichen Berechnungen erforderte allein das Heranbringen des Baumaterials im Verlaufe eines Winters aus den Steinbrüchen des Dorfes Mjatschkowo, das 50 km von Moskau entfernt lag, 5460 Fuhren. Unmittelbar an den Bauarbeiten müssen im Laufe eines Jahres mindestens 2000 Menschen beteiligt gewesen sein. Die Stärke der Mauern erreichte, nach erhaltenen Bruchstücken des Kalksteinmauerwerks zu urteilen, zwei bis drei Meter und ihre Länge 2000 Meter. Der obere Teil der Mauer, die sogenannten Visiere, kragte über die Mauerflucht hinaus und ermöglichte es, den Fuß der Festung gut einzusehen und anstürmende

Feinde abzuschlagen. Auf der Mauer befand sich ein überdachter Laufgang, auf dem der Kreml umschritten werden konnte, ohne daß man zur ebenen Erde herabsteigen mußte. Der Kreml hatte mindestens zehn Türme, von denen sechs mit Durchgangstoren ausgestattet waren, die schmiedeeiserne Gitter besaßen. Die übrigen Türme standen an den Ecken der Kremlmauer. Von hier gingen die Moskauer Hauptstraßen ab.

Der Weißsteinkreml, der in der Regierungszeit Dmitri Donskois geschaffen wurde und in den die Errungenschaften des Festungsbaus der vorangegangenen Periode einbezogen sind, spielte bei der Herausbildung der wesentlichen Konturen der noch heute stehenden Festungsmauern vom Ende des 15. bis Anfang des 16. Jahrhunderts eine außerordentlich wichtige Rolle, ebenso wie auch bei der Entwicklung des Kremlensembles als Ganzes und bei der Architekturplanung der Stadtbebauung außerhalb seiner Grenze.

Vor fünf Jahrhunderten, im Jahr 1485, begann der Bau des neuen Kreml aus Ziegelstein, wie er sich bis in die Gegenwart erhalten hat. Seiner Errichtung gingen historische Ereignisse voraus, die für Rußland besondere Bedeutung hatten: Der Anschluß der Nowgoroder Lande an Moskowia und die Befreiung der Rus vom Joch der Großen Horde waren ausschlaggebend für das Wiedererstehen eines einheitlichen russischen Staates, dessen Hauptstadt Moskau wurde. Zu dieser Zeit verfiel der Kreml, der nicht wenige Belagerungen und Feuersbrünste erlebt hatte, zusehends. Der venezianische Reisende Ambrogio Contarini, der Moskau 1475 besuchte, bemerkte unter den zahllosen Ausbesserungen, die in Holz ausgeführt worden waren, den steinernen Kern des Kreml nicht einmal. Auch die technische Ausrüstung der Moskauer Festung ließ zu wünschen übrig. Immer mehr wurde in der Kriegsführung Artillerie eingesetzt, zu deren Abwehr – wie überhaupt zur Erfüllung seiner Verteidigungsfunktion – der vor Jahrhunderten geschaffene Kreml nicht zur Genüge geeignet war. Und schließlich bedurfte die Hauptstadt des ausgedehnten, unabhängigen Staates der Erneuerung und Aufwertung seiner Residenz als eines Symbols seiner Macht.

Die Errichtung der neuen Festung, die Anpassung seiner Befestigungsanlagen an die Erfordernisse der Zeit, die Verschönerung seiner Türme, die Vervollständigung seines architektonischen Bildes – all das wurde nun drei Jahrhunderte lang eifrig betrieben.

Als Baustoff für die Mauern und Türme wurde Ziegelstein gewählt, der zu jener Zeit in Moskau gerade erst Verwendung zu finden begann. Ein so weitgehender Einsatz dieses Materials für den Festungsbau erforderte die Gewinnung gewaltiger Mengen von geeignetem Lehm, die Schaffung von Ziegeleien und die Organisierung eines rhythmischen Ablaufs bei der Herstellung der Ziegelsteine. All das führte schließlich zu einer Revolutionierung des Bauwesens in Rußland: Der Ziegelstein wurde als bestes Baumaterial anerkannt und für die Städte mit der Zeit geradezu unentbehrlich. Der Brand der Kremlziegel war hervorragend, ihr Gewicht betrug etwa 8 kg, ihre Größe zwischen $30 \times 14 \times 7$ und $31 \times 15 \times 9$ cm. Für das Fundament, den Sockel, die Profile und die übrigen Abschnitte der Mauern und Türme wurde weißer Kalkstein verwendet. Der weiße Stein, mit dem das Innere der Mauern ausgefüllt ist, stammte wahrscheinlich aus der Bausubstanz des Kreml zur Zeit Dmitri Donskois. Die Ziegel- und Weißsteinlagen wurden durch einen Mörtel aus Sand und Kalk gebunden, die Außenverkleidung sorgfältig übertüncht. Auf diese Weise erhielten die Mauern einen Anflug von leichtem, mattem Silbergrau, was zu der in der russischen Literatur weit verbreiteten Bezeichnung »der silberne Kreml« führte.

Der wirkungsvolle Zusammenklang der Sockel, Profile und dekorativen Zinnen sowie der Türme aus Weißstein mit dem roten Ziegelmauerwerk und das jeweils anders gestaltete Äußere jedes Turms lassen das Bestreben der Bauherren des Kreml erkennen, nicht nur eine mächtige Festung, sondern auch ein erlesenes, unwiederholbares und künstlerisch vollendetes Architekturensemble zu errichten. Die Größe der Festungsanlagen, die Höhe der Mauern und die Zahl der Türme waren ebenfalls weniger von den Fortifikationsaufgaben diktiert als von dem Wunsch der Moskauer Herrscher, durch die Schaffung einer grandiosen Residenz ihr hohes Prestige im Ausland zur Geltung zu bringen. Aus diesem Grund wurden nicht russische Architekten zur Errichtung des Kreml herangezogen, denen eine vielhundertjährige Erfahrung im Bau von Festungen sowohl aus Holz als auch aus Stein zur Verfügung stand, sondern italienische, die in jener Zeit als beste Baumeister in Europa galten. Die russischen Chroniken nennen ihre Namen: Anton Frjasin (Antonio Gilardi), Mark Frjasin (Marco Ruffo), Peter Anton Frjasin (Pietro Antonio Solari) und Alewis Frjasin d. Ältere (Alevisio da Cartana). Die Namen dieser Meister sind in die russische Geschichte eingegangen, festgehalten in russischer Transkription, in jener Schreibweise, in der sie ihren russischen Zeitgenossen bekannt waren.

Die Beinamen »Frjasin« stellten eine Spielart der Familiennamen von Italienern in Rußland dar. In der Kunstgeschichtsschreibung ist sowohl die italienische als auch die russifizierte Form gebräuchlich.

Die Erbauer des Kreml behielten fast unverändert den Verlauf der alten Mauern und die Anlage der früheren Festung bei; sie vergrößerten nur die Fläche etwas, indem sie die Umfriedung, leicht über den Grundriß des Weißsteinkreml hinausgehend, nach außen verlagerten. Die nordöstliche Mauer vom Spasski- bis zum Arsenal-Turm – der Ecke, die zur Neglinnaja hin lag – wurde etwas vorgerückt. Nunmehr erreichte die Ausdehnung der Mauer 2235 Meter, die Grundfläche, die sie einfaßte, 27,5 Hektar.

Der Bau begann mit der Errichtung der südlichen Ufermauer. Am 19.Juli 1485 legte der Baumeister Anton Frjasin den Grundstein zum Tainizki-Turm. 1490 war die gesamte Mauer mit sieben Türmen fertig. An den Außenseiten erheben sich zwei Türme mit runder Grundfläche: der Beklemischewski- und der Swiblow- (Wasserhebe-) Turm, die auf Grund ihrer Lage an den Ecken der Festung einen weiten Schußwinkel haben mußten. Die anderen Türme sind rechteckig. Jedem von ihnen kam eine fest umgrenzte Verteidigungsaufgabe zu – den feindlichen Ansturm auf einer kleinen Teilstrecke gegenüber dem Turm aufzuhalten und den Zugang an den Mauern zu schützen, die unmittelbar an den betreffenden Turm angrenzten. Damit also nicht nur das Vorfeld, sondern auch die Mauer unter Beschuß genommen werden konnten, treten die Türme etwas aus der Mauerflucht hervor. Das trifft besonders für den Tainizki-Turm zu, der in der Mitte der Südmauer liegt. Wenn notwendig, hatte er nicht nur das an ihn angrenzende Territorium unter Kontrolle zu nehmen, sondern auch die Abschnitte der anderen Türme. Von besonderer Bedeutung war der unterirdische Gang, der von ihm zur Moskwa führte und auf den sein Name (Geheim-Turm) zurückzuführen ist.

Ab 1490 wuchsen auch die beiden Mauern entlang der Neglinnaja vom Beklemischewski-Turm im Südosten bis zur Neglinnaja. Zuerst wurden zwei Tortürme errichtet: im Westen der Borowizki- und im Osten der Konstantin-Helena-Turm, danach 1491–93 der Spasski- und der Nikolaus-Turm sowie der Arsenal-Eckturm. 1495, nach Einebnung und Befestigung des Neglinnaja-Flußbetts, wurde die Errichtung der Westmauer vollendet und gleichzeitig damit der Bau des Kreml als Ganzes.

Die neuen Ziegelsteinmauern waren für ihre Zeit ungewöhnlich solide. Ihre Stärke erreicht 3,5 bis 6,5 Meter, ihre Höhe (ohne die Zinnen) schwankt zwischen 8 und 19 Metern, je nach Verwendungszweck dieses oder jenes Mauerabschnitts. Auf der Wallkrone befand sich der obere Wehrgang, der auf dem ganzen Kreis der Befestigungen entlangführt und von zweihörnigen Zinnen eingefaßt ist, die im Volksmund als Schwalbenschwanz-Zinnen bezeichnet werden. Ihre Höhe beträgt über zwei Meter, ihre Stärke bis zu 70 cm. Die Wehrgänge wurden mit langen Holzschindeln überdeckt, die Türme erhielten Zeltdächer aus Holz. Diese Überdachungen schützten Mauern und Türme vor Niederschlag und vorzeitigem Verfall, und den Moskauern war in Zeiten langanhaltender Belagerungen Schutz vor Regen und Schnee gewährt.

Wenn der Raum zwischen den Zinnen zusammen mit den schmalen Öffnungen in diesen Zinnen die Schießscharten für leichte Schußwaffen bildeten, so waren für die schwere Artillerie im unteren Teil der Mauer breite, geeignete Bogennischen eingelassen. Eigene Festungsanlagen in dem Fortifikationssystem des Kreml stellten die 18 Türme dar. Außerdem hatte jedes Festungstor zusätzliche Schießscharten in kleinen vorgelagerten Schützentürmen, die mit dem Hauptturm durch steinerne Bogenbrücken verbunden waren. Das Innere war in Geschosse unterteilt, die untereinander durch hölzerne Anlegeleitern verbunden waren. In den oberen Bereichen der Türme befanden sich die Maschikuli – leicht über die Mauerfläche vorkragende Öffnungen, durch die die Verteidiger die Feinde, die am Fuße der Festung vorzudringen versuchten, mit siedendem Wasser oder Pech übergießen konnten.

Im Verlaufe des Kampfes vermochten die Krieger ihre Position nicht nur vertikal, nach oben oder unten innerhalb des Turmes zu verändern, sondern auch horizontal, indem sie die Übergänge auf den Mauern benutzten, die zu anderen Teilabschnitten und Türmen führten. In den dicken Mauern gab es Durchgänge, die der Truppenverstärkung erlaubten, völlig überraschend in einigen der Türme aufzutauchen. Auf die Mauern und Türme konnte man nur vom Kremlterritorium aus gelangen, und zwar durch Übergänge vom Innern der Mauer am Mariä-Verkündungs-, Petrow- und Borowizki-Turm sowie durch den Spasski-, Sturmgeläut-, Konstantin-Helena- und Dreieinigkeits-Turm.

Um ein Heranarbeiten des Feindes durch Stollen, d.h. durch Untergraben der Mauern, zu verhindern, gab es sogenannte Horchgänge bzw. -zellen, von denen aus Geräusche, die von Sappeurarbeiten unter der Erde herrührten, gut zu vernehmen waren. Solche geheimen unterirdischen Gänge waren sowohl auf dem Territorium des Kreml als auch außerhalb seiner Grenzen sehr verbreitet. Einer dieser Gänge, der 1894 entdeckt worden ist, führte in zehn Meter Tiefe durch den ganzen Kreml, vom Geheim- bis zum Nikolaus-Turm, und lief hinter der Mauer unter einem mit Wasser gefüllten Graben aus.

Nach der Feuersbrunst von 1493, die fast die ganze Holzbebauung in der Umgebung des Kreml vernichtete, befahl Großfürst Iwan Wassiljewitsch III., ein Gelände von 109 Sashen (etwa 232 Meter) ab Kremlmauer freizulegen und diese Fläche künftig nicht zu bebauen. Diese Maßnahme sicherte weitgehend das unmittelbare Vorgelände des Kreml.

Unter dem Nachfolger Iwans III., Wassili Iwanowitsch, begann die zweite Etappe des Baus der Verteidigungsanlagen des Kreml. 1516 wurde entlang der nordöstlichen Mauern, von der Neglinnaja bis zur Moskwa, ein Graben bis zu zwölf Meter Tiefe und über 30 Meter Breite ausgehoben, mit Stein- und Ziegelmauerwerk verkleidet und auf beiden Seiten von einer Ziegelmauer gesäumt, die der Kremlmauer ähnelte, dieser aber in den Ausmaßen erheblich nachstand. Eine solche zusätzliche Zinnenmauer wurde auch an der Uferseite der Moskwa errichtet. Auf diese Weise erhöhte sich die Uneinnehmbarkeit des Kreml, und zugleich waren die Ufer des Grabens und der Moskwa befestigt.

Doch der Kreml, der seit dem 16. Jahrhundert nicht nur eine Festung der Regierung, sondern auch der Stadt war, hätte im Falle einer Gefahr die stark gewachsene Bevölkerung Moskaus bereits nicht mehr hinter seinen Mauern aufnehmen können. Deshalb wurden 1535–1538 nördlich und östlich vom Kreml eine Ziegelsteinmauer mit 14 Türmen aufgeführt und an seiner Außenseite ein tiefer Graben ausgehoben. Die Mauer der neuen Festung, die einen bedeutenden Teil des Possad einnahm und eine etwas größere Ausdehnung als die Hauptfestung hatte, begann am Arsenal-Eckturm und endete an der Moskwa, am Beklemischewski-Turm. Dieser Festungsring erhielt die Bezeichnung Kitai-Gorod.

Außerdem wurde der Kreml Ende des 16. Jahrhunderts noch von zwei weiteren Festungsmauern umgeben: der sogenannten Bely Gorod (Weißen Stadt) mit 25 Türmen und dem Skorodom, einem Bauwerk, das eine 16 Kilometer lange Mauer mit 50 Türmen darstellte und seinen Namen auf Grund der kurzen Bauzeit 1591–1592 erhalten hatte: »schnell (skoro) erbautes Haus (dom)«.

So verwandelte sich der Kreml aus einer gesonderten Stadtzitadelle in eine zentrale Festung, die nicht nur eigene vollkommene Fortifikationsanlagen, sondern darüber hinaus noch drei mächtige Verteidigungsringe hatte. In dieser Situation hatte es schon keinen Sinn mehr, den Kreml-Festungskomplex weiter auszubauen, zumal in der zweiten Hälfte des 16. Jahrhunderts an den besonders unruhigen südlichen Grenzen Rußlands eine Reihe von Stadtfestungen entstanden waren, die das Vordringen feindlicher ausländischer Truppen ins Landesinnere verhindern sollten.

Als Anfang des 17. Jahrhunderts die Stürme der »Zeit der Wirren« ausklangen, jener Periode des Interregnums, der Volksaufstände und des Kampfes zwischen den Zarengruppierungen um die Macht, wurden trotz weiterer schrecklicher, blutiger Zusammenstöße keine wesentlichen Veränderungen im Verteidigungssystem des Kreml mehr vorgenommen. Doch es brauchte noch einige Jahre, um die traurigen Folgen dieser Ereignisse zu beseitigen: Das Gelände mußte aufgeräumt und die eingeäscherten Holzbauten mußten erneuert werden. Den Kremltürmen wandten sich die Architekten seit 1625 ebenfalls wieder zu, doch oblag es ihnen jetzt nicht, sie

zu verstärken, sondern es ging darum, den Anblick des Architekturensembles zu verbessern, vor allem durch höhere, von Zeltdächern gekrönte, kunstvoll gestaltete Turmaufbauten.

Zuerst wurde der Spasski-Turm aufgestockt, der damals die Bezeichnung Frolow-Turm trug. Unter Leitung des russischen Gesellen Bashen Ogurzew erhielt er ein elegantes dreistöckiges Oberteil mit einem achteckigen »emporfliegenden« Zeltdach. Von Geschoß zu Geschoß wurde dieser Aufbau »luftiger«. Jenes Streben nach Leichtigkeit und Luftigkeit zeigt sich auch in der Ajour-Arkade aus Weißstein in Form von Spitzbogen und hochragenden Pyramiden, die die Perimeter des unteren Baukörpers zieren und den Übergang zu dem mehrgliedrigen Aufbau bilden. Diese wie Spitzenstickerei wirkende Bauornamentik läßt die ganze Konstruktion geradezu schwerelos wirken. Der darüberliegende oktogonale Kubus dient als Postament für das dritte Obergeschoß. In ihrer Form und Abmessung gleichartig, unterscheiden sich diese beiden Obergeschosse doch voneinander. Das obere Achteck umfangen offene Arkaden mit dünnen Säulchen und Kielbogen; es gibt hier nirgends geschlossenes Mauerwerk.

Die Nischen, die sich in den Arkaden der Obergeschosse dieses wichtigsten Kremlturms befinden, enthielten ursprünglich Weißsteinplastiken, die seinerzeit in Rußland als Götzen bezeichnet wurden. Nackte Statuen waren damals etwas Ungebührliches, deshalb wurden Kleider aus englischem Tuch für sie angefertigt, um ihre Blöße zu bedecken.

Eine weitere Ergänzung war die Uhr, die von dem englischen Uhrmacher Christopher Halloway auf dem Turm angebracht wurde. Der russische Handwerksmeister Kirill Samoilow goß speziell für diese Uhr 13 Glocken. Nach Aussage des Geistlichen Paulus von Aleppo aus Antiochia, der Rußland Mitte des 17. Jahrhunderts besuchte, war dies »eine wundervolle eiserne Stadtuhr, berühmt in der ganzen Welt durch ihre Schönheit und ihren Mechanismus sowie den gewaltigen Klang ihrer großen Glocke, der nicht nur in der ganzen Stadt, sondern auch in den Dörfern im Umkreis von mehr als 10 Werst zu hören war.«

Nach den im Jahre 1625 durchgeführten Arbeiten zu urteilen, hatte die Moskauer Regierung nicht mehr die Nutzung der Herrscherresidenz als Festung im Auge. Der Architekturhistoriker M. W. Krassowski fand für diese Veränderung einen bildhaften Vergleich. Danach wurde der Kreml »in dieser Zeit so etwas wie ein Reservist, der, nachdem er die Feinde für immer von den Grenzen der Heimat zurückgeschlagen hatte, nach Hause zurückgekehrt ist und beruhigt den schweren Stahlhelm mit der leichten, reich mit Edelsteinen verzierten Schapka vertauscht hat«.

Den Aufbauten und der dekorativen Ausgestaltung der übrigen Türme – Arbeiten, die sich über fast 40 Jahre erstreckten – gingen weitgehende Reparatur- und Erneuerungsarbeiten voraus. Die Zerstörungskraft der Stürme, Belagerungen und zahlreichen Feuersbrünste hatten das Ihrige getan: Viele Dutzende Meter Ziegelmauerwerk waren ausgebrochen, die Mauern abgesackt, aus dem Postament waren die Weißsteine herausgefallen, die Gewölbe einiger Türme an vielen Stellen gerissen oder völlig eingestürzt, über weite Strecken auch die Zinnen zerstört. Der bereits mit reichlichem Dekor ausgestattete Spasski-Turm verlor nach der Feuersbrunst von 1654 seinen ursprünglichen Glanz: Die Steinplastiken und geschnittenen Dekordetails waren zerbröckelt, die Uhr kaputt, das Zeltdach eingestürzt.

Die partielle Reparatur der Mauern und Türme, die 1658 durchgeführt wurde, konnte die weitere Zerstörung des Kreml nicht wirksam aufhalten. Eine Generalreparatur war unerläßlich. Durch einen Zarenerlaß von 1666 wurden alle russischen Wojewoden – die Oberhäupter der territorialen Bezirke – angewiesen, »Steinmaurer, Ziegelmaurer und Töpfer« ausfindig zu machen und unverzüglich zur Durchführung verschiedener Reparaturarbeiten in die Hauptstadt zu schicken. Die Wojewoden hatten die Frauen und Kinder jener Meister, die sich versteckten, um der Verschickung nach Moskau zu entgehen, so lange ins Gefängnis zu stecken, bis der Mann gefaßt war. Auch den Wojewoden selbst drohten Repressalien für den Fall, daß sie die angeforderten Fachkräfte deckten. Die Maurer, die in Moskau zusammenkamen, verkleideten die zerstörten Sockelteile erneut mit Weißstein, sie belegten die Übergänge auf den Mauern mit Ziegeln, bauten Wasserabläufe, brachten die Türme in Ordnung und führten andere erforderliche Arbeiten durch.

Den Abschluß der Reparaturarbeiten im Kreml bildete die Aufstockung der Türme mit leichten, auf Arkaden ruhenden zusätzlichen Geschossen und hohen vieleckigen oder vierkantigen Zeltdächern. Nach dem Beispiel des Oberteils des Spasski-Turmes gingen die russischen Baumeister daran, mit hohem künstlerischem Feingefühl jedem der Türme unter Berücksichtigung seiner Form und Rolle innerhalb des Kremlensembles ein interessantes architektonisches Aussehen zu geben. Durch die höchsten Aufstockungen wurden die Eck- und Tortürme hervorgehoben. Die zwei runden und der vieleckige Turm erhielten je zwei übereinstimmende Geschosse mit einem steil in die Höhe führenden kegelförmigen vielkantigen Zeltdach, auf dem noch ein weiteres Geschoß mit einem kleinen eleganten Zeltdach angeordnet ist. Bei den im Grundriß quadratischen Türmen wurden in der Regel unter dem Zeltdach ebenfalls quadratische Geschosse aufge-

führt, die sogenannten Tschetwerki. Nur beim Dreieinigkeits- und Borowizki-Turm folgen den unteren quadratischen Geschossen ähnlich wie beim Spasski-Turm oktogonale. Die Zeltdächer deckte man mit glasierten Dachziegeln, die speziell von Töpfermeistern angefertigt wurden, deren Aufgabe es ansonsten war, Töpfe und andere Keramikgefäße herzustellen.

Durch die Umgestaltung entsprechend dem Geschmack des 17. Jahrhunderts nahmen die Mauern und Türme des Moskauer Kreml ein ausgesprochen malerisches, elegantes Aussehen an. Die wohlausgewogenen Proportionen und der farbliche Wohlklang – das stumpfe Rot des Ziegelmauerwerks, das dunkle Blaugrün der Dachziegel, deren glasierte Oberfläche im Sonnenlicht erglänzte, und das weiche matte Weiß des Steins, das die Bestandteile der Konstruktion klar hervortreten ließ und dem Bauwerk zugleich etwas Zusammenfassendes, Geschlossenes gab – all das rief eine faszinierende Wirkung hervor.

Im Verlauf der Bauarbeiten während der Jahre 1660–1690 kam noch ein neunzehnter steinerner Turm hinzu – oder, genauer gesagt, ein Türmchen in Form eines kleinen achteckigen Zeltdaches, das sich auf vier dekorative Säulen stützt: der Zarenturm. Er wurde direkt auf der Kremlmauer neben dem Spasski-Turm anstelle eines Holzturms aufgeführt, von dem aus Iwan Grosny seinerzeit die öffentlichen Veranstaltungen auf dem Roten Platz verfolgt haben soll, woher wohl der Name des Bauwerks stammt. Das Zarentürmchen wurde zum Schlußpunkt im Architekturensemble des Kreml als Festungsanlage.

Im 18. Jahrhundert erlosch die Größe des Kreml allmählich. Die Abschaffung des Patriarchats in Rußland (im Jahr 1700) und die Anfang des 18. Jahrhunderts erfolgte Verlegung der Hauptstadt aus Moskau in das soeben gegründete Petersburg verwandelte die kurz zuvor noch glanzvolle Residenz des Reiches in eine alte Festung. Als solche sah auch der Reformator Zar Peter I. den Kreml an. Er liebte Moskau nicht, wo er auf Schritt und Tritt an Unruhen und Strelitzenaufstände erinnert wurde. Nichtsdestoweniger wußte er den Kreml als Festung sehr zu schätzen. Und nicht zufällig ließ er anstelle des 1701 abgebrannten Kornhofs, wo die Getreidereserven eingelagert wurden (nach dem altrussischen Begriff »Shito« – »Korn« – als Shitnyhof bezeichnet), das gewaltige Arsenalgebäude errichten, das zur Aufbewahrung von Waffen bestimmt war.

1707, als die Truppen des Schwedenkönigs Karl XII. in das Territorium Rußlands einfielen, gab Peter den Befehl, den Kreml stärker zu befestigen. An dem Bau der Bastionen nahmen rund 30000 Moskauer teil. Sehr sorgfältig wurde das Neglinnaja-Ufer befestigt, wo sich an jedem Kreml-Turm Bastionen erhoben – mit Ausnahme des Waffen-Turms. Erdbefestigungen wurden auch auf dem Roten Platz entlang des Grabens errichtet. In den Türmen mußten die alten, schmalen Schießscharten erweitert werden, damit sie sich für die Kanonen eigneten, die der Verteidigung des Kreml dienen sollten. Über 3000 Strelitzen, 245 Artilleristen und 964 Kanonen standen zur Abwehr der schwedischen Truppen bereit. Doch das Heer Karls XII. wurde in den südrussischen Landen bei der Stadt Poltawa am 27. Juni (8. Juli) 1709 geschlagen. Die Gefahr war vorüber; die Schanzen des Kreml existierten jedoch noch mehr als 100 Jahre, obwohl er als Festung für die russischen Monarchen bereits bedeutungslos gworden war.

1737 vernichteten mehrere Feuersbrünste die Bebauung des Moskauer Zentrums fast völlig. Dabei brannten auch die Bedachungen auf den Kremlmauern und zwischen den Turmgeschossen sowie die Balken nieder, an denen die Uhrenglocken hingen. Die im Dreieinigkeits- und im Spasski-Turm herabfallenden Glocken zerschlugen die Gewölbe. Der lange Jahre ohne jede Reparatur verbleibende Kreml verfiel. Doch noch größeren Schaden nahm er durch die neuen Arbeiten der Architekten. D.W. Uchtomski, der nach der Feuersbrunst von 1737 das Arsenalgebäude wiederherstellte, trug die Mauern vom Arsenal-Eckturm bis zum Dreieinigkeits-Turm auf halbe Höhe ab.

Unwiederbringliche Verluste brachte dem Kreml auch die Inangriffnahme des Projektes zum Bau eines neuen Palastkomplexes von W. I. Bashenow. Das Hauptgebäude des Palastes sollte in einer Länge von 630 Metern und einer Höhe von vier Geschossen den ganzen südlichen Hang des Borowizki-Hochplateaus einnehmen. Zur Vorbereitung des Baus wurden der Erste Namenlose und der Geheim-Turm sowie die Kremlmauer auf diesem Teilstück und eine Reihe weiterer Bauten abgetragen. Doch dann kamen alle weiteren Arbeiten zum Erliegen, weil Katharina II. deren Einstellung anordnete. Die überstürzt abgetragenen Mauern und Türme wurden mit Ausnahme des Schützenturms wiederrichtet.

Auf die Notwendigkeit, Zerstörungen der Mauern und Türme des Kreml vorzubeugen und Reparaturen daran vorzunehmen, kam man im 18. Jahrhundert mehrfach zurück. So wurde dem Architekten Karl Blank 1760 der Auftrag erteilt, diese Bauten einer Prüfung zu unterziehen und festgestellte Beschädigungen unter genauer Beibehaltung des ursprünglichen Aussehens zu beseitigen. Er hatte einen Plan aufzustellen und Fassadenzeichnungen für diesen und jenen Turm anzufertigen. Doch auch diese Vorhaben blieben unausgeführt – wahrscheinlich fehlten die Mittel dazu. Jedenfalls wurden durch einen speziellen Erlaß der Kirchenbehörde vom 26. April 1765 wegen

des katastrophalen Zustandes des Kreml die alten Kreuzgänge entlang der Mauern gesperrt.

Ende des Jahrhunderts erneuerte man die auf Befehl Peters I. angelegten Erdbefestigungen in zum Teil vereinfachter Form. Doch buchstäblich ein Jahr später, kaum daß diese Arbeiten abgeschlossen waren, wurden die petrinischen Bastionen geschleift und das Baumaterial in den Graben geworfen, der den Kreml umgab: Moskau bereitete sich auf die Krönung Alexanders I. vor. 1802 begannen an den Mauern und Türmen Reparaturarbeiten, für die zum erstenmal nach einer mehr als hundertjährigen Pause erhebliche finanzielle Mittel zur Verfügung standen. Als erstes wurde der Hauptturm des Kreml, der Spasski-Turm, in Ordnung gebracht. Danach erhielt der Nikolaus-Turm, der wie der Spasski-Turm am Roten Platz liegt und früher kein Zeltdach hatte, ein gotisch stilisiertes Oberteil. Der baufällige Swiblow-Eckturm wurde völlig abgetragen und neu errichtet. Auch an anderen Türmen erfolgten damals Reparaturen; zerstörte Abschnitte der Ziegellegung an den Mauern wurden erneuert und die Zinnenkronen und Brustwehre mit einer neuen Weißsteinverkleidung bedeckt.

Erheblichen Schaden nahm der Kreml in den Jahren des Vaterländischen Krieges 1812, als die französische Armee unter Napoleon Bonaparte in Rußland eingefallen war. Die russische Truppenführung, die die Armee schonen wollte, hatte beschlossen, Moskau nicht zu verteidigen. Nachdem Napoleon in das gänzlich entvölkerte Moskau eingezogen war, befahl er, den Kreml in Kampfbereitschaft zu versetzen: auf den Mauern und Bastionen Kanonen aufzustellen und alle Kremltore außer beim Nikolaus- und beim Geheim-Turm durch Holzbalken zu versperren. Doch die Russen dachten nicht daran, den Kreml zu stürmen. Moskau wurde von den Einwohnern in Brand gesteckt, die Armee Napoleons hatte nunmehr kein Winterquartier, und der Usurpator sah sich gezwungen, die Stadt einen Monat nach seinem Einzug wieder zu verlassen! Vor dem Abzug wurden auf Befehl der französischen Truppenführung fast alle Kremlbauten vermint, darunter auch die Türme. Dem Kreml drohte die völlige Zerstörung. Doch ein starker Regen, der am Tage des Abzugs der Franzosen niederging, und die sofort herbeieilenden russischen Menschen konnten die Katastrophe verhindern. Dennoch gelang es dem Feind, den Swiblow-, den Ersten Namenlosen und den Petrow-Turm zu sprengen und den Nikolaus-, den Arsenal- und den Borowizki-Turm sowie die angrenzenden Mauerteile ernsthaft zu beschädigen.

Nach der Zerschlagung der napoleonischen Armee begann der Wiederaufbau des Kreml, der mehr als zwanzig Jahre andauerte. Zu den Wiederherstellungsarbeiten wurden die besten Architekten Moskaus herangezogen:

O. Bowe, D. Gilardi, I. Jegotow, L. Rusca und viele andere. An der Seite des Moskwa-Ufers erfolgte die Erneuerung der Mauern und Türme nach einem Projekt von Bowe, die des Nikolaus-Turmes unter Aufsicht von Rusca.

Die Wiederherstellung der Türme und der anderen Kremlbauten erfolgte nicht nach wissenschaftlichen Prinzipien; die Architekten gingen vielmehr daran, das architektonische Aussehen des Kreml auf ihre Art zu bestimmen. Sie fügten in die wiederzuerrichtenden Bauten Elemente der mittelalterlichen Gotik im Geist der damals in der russischen Architektur vorherrschenden Romantik ein. Für die Tortürme wurden neue Eichenholztore angefertigt.

Erhebliche Veränderungen erfolgten auch im Vorgelände des Kreml. Das Flußbett der Neglinnaja wurde um einiges von der Mauer zurückversetzt und durch einen Ziegeltunnel geleitet. Die Bastionen vom Anfang des 18. Jahrhunderts wurden völlig geschleift und der Graben eingeebnet. An der Stelle des früheren Neglinnaja-Flußbetts und der Bastionen entstand eine nach Alexander I. benannte Gartenanlage zu Ehren des russischen Sieges im Vaterländischen Krieg 1812.

Das Fehlen klar ausgearbeiteter Prinzipien für die Wiederherstellung der Architekturdenkmäler führte dazu, daß in jener Zeit sehr wichtige Details des Kreml als Festungsanlage verlorengingen. Die ersten Versuche, die systematische Wiederherstellung der Mauern und Türme in Angriff zu nehmen, fielen in die sechziger Jahre des 19. Jahrhunderts. Die Restaurierungsarbeiten begannen 1861 unter Leitung der Architekten des Zarenhofes F. Richter, N. Schochin, P. Gerassimow, W. Bakarew und anderer. Bereits im folgenden Jahr stellte der Künstler Jean-Baptiste (Giuseppe Colombo) Artari nach Fragmenten der altrussischen Malerei, die sich im Durchgang des Spasski-Turms erhalten hatten, dort die ursprünglichen, vermutlich aus dem 17. Jahrhundert stammenden Freskenkompositionen wieder her. An vielen Abschnitten der Mauern und Türme wurden die Weißsteindetails ausgewechselt: Profile, Friese, Brustwehren, Zinnenkronen und anderes mehr. Für die Neueindeckung der Zeltdächer auf den Kremltürmen fanden nach altem Vorbild angefertigte Dachziegel Verwendung. Zum erstenmal in der Geschichte der Ausbesserungsarbeiten im Kreml erstellten die Architekten ziemlich genaue Vermessungszeichnungen von den Mauern und Türmen, die zu wertvollen Dokumenten für die Restauratoren der folgenden Generationen wurden.

Dennoch – das Fehlen von Erfahrungen und einer wissenschaftlichen Methodik der Denkmalrestaurierung führte zu einer Reihe ernster Entstellungen einzelner Details und Formen. Die Außenseite der Mauern und Türme verkleidete man in ihrem ganzen Verlauf mit neuem Zie-

gelmauerwerk, das speziell dafür angefertigt wurde und in seinen Abmessungen dem ursprünglichen Mauerwerk nahekam. Dabei wurden alle bogenförmigen Schießscharten in der unteren Zone sowie eine Reihe von Tordurchgängen und andere Besonderheiten durch sogenanntes Pflockmauerwerk verschlossen, das es im mittelalterlichen Rußland noch nicht gab. Im Prozeß der Restaurierung veränderten die Architekten die Silhouette einiger Zeltdachtürme etwas, erneuerten die Brustwehr an der Innenseite der Mauerübergänge und führten fast alle Zinnen neu auf. Trotz einzelner Unzulänglichkeiten sicherten die in ihrem Umfang und ihrer Vielseitigkeit weitgehenden Restaurierungsarbeiten der sechziger Jahre des 19. Jahrhunderts immerhin für lange Zeit die Erhaltung des gesamten Komplexes der Mauern und Türme des Moskauer Kreml.

Der nächste Zyklus von Renovierungs- und Restaurierungsarbeiten setzte in den ersten Jahren des 20. Jahrhunderts ein. 1901 wurde die Konstruktion der Brücke befestigt, die den Dreieinigkeitsturm mit dem Kutafja-Wachturm verbindet. Man bedeckte die Brücke mit neuem Ziegelmauerwerk, und alle Bogendurchlässe (außer einem) wurden als Diensträume eingerichtet. Die Brustwehr der Dreieinigkeitsbrücke erhielt neue Schwalbenschwanz-Zinnen mit dekorativen Schießscharten.

1903 beschloß eine speziell für die Restaurierung des Kreml aufgestellte Kommission, jedes Jahr einen Turm oder einen Wandabschnitt zu restaurieren. Doch 1913 war erst ein einziger Turm in Ordnung gebracht – der Spasski-Turm. Als 1914 der erste Weltkrieg begann, erfolgte eine einschneidende Reduzierung der umfangmäßig ohnehin unbedeutenden Arbeiten, die bald darauf gänzlich abgebrochen wurden.

Die Große Sozialistische Oktoberrevolution eröffnete eine neue Ära in der Geschichte des Moskauer Kreml. Am 16. November 1917 nahm die Rote Garde den Kreml im Sturm, und am 12. März 1918 übersiedelte die Sowjetregierung aus Petrograd hierher. Erneut war nun der Kreml Residenz des Staates. Im Mai 1918 ordnete W. I. Lenin an, schnellstens den Nikolaus-Turm zu restaurieren, der während der Oktoberkämpfe 1917 in Mitleidenschaft gezogen worden war. Etwas später wurden auch die anderen beschädigten Türme in Ordnung gebracht: der Beklemischewski- und der Spasski-Turm. In den folgenden Jahren nahmen die Restaurierungsarbeiten ihren Fortgang. 1931–35 wurden große Mauerabschnitte und eine Reihe von Türmen entlang der Kremleinfassung renoviert: am Moskwa-Ufer vom Petrow- bis zum Swiblow-Turm, an der nordwestlichen Seite vom Dreieinigkeits- bis zum Arsenal-Eckturm, am Roten Platz sämtliche Türme mit dem angrenzenden Gemäuer.

Als Krönung dieser Arbeiten wurden 1935 von den vier

Tortürmen (dem Spasski-, Nikolaus-, Dreieinigkeits- und Borowizki-Turm) die Doppeladler – das Hoheitszeichen der zaristischen Selbstherrschaft – abgenommen und an ihrer Stelle fünfzackige rote Sterne – das Emblem der Roten Armee – aufgesetzt. In der Mitte jedes dieser Sterne, die aus Tausenden Uralhalbedelsteinen gebildet wurden, aus Amethysten, Aquamarinen und Rubinen, waren Hammer und Sichel – das Emblem des Sowjetstaates – eingefügt. 1937 wurden die Sterne auf den Türmen durch andere von neuerer Konstruktion ersetzt und ein weiterer auf dem Swiblow-Turm angebracht. Ihr Kern aus vergoldetem Kupfer wird von Zacken aus dreischichtigem Rubinglas umgeben. Der Durchmesser der Sterne beträgt je nach Größe der Türme 3 bis 3,75 Meter, ihr Gewicht 1 bis 1,5 Tonnen. Auf spezielle Kugellager montiert, bewegen sich die Sterne frei im Luftstrom. In ihrem Innern sind mächtige Glühbirnen angebracht, die bei Tag und Nacht in Betrieb sind. Die leuchtenden, schon aus großer Entfernung zu bemerkenden Rubinsterne wurden zu einem nicht mehr wegzudenkenden Bestandteil des Kreml.

Wiederum eine neue Etappe der Restaurierungsarbeiten begann 1940, als sich die Aufmerksamkeit der Architekten auf den Mauerteil zwischen dem Borowizki- und dem Dreieinigkeits-Turm richtete. Der Krieg verhinderte die völlige Realisierung des Vorhabens. Nach dem Großen Vaterländischen Krieg 1941–45 nahmen die wissenschaftlichen Restaurierungsarbeiten im Moskauer Kreml auf Regierungsbeschluß einen bis dahin nie gekannten Umfang an. Die Restaurierung dauerte von 1946 bis 1953. In dieser Zeit befreiten die Restauratoren die Oberfläche aller Mauern und Türme von Übertünchungen, Wasser- und anderen Flecken, legten vermauerte Schießscharten frei, korrigierten die Bedachungen der Zinnen und Brustwehre, errichteten an vielen Stellen neue Wasserabflußrinnen, die die Regenfluten von den Fundamenten der Mauern ableiteten, und wechselten Dachziegel und einige Kupferdetails auf den Dächern aus. Diese und andere Arbeiten, die unter Leitung von I. E. Grabar, I. W. Rylski und D. P. Suchow durchgeführt wurden, zeichneten sich durch hohe Zuverlässigkeit und tiefes wissenschaftliches Verständnis für die vor den Restauratoren stehenden Aufgaben aus.

Für die Wiederherstellung einzelner Abschnitte des Ziegelmauerwerks wurden Ziegel von hoher Qualität verwendet sowie nach alten Vorbildern aus bestem Ton angefertigte Dachziegel. Den Weißstein beschaffte man aus dem Steinbruch von Mjatschkowo, der für das alte Moskau traditionellen Quelle für dieses Baumaterial. Die Mauerung erfolgte mit Kalkmörtel mit einem Zusatz von Ziegelsplitt, einer Zusammensetzung, die dem Rezept entsprach, das Ende des 15. Jahrhunderts verwendet worden war.

Die bisher letzten komplexen Renovierungs- und Restaurierungsarbeiten erfolgten 1973–78. Neben der Verstärkung der Stahlschlösser des Spasski-, Nabat- und Dreieinigkeits-Turms und der sorgfältigen Ausbesserung des Mauerwerks an verschiedenen Abschnitten erhielt die Oberfläche der Mauern und Türme einen Anstrich unter Angleichung an den Ziegelfarbton. Eine wasserabweisende Lösung, mit der die Mauern und Türme überzogen wurden, schützt ihre Oberfläche bestens vor der Einwirkung atmosphärischer Störungen. Wie auch früher wurden zu einem erheblichen Teil Arbeiten in Weißstein durchgeführt. Das betrifft insbesondere die Erneuerung des Weißsteindekors am Spasski-, Nikolaus-, Dreieinigkeits-, Borowizki- und Swiblow-Turm. Am Kutafja-Turm wurden die Bekrönung aus Weißstein und die Bogenabschlüsse der Seiteneingänge restauriert und der zweifarbige rotweiße Anstrich im Stil des 17. Jahrhunderts wiederhergestellt.

Gestützt auf die Erfahrungen der Restaurierungsarbeiten der vierziger und fünfziger Jahre, als die Ziegelsteinbedachung der Zeltdächer des Spasski- und Dreieinigkeits-Turms durch Kupferdächer ersetzt wurden, die im Aussehen Ziegeldächern ähneln, verwendeten die Architekten auch anderweitig vielfach Details aus Kupfer. Die Zeltdächer des Senats-, Borowizki-, Swiblow- und Beklemischewski-Turms beispielsweise wurden ebenfalls mit Kupferplatten belegt.

1978 gelangte eine weitere Etappe der Restaurierung der Wände und Türme des Moskauer Kreml zum Abschluß. Doch die Untersuchungen dieses Architekturdenkmals, die mit schriftlichen, künstlerischen und archäologischen Quellen untermauert werden, nehmen ihren Fortgang. Die gesammelten und verallgemeinerten Erkenntnisse werden den weiteren Restaurierungen zugrunde gelegt werden. So erhält der fünfhundertjährige Kreml mit den Jahren mehr und mehr die Züge seiner »Jugend« zurück.

1 Detail des Spasski-Turmes
Beschreibung auf Seite 61

2 Borowizki-
Turm
im Hintergrund
und Swiblow-
Turm
im Vordergrund.
1490

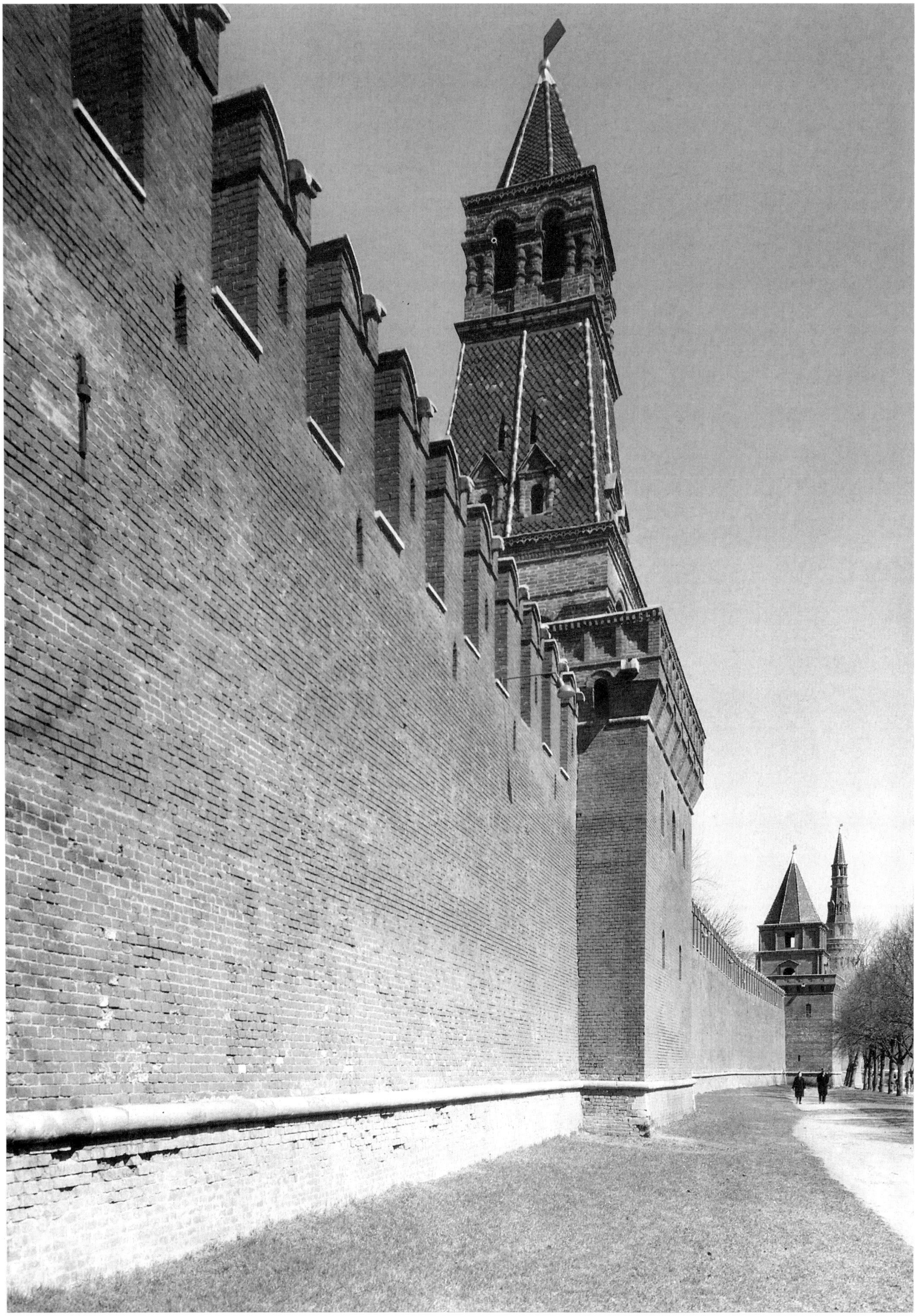

6 Zweiter Namenloser Turm. Achtziger Jahre des 15. Jhs.

8 Moskworezki-
Turm.
1487–88

DIE SÜDLICHE MAUER

Vom Moskwa-Ufer ist die wichtigste Front des Moskauer Kreml in ihrer ganzen Breite zu überblicken. Der Uferseite sind die Südfassade der Uspenki-Kathedrale mit dem Haupteingang und der gesamte Palastkomplex zugewandt. Ebenso ausgerichtet waren seinerzeit das Prikasgebäude und andere Bauten.

Zur Südmauer gehören sieben Türme: der runde Beklemischewski-Eckturm, der Petrow-, der Erste und der Zweite Namenlose Turm, der Geheim-, der Verkündigungs- und der Swiblow-Turm. An diesem Mauerverlauf erfolgten bereits 1367 die Befestigungen des Weißsteinkremls. Die Ziegelsteintürme am Moskwa-Ufer wurden zwischen 1485 und 1490 aufgeführt.

Zuerst boten die Türme einen von der Kremlbebauung ziemlich abweichenden Anblick, d.h., sie hatten ein nahezu spartanisches Aussehen, niedrige anspruchslose Zeltdächer und nur ein Mindestmaß an dekorativen Details.

In den Jahren von 1508 bis 1516 entstand an der Südseite noch eine weitere Mauer nach dem Vorbild der bereits vorhandenen, jedoch wesentlich niedriger als diese. Der Kreml erhielt nicht nur zusätzliche Befestigungen, sondern auch eine Bereicherung seines architektonischen Aussehens. Die Festungsbauten mußten mit den anderen Kremlgebäuden in Einklang gebracht werden. So wuchs die Bebauung stufenweise von der niedrigen Mauer zur hohen, stieg zum Kamm des Hochplateaus an und erreichte in den blitzenden Kuppeln und vor allem im Glockenturm Iwan Weliki ihre größte Höhe. Eine besonders ausgewogene Wechselwirkung zwischen den Bauten des Kreml wurde in der zweiten Hälfte des 17. Jahrhunderts erreicht, als die Türme hohe Zeltdächer erhielten. Durch Aufstockungen erhöhten sie sich wesentlich, und die schlanken Zeltdächer fügten sich rhythmisch in das Panorama des Borowizki-Hügels ein.

Im 18. bis 19. Jahrhundert wurden praktisch alle Türme der Südmauer neu gesetzt, behielten aber im wesentlichen ihre Silhouette aus dem 17. Jahrhundert bei.

2 Borowizki- oder Predtetschnaja- (Täufer-) Turm (Hintergrund) 1490. Höhe mit Stern 54,05 m.
Architekt Pietro Antonio Solari
Wodowswodnaja- (Wasserhebe- oder Swiblow-) Turm. 1490. Höhe mit Stern 61,25 m.
Architekt Anton Frjasin

Der Name des Borowizki-Turmes am südwestlichen Mauerknick wie auch des Hügels, an dessen Fuß der Kremlbau seinen Anfang nahm, geht auf den dichten Kiefernwald (bor) zurück, der in frühen Zeiten die gesamte Erhebung bedeckte. Zar Alexej Michailowitsch versuchte zwar, durch einen Erlaß den einstigen Namen zu verändern und den Turm nach der seinerzeit in der Nähe stehenden Kirche der Geburt Johannes des Täufers zu benennen, die alte Bezeichnung hielt sich jedoch nach wie vor.

Der Architekt führte sein Bauwerk an gleicher Stelle auf, an der im 14. Jahrhundert ein Turm aus Weißstein errichtet worden war. Er hat die für die russische Holzbaukunst typische mehrgeschossige Form. Die Konstruktion des oberen Teils erhielt der Turm in der zweiten Hälfte des 17. Jahrhunderts (1666–80), als dem mächtigen Tschetwerik des 15. Jahrhunderts noch drei weitere quadratische Geschosse aufgesetzt wurden, die in der Grundfläche nach oben zu kleiner werden, und darauf schließlich ein leichtes, oktogonales Türmchen mit offenen Arkaden, das von einem hohen Zeltdach gekrönt wird.

Der Turm hatte einen Durchgangsbogen, doch war dieser nicht in der Mitte des Untergeschosses angeordnet, sondern seitlich. Bis zum heutigen Tag künden Vorrichtungen für die Zugketten in der Mauer davon, daß sich hier einst eine Zugbrücke befand. Der Durchgang war durch ein Eisengitter verschließbar.

Im 18. Jahrhundert wurde der Dekor des Turms durch gotische Details aus Weißstein ergänzt. Bei der Sprengung des Swiblow-Turms im Jahr 1812 erlitt auch das Dach des Borowizki-Turms Schaden. Mit dem raschen Wiederaufbau verschwand ein erheblicher Teil der gotischen Elemente.

Der Wasserhebe-Turm ist der südwestliche Eckturm, von dem aus die Mauer auf der einen Seite schräg nach Norden zum Borowizki-Turm und damit zur Westmauer führt und auf der anderen Seite an der Moskwa entlangläuft. Zugleich ist dieser Turm einer der wichtigsten im System des Kreml. Nicht weit von der Mündung der Neglinnaja in die Moskwa entfernt und stark nach vorn gesetzt, hatte er einen großen Schußwinkel und schützte somit den Kreml im Norden, Westen und Süden. Der Turm erhielt seinen ersten Namen nach dem ehemals in der Nähe gelegenen, 1367 erbauten Hof des Bojaren Fjodor Swiblow.

Das runde Bauwerk hatte einen Schießturm und einen Geheimgang. 1633 baute der englische Meister Christopher Halloway, der das alte Glockenspiel des Spasski-Turms geschaffen hat, in den Swiblow-Turm eine Pumpvorrichtung ein, die das erforderliche Wasser für die Ländereien des Kreml aus der Moskwa heranbrachte. Seither heißt dieser Turm Wasserhebe-Turm. Den hohen schlanken Aufbau erhielt er in den Jahren 1672–86.

Die intensive Nutzung des Bauwerks als Wasserturm ließ es schnell baufällig werden, und es neigte sich stark zur Seite. 1806 mußte es deshalb völlig abgetragen und neu aufgeführt werden. Diese Arbeit erfolgte nach einem Projekt des Architekten Iwan Jegotow. Es vergingen jedoch nur wenige Jahre, da wurde der neu aufgebaute Turm 1812 auf Befehl Napoleon Bonapartes von den französischen Truppen gesprengt. Der Architekt O. Bowe ergänzte das Bauwerk bei der Wiedererrichtung in den Jahren 1817–19 durch Details im gotischen und klassizistischen Stil.

3 Blagowestschenski- (Verkündigungs-) Turm. 1488 (?) Höhe 30,7 m

Dieser Turm wurde nach der Blagowestschenski-Kirche benannt, die 1371 auf dem Kremlgelände neben dem Turm erbaut worden ist.

An der Stelle des Verkündigungs-Turms stand ursprünglich ein Weißsteinturm aus dem 14. Jahrhundert, von dem heute noch Reste des ehemaligen Mauerwerks im Fundament des neuen Turms zu finden sind. Der fast quadratische untere Kubus vom Ende des 15. Jahrhunderts, in den relativ breite Fensteröffnungen eingelassen sind, schließt oben mit überkragenden sogenannten Hängeschießscharten und dem für viele Kremltürme typischen dekorativen Gürtel aus quadratischen Vertiefungen ab. Darüber befindet sich der ehemalige Gefechtsplatz, der von einer Brustwehr umgeben ist.

Der obere, in den achtziger Jahren des 17. Jahrhunderts aufgestockte Teil besteht aus zwei Tschetwerki. In der Mauer aus dem 17. Jahrhundert war neben dem Turm ein Tor eingelassen, das sogenannte Waschtor. Es wurde vom Hofgesinde benutzt, wenn es zum Wäschewaschen an den Fluß ging. 1831 wurde das Tor abgerissen, Überreste sind jedoch im Innern der Kremlmauer noch deutlich sichtbar.

Ende des 19. Jahrhunderts diente der mit einem Kreuz gekrönte Turm als Nebenkapelle der Blagowestschenski-Kirche. Seine umfassende Restaurierung erfolgte 1933.

4 Tainizki- (Geheim-) oder Tscheschkow-Turm. 1485. Höhe 38,4 m. Architekt Anton Frjasin

Mit dem Bau dieses mittleren Torturms an der Uferseite begann der Bau des Ziegelstein-Kremls. Den Platz seiner Grundsteinlegung bestimmte ein bereits hier stehender älterer Turm der Weißstein-Festung aus dem Jahr 1367. Ursprünglich existierte die Bezeichnung Tscheschkow-Turm, die mit dem Namen des Besitzers eines in der Nähe gelegenen Gehöfts zusammenhängen könnte. Der spätere Name bezieht sich auf einen Geheimgang (Tainik), der das Bauwerk mit der Moskwa verband. Der Hauptteil des Turms war durch eine Brücke mit dem direkt am Ufer stehenden Schützenturm verbunden.

Bis zum Aufbau des Zeltdachs in den siebziger und achtziger Jahren des 17. Jahrhunderts gab es auf dem Turm eine Uhr mit Schlagwerk. Über ihr Schicksal nach der Aufstockung ist nichts bekannt. Dem gedrungenen,

der Moskwa zugewandten Tschetwerik wurden ein zweiter und ein dritter kleinerer Kubus in etwa denselben Proportionen aufgesetzt.

Im 17. Jahrhundert, als der Kreml seine frühere Bedeutung als Festung verloren hatte, war das Bauwerk Feuerwachtturm. Von hier aus wurden die Gebäude der Stadt beobachtet, die am gegenüberliegenden Ufer standen und von denen in Zeiten verheerender Brände Funken zu den Kremlbauten herüberflogen.

1771 wurde der Turm im Zusammenhang mit den Vorbereitungsarbeiten für den Kremlpalast abgetragen, jedoch 1783 – ohne den Schützenturm – neu errichtet.

Während der Besetzung des Kreml durch napoleonische Truppen 1812 erlitt der Turm durch eine Sprengung Schaden und wurde zwischen 1816 und 1818 wiederaufgebaut. In den sechziger Jahren des 19. Jahrhunderts entstand auch der Schützenturm wieder, und zwar unter bewußter Stilisierung im Geschmack des 17. Jahrhunderts. Eine gründliche Restaurierung wurde in den Jahren 1930 bis 1933 durchgeführt.

5 Perwaja-Besymjannaja- (Erster Namenloser) Turm. Achtziger Jahre des 15. Jhs. Höhe 34,15 m

Der Turm wurde nach der Errichtung des Geheim-Turms im Jahre 1485 gebaut. Im ersten Drittel des 16. Jahrhunderts diente er zur Aufbewahrung von Schießpulver, das während der Moskauer Feuersbrunst 1547 explodierte. Der beschädigte Turm wurde schnell wieder in Ordnung gebracht. Im 17. Jahrhundert erhielt der Hauptkubus eine Aufstockung in Form eines zweigeschossigen vierflächigen Zeltdachs. 1770–71 wurde der Turm abgerissen, damit er nicht die Fassade des Kreml-Palastes verdeckte, der nach Plänen Bashenows entstehen sollte. Doch der Zarenhof trat von diesem Vorhaben zurück, und 1783 wurde der Turm in gleicher Weise wieder aufgebaut. 1812 von den abziehenden französischen Truppen gesprengt, entstand der Bau unter Aufsicht von O. Bowe erneut. Späterhin wurde nichts mehr am Aussehen des Ersten Namenlosen Turms verändert.

6 Wtoraja-Besymjannaja- (Zweiter Namenloser) Turm. Achtziger Jahre des 15. Jhs. Höhe 30,2 m

Auch dieser Turm entstand erst nach 1485. Er gehört zu den Türmen ohne Durchgang.

1680 erhielt der etwas gestreckte untere Kubus ein zweigeschossiges vierflächiges Zeltdach. Schriftlichen Quellen zufolge hat der Turm 1701 ein Durchgangstor gehabt. 1771 wurde er – ebenfalls im Zusammenhang mit den Vorbereitungen des Bauplatzes für den vorgesehenen Kreml-Palast – abgerissen. Nach Abbruch der Arbeiten erfolgte der Wiederaufbau des Turmes, jedoch ohne Durchgang.

Im Innern enthält der Bau eine zweigeschossige überwölbte Räumlichkeit. Der obere Tschetwerik hat innen kein Gewölbe, sondern vereint sich mit dem Hohlkörper des Zeltdachs zu einem Raum.

7 Dritter Namenloser oder Petrow- (Ugreschski-) Turm. Achtziger Jahre des 15.Jhs. Höhe 27,15 m

Das genaue Baudatum ist nicht bekannt. Es wird angenommen, daß der Turm etwa zur selben Zeit entstanden ist wie die anderen an der Uferseite gelegenen Türme, also zwischen 1485 und 1490.

Die Bezeichnung des Turmes hängt mit der Kirche des Metropoliten Pjotr zusammen, die neben dem Turm stand, und zwar auf dem Gelände des ehemaligen Nikolaus-Ugreschski-Klosters, nach dem der Turm auch Ugreschski-Turm genannt wurde. In Schriftquellen wird er als Dritter Namenloser Turm bezeichnet.

Das im Grundriß quadratische Bauwerk ist ein ausgesprochen untersetzter Kreml-Turm. Sein unterer Kubus tritt an der Flußseite aus der Mauerflucht hervor, wodurch die Reichweite des Beschusses der Kreml-Verteidiger an der Mauer relativ groß war. 1612 wurde der Turm während der polnischen Intervention durch Kanonenfeuer zerstört und danach mit blinden Hängeschießscharten wiederhergestellt. 1676—88 erhielt der Turm zwei ebenfalls quadratische Geschosse, die von einem oktogonalen Zeltdach gekrönt wurden.

In Verbindung mit dem geplanten Bau des Kreml-Palastes wurde auch dieser Turm abgerissen und 1783 wieder aufgebaut. 1812 sprengten ihn die napoleonischen Truppen, als sie aus dem Kreml abzogen. Nach Kriegsende wurde der Turm unter Leitung von O.Bowe in unveränderter Form wiedererrichtet.

8 Moskworezki- oder Beklemischew-Turm. 1487—88. Höhe 46,2 m. Architekt Mark Frjasin

Der südöstliche Eckturm wurde 1487—88 an der Stelle eines Eckturms aus Weißstein aus dem 14.Jahrhundert erbaut. Namengebend war der Hof des Bojaren Beklemischew, der sich ganz in der Nähe befand. Es wird angenommen, daß Fjodor Beklemischew und sein Vetter Frol 1367 am Kremlbau beteiligt waren. Der letzte Familienangehörige, der noch über Landbesitz verfügte, war Bersen Beklemischew. Als Mitglied einer feudalaristokratischen Gruppe, die in Opposition zum Großfürsten stand, verlor er 1525 sein Anwesen im Kreml, später ließ ihn Großfürst Wassili III. hinrichten. Der einstige Besitz Beklemischews wurde zusammen mit dem Eckturm zum Kerker für in Ungnade gefallene Aristokraten.

Der Nachfolgebau erhielt nach der nahegelegenen Brücke über die Moskwa den Namen Moskworezki-Turm. Er hat die Form eines hohen Zylinders und steht auf einem mächtigen Sockel. In eine Verdickung am oberen Rand wurden Schießscharten für den Steilschußkampf eingebaut. Die übrigen Schießscharten im Turmkörper sind in verschiedenen Ebenen angeordnet.

1686 erhielt der Turm einen oktogonalen Aufbau mit einem eleganten hohen Zeltdach, in dessen oberem Teil sich ein Beobachtungsstand befand. Das Turminnere enthält drei Geschosse mit überwölbten Räumen, die alle durch eine bis zum Zeltdach hinaufführende Treppe miteinander verbunden waren.

Während des Nordischen Krieges zu Beginn des 18.Jahrhunderts wurden die Schießscharten verbreitert, damit sie sich für Kanonenrohre eigneten. 1917 beschädigten Artilleriegeschosse das Zeltdach. Die 1949 durchgeführte Restaurierung gab dem Turm das Aussehen wieder, das er im 17.Jahrhundert gehabt hatte.

DIE NORDÖSTLICHE MAUER

Beginnend mit dem Beklemischewski-Turm führt die nordöstliche Kremlmauer bis zum Arsenal-Eckturm. Sieben Türme dieses Mauerabschnitts wurden in den Jahren 1488 bis 1493 errichtet, ein achter, der Zarenturm, im 17.Jahrhundert.

Diese Seite des Kreml war auf den dicht besiedelten Handelsteil der Stadt ausgerichtet, der als Großer Possad bezeichnet wurde. Zu ihm führten drei Durchgangstürme des nordöstlichen Mauerabschnitts: der Konstantin-Helena-, der Spasski- und der Nikolaus-Turm. Über den Graben wurden Zugbrücken geschlagen.

Der südliche Teil dieser Mauer verläuft über die steile Wassilewski-Böschung, klettert zum Konstantin-Helena-, Nabat-, Zaren- und Spasski-Turm hinauf. Der Raum zwischen Spasski- und Nikolaus-Turm befindet sich auf dem höchsten Plateau jenseits der Kremlmauern und begrenzt den Roten Platz, den Hauptplatz Moskaus und des ganzen Landes.

9 Konstantin-Helena- oder Timofejew-Turm. 1490. Höhe 36,8 m. Architekt Pietro Antonio Solari

Der Torturm diente als Zugang zum Kreml auf der östlichen Seite. Von ihm ging die Bolschaja Uliza (Große Straße) ab, die in den größten Moskauer Handels- und Handwerker-Rayon führte, den Sarjadj.

Früher stand an dieser Stelle der Timofejew-Torturm des Kreml aus den Zeiten Dmitri Donskois. Diese Bezeichnung geht auf das ganz in der Nähe gelegene Gehöft des Wojewoden Timofej Weljaminow zurück. Durch das Tor dieses Turmes zogen die russischen Heere 1380 zu der berühmten Schlacht auf dem Kulikowo-Feld. Die zweite, heute übliche Bezeichnung dieses Bauwerks erhielt der Turm nach der Konstantin-Helena-Kirche, die sich ebenfalls unweit des Turmes im Kreml befand.

In früheren Zeiten hatte der Konstantin-Helena-Turm einen Schützenturm, der sich aber nicht bis in unsere Zeit erhalten hat (er wurde in der zweiten Hälfte des 18. oder am Anfang des 19. Jahrhunderts abgetragen). Der untere Kubus stellt ein mächtiges gedrungenes Tschetwerik dar, das mehr als zwei Meter in die Erde hineingewachsen ist. Am heute noch in seinen Umrissen sichtbaren Tor ist gut zu erkennen, um wieviel sich die Kulturschicht am Fuß des Turmes erhöht hat.

1670–90 wurde auf diesem Würfel ein verhältnismäßig niedriges, breites zweigeschossiges Zeltdach errichtet. Im 17. Jahrhundert verlor die Bolschaja Uliza ihre ursprüngliche Bedeutung. Die Durchfahrt wurde verschlossen und in den Innenräumen eine Folterkammer eingerichtet, in der, wie die Quellen bezeugen, auch tatsächlich Folterungen stattfanden. 1707, als der Angriff der schwedischen Truppen auf Moskau erwartet wurde, ließ Peter I. die Schießscharten zum Aufstellen von Kanonen erweitern. 1950 erfolgte die Restaurierung des Turmes.

10 Nabat- (Sturmgeläut-) Turm. Ende 15. Jh. Höhe 38 m

Dieser typische Torturm entstand in der ersten Hälfte der neunziger Jahre des 15. Jahrhunderts. In jene Zeit gehört der niedrige Unterbau mit quadratischer Grundfläche, dessen glatte Wände mit Hängeschießscharten abschließen. Um den oberen Teil dieses Kubus läuft der bekannte dekorative Gürtel mit eingelassenen kleinen Vierecknischen, den sogenannten Schirinki. Das zweigeschossige Zeltdach wurde zwischen 1676 und 1686 errichtet. Es ist im unteren Teil wirkungsvoll mit Dekorelementen aus Weißstein verziert. Schmuckgürtel aus Weißstein umreißen auch in vertikaler Linienführung die Form des dunkelgrünen Dachs aus Glasurziegeln.

Seinen Namen erhielt der Turm von der in ihm hängenden Nabat- (Sturmgeläut-) Glocke, die bei Gefahr geläutet wurde – wenn ein Feuer ausgebrochen war oder sich Feinde Moskau näherten – und aus Anlaß von Zusammenkünften verschiedener Art. So rief die Nabat-Glocke 1771 viele Menschen zusammen. Die angesichts strenger Reglementierungen des Lebens in Verbindung mit einer Pestepidemie, Hunger und Erwerbslosigkeit unzufriedene Bevölkerung empörte sich, zerstörte die Häuser der Adligen und einige Klöster und erschlug den Moskauer Erzbischof. Nachdem die Aufständischen auseinandergetrieben worden waren, befahl Katharina II., den »Aufwiegler« zu suchen, der die Glocke geläutet hatte, und die Glocke »zu bestrafen«, indem ihre »Zunge« – der Klöppel – entfernt wurde. Die zungenlose Glocke, eine Arbeit Iwan Motorins, wurde im 19. Jahrhundert abgenommen und in die Rüstkammer überführt.

11 Der Zarenturm. 1680. Höhe 16,7 m

12 Der als letztes erbaute und kleinste Turm des Kreml ist der direkt auf der Kremlmauer errichtete Zarenturm. Sein Vorgänger war ein Holztürmchen, von wo aus der Überlieferung zufolge Zar Iwan Grosny die Ereignisse auf dem Roten Platz verfolgte. Daher stammt angeblich der Name des Turmes. Nach einer anderen Version befanden sich solche Holztürmchen mit Glocken ursprünglich in der Nähe jedes Kremltors zu dem Zweck, durch Glockengeläut eine Gefahr kundzutun, falls sich Feinde dem Kreml durch dieses oder jenes Tor näherten.

Im Unterschied zu allen anderen Turmbauten der Kremlmauern ist dieses Türmchen ein »offenes« Bauwerk: Das Zeltdach ruht auf vier wulstigen verzierten Säulen, die ihrerseits freistehend auf einem quadratischen Unterteil gleichen Ausmaßes aufliegen. Das kleine Bauwerk hat zwei Ebenen. Durch die untere führt der Laufgang auf der Mauer, in der oberen befand sich die Beobachtungsplattform. Wie andere Türme weist auch das Zarentürmchen Weißsteindetails und ein elegantes achteckiges Zeltdach auf. Für die Architekturformen ist der Stil der zweiten Hälfte des 17. Jahrhunderts typisch.

13 Der Rote Platz

Seine Anfänge reichen ins 15. Jahrhundert zurück, als auf Erlaß des Großfürsten Iwan III. auf dem Territorium, das an den Kreml angrenzt, die zahlreichen Holzhäuser und -kirchen abgetragen wurden. Zuerst nur ein Handelsplatz, wurde er im 16. Jahrhundert zugleich das gesellschaftliche Zentrum Moskaus, eine Stellung, die bis dahin dem Kathedralenplatz hinter der Kremlmauer zugekommen war. Etwa Mitte des 16. Jahrhunderts wurde auf dem Terrain vor dem Spasski- und Nikolaus-Turm die Richtstätte aufgestellt, eine im Grundriß steinerne Tribüne, von der Erlasse und Urteilssprüche verlesen und wichtige Informationen bekanntgegeben wurden.

Nach der Feuersbrunst 1571, die alle Handelsreihen einäscherte, kam die Bezeichnung Feuerplatz auf. In der zweiten Hälfte des 17. Jahrhunderts wurden die hier neu entstandenen, chaotisch verstreuten Handelsbauten abgerissen, und der zentrale Stadtplatz erhielt nun den heutigen Namen »Krasnaja Plostschad«: Roter oder Schöner Platz.

Schon seit den Zeiten der Festung aus weißem Stein (1367) stellten der Spasski- und der Nikolaus-Turm die Parade-Eingänge zum Kreml dar. Vielleicht erklärte sich aus diesem Umstand, daß in ihrer Nähe auf dem Roten Platz verschiedene Staats- und Kultbauten errichtet wurden: ein Prikasgebäude, der Gesandtschaftshof, eines der ersten Theatergebäude, die Hauptapotheke. In den Räumlichkeiten dieser Apotheke erfolgte 1755 die Eröffnung der ersten Universität Rußlands.

Heute ist der Rote Platz ein Ensemble von Bauten aus verschiedenen Zeiten. Im Südosten wird er begrenzt von der märchenhaft schönen Basilius-Kathedrale, die 1555–61 aus Anlaß der Unterwerfung des Kasaner Khanats errichtet wurde.

Vor ihr steht das von Iwan Martos geschaffene Denkmal »Minin und Posharski«. Es wurde 1818 zu Ehren der beiden Anführer der Volkswehr – Kusma Minin und Dmitri Posharski – aufgestellt, die 1612 durch das Spasski- und Nikolaus-Tor in den Kreml zog und ihn von polnischen Interventen befreite.

Auf der gegenüberliegenden Seite wird der Platz vom Gebäude des Historischen Museums aus dem ausgehenden 19. Jahrhundert gesäumt, an dessen Stelle früher die Hauptapotheke gestanden hat. Dieses Museum, dessen Sammlungen die Geschichte der Völker der Sowjetunion widerspiegeln, stellt einen eklektizistischen Ziegelbau dar, der Elemente der Gotik, des altrussischen Stils aus dem 17. Jahrhundert und andere Stilkomponenten vereint.

Nichtsdestoweniger wirkt die Silhouette dieses Bauwerks mit seinen zwei Türmen keineswegs störend im Ensemble des Roten Platzes, um so weniger, als sich gegenüber der Kremlmauer das Gebäude der Handelsreihe befindet, das ebenfalls aus dem ausgehenden 19. Jahrhundert stammt und in der Gestaltung Ähnlichkeiten mit dem Historischen Museum aufweist.

In der Mitte der Kremlmauer am Spasski-Turm liegt das etwas auf den Platz vorstehende Lenin-Mausoleum. Es wurde 1924 zunächst aus Holz errichtet und 1930 in Marmor, Granit und schwarzem Labrador aufgeführt. Dieses niedrige, mehrstufige Bauwerk in verhaltenen, der Kremlmauer angeglichenen Farbtönen mit einem schwarzen Gürtel wurde zum kompositorischen Zentrum des Ensembles des Roten Platzes.

Zu beiden Seiten des Mausoleums befinden sich Tribünen für Repräsentanten des Staates und der Partei sowie internationale Gäste, die bedeutsamen politischen Veranstaltungen oder Demonstrationen auf dem Platz beiwohnen.

Hinter den Tribünen wurden an der Kremlmauer revolutionäre Arbeiter und Soldaten beigesetzt, die während der Großen Sozialistischen Oktoberrevolution 1917 und in den schweren Jahren des Bürgerkrieges gefallen sind. Hinter dem Lenin-Mausoleum liegen die Gräber führender Persönlichkeiten der Kommunistischen Partei und des Sowjetstaates: J.M. Swerdlow, M.W. Frunse, M.I. Kalinin, A.A. Shdanow, J.W. Stalin, K.J. Woroschilow, S.M. Budjonny, M.A. Suslow, L.I. Breshnew, J.W. Andropow und K.U. Tschernenko.

Zu beiden Seiten des Senatsturms wurden in der Mauer die Urnen mit der Asche bedeutender Vertreter der internationalen Arbeiterbewegung eingelassen.

14 **Spasski- (Erlöser-) oder Frolow-Turm. 1491. Höhe mit**
15 **Stern 71 m. Architekt Pietro Antonio Solari**

Der schönste und harmonischste aller Kremltürme ist der Spasski-Turm mit seinem Haupteingang zum Kreml. Der Vorgängerbau war der Frolow-Torturm aus Weißstein, der aus der Zeit Dmitri Donskois stammte. Dieses Bauwerk war mit dekorativem Steinschnitt und Basreliefs verziert, die den hl. Georg und Demetrius von Saloniki darstellten und 1464–66 von dem bekannten russischen Architekten und Bildhauer Wassili Jermolin geschaffen worden sind. Wahrscheinlich ersetzten sie anderen Zierat, der damals verfallen war. Der Bau des Ziegelsteinturms wurde 1491 von Pietro Antonio Solari während der Regierungszeit des Großfürsten Iwan III. Wassiljewitsch ausgeführt. Davon berichten die Chroniken und eingemeißelten Inschriften auf zwei Weißsteinplatten, die an der Seite des Roten Platzes (in Latein) und auf der Kremlseite (in Russisch) angebracht sind.

Der frühere Name Frolow-Turm steht vermutlich mit der einst in der Nähe befindlichen Frolow- und Lazarus-Kirche in Zusammenhang. Das Frolow- (seit 1658 Spasski-) Tor wurde als »heiliges« Tor verehrt, durch das feierliche Prozessionen, die Zaren und besonders geachtete Gäste den Kreml betraten. Es war nicht erlaubt, zu Pferde durch das Paradetor zu reiten, der Durchgang durfte nur zu Fuß und mit unbedecktem Kopf passiert werden. Dies galt selbst für den Zaren.

Ursprünglich hatte der Turm zwei Geschosse und ein niedriges Zeltdach. Neben dem neu geschaffenen Dekor aus Weißstein vervollständigten Plastiken von dem abgetragenen Turm den Außenschmuck. 1516 wurde der untere Kubus durch eine Holzbrücke mit einem kleinen Schützenturm verbunden. Wahrscheinlich bereits im 16. Jahrhundert erhielt der Turm eine Uhr, die 1624–25 im Zusammenhang mit der Rekonstruktion des Bauwerkes (seine Aufstockung durch ein hohes oktogonales Geschoß und das schlanke Zeltdach) durch eine neue ersetzt wurde, deren Schöpfer der Engländer Christopher Holloway war. Die Umbauten leitete der russische Meister Bashen Ogurzow. Späterhin veränderte sich das Architekturbild des Turms praktisch nicht mehr. 1707 erhielt der Turm eine holländische Spieluhr, 1763 wurde eine neue Turmuhr mit einem Glockenspiel installiert, die wahrscheinlich das Werk einheimischer Meister war und ein Schlagwerk aus 48 Glocken hatte. 1851 erfolgte eine Generalreparatur des Uhrenmechanismus, und 1920 wurde die Uhr bei einer allgemeinen Renovierung erneut repariert. N. Berens und M. Tscheremnych trugen auf der Spielwalze als »musikalische Begleitung« die Internationale auf. Restaurierungsarbeiten an dem Turm erfolgten zwischen 1946 und 1950 und zwischen 1974 und 1978.

16 Senats-Turm. 1491. Höhe 34,3 m

Die frühere Bezeichnung des Turms ist nicht bekannt. Er gehört zu den reinen Festungstürmen, die wie die meisten im Kreml ausschließlich der Verteidigung und nicht der Einfahrt dienten. Türme dieses Typs gibt es im Kreml mehrere. Sie dienten dazu, einen Teil des gegenüberliegenden Geländes zu verteidigen.

Seinem Aussehen nach hat der Senats-Turm Ähnlichkeit mit dem Nabat-, dem Kommandanten- und dem Waffenturm. Der untere viereckige Kubus war mit Maschikuli – Hängeschießscharten – und einer Brustwehr ausgerüstet. 1680 erfolgte der Aufbau des zweigeschossigen vierflächigen Zeltdachs, das von einem offenen Tschetwerik mit einer kleinen achteckigen Kuppel gekrönt ist, auf der eine Wetterfahne in Form einer kleinen Flagge angebracht wurde. Seither hat sich der äußere Anblick des Turms praktisch nicht verändert. Seit dem Bau des Senats-Gebäudes 1788 hinter der Kremlmauer in unmittelbarer Nähe des Turms erhielt dieser den Namen Senats-Turm.

1918 wurde aus Anlaß des 1. Jahrestages der Großen Sozialistischen Oktoberrevolution auf dem Turm an der Seite des Roten Platzes eine Gedenktafel – das Werk des bekannten russischen Bildhauers Sergej Konjonkow – angebracht. Bei Restaurierungsarbeiten im Jahr 1950 überführte man die Tafel ins Revolutionsmuseum.

17 Nikolaus- (Nikolski-) Turm. 1491.
Höhe mit Stern 70 m. Architekt Pietro Antonio Solari

Dieser Torturm entstand gleichzeitig mit dem Spasski-Turm unter Aufsicht des italienischen Architekten Pietro Antonio Solari. Früher befand sich hier ein Weißsteinturm, der, wie auch der neue, ein Durchfahrtstor hatte und wahrscheinlich dieselbe Bezeichnung trug. Im 14. Jahrhundert wurde an der Straße, die von diesem Kremltor abging, das Nikolaus-Kloster gegründet, das namengebend sowohl für die Straße als auch den Turm wurde. Durch die Tore des Nikolaus-, Frolow- und Konstantin-Helena-Turms zogen 1380 die russischen Truppen in die Schlacht auf dem Kulikowo-Feld. Am Nikolaus-Turm begann einer der belebtesten Wege des mittelalterlichen Rußland, der in die alte Stadt Wladimir führte.

Der Ziegelbau war ursprünglich ein mächtiger Tschetwerik mit einem vorgeschobenen Schießturm kleineren Ausmaßes, von dem eine Zugbrücke über den Graben führte. Über dem Durchgangskubus befand sich eine Uhr, die letztmalig 1614 in den historischen Quellen erwähnt wird.

Bis zum Anfang des 18. Jahrhunderts behielt der Turm sein früheres Aussehen. Ende der dreißiger Jahre, nach der Feuersbrunst von 1737, wurde er mit einem Weißsteindekor etwa in der gleichen Art wie der damalige De-

kor am Arsenal verziert, der für die Barockbaukunst charakteristisch war. 1780 erfolgte die erste Aufstockung mit einem Geschoß und niedrigem Zeltdach. 1806 wurde der Turm von L. Rusca grundlegend im Geiste der Gotik umgebaut. Er setzte zwei hohe Oktogone mit Spitzbogenfenstern und kunstvollen Weißsteindetails auf den Tschetwerik und krönte das Ganze mit einem hohen achteckigen Zeltdach.

Während des Vaterländischen Krieges 1812 sprengten die napoleonischen Truppen den Turm. Bei seiner Wiedererrichtung 1816–19 kam ein eisernes Zeltdach an die Stelle des zerstörten aus Weißstein, und an den Ecken des unteren viereckigen Baus wurden Fialtürmchen errichtet. Die eigentümliche Gestaltung der Fassaden, die Form der Fenster und die Silhouette des gesamten Baus unterscheiden den Nikolaus-Turm deutlich von allen anderen Kreml-Türmen.

1917 erlitt er durch Artilleriebeschuß während der Oktoberkämpfe starke Beschädigungen. Auf Anordnung W. I. Lenins wurde er 1918 unter Leitung des Architekten N. Markownikow restauriert.

DIE NORDWESTLICHE MAUER

Die Errichtung dieser Mauer schloß den Bau der Mauern und Türme des Kreml ab. In den historischen Quellen gibt es zwar Berichte über diese Bauetappe, doch sie sind nicht ganz eindeutig. Die letzte Erwähnung des Walls, der an der Neglinnaja entlangführte, fällt ins Jahr 1495, wobei davon die Rede ist, daß er gegenüber dem Verlauf dieses Mauerabschnitts aus dem Jahr 1367 näher an den Fluß verlegt wurde.

Es ist bekannt, daß zu dieser Zeit, also Ende des 15. Jahrhunderts, schon eine Reihe von Türmen an der nordwestlichen Seite – vielleicht sogar alle – errichtet waren und daß sie nur noch durch die Mauern verbunden werden mußten. Höchstwahrscheinlich wurde die Lage für die neue Mauer von Pietro Antonio Solari bestimmt, denn er ist der Erbauer sowohl des Arsenal-Eckturms als auch des auf der gegenüberliegenden Seite befindlichen Borowizki-Turms, die auf einer Linie liegen. Ausgeführt wurde der Bau der nordwestlichen Mauer von Alewis Frjasin d. Ä.

Zwischen 1508 und 1516 entstand an der Neglinnaja ein wenig oberhalb des Kreml ein Damm, danach bildeten sich entlang der Mauer einige Teiche, was die Verteidigungsmöglichkeiten an dem gegebenen Mauerteil erhöhte. 1816–20 wurde das Flüßchen durch ein unterirdisches Rohr geleitet und im Zusammenhang mit dem Sieg über Napoleon Bonaparte entlang der Nordwestmauer ein Garten angelegt – der Alexandergarten.

Der Garten besteht aus einem oberen Teil vom Arsenal-Eckturm bis zum Dreieinigkeits-Turm, einem mittleren bis zum Borowizki-Turm und einem unteren Teil bis zum Wasserhebe-Turm. Es ist erwähnenswert, daß sich an der Stelle des erhöhten Teils, des Mittleren Gartens, im 17. Jahrhundert der Apothekergarten befunden hat, in dem Arzneimittelpflanzen gezüchtet worden sind. Den Alexandergarten durchschneiden drei parallel zur Kremlmauer angelegte Alleen.

Neben dem Mittleren Arsenal-Turm schuf der Hauptprojektant des Alexandergartens, O. Bowe, die sogenannte Ruinengrotte. 1918 wurde auf Vorschlag W. I. Lenins im Oberen Garten ein Obelisk, der früher die Namen russischer Zaren trug, in ein Denkmal für bedeutende Revolutionäre und Denker umgewandelt, auf dem 19 Namen eingemeißelt sind. Zu Ehren des 20. Jahrestages des Sieges des sowjetischen Volkes im Großen Vaterländischen Krieg 1941–45 entstand zwischen dem Eck- und dem Mittleren Arsenalturm das Grabmal des Unbekannten Soldaten. In dem Garten wachsen Linden, Ahornbäume, Blautannen und dekorative Sträucher. Auf zahlreichen Beeten prangt eine Fülle herrlicher Blumen verschiedener Art.

18 Arsenal- oder Sobakin-Eckturm. 1493
Höhe 60,2 m. Architekt Pietro Antonio Solari

Im Unterschied zu den anderen Ecktürmen ist dieser mächtigste Eckturm der Kremlmauer nicht rund. Der 18eckige untere Teil ruht auf einem sich nach unten verbreiternden Sockel, der aus einem tiefen Fundament hervorwächst. Die Mauern sind vier Meter stark. Im unteren Teil des Turmes gab es einen Geheimgang zur Neglinnaja, der später zugemauert wurde. Pietro Antonio Solari bezog eine hier befindliche Quelle, die auch heute noch vorhanden ist, in die Anlage des Turmes ein. Den Grundstein zu dem Bauwerk hatte der italienische Architekt 1492 gelegt. Zu Ende führen konnte er den Bau nicht: Er starb 1493.

Der gewaltige untere Turmteil wird oben von Hängeschießscharten abgeschlossen. Das zweite, runde und das dritte, oktogonale Geschoß mit Zeltdach wurden 1672–86 errichtet.

Bis zum Bau des Arsenal-Gebäudes zu Beginn des 18. Jahrhunderts hieß der Turm Sobakin-Turm, da sich in der Nähe der Hof der Bojaren Sobakin befand. 1812 wurde der Turm bei der Sprengung des Arsenals beschädigt; er verlor sein Zeltdach und erhielt einige tiefe Risse. Bald darauf stellte der Architekt O. Bowe ihn wieder her. Eine umfassende Restaurierung wurde zwischen 1946 und 1950 vorgenommen.

Seit Errichtung des Arsenals schließt sich die dem Kreml zugewandte Seite eines weiteren Turms, der den Namen Mittlerer Arsenal-Turm trägt, unmittelbar an die Fassade des Arsenals an (Abb. 20). Die Vorderseite dieses 1495 erbauten Turmes ist durch zwei hohe, schlanke Blindbogen aufgelockert. Zusammen mit dem Zeltdach, das im 17. Jahrhundert aufgesetzt wurde, hat dieser Turm eine Höhe von 38,9 Metern. Im Kreml der Zeit Dmitri Donskois, als die Kremlmauer noch einen anderen Verlauf nahm, befand sich an dieser Stelle ein Turm, dessen Form wahrscheinlich die des vieleckigen großen Arsenal-Eckturms hatte, weshalb er früher den Namen Facetten-Turm trug, der bis Anfang des 18. Jahrhunderts auch für das neue Bauwerk aus Ziegelstein beibehalten wurde.

19 Teil der nordwestlichen Mauer

20 Blick auf den Kreml vom Alexandergarten aus

21 Troiza- (Dreieinigkeits-) oder Bogojawlenskaja-, Rispoloshenskaja-, Snamenskaja-
bzw. Karetnaja-Turm (Hintergrund). 1495.
Höhe des Turms mit Stern 80 m.
Kutafja-Turm (Vordergrund).
Neunziger Jahre des 15. Jhs. Höhe 13,5 m

Der höchste Turm der Kremlmauer hat eine Durchfahrt zum Kreml und einen vorgelagerten Schützenturm (den Kutafja-Turm). Er ist mit mehreren Namen belegt worden, die damit zusammenhängen, daß sich in seiner Nähe verschiedene Kirchen, eine Kutschenhalle und der Hof des Dreieinigkeits-Sergius-Klosters befanden. Durch einen Erlaß wurde die Bezeichnung Dreieinigkeits-Turm 1658 als fester Name bestätigt, den der Turm noch heute trägt.

Der hohe, mächtige Tschetwerik des Turmes ruht auf einem zweigeschossigen Keller. Ursprünglich krönten Zinnen den Turm ähnlich jenen, die sich auf den Mauern befinden, und ein nicht sehr hohes vierflächiges Zeltdach.

Gegen Ende des 17. Jahrhunderts wurden die Zinnen abgetragen und durch Dekor aus Weißstein ersetzt: Pyramiden an den Ecken und kielbogenförmige Öffnungen mit dazwischen angeordneten Säulchen. Damals wurde über dem unteren Tschetwerik ein weiteres mit analoger Fassadenausstattung aufgeführt, das in ein Oktogon übergeht. Der obere offene Teil des Achtecks trägt ein hohes, etwas schwer wirkendes Zeltdach. Gegen Ende des 17. Jahrhunderts wurde im Dachstuhl des Turms eine Uhr mit Schlagwerk installiert. Anderen Angaben zufolge stammt das erste Glockenspiel aus dem Jahr 1706 und kam auf Geheiß Peters I. aus Amsterdam nach Moskau.

Der Dreieinigkeits-Turm ist mehrfach durch Feuer beschädigt worden, vor allem im 18. und im beginnenden 19. Jahrhundert. Nach der Feuersbrunst von 1812 wurde die zerstörte Uhr abgenommen und bis heute nicht wiederhergestellt. Die kleinen, nicht sehr eindrucksvollen Uhren über dem Durchgang des Dreieinigkeits- und des Borowizki-Turms ersetzte man 1982 durch neue, die im Aussehen an das Glockenspiel des Spasski-Turms erinnern, jedoch in der Größe (etwa 1,5 m Durchmesser) weit hinter diesem zurückbleiben. Im Innern des Dreieinigkeits-Turms befinden sich Räume, die durch Innentreppen miteinander verbunden sind.

Der niedrigste und zugleich der einzige der bis in unsere Zeit erhaltenen Schützentürme ist der Kutafja-Wachturm. Letzte Untersuchungen haben ergeben, daß der Turm nicht 1516, wie früher annommen wurde, sondern in derselben Bauetappe wie der Dreieinigkeits-Turm entstanden ist, mit dem er durch eine steinerne, heute noch existierende Bogenbrücke verbunden ist. Der Name des Turms hängt vielleicht mit der ähnlich klingenden Bezeichnung für eine plumpe Frau zusammen. Eine andere Auslegung verweist auf das Wort »Kut«, das Winkel bzw. Halbinsel bedeutet. Es wird angenommen, daß im Bereich dieses Turmes einst ein bastionsartiger Vorsprung der Kremlfestung lag.

Die Westseite des Turmes hat eine ovale Form, die östliche jedoch (an der Brückenseite) eine rechteckige. Der obere Teil ist mit Schießscharten ausgestattet. Ursprünglich war der Turm noch niedriger. Durch ein Nord- und ein Südtor des Turmes führte eine Straße aus dem Kreml, die spätere Verbindung nach Nowgorod. Im 17. Jahrhundert baute man das Westtor ab und beließ die alten Seitentore nur als kleine Durchgänge. 1685 erhielt der Kutafja-Turm eine hohe dekorative »Krone« aus Weißsteindetails.

Eine grundlegende Restaurierung, die in den Jahren 1976/77 durchgeführt wurde, gab dem Turm das Aussehen zurück, das er im 17. Jahrhundert gehabt hat. Alle Durchgänge wurden wieder geöffnet und die rot-weiße Bemalung im Maschikuli-Gürtel erneuert. Die innere räumliche Gestaltung des Turms mit ihrem Gewölbe und das Zeltdach wiederherzustellen, erwies sich als unzweckmäßig.

22 Kommandanten- oder Kolymaschnaja-Turm. 1495. Höhe 41,25 m

»Kolymaschnaja« hieß ein Hof im Innern des Kreml, in dessen Räumlichkeiten Kolymagi (Fuhrwerke) standen – Leiterwagen und Kutschen.

Im wesentlichen stellt der 1493–95 erbaute Turm ein ungleichmäßiges Viereck dar. Das zeltdachförmige Oberteil, das denen der meisten anderen Kremltürme ähnelt, wurde zwischen 1676 und 1686 aufgeführt. Im Innern weist der Hauptkubus drei Etagen mit verschiedenen Räumen auf. Der Aufbau enthält zwei offene Geschosse mit dekorativen Arkaden.

Im 19. Jahrhundert wohnte der Kreml-Kommandant im sogenannten Lustschloß, das sich im Bereich des Turmes befand. Daher stammt die heutige Bezeichnung.

23 Orusheinaja- (Waffen-) oder Konjuschennaja- (Pferdestall-) Turm. 1495. Höhe 32,65 m

Der zwischen 1493 und 1495 erbaute südlichste Turm der Westmauer, dem der eingangs beschriebene Borowizki-Turm folgt, hat seine ursprünglichen Formen bis in unsere Tage bewahrt. Seine Bezeichnung als Konjuschennaja-Turm erklärt sich daraus, daß sich in der Nähe an der Innenseite der Westmauer der geräumige Marstall befand. Anfang des 17. Jahrhunderts hatte der Turm ein Durchgangstor zum Marstall des Zaren. Als 1851 im Bereich des Turmes die Rüstkammer erbaut wurde, erhielt er den Namen Waffen-Turm. Das zweigeschossige Zeltdach über dem im Grundriß quadratischen Tschetwerik wurde zwischen 1676 und 1686 errichtet.

9 Blick auf die nordöstliche Mauer.
Vorn der Moskworezki-Turm.
Im Hintergrund der Konstantin-Helena-Turm. 1490.
Dahinter sind der Sturmgeläut- und der Spasski-Turm sichtbar

10 Sturmgeläut-Turm. Ende 15.Jh.

11, 12 Zarenturm. 1680.

13 Der Rote Platz

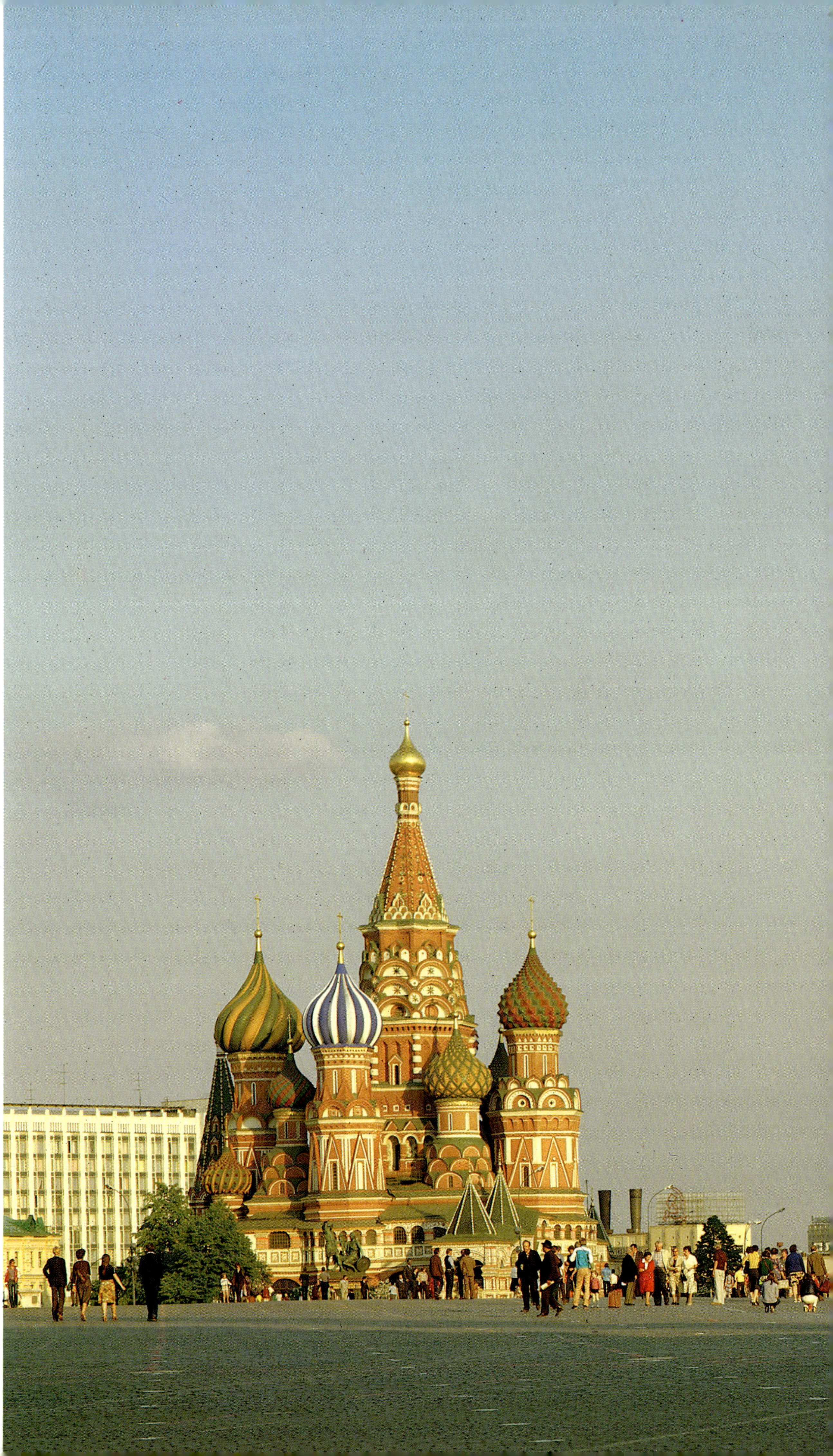

16 Senats-Turm.
1491

17 Nikolaus-Turm.
1491. Rechts das
Staatl. Historische
Museum

20 Blick auf
den Kreml vom
Alexandergarten
aus.
v.l.n.r.:
Spasski-Turm,
Nikolaus-Turm,
Arsenal-Eckturm,
Mittlerer
Arsenal-Turm,
Dreieinigkeits-Turm

21 Dreieinig-
keits-Turm.
1495.
Rechts Blick auf
den Kongreßpalast.
Links Kutafja-Turm.
Neunziger Jahre
des 17.Jhs.

22 Kommandanten-
Turm. 1495

DER KATHEDRALENPLATZ
SAKRALBAUTEN UND IHRE SCHÄTZE

DIE Bezeichnung »Kathedralenplatz« (»Sobornaja plostschad«) bürgerte sich für diesen zentralen Kremlplatz nach dem 16. Jahrhundert ein. Er ist Mittelpunkt dreier Kathedralen – der bedeutendsten unter den Kultgebäuden im Kreml: Die Mariä-Himmelfahrts-Kathedrale war das ehemalige Hauptheiligtum Rußlands, die Erzengel-Kathedrale die erste der Fürstenkirchen des Kreml und die Verkündigungs-Kathedrale die Hauptkirche des Zarensitzes bzw. in früheren Zeiten des großfürstlichen Hofes.

Es gibt auch eine andere Auslegung des Namens für diesen Platz. Sobor nannte man in der Rus jede Art von Menschenansammlungen bzw. -zusammenkünften, und solche fanden häufig an diesem Ort statt. Somit hieße Sobornaja plostschad soviel wie Versammlungsplatz. Einst soll der Platz aber einen anderen Namen getragen haben, der später auf den großen Platz vor der Kremlmauer, den Roten Platz, überging: Krasnaja plostschad. Der russische Begriff »krasny« bedeutet sowohl rot als auch schön. Vom Zarenpalast führte in früheren Zeiten ein Gebäudeflügel mit langem balkonartigem Übergang und zwei Treppen auf den Platz. In historischen Quellen ist vom Roten bzw. Schönen Flügel, von einer Roten Tür und Roten Treppen die Rede, und selbst der Garten, der im Südwesten an den Platz anschloß, trug den Namen Krasny sad.

Der große Platz, auf den die prächtigen, in ein harmonisches Ensemble eingeschriebenen Bauwerke ausgerichtet sind, war und ist noch heute zweifellos ein »schöner« Platz. Doch auch die zweite Bedeutung hatte ihre Berechtigung: Es ist bekannt, daß im 16. Jahrhundert eine Reihe von Bauten dieses Ensembles tatsächlich einen vornehmlich roten Anstrich hatten, darunter die Verkündigungs- und die Erzengel-Kathedrale sowie der Glockenturm Iwan Weliki; auch auf die Rispoloshenski-Kirche kann das zugetroffen haben. Nach Buchminiaturen des 16. Jahrhunderts zu urteilen, waren außerdem in der Mariä-Himmelfahrts-Kathedrale die Stützen und andere Bauelemente rot angestrichen. Es ist also durchaus möglich, daß der wichtigste Kreml-Platz die Bezeichnung Roter Platz trug, eine Annahme, die noch dadurch untermauert wird, daß der städtische Platz im 16. Jahrhundert

von hier vor die Kremlmauern verlegt wurde und seither ebenfalls Krasnaja plostschad heißt.

Die Herausbildung des zentralen Kremlensembles auf dem Borowizki-Hügel begann mindestens schon im 12. Jahrhundert. Damals war das vorherrschende Bauwerk an dieser Stelle die frühere Mariä-Himmelfahrts-Kathedrale; am Rand des Plateaus stand die Erzengel-Kathedrale und wahrscheinlich auch noch ein weiteres Gebäude (an der heutigen Verkündigungs-Kathedrale). Im 13. Jahrhundert wurden die ehemaligen Holzbauwerke durch Steinbauten ersetzt, die im Grunde genommen die markantesten Punkte des Hochplateaus zu einem geschlossenen städtebaulichen System vereinten. Und im 14. Jahrhundert wurde der Grund zu dem heutigen Komplex des Platzes gelegt, der an dieser Stelle schon seit früheren Zeiten existierte. In der Chronik wird über den Bau der Himmelfahrts-Kathedrale 1326 mitgeteilt, sie sei »auf dem Platz« errichtet worden.

Innerhalb weniger Jahre wurde hier ein großer Teil der Gebäude neu aufgeführt. 1329 entstand höchstwahrscheinlich anstelle eines älteren hölzernen Glockenturms ein steinerner, den die Zeitgenossen mit einer brennenden Kerze verglichen. Er wurde zur Dominante des Platzes. Bereits vier Jahre später, 1333, erhob sich weiter südlich nach Aussagen der Chronik die Erzengel-Kathedrale aus Weißstein. Es ist nicht ausgeschlossen, daß dieses großfürstliche Sakralbauwerk damals das bedeutendste überhaupt auf diesem zentralen Platz war. In der zweiten Hälfte des 14. Jahrhunderts folgte gegenüber der Erzengel-Kathedrale der steinerne Vorgängerbau der Verkündigungs-Kathedrale, ein kleines Bauwerk, das die Größe der Erzengel-Kathedrale besonders hervortreten ließ. Die südlich angrenzenden Weißsteinmauern, die den Kreml in den sechziger Jahren umgaben, bildeten mit den Bauten des Platzes ein einheitliches, gut ausgewogenes Ensemble.

Doch die angeführten steinernen Hauptbauten im Zentrum des Kreml, die in den historischen Dokumenten erwähnt und in Form archäologischer Hinterlassenschaften auf uns gekommen sind, machten noch nicht den ganzen Komplex aus. Es gab eine ganze Anzahl weiterer Bauwerke aus Holz und aus Stein. 1404 wurde hinter der Verkündigungs-Kathedrale auf einem Turm die erste städtische Uhr mit Schlagwerk errichtet. Im Norden entstand der Metropolitenpalast. An der Stelle des heutigen Facettenpalastes erhob sich im 15. Jahrhundert noch ein hölzerner Verwaltungsbau – die sogenannte Wachstube, die in einem Bericht über die Schlacht auf dem Kulikowo-Feld erwähnt wird.

Gegenüber diesem Gebäude für die Leibwache stand fast in der Mitte des Platzes ein hölzerner Glockenturm auf steinernem Postament. In ihm hing lange Zeit die Stadtglocke, mit der stets das Geläut aller anderen Stadtglocken eingeleitet wurde. In diesen Glockenturm kam auch die aus Nowgorod nach Moskau gebrachte Wetscheglocke – einst das Symbol der Unabhängigkeit der Nowgoroder Republik. Es besteht die Ansicht, daß das Steinpostament des städtischen Glockenturms, dessen Reste Anfang dieses Jahrhunderts von Archäologen gefunden wurden, als Tribüne für die öffentliche Bekanntmachung von Erlassen und Gerichtsurteilen gedient hatte. Das heißt, dieses Bauwerk erfüllte einst dieselbe Funktion wie seit der zweiten Hälfte des 16. Jahrhunderts die Richtstätte auf dem Roten Platz. Vielleicht sollte es im Kreml nach Konstantinopler Vorbild das urbanistische Zentrum markieren. Von hier nahmen auch die Hauptstraßen der Stadt und sogar die Magistralen, die in die russischen Lande führen, ihren Anfang. Die Streckenführung wurde selbst in den Generalbebauungsplänen für Moskau in sowjetischer Zeit beibehalten.

In den siebziger Jahren des 15. Jahrhunderts begann eine neue Etappe des Umbaus für den Kremlkomplex. Die dazu nach Moskau berufenen italienischen Architekten trafen dabei auf die bereits vorhandene städtebauliche Lösung mit den Kirchen, Palästen, Straßen, fixierten Zufahrtswegen, Festungsbauten und Tortürmen, die es beizubehalten galt. Entsprechend den Wünschen der Auftraggeber erhöhten die Baumeister die Bedeutung der Mariä-Himmelfahrts-Kathedrale als kompositorisches Zentrum des Kathedralenplatzes, indem sie das Hauptheiligtum des Staates, ebenfalls auf Wunsch des Auftraggebers dem Vorbild der Himmelfahrts-Kathedrale von Wladimir folgend, erheblich vergrößerten – eine Aufgabe, an der sich 1472–74 bereits die Pskower Baumeister Kriwzow und Myschkin versuchten, doch ihr Bauwerk stürzte kurz vor Fertigstellung ein. Ein Italiener, Aristotele Rudolfo Fioravanti, errichtete es bis 1479 neu.

Anstelle des großfürstlichen administrativen Verwaltungsbaus aus Holz schufen Mark Frjasin und Pietro Antonio Solari 1487–91 den Facettenpalast aus Stein. Den Auftrag zum Umbau der Verkündigungs-Kathedrale erhielten wiederum Pskower Meister. Sie erweiterten die Kirche in Übereinstimmung mit der allgemeinen Vergrößerung der Bauten des Platzes durch eine auf drei Seiten um

den Innenraum führende überdachte Galerie. Neben der Mariä-Himmelfahrts-Kathedrale wurde gegen Ende des 15. Jahrhunderts auch die winzig erscheinende Hauskirche des Metropoliten erbaut, die Rispoloshenski-Kirche (Kirche der Gewandniederlegung Mariä). Einige Zeit später, 1505–08, schloß sich die Umbauung des Platzes im Osten durch zwei weitere eindrucksvolle Gebäude: die lediglich hinter der Mariä-Himmelfahrts-Kathedrale zurückstehende Erzengel-Kathedrale und den Glockenturm Iwan Weliki, der im 16. Jahrhundert durch die Christi-Himmelfahrts-Kirche und hundert Jahre später durch den Filaretow-Anbau ergänzt wurde.

Jedem der auf dem Platz der Kathedralen stehenden Gebäude kam neben seiner funktionalen Bedeutung eine bestimmte Rolle im Gesamtensemble zu. Stellte die Mariä-Himmelfahrts-Kathedrale das Zentrum der Architekturkomposition dar, so formten die Erzengel- und die Verkündigungs-Kathedrale am Hang des Borowizki-Hügels in erheblichem Maße die Silhouette der Gesamtanlage sowohl des Platzes als auch des gesamten Kreml. Eine große Rolle spielt außerdem die Hauptdominante des Kreml, der Glockenturm Iwan Weliki, der dem Kreml-Panorama etwas ungemein Ausdrucksvolles und Unwiederholbares gibt. Der Glockenturm und auf der anderen Seite der Facettenpalast rahmen den Platz südlich der Himmelfahrts-Kathedrale. An der südlichen Flanke stand bis zum 18. Jahrhundert zwischen Erzengel- und Verkündigungs-Kathedrale eine kleine Schatzkammer in einer Front mit diesen Bauten. Im Norden ist die Fassade des Patriarchen-Komplexes mit der Zwölf-Apostel-Kirche dem Platz zugewandt. Diese Front füllt den Raum zwischen Filaretow-Anbau und Himmelfahrts-Kathedrale und gibt dem Platz etwas Geschlossenes. Um die Einheit des Ensembles zu betonen, verwendeten die Architekten das Motiv des Arkaturgürtels mit Säulchen aus dem Fassadendekor der Himmelfahrts-Kathedrale auch für andere Bauten: es findet sich an der Südfassade der Zwölf-Apostel-Kirche und an der Rispoloshenski-Kirche sowie an der Verkündigungs-Kathedrale. Im 16. Jahrhundert hatte das Ensemble zudem eine einheitliche farbliche Lösung.

Der Kathedralenplatz, der sich im Verlauf vieler Jahrhunderte herausgebildet hat und die besten Traditionen des russischen Städtebaus verkörpert, wurde zum Vorbild für die Gestaltung urbaner Plätze im Rußland des 16. bis 17. Jahrhunderts. Jedes der in das Ensemble des Platzes eingegangenen Denkmäler stellt zudem ein Bauwerk von hohem künstlerischen Eigenwert dar.

24 Südansicht der Mariä-Himmelfahrts-Kathedrale. Links der Facettenpalast, rechts die Erzengel-Kathedrale und im Hintergrund die Zwölf-Apostel-Kirche

DIE MARIÄ-HIMMELFAHRTS- (USPENSKI-) KATHEDRALE

In jeder Großstadt gibt es ein Bauwerk, dem durch den Lauf der Geschichte eine dominierende Stellung zugewiesen worden ist. Wenn für Moskau der Kreml insgesamt eine solche Anlage darstellt, so ist sein kompositorisches Zentrum zweifellos die Mariä-Himmelfahrts-Kathedrale. Die zentrale Lage der Kirche im Kremlkomplex deutet an, welche Rolle ihr als Haupheiligtum des Landes im Mittelalter zukam.

Die Grundsteinlegung eines Vorgängerbaus der heutigen Uspenski-Kathedrale in Moskau erfolgte am 4. August 1326. Wie die Chronik besagt, begründeten an diesem Tag der aus Wladimir in das Moskauer Fürstentum gekommene Metropolit Pjotr und Fürst Iwan Kalita auf dem zentralen Platz der damaligen städtischen Siedlung die erste der Himmelfahrt der Gottesmutter geweihte Steinkirche in Moskau. Lange Zeit setzten die Wissenschaftler das Aufkommen des Steinbaus in der Moskauer Rus mit dem Baudatum dieses Gebäudes gleich. Erst unlängst, in den sechziger Jahren unseres Jahrhunderts, fanden Archäologen an derselben Stelle Fundamentreste einer Steinkirche aus noch früherer Zeit, aus der zweiten Hälfte des 13. Jahrhunderts, die ihrerseits eine Holzkirche aus dem 11. bis 12. Jahrhundert ersetzt hatte.

Die Untersuchung der Überreste der Kirche aus dem 13. Jahrhundert erlaubte es, den Grundriß dieses Bauwerks und in allgemeinen Zügen auch dessen architektonisches Aussehen zu rekonstruieren. Es hatte Ähnlichkeit mit der bis heute erhaltenen Georgs-Kathedrale in Jurjew-Polski, der letzten Steinkathedrale der vormongolischen Zeit in Rußland. Den Hauptkubus dieser einkuppligen Kirche begrenzte im Norden, Süden und Westen je eine Vorhalle – eine Besonderheit, die auch die Uspenski-Kathedrale von 1326 übernahm. An die Kathedrale war offenbar gleich beim Bau die Nebenkapelle des Demetrius von Saloniki angebaut worden. Drei Jahre später befahl der Nachfolger des Metropoliten Pjotr, Theognost, an der Nordwand eine weitere Nebenkapelle anzufügen, die als Peter-und-Paul-Kapelle bezeichnet wurde. 1459 führte man zu Ehren der erfolgreichen Abwehr des Khans der Goldenen Horde Said-Ahmad an der Südseite der Kathedrale die Nebenkapelle »Lobpreisung der Gottesmutter« (Pochwal) auf.

In dieser Form bestand die Mariä-Himmelfahrts-Kathedrale Iwan Kalitas bis in die siebziger Jahre des 15. Jahrhunderts. Damals wies das Gewölbe schon viele Risse auf und drohte jeden Augenblick einzustürzen. Die ergriffenen Maßnahmen zur Abstützung der Mauern durch Holzstämme stellten die Moskauer Herrscher nicht zufrieden. Es wurde eine neue Kathedrale gebraucht, die in ihren Ausmaßen und ihrem architektonischen Bild der bedeutend gewachsenen Macht Moskowias entsprach, dessen vereinte Kräfte sich auf die abschließende Etappe der Wiederzusammenführung der russischen Lande zu einem einheitlichen Staat vorbereiteten.

Für die Durchführung des Baus zogen der Großfürst und der Metropolit die schon erwähnten erfahrenen Pskower Meister Kriwzow und Myschkin heran. Zum Vorbild nahm man sich die Uspenski-Kathedrale in Wladimir, wohin die beiden Architekten zunächst geschickt wurden. Doch wenn sie auch das Bauwerk sorgfältig vermaßen – von einem mechanischen Kopieren kann nicht die Rede sein. Die neue Kathedrale sollte nur die Proportionen des alten Kirchenbaus wiederholen, ihn in den Dimensionen jedoch wesentlich übertreffen. Als das Gebäude nahezu fertiggestellt war, stürzte es 1474 unversehens ein. Aus Pskow berufene Gutachter nannten zwei Gründe für die Katastrophe: unzureichende Festigkeit der Nordwand, in deren Inneres eine Treppe eingebaut worden war, und ungenügende Bindekraft des Mörtels, mit dem die Weißsteinblöcke verbunden waren. Außerdem vermerken die Annalen noch eine weitere Ursache: ein Erdbeben.

Inwieweit sind die Begründungen berechtigt? Ein Bodenbeben in der mittelrussischen Zone tritt außerordentlich selten auf, und die Stöße hätten kaum die Kraft gehabt, den Bau ernsthaft zu gefährden. Im übrigen ist nirgends in der Chronik von einer Beschädigung anderer Gebäude außer der Uspenski-Kathedrale die Rede.

Von Archäologen gefundene Reste der eingestürzten Kathedrale bestätigten einen der erwähnten Gründe in den Gutachten: Auf den Steinen wurden Spuren von ausgeflossenem Wasser gefunden, d.h. der Mörtel war in der Tat zu dünnflüssig. Dagegen treten Treppen im Innern der Wand ziemlich häufig auf, und viele derartige Gebäude haben sich bis zum heutigen Tage erhalten. Recht haben jene Wissenschaftler, die vermuten, daß die zu weit vorgezogene Nordwand der Kathedrale direkt an den Abhang des alten Grabens geraten ist. Die Auswaschung des Bodens im Graben durch das Frühjahrswasser verursachte eine Senkung der Wand, was ebenfalls zum Einsturz des Gebäudes geführt haben kann.

Der Versuch der Moskauer Behörde, den Bau der Kathedrale fortzuführen, war nicht von Erfolg gekrönt: Andere Pskower Meister konnten sich nicht dazu entschließen, eine solche verantwortungsvolle Aufgabe auf sich zu nehmen. Es ist nicht ausgeschlossen, daß sie die Forderung der Auftraggeber verunsicherte, ein Bauwerk zu errichten, dessen Größe alles übertraf, was bisher geschaffen worden war.

Einen Monat nach dem Einsturz, im Juni 1474, schickte Iwan III. seinen Gesandten Semjon Tolbusin mit dem speziellen Auftrag nach Italien, in diesem Land, das für seine Architektur berühmt war, sachkundige Baumeister zu finden, die in der Lage waren, die Idee des russischen Herrschers zur Errichtung einer grandiosen Kathedrale in die Tat umzusetzen. Besonders geeignet dafür erschien der italienische Ingenieur Rudolfo Fioravanti (Aristotele), der in seiner Heimat als vielseitiger Ingenieur und Baupraktiker bekannt war. Er hatte Festungsbauten projektiert, die Konstruktion alter Bauwerke verstärkt und verbessert, sich mit Problemen der Städteplanung beschäftigt, Glocken und Kanonen gegossen, Wasserleitungen, Kanäle, Brücken und Häuser gebaut.

Am 26. März 1475, am Tag des größten religiösen Festes in Rußland – dem Ostertag –, traf der Sechzigjährige in Moskau ein. Bevor der ausländische Meister an die Ausführung seines Auftrages ging, besuchte er einige altrussische, durch ihre Baukunst bekannte Städte: Wladimir, Nowgorod, Pskow. Der Baumeister lehnte es ab, die neue Kathedrale auf den Überresten der alten zu errichten, und ließ die Mauern bis auf den Grund abreißen. Auch die Ausrichtung des Vorgängerbaus korrigierte er um einige Grad. Die Tiefe des neuen Fundaments, das auf in den Grund gerammten Eichenpfählen errichtet wurde, betrug über vier Meter.

Im ersten Jahr konnten die Maurer lediglich die Fundamente legen und den Grund des künftigen Gebäudes aus der Erde herausführen. In diesem Stadium erfolgte für gewöhnlich die feierliche Grundsteinlegung eines Bauwerks, an der die höchsten weltlichen und kirchlichen Würdenträger, in diesem Fall der Großfürst und der Metropolit, teilnahmen. Doch die Grundsteinlegung der neuen Uspenski-Kathedrale wurde allem Anschein nach nicht im Spätherbst, also zu Ende der Bausaison 1475, durchgeführt, sondern erst im Frühjahr 1476.

Die Mauern bestehen aus weißem Stein, der aus den Steinbrüchen von Mjatschkowo bei Moskau stammt, und die Stützen, Gewölbe und Kuppeln aus Ziegelsteinen, deren Herstellung nach einer speziellen Technologie in einer eigens dafür eingerichteten Ziegelei in Gang gebracht wurde. Auch die Anfertigung des Mörtels erfolgte nach einer besonderen Rezeptur. Russische Niederschriften aus jener Zeit heben die ungewöhnliche Dickflüssigkeit hervor und die Festigkeit nach dem Trocknen: Der Mörtel sei »wie dicker Teig, und er kann, wenn er am nächsten Morgen getrocknet ist, mit dem Messer nicht

zerstochert werden«. Zur Verstärkung der Konstruktion ließ Fioravanti das Gebäude durch geschmiedete Eisengürtel verankern.

1478 war der Bau praktisch fertig, es waren nur noch Verputzarbeiten auszuführen. Im Verlaufe des Frühjahrs und Sommers 1479 erfolgte die Innenausstattung. Die Kuppeln und Gewölbe wurden zunächst mit Holz verkleidet und mit Dünnblechtafeln aus deutschen Hammerwerken eingedeckt. Am 12. August fand, kurz vor den religiösen Feierlichkeiten, dem Fest der Himmelfahrt Mariä, die Einweihungszeremonie der Uspenski-Kathedrale statt, bei der das Bauwerk den offiziellen Status eines Heiligtums erhielt. Der Gottesdienst wurde von dem russischen Metropoliten im Beisein des Großfürsten und zahlreicher Erzbischöfe sowie anderer geistlicher Würdenträger zelebriert.

Die fertige Kathedrale zeigte sich den Teilnehmern der Zeremonie in einem für den russischen Menschen jener Zeit ungewohnten Licht. Das Gebäude, das durch außerordentlich genau gearbeitete, gleichmäßige Pilaster in gleichwertige Wandabschnitte mit ideal glatten Wänden und einen später durch den Ikonostas abgesonderten Apsidenteil gegliedert ist, wirkte wie ein aus einem Ganzen gehauener Stein – so jedenfalls steht es in den Chroniken. Der von russischen Baumeistern geschaffenen Untergliederung fehlt diese strenge Geometrisierung meist: Die Wände und Pilaster sind im allgemeinen wohl vorsätzlich uneben und nicht sehr gleichmäßig gehalten, die Raumabschnitte von unterschiedlicher Abmessung, selbst die Kuppeln haben verschiedenen Durchmesser. Die russischen Architekten schienen ihr Werk nicht zu bauen, sondern zu modellieren, indem sie es so »ungradlinig« in die Natur einschrieben.

Trotz der augenfälligen Besonderheiten beim Verarbeiten der gewohnten Architekturformen erfreute sich die Kathedrale Fioravantis hoher Wertschätzung. Eine nicht unwesentliche Rolle spielte dabei der Umstand, daß das Aussehen der Kathedrale insgesamt der mittelalterlichen russischen Architektur keineswegs fremd war. Der italienische Meister hatte die Hauptelemente des ihm durch die Wladimirer Uspenski-Kathedrale gegebenen Vorbildes nachvollzogen: die Kompaktheit der gewaltigen Fünfkuppelkomposition, die Helmform der Kuppeln, die Fassade mit ihrer vertikalen Gliederung, die Rundgiebel (Sakomari) und das kompositorisch etwas nach Osten verschobene sogenannte perspektivische Portal, die schmalen spaltartigen Fenster, der Blendarkadenfries, der auf dünnen, in der Mitte durch ein Schaftring gezogenen Halbsäulen ruht, und der breite Treppenaufgang am Portal.

Einen gewissen Einfluß auf die Fortführung des nationalen Erbes des russischen Kirchenbaus bei der Errichtung der Mariä-Himmelfahrts-Kathedrale hatten wahrscheinlich die festen Vorstellungen der Auftraggeber und die Teilnahme zahlreicher russischer Bauleute an dem Vorhaben. Wenn man den Arbeitsumfang und die Frist der Fertigstellung der Moskauer Kathedrale in Betracht zieht, waren wohl nicht weniger als 500 Menschen daran beteiligt, darunter sogar Nowgoroder.

Besonderen Eindruck machte das Innere der Kathedrale auf die Zeitgenossen. Derart weitgespannte Kirchensäle kannte Rußland noch nicht. Die ungewöhnliche Weiträumigkeit, die Höhe und Lichtfülle sowie die Akustik riefen große Begeisterung hervor, die in der offiziellen Chronik ihren Niederschlag gefunden hat.

Die Grundfläche des Raumes wird durch sechs paarweise angeordnete Stützen in zwölf vollkommen gleiche Quadrate unterteilt. Drei davon werden vom Ikonostas verdeckt, die übrigen neun bilden den Saal, in dem Länge, Höhe und Breite gleich sind. Dieser Kubus mit seiner deutlich erkennbaren rhythmischen Gliederung ist von jedem beliebigen Standpunkt aus mit einem Blick zu erfassen. Eine nicht unwesentliche Rolle spielen die Stützen in dem Raumgefüge. Sie bestimmen nicht nur seine Rhythmik und die Hierarchie der einzelnen Abschnitte des Saales, sondern stellen zugleich eine wichtige verbindende Komponente dar. Im Unterschied zu den massiven quadratischen Stützen, die in den russischen Kirchen verbreitet waren, legte Fioravanti die seinen als Säulen mit geringem Durchmesser an. Ihre Stärke ist im Verhältnis zur Höhe und Ausdehnung des Saals unbedeutend, was sich aus der relativ geringen funktionalen Last ergibt, die sie zu tragen haben: Die Gewölbe und Kuppeln, die in der Stärke eines Ziegelsteins gemauert sind, waren unvergleichlich leichter als die massiven Oberteile der russischen Kirchen. Die runden Stützen stören die freie Sicht im Saal so gut wie gar nicht, der Blick scheint sie regelrecht zu umfließen und auch den Raum wahrzunehmen, der hinter ihnen liegt.

Ursprünglich endeten die Säulen in prunkvoll verzierten Kapitellen, die nach den Worten der Chronik an Baumkronen erinnerten. Heute kann man nur ahnen, welchen Eindruck die von Licht überfluteten »steinernen Bäume« auf die Kirchenbesucher gemacht haben müssen: Fioravanti hatte diese Kronen so weit wie möglich in die Nähe der »Laternen« der Trommeln gerückt. Das Licht fiel durch acht Fensterspalten in jeder der Kuppeln ins Kathedraleninnere. Drei der fünf Kuppeln, darunter die mittlere als größte, beleuchteten den Saal, die beiden anderen den Raum, der bereits hinter dem Ikonostas liegt. Außerdem floß Licht durch zwei Reihen von Fenstern ins Innere; die obere war direkt unter der Überdachung angeordnet, die untere in den Arkadengürtel eingeschlossen.

Da in der nördlichen und südlichen Wand je acht Fenster eingelassen sind und in der westlichen nur drei – eins in der Mitte oben und zwei seitlich unten –, ist die Beleuchtung des Innenraums ungleichmäßig. Damit folgt die Lichtverteilung in der Kathedrale dem traditionellen Schema ensprechend den damaligen Vorstellungen über den Aufbau der Welt. Das ganze Kirchengebäude wurde als ein Abbild des Kosmos mit gegensätzlichen Polen aufgefaßt: Der Westen (die Westwand) galt als Zufluchtsstätte böser Geister und Kräfte und der Osten (die Ostwand) als Paradies. Deshalb ist die Westwand im Inneren des Kirchenbaus die dunkelste und die Ostwand die am hellsten beleuchtete. Und aus dem gleichen Grunde sind in den russischen Kirchen, darunter auch in der Mariä-Himmelfahrts-Kathedrale, die Kuppeln kompositorisch etwas nach Osten verlagert. Eine solche Anlage der Kuppeln hatte neben der symbolischen Bedeutung auch einen rein nützlichen Zweck: Durch die Beleuchtung sollte der Ikonostas hervorgehoben werden, dem die Hauptaufmerksamkeit eines jeden galt, der die Kathedrale betrat.

Im Ostteil entstanden neben bzw. vor dem Diakonikon (Sakristei), einer Räumlichkeit, in der die Kirchengewänder und das Kirchengerät aufbewahrt werden, und der Prothesis, dem Raum für Rüst- und Opfertisch, drei Kapellen: die Demetrius-, die Pochwal- (Lobpreisungs-) und die Peter-Paul-Kapelle.

Nach Beendigung der Bauarbeiten stand die Frage nach der Ausmalung der Hauptkathedrale des russischen Staates. Wahrscheinlich begann man schon 1480, die steinerne, 3,5 Meter hohe Altarschranke zu bemalen, deren Platz und konstruktive Besonderheit von Aristotele Fiovaranti bestimmt worden waren. Die Pilaster der Schranke stellten zugleich die Trägerkonstruktion des künftigen Ikonostas, der großen Ikonenwand, dar.

Bereits in diesem Stadium der Bauarbeiten müssen die Künstler in einen schöpferischen Austausch mit dem Architekten getreten sein und ihre Wünsche geltend gemacht haben. Es ist anzunehmen, daß der alte Ikonostas ebenfalls schon 1481 entstanden ist, also nur wenig später als die Bemalung der Altarschranke, die im 19. Jahrhundert bei Restaurierungsarbeiten unter einem im 17. Jahrhundert neu geschaffenen Ikonostas entdeckt worden ist, der die Altarschranke verdeckte. Ihre Bemalung bestand aus 23 »ehrwürdigen Mönchen« und bildete offenbar eine organische Einheit mit dem damaligen Ikonostas. Wir wollen den bestimmten Gesetzen folgenden Aufbau eines Ikonostas anhand der klassischen Bilderwand in der Mariä-Verkündigungs-Kathedrale erläutern, da sich von dem ursprünglichen Ikonostas der Himmelfahrts-Kathedrale nur ein Teil des Prophetenrangs erhalten hat.

Sicher dürfte sein, daß dieser frühe Ikonostas in der unteren Reihe bereits die sogenannten Ortsikonen aufwies, darunter die Hauptikone der Kathedrale, die »Himmelfahrt der Gottesmutter«. Ebenso wird der Anbetungsrang die Darstellung der Gottesmutter, Johannes' des Täufers und eine Anzahl von Aposteln, Engeln und Wundertätern enthalten haben und in der Mitte das Bild des Erlösers. Darüber enthielt der Festtagsrang die Ikonen mit der Wiedergabe religiöser Feste, und in der oberen Reihe waren die Propheten angeordnet, die laut Altem Testament das Erscheinen der Gottesmutter und die Geburt Christi vorausgesagt haben. Der Chronik zufolge bezahlte der Auftraggeber dieses Ikonostas, der Erzbischof von Rostow namens Wassian Rylo, für diese Arbeit hundert Rubel an den Künstler Dionissi und die Popen Timofej, Jarez und Konja, die ebenfalls zu den besten Malern jener Zeit gehörten.

Dionissi und seinen Gehilfen werden auch die auf uns gekommenen Fragmente der Malerei in der Demetrius-, der Pochwal- und der Peter-Paul-Kapelle zugeschrieben. Die vollständige Ausmalung der Kathedrale gehört jedoch einer späteren Zeit an, den Jahren 1513–15, als der Nachfolger Iwans II., der Großfürst Wassili III., die Anweisung gab, die gesamte Kirche mit Fresken zu schmükken. Damals lebte Dionissi nicht mehr, und so gehen die Meinungen der Wissenschaftler über seinen Anteil an der frühen Wandmalerei auseinander.

In den historischen Quellen sind die Namen der Künstler nicht genannt, die das Werk Dionissis und seiner Gehilfen zu Ende führten, doch geben diese Aufzeichnungen eine Vorstellung davon, wie die Malerei der Kathedrale ausgeführt wurde. Man begann mit den Kuppeln und dem Inneren der Kuppeltrommeln, danach folgten die horizontalen Streifen entlang der gesamten Gebäudewand von oben nach unten, und im Altarteil, wo sich bereits an einigen Stellen Fresken aus den Jahren 1480/81 befanden, entstanden weitere in den Kuppeln, der Prothesis und dem Diakonikon. Etwa aus dieser Zeit stammt auch die Wandmalerei über dem Portal der Ostseite und über den Apsiden.

Ein Jahrhundert später erfolgte auf Geheiß des ersten Zaren aus der Romanow-Dynastie, Michail Fjodorowitsch, eine völlige Übermalung der Fresken der unbekannten Meister. Nachdem von den alten Malereien aus den Jahren 1513–15 Pausen abgenommen worden waren, wurden die Putzschichten mit dieser Malerei von nahezu allen Wandflächen der Kathedrale abgeschlagen, und etwa 150 Künstler gingen an die Ausführung der neuen Malerei auf Goldfond, wie es der Zar befohlen hatte, und zwar in der ursprünglichen Anordnung auf der Grundlage der Kopien. Es waren Maler aus verschiedenen Städten und von verschiedenen künstlerischen Richtungen beteiligt. Die Arbeiten standen unter Leitung einiger Moskauer Meister aus der Zarenwerkstatt – Iwan und Bo-

ris Paissein, Sidor Pospejew, Bashen Sawin, Mark Matwejew, Stepan Jefimjew – sowie einer Anzahl von Zeichnern und Ikonenmalern aus Wladimir, Nowgorod, Ustjug, Kostroma, Jaroslawl, Nishni Nowgorod, Kasan, Susdal, Rjasan und Jurjew-Polski. Im Verlauf des Jahres 1643 gelangte die Arbeit praktisch zum Abschluß.

Insgesamt umfaßte die Erneuerung 249 Sujets und Kompositionen und 2066 Einzelfiguren. Die Anordnung der Motive und einzelnen Heiligen erfolgte entsprechend den Traditionen, die sich Anfang des 16. Jahrhunderts im Hinblick auf die Ausschmückung von Heiligtümern der Gottesmutter herausgebildet hatten. Die Mehrzahl der Motive war auf diese oder jene Weise mit dem Marienthema verbunden. In den Kuppeln fand neben den für alle Kathedralen allgemeingültigen Darstellungen »Christus Pantokrator«, »Gottvater als Herr aller Geschöpfe«, »Erlöser nicht von Menschen Hand gemalt« (der sogenannte Archeiropoietos) und »Christus als Emmanuel« auch die Komposition »Gottesmutter des Zeichens« Platz. Die Gewölbe werden von den Darstellungen »Christi Himmelfahrt«, »Tempelgang der Gottesmutter«, »Verklärung Christi«, »Auferweckung des Lazarus« und »Höllenfahrt Christi« eingenommen. An diese schließen sich weitere Erzählungen aus dem Leben Christi und Gleichnisse aus den Evangelien an. Die nächsten zwei Zonen der Wandmalerei sind der Lebensgeschichte der Gottesmutter gewidmet, die aus den Apokryphen entlehnt ist. Hier werden ihre Eltern Joachim und Anna gezeigt und dazu Szenen aus dem Leben Mariä. Unter den Fresken der unteren Zonen hebt sich die Darstellung der »Sieben Kirchenversammlungen« heraus – Beratungen der obersten Kirchenhierarchie, auf denen neben der Ausarbeitung grundlegender christlicher Dogmen auch die Frage des Gottesmutterkults eine Rolle spielte. An der Westwand wurde die kanonische Komposition des Jüngsten Gerichts untergebracht, und auf den Stützen sind 135 Märtyrer wiedergegeben.

Die erneuerte Malerei der Uspenski-Kathedrale wurde im 17. Jahrhundert durch einen neuen, 16 Meter hohen Ikonostas ergänzt, der sich bis in unsere Tage erhalten hat. Er enthält 69 Ikonen, zu deren Anfertigung Künstler aus Jaroslawl, Kostroma und Ostaschkow herangezogen wurden. Viele von ihnen waren auch an der Ausmalung der Kathedrale beteiligt, andere zuvor in der Erzengel-Kathedrale tätig gewesen, wie z.B. Josef Wladimirow, Iwan Koslow und Konstantin Ananjin.

Als der Patriarch Makari aus Antiochia und sein Sohn, der Archidiakon Paulus von Aleppo, 1655 nach Moskau kamen, war der Ikonostas bereits fertig. Paulus von Aleppo schrieb in seinen Aufzeichnungen »Die Reise des Patriarchen von Antiochia nach Rußland in der 2. Hälfte des 17. Jahrhunderts«, daß der russische Patriarch Nikon einen neuen majestätischen Ikonostas geschaffen habe, wie es »nirgendwo sonst einen in der Größe, Breite und Höhe vergleichbaren« gäbe. Als Beweis für die Feststellung des damaligen Reisenden kann die Tatsache gelten, daß die Höhe einzelner Ikonen fünf Meter erreichte, so zum Beispiel die Ikone »Otetschestwo« — eine Dreieinigkeits-Darstellung im Erzväterrang, die von der allgemein bekannten alttestamentlichen »Troiza« abweicht und als »Ineinander-Typ« der »Vaterschaft« bezeichnet wird: Sie zeigt Gottvater als »Alter der Tage« mit Christus Emmanuel auf dem Schoß. Christus hält ein Medaillon, auf dem die Taube wiedergegeben ist, das Symbol des Heiligen Geistes.

Die neue Bilderwand zeichnet sich aber nicht nur durch ihre Größe aus, auch ihr Ikonenbestand weist Besonderheiten auf, die mit den Kirchenreformen des russischen Patriarchen Nikon zusammenhängen. Auf einige dieser Neuheiten verweist unser Text zu Abb. 41 auf S. 90.

Doch in der Hauptkathedrale Rußlands wurde auch das Erbe der Vergangenheit bewahrt. Die ältesten zu ihrem Bestand gehörenden Ikonen datieren ins 11. bis 12. Jahrhundert. An erster Stelle ist die berühmte »Gottesmutter von Wladimir« zu nennen, eine byzantinische Ikone aus dem 11. Jahrhundert und das am höchsten verehrte Heiligtum des russischen Staates. Sie befindet sich heute im nationalen Museum des Landes, in der Staatlichen Tretjakow-Galerie. Einer mittelalterlichen Legende zufolge ist die Tafel von dem Evangelisten Lukas gemalt worden, doch fand dieser Hinweis keine Bestätigung durch die kunsthistorische Analyse. Bekannt ist, daß die Ikone aus Byzanz nach Kiew gelangte und von hier nach Wladimir in die dortige Uspenski-Kathedrale überführt wurde, wo sie sich etwa vier Jahrhunderte befand. Danach geriet die Gottesmutter-Ikone, die die Bezeichnung »Wladimirskaja« erhielt, in die Moskauer Himmelfahrts-Kathedrale. Aus Nowgorod kamen unter anderem die frühen Ikonen »Der hl. Georg«, »Die Verkündigung von Ustjug« (heute Tretjakow-Galerie), »Der Erlöser nicht von Menschen Hand gemalt« und »Die Gottesmutter Umilenie« aus dem 12. Jahrhundert.

Die erste Hälfte des 13. Jahrhunderts, eine für Rußland unruhige Zeit, ist in der Kathedrale durch die Ikonen »Der Erlöser mit dem goldenen Haar« und »Der Erzengel Michael erscheint Isus Navin« vertreten. In die Mitte des 14. Jahrhunderts gehört eine ganze Reihe von Ikonen, z. B. »Der Erlöser als Beschützer«, »Der Erlöser mit dem zornigen Blick«, »Boris und Gleb« (heute Tretjakow-Galerie), »Dreieinigkeit« (1700 von Tichon Filatjew übermalt), »Gottesmutter Hodegetria« und Arbeiten serbischer Meister wie die »Lobpreisung der Gottesmutter«.

In der reichen Ikonensammlung der Kathedrale hinter-

ließ auch die Epoche des großen nationalen Aufschwungs ihre Spuren, die mit dem Sieg der russischen Truppen über das vieltausendköpfige Heer der Goldenen Horde auf dem Kulikowo-Feld begann. Darunter sind Werke, die zur Schule der Künstler Andrej Rubljow und Theophanes der Grieche gehören oder vielleicht von ihnen selbst stammen. Theophanes werden die Tafeln »Petrus und Paulus« und »Der Erlöser nicht von Menschen Hand gemalt« zugeschrieben und Rubljow die Ikone »Gottesmutter Umilenie«.

Zahlreiche Werke fallen in die Epoche eines anderen großen Künstlers: Dionissi. Er und die Künstler seines Kreises schufen die Ende des 15. oder Anfang des 16. Jahrhunderts gemalten Ikonen »Der Metropolit Pjotr mit Vita«, »Der Metropolit Alexius mit Vita« (heute Tretjakow-Galerie), »Über dich freut sich jegliches Geschöpf«, »Die Apokalypse«, »Das Jüngste Gericht« und eine »Gottesmutter Umilenie« mit den zwölf Hauptfesten auf dem Rand.

Diese Ikonen gehören zusammen mit den frühen Fresken in dieselbe Zeit, in der auch die großartigen Werke der angewandten Kunst entstanden sind – der Große und der Kleine Sion sowie Heiligenschreine, Bücher und anderes Kirchenzubehör.

Mitte des 16. Jahrhunderts wurde das Kircheninterieur durch ein holzgeschnitztes Gehäuse mit Zeltdach ergänzt. Dieses Werk der angewandten Kunst ist mit einer komplizierten ornamentalen Schnitzerei und flachen Reliefdarstellungen verziert, die in verschiedenen Sujets die Legende widerspiegeln, der zufolge der russische Fürst Wladimir Monomach die Zarenregalien des byzantinischen Kaisers erhalten hat. Wegen seiner Bestimmung als Betstuhl des Zaren nannte man das Gehäuse den »Zarensitz Iwan Grosnys« bzw. »Thron des Monomach«.

Neben dem Gehäuse war früher eine riesige, vier Meter breite Ikone aufgestellt gewesen: »Die streitbare Kirche« (heute Tretjakow-Galerie). Diese Ikone ist der Eroberung des Kasaner Khanats im Jahre 1552 gewidmet, einem der letzten Gefahrenherde an den Ostgrenzen Rußlands. Hier wird dargestellt, wie drei Gruppen von Kriegern gegen die »ungerechte« Stadt ziehen. In der mittleren Gruppe werden die ersten kanonisierten russischen Fürsten Wladimir Swjatoslawitsch und seine Söhne Boris und Gleb gezeigt sowie der legendäre Besitzer der Zarenregalien, Wladimir Monomach. Die obere Reihe gibt das himmlische Heer wieder. An der Spitze der unteren Gruppe reiten Alexander Newski und Dmitri Donskoi, die am meisten verehrten Heerführer der nordöstlichen Rus. Ihnen folgen die bekanntesten russischen Fürsten. Alle drei Kolonnen werden angeführt von dem Erzengel Michael, dem himmlischen Heerführer, unmittelbar gefolgt vom ersten russischen Zaren Iwan Grosny und einer großen Schar von Kriegern. In der Ikone »Die streitbare Kirche« ist Iwan Grosny als Haupt des irdischen Heeres aller Zeiten dargestellt. Die Richtigkeit seines Handelns scheinen der Erzengel Michael und die anderen Heiligen zu bestätigen, die die russischen Krieger gegen die vom Standpunkt der orthodoxen Christenheit »unredliche« Stadt führen.

Obwohl die Regierungszeit Iwans IV. Grosny nicht reich ist an neuen Werken für die Uspenski-Kathedrale, brachte sie doch entscheidende Veränderungen ihres Aussehens mit sich. Vor allem die Schatzkammer des Metropoliten wurde durch Werke aus anderen Kulturzentren aufgefüllt. Der Zar schickte Strafkommandos in die Städte und Klöster der von ihm unterworfenen Lande und ließ von dort die am meisten verehrten Ortsheiligtümer wegbringen: Ikonen, Gefäße, Bücher. Nach Meinung von Historikern und Kunstwissenschaftlern hatte die Kathedrale den bedeutendsten Zuwachs an Nowgoroder, byzantinischen und serbischen Ikonen nach dem Feldzug Iwans IV. im Jahre 1570 nach Nowgorod zu verzeichnen. Es dürfte allerdings falsch sein, das Auftauchen von Ikonen aus anderen Städten in der Uspenski-Kathedrale in allen Fällen dieser Zeit zuzuschreiben. Vielmehr ist bekannt, daß auch andere Moskauer Fürsten sich dadurch hervorzutun suchten, daß sie dem Haupteiligtum des russischen Landes »wundertätige Bilder« zukommen ließen, d.h. Ikonen, denen Wunder zugeschrieben wurden. Schon 1380 zum Beispiel brachte Dmitri Donskoi, wie eine Legende besagte, die Ikone »Hl. Demetrius von Saloniki«, dessen Namen der Fürst trug, aus Wladimir nach Moskau. Die Wiedergabe entspricht dem Brustbild auf dem Sarkophag dieses Heiligen. Die späterhin mehrfach übermalte Ikone befand sich einst am Eingang zur Demetrius-Kapelle. Heute wird sie in den Fonds der Staatlichen Museen des Moskauer Kreml aufbewahrt.

Eine letzte grundlegende Veränderung im Interieur der Mariä-Himmelfahrts-Kathedrale erfolgte in der ersten Hälfte des 17. Jahrhunderts. 1624 wurde in der südwestlichen Ecke der Kathedrale ein aus Kupfer gegossenes Gehäuse mit Zeltdach zur Aufbewahrung von Reliquien aufgestellt. Drei Jahre später errichtete der Meister Dmitri Swertschkow noch einen Bronzebaldachin über dem Thron im Altarteil.

Die 1641 entstandenen elf vierreihigen Kronleuchter aus vergoldetem Kupfer mit zahlreichen Kerzen und der 1660 geschaffene, mehr als eine Tonne wiegende Silberlüster veränderten die emotionale Wirkung des Kircheninneren erheblich. Mit der Ausführung der Wandmalerei und des Ikonostas Mitte des 17. Jahrhunderts gelangte die Ausgestaltung des Kathedralen-Interieurs zum Abschluß.

Natürlich erfolgten auch später bestimmte Veränderungen, doch liefen diese auf nachträgliche Zutaten und kleine Verbesserungen rein praktischer Art hinaus wie zum Beispiel die Verlegung der Pochwal-Kapelle direkt unter die Trommel der südöstlichen Kuppel.

Viele alte Ikonen wurden, um sie zu erneuern, völlig übermalt, und dies nicht immer in hoher künstlerischer Qualität. Nach der Feuersbrunst von 1682 wusch man die verrußten Fresken der Kathedrale gründlich mit Bier aus. Doch nach dem nächsten Feuer im Jahre 1737 wurde reichlich 35 Jahre nichts an den rußbedeckten Wandmalereien getan. Und danach überzog man die einst durchsichtigen, luftigen Fresken aus dem 17. Jahrhundert mit einer dicken Schicht von Ölfarben.

Nicht geringen Schaden erlitten die in der Kathedrale aufbewahrten Reliquien durch die polnisch-schwedische Intervention im Jahre 1611 und vor allem durch die französische Armee unter Führung Napoleon Bonapartes, die sich 1812 im Kreml einquartierte. Viele Werke der angewandten Kunst aus kostbaren Metallen wurden geraubt: Ikonenbeschläge, Kreuze und anderes Kirchenzubehör. Nach der Vertreibung der Okkupanten erfolgte eine sehr schnelle und daher, wie Forscher des vergangenen Jahrhunderts feststellten, sehr schlechte neue Übermalung der Fresken mit Ölfarben. Auch die Beschläge für 375 Ikonen wurden in mangelhafter Qualität erneuert.

Die ersten Versuche, die Malerei in der Mariä-Himmelfahrts-Kathedrale fachmännisch zu restaurieren, fallen in die Mitte des 19. Jahrhunderts. Der für diese Arbeiten eingesetzte Künstler N. I. Podkljutschnikow vermochte in nur einer Saison fast alle Ikonen des riesigen Ikonostas von etlichen Übermalungsschichten zu befreien. Obwohl er die Malerei nur bis zu den Schichten aufdeckte, die vom Ende des 17. Jahrhunderts stammten, rief das Leuchtende und Satte der Farben die Bewunderung der Liebhaber der alten Kunst hervor. Bis zu diesem Zeitpunkt hatten sich nur einige stereotype Vorstellungen über die altrussische Ikonenmalerei herausgebildet, die in keiner Weise mit den durch die Arbeit Podkljutschnikows erzielten Ergebnissen übereinstimmten. Die Ikonen, in der Regel mehrfach übermalt und mit im Laufe der Zeit dunkel gewordenem Ölfirnis bedeckt, machten vor der Reinigung einen ziemlich trüben Eindruck.

In den achtziger und neunziger Jahren begann eine komplexe Restaurierung, die sowohl die architektonische Seite als auch die Fresken und Ikonen der Kathedrale umfaßte. An den Außenwänden wurden die Stukkatur vollständig gereinigt und durch die Zeit zerstörte Steine ausgewechselt. Die Ikonen erhielten durch Reinigung ihr ursprüngliches Aussehen wieder. Als die Restauratoren die hinfällige Konstruktion des Ikonostas ersetzten, entdeckten sie die Fresken der Altarschranke aus dem Jahre 1481. Etwa zur selben Zeit gelang es auch, unter der Ölmalerei der Wände Fragmente der Fresken von 1642/43 aufzudecken. Einige Zeit später, 1910–18, wurden die ursprünglichen Fresken in der Pochwal- und der Demetrius-Kapelle freigelegt, aber nicht vollständig restauriert. Die Befreiung der alten Wandmalerei der Kathedrale von den späteren Schichten erforderte große Erfahrrung und geeignete Chemikalien. Damals gab es weder das eine noch das andere. Deshalb nahm die alte Malerei in einzelnen Wandabschnitten ernsten Schaden.

In den Jahren der Sowjetmacht wurde die Uspenski-Kathedrale in ein Museum verwandelt. Es begann eine allseitige Forschungsarbeit, die ihre logische Fortsetzung in einer systematischen Restaurierungstätigkeit unter Nutzung neuester wissenschaftlicher Errungenschaften fand. Unter späteren Übermalungen wurden Dutzende alter Ikonen entdeckt, und Fresken kamen in ihrem ursprünglichen Zustand zum Vorschein. Große Aufmerksamkeit schenkte man der Befestigung der Gebäudekonstruktion, den Fundamenten, Wänden und Gewölben.

Die archäologischen Forschungen der letzten Jahre brachten am Ort der Kathedrale Reste der früheren Bauten aus dem 13. bis 15. Jahrhundert zutage, durch die die Entwicklungsstufen ihrer Vorgeschichte noch deutlicher abgesteckt werden konnten. Heute ist die einstige Kathedrale eines der meistbesuchten Kreml-Museen, ein hervorragendes Denkmal der Weltarchitektur, eine Schatzkammer der russischen mittelalterlichen Malerei des 11. bis 17. Jahrhunderts.

DIE erste Erwähnung der in der Kathedrale befindlichen Wandmalerei fällt in die Zeit zwischen 1513 und 1515. Ob die Wände bereits früher bemalt worden sind, darüber sagen die historischen Quellen nichts aus. Gewiß jedoch ist, daß der erste Ikonostas schon 1481 auf Anordnung des Erzbischofs von Rostow, Wassian Rylo, von den Künstlern Dionissi, Timofej, Jarez und Konja geschaffen worden ist. Eine Besonderheit der russischen Ikonostase des 14. bis 15. Jahrhunderts und vielleicht auch früherer Zeit war die Bemalung der Altarschranke und der enge Zusammenhang zwischen Schranke und Ikonostas.

Erst Anfang des 19. Jahrhunderts wurden in der Mariä-Himmelfahrts-Kathedrale unter dem Ikonostas des 17. Jahrhunderts die Fresken gefunden, die dereinst auf die Altarschranke gemalt worden waren und sicher in jener Zeit entstanden sind, in der auch der erste Ikonostas gefertigt wurde. In dieser Freskenreihe sind 23 Mönche dargestellt, die als heilig galten. Unter ihnen dominieren nicht die Eremiten, die »Stummen«, sondern aktiv in der Kirche Tätige, Verkünder, scharfe Polemiker und an ideellen und politischen Auseinandersetzungen Beteiligte. Diese Auswahl ist nicht zufällig getroffen worden. Sie hängt mit der Periode des angespannten kirchenpolitischen Kampfes in Rußland am Ende des 15. Jahrhunderts

zusammen, mit dem Aufkommen der reformatorischen Idee und der Festigung aktiven Wirkens der Kirche.

Ein großer Teil der Bemalung der Altarschranke stammt von der Hand bedeutender Meister. Die Gestalten der Glaubenseiferer erscheinen schwerelos, ihre Körper sind unter der drapierten Kleidung mit den kräftig und geradlinig umrissenen Falten gar nicht wahrzunehmen. Geistige Reinheit der Dargestellten verbindet sich mit großer innerer Energie, die in den dunklen Augen glimmt.

Faszinierend ist die koloristische Lösung. Die heiligen Männer stehen vor blauem Grund mit kaum merklichen Spuren von Weiß, durch das der Fond stellenweise aufzublitzen scheint, so daß etwas Erregendes von ihm ausgeht. Die Farbe der meist dunklen Kleidung der Figuren, die durch große weiße Farbstriche aufgehellt wird, wirkt wie ein weiches Grau in unterschiedlichsten Abstufungen. Die schmalen Hände und die hellen Gesichter, gemalt in einem mattgelblichen Ockerton, weisen keine besondere plastische Durcharbeitung auf. Sie sind als flache, stille Farbflächen wiedergegeben, auf denen der Blick unwillkürlich haften bleibt. Durch die insgesamt helleren, durchsichtigeren Farbzusammenstellungen, in denen die Figuren dem im Vergleich dazu dunkleren, gesättigten Fond gegenübergestellt sind, scheint es, als ob von den Dargestellten selbst das Licht ausgeht, dessen Schimmer die umliegende Fläche erleuchtet.

Neben der Hauptaltarschranke gab es in der Uspenski-Kathedrale ähnliche Schranken – wie Inventare vom Anfang des 17. Jahrhunderts vermerken – in ihren Nebenkapellen, der Demetrius-, Pochwal- und Peter-Paul-Kapelle. Ob auch auf ihnen Malerei aufgebracht war, läßt sich heute nicht mehr sagen, es ist jedenfalls nichts davon erhalten. Die Forscher vermuten, daß die nicht geringe Summe, die Wassian Rylo für die Anfertigung des Ikonostas bezahlt hat, auch eine Bemalung anderer Ikonostase, nämlich in den Kapellen des Altarteils, eingeschlossen haben könnte. Immerhin haben sich in der Pochwal- und der Peter-Paul-Kapelle Freskomalereien erhalten, die koloristisch und stilistisch jener auf der Hauptaltarschranke sehr nahe stehen.

Wenden wir uns einigen Fresken der Pochwal- (Lobpreisungs) Kapelle zu, die entweder 1481 oder einer anderen Ansicht zufolge in den Jahren 1513–15 entstanden sind, als die gesamte Kathedrale mit Malereien ausgestattet wurde.

Die zentrale Komposition der Kapelle ist die Wiedergabe der Lobpreisung der Gottesmutter im westlichen Gewölbe. Die Gottesmutter in purpurroter und dunkelblauer Gewandung ist von 16 Halbfigurendarstellungen der Propheten mit Schriftrollen in den Händen umgeben. Grünbraune stilisierte Pflanzenstengel rahmen jede der

Figuren und verbinden sie zugleich zu einem gemeinsamen gedanklichen und kompositionellen System. Bei weitem nicht alle Details der Darstellung befinden sich noch heute in gutem Zustand. Ein Teil der Farbschicht ist zerstört und in späterer Zeit wieder übermalt worden. Am besten erhalten hat sich die Malerei im südwestlichen Teil des Gewölbes mit dem Propheten Malachias, einer der prachtvollsten Gestalten dieser Komposition.

An der Nordwand der Pochwal-Kapelle ist die Anbetung der Weisen dargestellt: Die Gottesmutter auf dem Thron mit dem Jesusknaben auf dem Schoß wird von den Heiligen Drei Königen (links) und den Hirten (rechts) angebetet. Den oberen Abschnitt nehmen Engel ein. Maria, umgeben von einer Aureole aus grünlichblauen und dunkelblauen Tönen, ist zwischen den Erden- und den Himmelsbewohnern angeordnet und verkörpert somit das Verbindungsglied zwischen Gott und den Menschen. Die sich verneigenden Gestalten, die durch eine ihnen allen gemeinsame Gefühlsaufwallung vereint sind, finden ihren Widerhall in der entgegenkommenden Bewegung der leicht nach vorn gebeugten Gottesmutter. Das Ganze, in sanft ineinander übergehenden Tönen gehalten, stellt eine festliche Farbhymne dar.

An der Südwand ist – etwas weniger gelungen – die Geburt Johannes' des Täufers wiedergegeben. Eine gewisse Ähnlichkeit mit dieser Malerei findet sich in einzelnen Fresken der Peter-Paul-Kapelle. Hier wird die ganze Südwand von der Komposition »Die vierzig Märtyrer von Sebaste« eingenommen. Erhalten haben sich aus diesem gewaltigen epischen Panorama 24 Figuren. Die Märtyrer, vereint durch das gleiche Los, sind in verhaltener Gefühlsäußerung gezeigt. Ihre Bewegung ist, obwohl ihre Gestalten unterschiedlich ausgerichtet sind, einer einheitlichen rhythmischen Anlage untergeordnet und durch ein begrenztes Arsenal an künstlerischen Mitteln wiedergegeben.

28 **Heilige Mönche. Fresken auf der Altarschranke**
bis 30 **der Uspenski-Kathedrale von 1481**

31 **Freskomalerei in der Pochwal-Kapelle: »Lobpreisung der Gottesmutter«**

32 **Der Prophet Malachias.**
Ende 15. oder Anfang 16.Jh.

33 **Freskomalerei in der Pochwal-Kapelle: Anbetung der Weisen. Ende 15. oder Anfang 16.Jh.**

34 **Ausschnitt aus der Fresko-Komposition »Die vierzig Märtyrer von Sebaste« aus der Peter-Paul-Kapelle. Ende 15. oder Anfang 16.Jh.**

35 **Blick in die südwestliche Kuppel der Uspenski-Kathedrale**

36 **Das Jüngste Gericht. Ausschnitt aus der Wandmalerei der Himmelfahrts-Kathedrale. 1642/43**

37 **Auferstehung (Höllenfahrt Christi). Malerei im Mittelgewölbe der Himmelfahrts-Kathedrale. Ausschnitt**

38 **Blick auf zwei Säulen vor dem Ikonostas der Himmelfahrts-Kathedrale**

39 **Ausschnitt aus einer Säulenmalerei der Himmelfahrts-Kathedrale, 17.Jh.**

40 **Innenraum der Himmelfahrts-Kathedrale**
41 **und Ikonostas**

Im 17.Jahrhundert entstand der neue Ikonostas der Uspenski-Kathedrale, der sich bis in unsere Tage erhalten hat. Die Ikonen wurden von Künstlern aus Jaroslawl, Kostroma und Ostaschkow gemalt, das kunstvolle Gerüst haben Schnitzer aus dem in der Rus allbekannten Sergius-Dreieinigkeits-Kloster im heutigen Sagorsk geschaffen. Die Höhe des Ikonostas mit seinen 69 Tafeln beträgt 16 Meter.

Vor allem die Ikonen des Erzväter-Rangs, der obersten Reihe über dem Propheten-Rang, den kleineren Festtagsikonen, dem Anbetungsrang und den Ortsikonen, sind ungewöhnlich großformatig.

Diese zweite Bilderwand in der Himmelfahrts-Kathedrale zeichnet sich nicht nur durch ihre Größe aus, sondern auch durch andere Besonderheiten. So wurden erstmals in einer russischen Kirche in der Deesis (der Anbetungsreihe) keine Heiligen – Wundertäter und Märtyrer – dargestellt, sondern an ihrer Stelle alle zwölf Apostel, von denen früher stets nur einige in den Ikonostas aufgenommen worden waren. Veränderungen gab es auch im unteren Rang mit den Ortsikonen. Laut Paulus von Aleppo hat der russische Patriarch Nikon auf Anraten des Patriarchen Makari von Antiochia die Gottesmutter-Ikone von ihrem alten Platz rechts von der Tür nach links versetzt und die Ikone Dreieinigkeit (Troiza), die sich an dieser Stelle befunden hatte, auf der gegenüberliegenden, also der rechten Seite angeordnet, und zwar am Ende der Ortsikonen-Reihe, und von dort hat er die griechische Ikone mit der Darstellung des Erlösers ganz in die Mitte an die Stelle rechts neben der Zarentür gerückt. Derartige Neuerungen und Veränderungen, die dann in anderen russischen Kirchen ebenfalls vorgenommen wurden, waren keine Laune des Patriarchen von Antiochia oder Liebedienerei Nikons, sondern sie erfolgten vielmehr in

Übereinstimmung mit den Gepflogenheiten der griechischen Kirche. Und der russische Patriarch Nikon, der danach trachtete, durch Kirchenreformen die Rituale der orthodoxen Kirche zu vereinheitlichen, verwirklichte dieses Anliegen mit aller Konsequenz.

42 Der hl. Georg. Zweiseitige Ikone. Nowgorod, 12. Jh.
43 Holz, Tempera. 174×122 cm

Der hl. Georg ist in der russischen Kunst vor allem als Schutzpatron der Krieger, als Hüter des Rechts und als Schrecken des Feindes dargestellt worden.

In dieser Ikone wird Georg als blühender Jüngling gezeigt, ausgestattet mit außergewöhnlicher Kraft, nichtsdestoweniger aber auch voller Anmut. Das ist kein Asket, sondern ein Held, der die besten Züge eines Beschützers des Volkes verkörpert – hohe moralische und physische Qualitäten.

Der hl. Georg war eine außerordentlich bedeutsame Gestalt in der traditionellen Ikonenmalerei. Auf unserer Wiedergabe ist er von Leben und Schönheit erfüllt, von einer anziehenden Jugendlichkeit. Der Künstler malte ihn mit dichtem, lockigem Haar, großen, weit geöffneten Augen, feinen Gesichtszügen und leicht errötend. Den Blick hat der Jüngling ein wenig zur Seite gewandt. Der leuchtend rote Umhang des Kriegers hebt die frische Farbe seines Gesichts hervor und gibt der ganzen Darstellung etwas besonders Feierliches. Ein Speer in der Rechten und das Schwert, auf dem seine Linke ruht, deuten die Beziehung des hl. Georg zum Kriegshandwerk an.

44 Rückseite der Ikone »Der hl. Georg«: Gottesmutter Hodegetria. Rußland, griechischer Maler, Mitte 14. Jh. Holz, Tempera. 174×122 cm

45 Gereinigtes Detail der Ikone »Gottesmutter Hodegetria«

Die teilweise von späteren Farbschichten befreite Darstellung der Gottesmutter und des Jesusknaben gehört zur byzantinischen Kunst des 14. Jahrhunderts. Doch die Tatsache, daß die Wiedergabe auf die Rückseite einer russischen Ikone gemalt worden ist, spricht für ihr Entstehen auf russischem Boden, d. h., sie wurde von einem griechischen Maler geschaffen, der sich zu jener Zeit in Rußland befand.

Dieser Typ der Gottesmutter hat in der russischen Malerei keine Analogien. Er steht der byzantinischen palaiologischen Renaissance nahe, für die Gefühlsbeherrschung, Plastizität der Formen und innere Spannung kennzeichnend sind. Zugleich macht sich bei diesem Beispiel des letzten kurzen Aufblühens der einst so großartigen byzantinischen Kunst eine gewisse Trockenheit der Linienführung und eine dunkle Farbskala bemerkbar. Hier scheint die Idee der Entsagung vom irdischen Leben vorherrschend zu sein, während die Darstellung auf der Rückseite der Ikone noch betont diesseitsbezogen ist. Unter der teilweise freigelegten Schicht der Malerei des 14. Jahrhunderts verbirgt sich eine noch ältere Darstellung, die wahrscheinlich ins 12. Jahrhundert zurückgeht, jene Zeit, in der das Bild des hl. Georg entstanden ist.

46 Die Apostel Petrus und Paulus. Rußland
47 Schule Theophanes' des Griechen,
48 Ende 14. bis Anfang 15. Jh. Holz, Tempera. 196×137,5 cm

Die Ikone ist noch nicht durchgehend gereinigt. Fragmente der restaurierten alten Malerei erlauben es jedoch, sie als ein erstrangiges Werk zu bezeichnen.

Die Besonderheiten der Handschrift verweisen auf einen griechischen Meister, der in seiner künstlerischen Manier der Schule Theophanes' des Griechen nahesteht, von dem bekannt ist, daß er mehr als dreißig Jahre in der Rus tätig war. Paulus mit dem Evangeliar in den Händen ähnelt auf dieser Ikone der Deesis-Darstellung, die Theophanes für den Ikonostas der Verkündigungs-Kathedrale geschaffen hat.

Die ausdrucksvollen, vom Widerschein des Lichtes bestrahlten Gesichter erinnern an gedankenversunkene Philosophen, die von einer großen Idee erleuchtet werden. Vor allem das verinnerlichte Gesicht des Paulus beeindruckt zutiefst.

49 Der Erlöser mit dem zornigen Blick. Rußland, Mitte 14. Jh. Holz, Tempera. 100×77 cm

Eine der eindrucksvollsten Erlöserdarstellungen der Rus ist der »Erlöser mit dem zornigen Blick«. In seiner formalen Wiedergabe steht er auf dieser Ikone den Idealen der byzantinischen palaiologischen Renaissance nahe. Doch nach Meinung der Spezialisten weist die Tafel eine Reihe von Besonderheiten auf, die darauf hindeuten, daß sie nur von einem russischen Künstler stammen kann.

Der Beiname »jaroje oko« (zorniger Blick), der schon im Mittelalter üblich war, ist ein typisch russischer Begriff, der im heutigen Sprachgebrauch als »loderndes, feuriges Auge« übersetzt wird. Nicht zufällig ist der Widerschein des Lichts auf die Augen und die Stirn des Erlösers konzentriert, die seinen Zorn in einer ganzen Skala von Gemütsregungen erkennen lassen. Einen solchen Typus des strafenden Christus erwähnt die russische Chronik, wobei die Worte hinzugefügt sind: »Wenn ihr schlecht und arglistig seid, komme ich über euch mit demselben arglistigen Grimm.«

Gesicht, Haar und Kleidung des Erlösers sind in dunklen Kontrastfarben gemalt. Der lodernde Blick, die unnatürlich tiefen Falten auf Stirn und Hals, die eingefallenen Wangen – all das vermittelt die unwahrscheinliche Erregung einer asketischen und kämpferischen Natur.

50 Der Metropolit Pjotr mit Vita. Dionissi.
   Ende 15. bis Anfang 16. Jh. Holz. Tempera. 197×151 cm

51 Pjotr malt die Ikonen »Erlöser« und »Gottesmutter«
   (Randfeld)

Diese hagiographische Ikone, eines der meistgeschätzten
Werke in der Himmelfahrts-Kathedrale, ist dem Metropoliten Pjotr gewidmet, einem bedeutenden Vertreter
der Kirche und des politischen Lebens, der die Residenz
der russischen Metropoliten von Wladimir nach Moskau
verlegt hat. Er galt als Schirmherr Moskaus und erhielt
als erster in der gerade fertiggestellten Uspenski-Kathedrale seine Grabstätte. Bald nach seinem Tod wurde er
heiliggesprochen.

Die Gestalt des Metropoliten nimmt das große Mittelfeld der Ikone ein. Seine Haltung ist ruhig und erhaben,
die Darstellung verhalten und flächig. Es gibt praktisch
keine räumliche Tiefe auf diesem Feld. Der Sakkos, die
langschößige Oberrobe des Metropoliten, fällt ganz gerade herab, ohne die Figur auch nur im geringsten hervortreten zu lassen. Lediglich der rot bemalte Buchblock des
Evangeliars in Pjotrs linker Hand schafft den Eindruck
einer gewissen Räumlichkeit zwischen dem etwas nach
vorn gerückten Buch und dem dahinter stehenden Metropoliten.

Die breite Zone um die zentrale Darstellung nehmen 19
kleine Randbilder mit Sujets aus dem Leben des Kirchen-
vertreters ein. Dieser gemalten Erzählung liegt eine lite-
rarische Vorlage über das Leben des Metropoliten Pjotr
zugrunde, die im 14. Jahrhundert entstanden ist. Solche
hagiographischen Tafeln waren in der Rus sehr beliebt.

Die Ikone stammt von dem bekannten russischen
Künstler Dionissi, der an der Anfertigung des ersten Ikonostas der Uspenski-Kathedrale im Jahr 1481 mitgewirkt
und eine Reihe der ursprünglichen, noch erhaltenen
Wandmalereien geschaffen hat. Die seiner Palette eigene
Durchsichtigkeit und Luftigkeit der Farben und die Eleganz der Silhouetten machen diese Ikone zu einem hervorragenden Denkmal der bildenen Kunst an der Wende
vom 15. zum 16. Jahrhundert.

52 Gottesmutter Umilenie. Nowgorod (?). 12. Jh. Holz,
   Tempera. 56,2×43 cm

1965 befreiten Restauratoren eine Ikone von hohem
Kunstwert aus der Maria-Himmelfahrts-Kathedrale von
vier Übermalungsschichten: eine »Umilenie« aus dem
12. Jahrhundert. Die Gestalt der Maria berührt den Betrachter durch ihre tiefe Trauer, den Ausdruck unab-
wendbaren Leids. Faszinierend ist auch die koloristische
Lösung bei dieser frühen Ikone: Das dunkelrotbraune
Maphorion Marias und das rote Gewand des Knaben heben sich leuchtend von dem Fond des blauen Kleides der

Gottesmutter ab. Der rote Nimbus liegt fast reliefartig auf
zartgelbem Grund. Dieser Hang zu Farbkontrasten sowie
bestimmte stilistische Besonderheiten gaben den Forschern Anlaß, Nowgorod als Entstehungsort anzusehen.

24 Südansicht der Mariä-Himmelfahrts-Kathedrale.
Links der Facettenpalast, rechts die Erzengel-Kathedrale
und im Hintergrund die Zwölf-Apostel-Kirche

31, 32 Freskomalerei in der Pochwal-Kapelle:
»Lobpreisung der Gottesmutter«.
Ende 15. oder Anfang 16. Jh.
Abb. 31: Die Gottesmutter
Abb. 32: Der Prophet Malachias

33 Freskomalerei
in der Pochwal-
Kapelle:
»Anbetung der
Weisen«.
Ende 15. oder
Anfang 16. Jh.

34 Ausschnitt aus der Fresko-Komposition »Die vierzig Märtyrer von Sebaste« aus der Peter-Paul-Kapelle. Ende 15. oder Anfang 16. Jh.

35 Blick in die südwestliche Kuppel der Himmelfahrts-Kathedrale

36 Das Jüngste Gericht. Ausschnitt aus der Wandmalerei der Himmelfahrts-Kathedrale. 1642/43

37 Auferstehung (Höllenfahrt Christi). Malerei im Mittelgewölbe der Himmelfahrts-Kathedrale.

Folgende Seiten:
38 Blick auf zwei Säulen und den Ikonostas der Himmelfahrts-Kathedrale

39 Ausschnitt aus einer Säulenmalerei der Himmelfahrts-Kathedrale. 17.Jh.

40 Blick in die
Himmelfahrts-Kathedrale
mit dem Ikonostas

41 Der Ikonostas
der Mariä-Himmelfahrts-
Kathedrale, Mittelteil

111

42, 43
Der hl. Georg.
Zweiseitige
Ikone.
Nowgorod, 12.Jh.

44, 45 Gottesmutter
Hodegetria.
Rußland, griechischer
Maler, Mitte 14. Jh.

46 Die Apostel Petrus und Paulus.
Rußland,
Schule Theophanes' des Griechen,
Ende 14. bis Anfang 15. Jh.

47 Paulus

50 Der Metropolit
Pjotr mit Vita.
Dionissi,
Ende 15. bis
Anfang 16. Jh.

51 Pjotr malt die
Ikonen »Erlöser«
und »Gottesmutter«

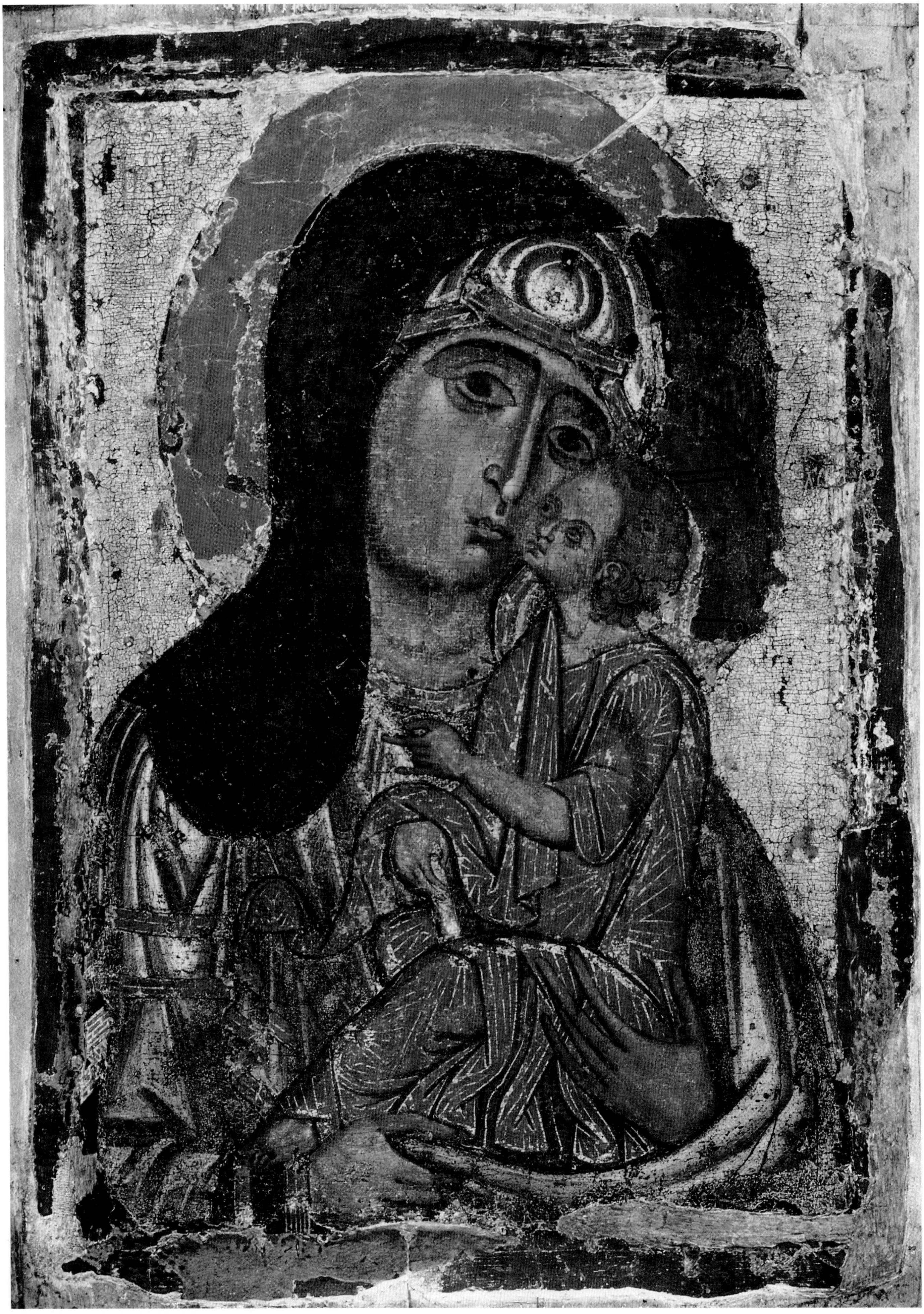

52 Gottesmutter Umilenie, Nowgorod, 12. Jh.

54 Dreieinigkeit. Moskau. Tichon Filatjew, 1700

55 Kopf eines Engels. Ausschnitt aus Abb. 54, gereinigte ursprüngliche Malerei aus dem 14. Jh.

53 Gottesmutter Umilenie. Moskau. Andrej Rubljow (?), Ende 14.Jh. Holz, Tempera. 105×68 cm

Das Besondere der altrussischen Ikonenmalerei besteht darin, daß der Künstler ständig bestrebt war, im Rahmen des traditionellen ikonographischen Schemas das künstlerische Vorbild in einer zeitgemäßen Auffassung umzusetzen. Ein Beispiel dafür ist die wahrscheinlich von Andrej Rubljow gemalte Tafel, die nach dem zum Nationalheiligtum gewordenen Urbild ausgeführt ist – der Ikone »Gottesmutter von Wladimir« aus dem 12.Jahrhundert (heute Staatliche Tretjakow-Galerie).

Umilenie bedeutet Rührung, und dieser Gottesmutter-Typ – die Darstellung, die den Kummer Marias über die bevorstehenden Leiden ihres Sohnes wiedergibt – war außerordentlich verbreitet in der Rus. Sahen die Menschen dieses Sujet doch durch das Prisma ihres eigenen sorgenvollen Lebens. Die reichlich zweihundert Jahre nach der auf Abbildung 52 wiedergegebenen »Umilenie« gemalte Moskauer Tafel entstand im Zusammenhang mit den Ereignissen des Jahres 1395, als in Moskau bekannt wurde, daß der berüchtigte asiatische Heerführer Timur einen Feldzug auf die Rus vorbereitete. Die Chronik beschreibt ausführlich, wie die »wundertätige« Ikone »Gottesmutter von Wladimir«, die in den Vorstellungen der Menschen jener Zeit als Beschützerin der russischen Lande galt, nach Moskau gebracht wurde, das den feindlichen Einfall erwartete. Wahrscheinlich wurde damals nach ihr diese freie Kopie gemalt. Eine solche Arbeit konnte nur einem erfahrenen Meister anvertraut werden. In der Tat lassen die künstlerischen Qualitäten der Moskauer Ikone, die hoch entwickelte Technik und die Poesie der Darstellung vermuten, daß Andrej Rubljow der Schöpfer war.

Der Vergleich dieser Tafel mit dem Vorbild macht deutlich, in welcher Richtung sich die russische bildende Kunst weiterentwickelt hatte. Die tiefe Besorgnis Marias, die wir sowohl auf der Umilenie als auch auf der »Gottesmutter von Wladimir« aus dem 12.Jahrhundert finden, hat sich auf der späteren Ikone in eine leichte Traurigkeit verwandelt. Der Ausdruck des Kummers ist bei der Wladimirer Gottesmutter so ausgeprägt, daß die »Rührung« als solche untergeht. Dort sind zwei voneinander unabhängige, nicht gleichbedeutende Gestalten wiedergegeben: Gott und die menschliche Mutter. Hier hingegen sind beide Gestalten harmonisch vereint. Dieses Bild ist von einem zutiefst lebenswahren Gehalt.

54 Dreieinigkeit. Moskau, Tichon Filatjew, 1700. Holz, Tempera. 168×144 cm

55 Kopf eines Engels. Ausschnitt aus Abb. 54, gereinigte ursprüngliche Malerei aus dem 14.Jh.

Die Ikone »Dreieinigkeit« ist eines der spätesten Beispiele der Tafelmalerei in der Uspenski-Kathedrale und zugleich ein Werk der frühen Moskauer Schule. Obwohl der Künstler diese Darstellung gegen Ende des 17.Jahrhunderts geschaffen hat, war er bemüht, sie der alten Ikonographie anzupassen, indem er die Konturen einer früheren Malerei auf der Tafel wiederholte. Andererseits zeigt sich die prinzipiell unterschiedliche Auffassung in den beiden durch Jahrhunderte getrennten historischen Epochen. Man vergleiche nur den von der späteren Übermalung befreiten Engelskopf mit der übrigen Malerei. Dieser Kopf ist in weichen, tonal ineinander übergehenden Farben gemalt. Ein leichter, kaum merklicher Schatten läßt die Umrisse des Gesichts, des dünnen Halses und der Lippen des Engels besonders deutlich hervortreten. Zarte Linien umreißen seine Augen und seine Nase. Ganz im Gegensatz dazu sind die anderen Gestalten und Alltagsdetails in einer bewußt plastischen Manier ausgeführt; man spürt das entschiedene Bemühen um Wahrheitstreue und Körperlichkeit. Die Ikone Tichon Filatjews offenbart ein Abgehen von der kanonischen mittelalterlichen Ikonenmalerei und das Hinwenden zu einer Kunst, die auf Naturbeobachtung beruht.

56 Zarensitz Iwan Grosnys: Thron des Monomach.
57 Holzschnitzerei. Moskau, 1551

Der Zarenthron, der noch heute in der Mariä-Himmelfahrts-Kathedrale steht, stellt ein holzgeschnitztes Gehäuse dar, das von einem schlanken sechzehneckigen Zeltdach gekrönt und mit verschieden gearbeiteten Details und ornamentalem Schnitzwerk verziert ist. Das Zeltdach erinnert in seinem Aufbau entfernt an die Fürstenschapka, die die Macht der Moskauer Herrscher symbolisiert – die Kappe des Monomach.

Der Beginn der Arbeit an dem Thron des Monomach fiel wahrscheinlich in das Jahr 1547, als Iwan IV. sich feierlich zum Zaren krönen ließ. Die Aufstellung des Zarensitzes in der Uspenski-Kathedrale fand in Verbindung mit der Feierlichkeit aus Anlaß der Einnahme Kasans im Jahr 1552 statt. Auf den Wänden des Betstuhles ist die Wiedergabe einer Legende eingeschnitzt, die in den »Erzählungen über die Fürsten von Wladimir« festgehalten ist und der zufolge der Kiewer Fürst Wladimir Monomach vom byzantinischen Kaiser als erster die Schapka erhielt, die seither von den Kiewer, Wladimirer und später den Moskauer Fürsten und Zaren bei den Krönungsfeierlichkeiten aufgesetzt wurde.

In vielfigurigen Kompositionen, ausgeführt als flache Schnitzreliefs, sind berittene Krieger, Stadtansichten und Kirchenkuppeln dargestellt, und in jeder dieser Wiedergaben lassen sich Elemente des historischen Milieus des 16.Jahrhunderts finden. Die Ausdruckskraft der Szenen wurde noch durch Goldanstrich erhöht, während der Hintergrund in blauen und roten Farben gehalten ist. Die Füße, auf denen der Thron ruht, sind in Form seltsamer, ebenfalls bemalter Tiere geschnitzt.

58 **Gegossener Baldachin. Bronze. Moskau, Gießermeister**
59 **Dmitri Swertschkow, 1624**

Dieser sogenannte Baldachin, auf Geheiß des Zaren Michail Fjodorowitsch angefertigt und zur Aufbewahrung von Reliquien bestimmt, wurde im südwestlichen Teil der Kathedrale neben den Grabstätten der Metropoliten Kiprian und Foti vom Ende des 14. und Anfang des 15. Jahrhunderts aufgestellt. Die Wände des Gehäuses bestehen aus gegossenen Gittern in Form floralen Flechtwerks, die Stützkonstruktion aus dekorativen Ecksäulchen. Ein breiter Karnies aus einer Reihe kleiner und einer Reihe großer Kielbogen krönt den Gehäusekubus. Hinter diesen Kokoschniki erhebt sich ein viereckiges Zeltdach. In der Form erinnert der Baldachin Swertschkows an ein Werk der volkstümlichen Architektur.

Im Innern des Gehäuses sind an den vier abfallenden Dachflächen Ikonen angebracht. In der Mitte ist ein Thron aufgestellt, auf dem in einer Goldschatulle Reliquien aufbewahrt werden. Einst waren die Wände innen mit farbigem Glimmerglas verkleidet. Wenn das Innere des Gehäuses durch Kerzenschein beleuchtet wurde, »erblühte« der ganze Baldachin in all seinen prächtigen Mustern. Der Reichtum der ornamentalen Ausstattung, die ungemein feine Durcharbeitung der Details und die gut ausgewogene Form berechtigen dazu, diesen Baldachin in die Reihe der besten Werke der russischen Gießereikunst zu stellen.

DIE VERKÜNDIGUNGS- (BLAGOWESTSCHENSKI-) KATHEDRALE

Die malerischste aller Kreml-Kirchen ist die im Gold ihrer neun Kuppeln erstrahlende Mariä-Verkündigungs-Kathedrale. Sie erhebt sich, schon von weitem gut überschaubar, im südwestlichen Teil des Kathedralenplatzes am Südrand des Borowizki-Hügels und zieht unwillkürlich durch die Dynamik ihrer Formen die Aufmerksamkeit auf sich. Dieser Sakralbau, der als Hauskirche der Großfürsten und Zaren diente, hat sein heutiges Aussehen erst nach und nach erhalten. Die Anzahl der Kuppeln wuchs, und zahlreiche Zutaten sowie Veränderungen an der Bausubstanz und dem Fassadenschmuck bereicherten das äußere Bild dieses Architekturdenkmals.

Eines der frühen Bauwerke, von dem an der Stelle der heutigen Kathedrale noch Überreste gefunden werden konnten, geht bis ans Ende des 13. Jahrhunderts zurück.

Doch eine Reihe von Forschern bezweifelte, daß diese Mauerbruchstücke zu einem Kultgebäude gehörten, das ja schon relativ groß gewesen sein müßte. Außer Zweifel hingegen steht die Existenz einer steinernen Verkündigungs-Kathedrale in den letzten Jahrzehnten des 14. Jahrhunderts. Meinungsverschiedenheiten gibt es nur darüber, wann sie errichtet worden ist. Die Schaffung einer großfürstlichen Hauskirche wird zu Recht mit der Schlacht auf dem Kulikowo-Feld in Verbindung gebracht. Bis heute hat sich im Untergeschoß (einer Art Halbkeller) der Verkündigungs-Kathedrale der untere Teil einer kleinen Kirche mit einer Apsis und offenbar auch einer Kuppel erhalten. Es war ein für jene Zeit ziemlich geräumiger Bautyp mit Pfeilern an den inneren Gebäudeecken, auf denen die Gewölbe ruhten.

1405 wurde die Kirche von hervorragenden Künstlern mit Wandmalereien ausgestattet: von Theophanes dem Griechen, Prochor aus Gorodez und Andrej Rubljow. Dabei fällt auf, daß in der Schriftquelle der berühmte Rubljow an dritter Stelle aufgeführt wird, während an erster Stelle der erfahrenere Theophanes genannt ist, dessen künstlerisches Wirken bekanntlich in den siebziger Jahren des 14. Jahrhunderts seinen Anfang nahm. Die Aufzeichnung in der Chronik über die Malerei der Kirche erfolgte in späterer Zeit, zumindest erst, als anstelle dieser frühen Kirche, die von den genannten Meistern ausgestattet worden war, bereits eine andere existierte. Heißt es doch in der Chronik: »Es wurde mit dem Ausmalen der steinernen Blagowestschenski-Kirche auf dem Hof des Großfürsten begonnen, nicht jener, die heute steht . . .«

Wahrscheinlich ist dieser Vorgängerbau ein Opfer der Feuersbrunst geworden, die 1415 in ganz Moskau wütete. Unter dem nachfolgenden Jahr berichtet die Chronik erneut vom Bau einer Blagowestschenski-Kirche auf dem Hof des Großfürsten. Die Wände des alten Kellergeschosses wurden auf das Doppelte verstärkt, die Gewölbe gefestigt, die Gebäudedimensionen vergrößert. Nach dem erhaltenen Fundament zu urteilen, war diese Kathedrale ein Vierpfeilerbau mit drei Apsiden und einer Kuppel, der in der Größe etwa dem heutigen Bauwerk entsprach. Die Weißstein-Kirche aus dem Jahr 1416 existierte weniger als siebzig Jahre.

Die folgende Bauetappe fällt mit äußerst wichtigen Ereignissen zusammen: der Befreiung von dem mehr als zweihundert Jahre währenden Joch der Goldenen Horde, dem Anschluß Groß-Nowgorods und des Fürstentums Twer an das Moskauer Fürstentum und schließlich der Errichtung eines einheitlichen Staates, dessen Zentrum Moskau wurde.

Ein weiterer Schritt auf dem Weg zur Festigung dieses Staates erfolgte unter Iwan III. Er bezeichnete sich als Herr über ganz Rußland, und alle Länder, die sich unter seiner Herrschaft befanden, gingen in seinen Titel ein: »Großfürst von Wladimir, Moskau, Nowgorod und Twer ...«. Iwan III., nunmehr also Haupt eines ausgedehnten Reiches, ließ die Staatsresidenz, den Kreml, weiter ausbauen. Dabei nahm die Erneuerung der persönlichen Gemächer der großfürstlichen Familie, darunter auch der Hofkirche, einen wichtigen Platz ein.

1482/83 wurde das alte Kirchengebäude bis zum Untergeschoß abgetragen, und am 6. Mai 1483 erfolgte die feierliche Grundsteinlegung zu der neuen Ziegelstein-Kathedrale. Ausgeführt wurde der Auftrag von erfahrenen Pskower Meistern, die sich schon beim Bau der Heilig-Geist-Kirche im Dreieinigkeits-Kloster bei Moskau bewährt hatten. Die Chronik vermerkt außerdem, daß die Pskower sich auch im Ausland Spezialkenntnisse erworben hatten.

Die Errichtung der Blagowestschenski-Kathedrale durch die Pskower Meister erfolgte gleichzeitig mit der Aufführung anderer Bauten auf dem Kathedralenplatz – der Rispoloshenski-Kirche und dem unmittelbar an die großfürstliche Hauskirche im Osten angrenzenden Staatsschatzgebäude (früher befand sich der Staatsschatz im Untergeschoß der Mariä-Verkündigungs-Kathedrale). Der Bau dauerte sechs Jahre; am 9. August 1489 wurde das Gebäude eingeweiht.

Da das Untergeschoß der Kirche aus dem Jahr 1416 erhalten worden war, hatte das neue Bauwerk natürlich auch ungefähr die Abmessungen des Vorgängerbaus. Doch das architektonische Bild der Kathedrale von 1489 unterschied sich bereits wesentlich von ihm, und zwar vor allem durch die überdachten Galerien, die sich auf dem Untergeschoß in gleicher Höhe wie der mittlere Baukörper erhoben. Die Galerien umgaben die Kirche im Westen, Süden und Norden. Dabei war schon von Anfang an in der Südgalerie die Kapelle Wassili Neokessarskis angeordnet.

Die Kathedrale krönten drei Kuppeln: eine in der Mitte und zwei im Osten an den Ecken. Jede Fassade ist vertikal in Abschnitte unterteilt und wird oben von Kielbogengiebeln abgeschlossen. Rundbogenarkatur, in die schmale Fenster eingeschrieben sind, umgibt sowohl die Trommeln der oberen Kuppeln als auch die oberen Abschnitte der Apsiden. Die dekorative Außengestaltung erinnert an die Rispoloshenski-Kirche. Auch dort gibt es einen auf Säulchen ruhenden Blendarkaturgürtel und andere Verzierungen, die Moskauer und Pskower Motive nachbilden.

Vom Kathedralenplatz her führten drei abgetreppt ins Gemäuer einschneidende »perspektivische« Portale zur Galerie, und aus dem Kirchenschiff der Kathedrale konnte man über eine Treppe im Gemäuer der nordwestlichen Ecke zur Empore glangen, wo sich während des

Gottesdienstes die Mitglieder der großfürstlichen Familie aufhielten.

Etwa zwanzig Jahre blieb die Hauskirche der russischen Herrscher unausgemalt. Erst 1508 wurde sie von einer Gruppe von Malern unter Leitung des Künstlers Feodossi, eines Sohnes des berühmten Dionissi, mit Fresken ausgestaltet. Damals erhielten die Portale anstelle ihrer traditionellen russischen Form prächtige, mit Steinschnittdekor versehene Bogenleibungen. Dies erfolgte offenkundig unter Beteiligung italienischer Meister.

Das Dach wurde vergoldet, woher der alte Beiname der großfürstlichen Verkündigungs-Kathedrale stammt: »die Goldbedeckte«.

Künstlerisch besonders wertvoll ist die Innenausstattung. Der Ikonostas, der 1405 von Theophanes dem Griechen, Andrej Rubljow und Prochor von Gorodez geschaffen worden war und eine Vielzahl von Feuersbrünsten überlebt hatte, erhielt einen Goldbeschlag.

Anfang des 16. Jahrhunderts, im Jahre 1520, wurden in einer Herbstsaison die Wände der überdachten Galerie des Umgangs bemalt. Hier traten neben die traditionellen Sujets und »Porträts« russischer Fürsten Darstellungen von antiken Philosophen und Gelehrten: Aristoteles, Menander, Ptolemäus, Thukydides, Plutarch, Zenon, Homer, Vergil ...

So wurde die Blagowestschenski-Kathedrale eine der funkelndsten Perlen in der herrlichen Kette der Kreml-Kathedralen. Jedoch hatte die Feuersbrunst von 1547 ungewöhnlich schwere Folgen für Moskau und damit auch für die Hauskirche des Großfürsten: Die Chronik erwähnt unter den Verlusten die Blagowestschenski-Kathedrale mit ihrem Ikonostas.

Die Beseitigung der Schäden nahm etliche Jahre in Anspruch. Anfang der fünfziger Jahre malten Pskower Künstler neue Ikonen für die Verkündigungs-Kathedrale, doch ihre Neuartigkeit rief den energischen Einspruch des Hauptes des Gesandtschafts-Prikas, Iwan Wiskowatos, hervor. Der Leiter des außenpolitischen Amtes Rußlands widersetzte sich dem Bestreben der Künstler, die religiösen Sujets schöpferisch durchdacht und eigenständig auf realistische Art zu behandeln. Wiskowato empörte sich gegen das Nichtkanonische einer Reihe von Details in den Ikonen und verwirrte dadurch die Köpfe der Gläubigen. Er rief einen regelrechten theologischen Disput hervor, in den die Hundertkapitel-Synode von 1551 und eine weitere Synode von 1554 eingriffen. Im Enderergebnis wurde jedoch befunden, daß die Ikonen – mit Ausnahme einiger Details – in Übereinstimmung mit der bestehenden Tradition gemalt worden seien, und beschlossen, sie in diesem Zustand zu belassen.

Seit Anfang der sechziger Jahre kam es in Verbindung mit der Wiederherstellung der Kathedrale zu entscheidenden baulichen Veränderungen. Umgebaut wurde die südöstliche Kapelle Wassili Neokessarskis, und außerdem wurden noch drei weitere Kapellen aufgeführt: die des Erzengels Michael (im Nordosten), der Synaxis der Gottesmutter (im Nordwesten) und die des Einzugs in Jerusalem (im Südwesten). Vielleicht wurden schon damals (nach anderen Angaben 1572) die drei bestehenden Kuppeln über dem Kerngebäude durch zwei weitere ergänzt.

Im Inneren erfolgte eine Erneuerung der Wandmalerei von 1508 und eine Belegung des Fußbodens mit geschliffenen Jaspisplatten, die aus der Rostower Kathedrale entnommen worden waren, und in die alten Portalöffnungen wurden neue kupferne Türen eingefügt, die in der Technik der Feuervergoldung graviert sind. In dieser Zeit erhielt die Blagowestschenski-Kathedrale, die nach der Krönung Iwan Grosnys zum Zaren im Jahr 1547 seine Hauskirche wurde, auch äußerlich das Aussehen, das sie im wesentlichen noch heute hat.

Das Bauwerk nahm in den folgenden Jahrhunderten seines Bestehens weniger Schaden als andere Kremlbauten. 1648 erneuerte ein Künstlerartel unter Leitung von Iwan Filatjew die Fresken. Die einschneidendsten Veränderungen im Interieur der Kathedrale erfolgten jedoch im folgenden Jahrhundert. Entsprechend dem Geschmack jener Zeit wurden 1771 die Wände mit Ölfarben bemalt, die die alte Malerei völlig bedeckten. Auf diese Schicht wiederum kamen im 19. Jahrhundert noch einige weitere Schichten.

In den sechziger Jahren des 19. Jahrhunderts machten sich Renovierungs- und Restaurierungsarbeiten notwendig. Im Verlauf von fünf Jahren, von 1863–67, wurden unter Leitung des Architekten F. Richter Details des Außendekors ersetzt, die Fenster und Karniese renoviert und das Dach neu vergoldet.

1882 erfolgte auf Veranlassung der Moskauer Archäologischen Gesellschaft der erste Versuch, die Fresken des 16. Jahrhunderts von den mehrfachen Übermalungen zu befreien. Die Aufsicht über diese Arbeiten hatte der Maler Viktor Fartussow. Schon die ersten gereinigten Fresken in der Galerie versetzten seinerzeit die Kenner der altrussischen Kunst in große Erregung. Die Zeichnung unterschied sich stark von der traditionellen russischen Ikonographie und erinnerte nach Ansicht einer speziell zusammengestellten Kommission an italienische Renaissance-Vorbilder. Doch die Kommission bestritt die Möglichkeit, daß es in einer russischen Kirche italienische Malerei geben könnte, und behauptete, daß die Malerei der gesäuberten Wandteile der Kathedrale von den Restauratoren auf ihre Weise überarbeitet worden, d.h. das Ergebnis von Halluzinationen sei. Den Restauratoren wurde anheimgestellt, alles abzuwaschen, was angeblich ihrer Phantasie entsprungen war.

Forscher unserer Zeit bezweifeln nicht, daß an den Ausmalungen der Galerien italienische Meister teilgenommen haben können, da Ende des 15. und Anfang des 16. Jahrhunderts zwischen Rußland und Italien ständige schöpferische Beziehungen unterhalten wurden. Natürlich ist es heute sehr schwer, sich über den Umfang dieser möglichen Teilnahme eine Vorstellung zu machen oder gar zu bestimmen, welche italienischen Künstler an der Ausmalung beteiligt gewesen sein könnten bzw. ob es eine solche Mitwirkung überhaupt gegeben hat. Licht in diese Fragen können nur weitere Forschungen bringen.

Seit 1920 erfolgen in der Blagowestschenski-Kathedrale regelmäßige wissenschaftlich fundierte Restaurierungsarbeiten, die alle Komponenten des Denkmals umfassen. Vor allem wurde der Ikonostas gereinigt, unter dessen späterer Bemalung überraschend ein ganzer Komplex von Ikonen aus dem Anfang des 15. Jahrhunderts entdeckt wurde. Seither festigte sich in der kunstwissenschaftlichen Literatur zunächst die Ansicht, daß der von Andrej Rubljow, Theophanes dem Griechen und Prochor von Gorodez geschaffene Ikonostas nicht, wie in den russischen Chroniken vermerkt, bei der Feuersbrunst von 1547 verbrannt ist. Doch fanden sich auch keine Brandspuren auf den Ikonen. Zu bemerken ist auch, daß der Ikonostas in seinen Dimensionen die Breite der Verkündigungs-Kirche von 1405 überschreitet (ihr Fundament hat sich im Bestand des späteren Bauwerks erhalten). Diese Tatsachen trugen zu einer neuen Hypothese bei: Der Ikonostas muß nach der Feuersbrunst Mitte des 16. Jahrhunderts aus einem anderen Sakralbau hierhergebracht worden sein. Die stilistischen Merkmale der Ikonen berechtigen dazu, sie Andrej Rubljow und Theophanes dem Griechen zuzuweisen. Was den dritten Meister betrifft, Prochor aus Gorodez, so ist seine Malweise noch nicht genügend hervorgetreten, um eine Zuschreibung zu belegen.

Neben den Ikonen wurde auch die Wandmalerei restauriert. In den zwanziger und vierziger Jahren konnten die alten Fresken teilweise gesäubert und in den fünfziger und sechziger Jahren die ursprüngliche Malschicht gesichert werden. Umfassende Restaurierungsarbeiten zur Wiederherstellung der Fresken und Ikonen begannen in den achtziger Jahren.

Heute ist die einstige Hauskirche der Großfürsten und Zaren eines der bekanntesten Museen altrussischer Malerei in der Sowjetunion. Am Beispiel der Verkündigungs-Kathedrale läßt sich anschaulich die für die russische Architektur charakteristische Herausbildung eines Kirchenensembles verfolgen, das einzelne Teile von Bauten aus verschiedenen Zeiten umfaßt. Die Freskomalerei der Kathedrale, deren Grundlage Sujets sind, die von Feodossi stammen, ist ein Zeugnis der hohen, schöpferisch genutzten Meisterschaft, die Feodossi von seinem Vater, dem hervorragenden Maler Dionissi, übernommen hatte, und zugleich ein Beispiel für die neuen Tendenzen in der russischen Malerei zu Beginn des 16. Jahrhunderts.

Eingehend befaßt sich die Forschung unter anderem mit den Fresken der Galerie, die erstmals in der russischen Malerei Persönlichkeiten aus der antiken Klassik darstellen. Es ist zu hoffen, daß bald eine Klärung der Frage nach der Herkunft dieser für eine russische Kirche ungewöhnlichen Thematik und vielleicht auch nach den Wechselwirkungen russischer und italienischer Künstler möglich sein wird. Ganz besondere Aufmerksamkeit aber verdient der Ikonostas, der mit seinen zahlreichen Ikonen von Andrej Rubljow und Theophanes dem Griechen eine unschätzbare Kostbarkeit darstellt.

60 **Gesamtansicht der Mariä-Verkündigungs-Kathedrale. 1489**

61 **Verkündigungs-Kathedrale, Ansicht von Süden**

62 **Blick auf die Kuppeln der Verkündigungs-Kathedrale von Südosten**

63 **Nördliches Portal in der Verkündigungs-Kathedrale. Anfang 16. Jh.**
Ungewöhnlich für eine russische Kathedrale sind das Nord- und das Westportal der Verkündigungs-Kathedrale. Sie entstanden in der heutigen Gestalt zu Anfang des 16. Jahrhunderts. Die massive Leibung zeigt vielfach untergliederte Basreliefmuster und deutlich markierte unterschiedliche konstruktive Teile. Diese dem Geist der russischen Architektur fremden Züge lassen erkennen, daß die neuen künstlerischen Auffassungen, die Ende des 15. und Anfang des 16. Jahrhunderts im kulturellen Leben Moskaus Einzug hielten, nicht nur die neu zu bauenden Gebäude beeinflußten, sondern sich auch auf bereits bestehende Bauten auswirkten.

Vielleicht fällt die Anfertigung dieser Portale in das Jahr 1508, in dem die Gestaltung des Ensembles auf dem Kathedralenplatz seinen Abschluß fand. Analoge Portale erhielten die Erzengel-Kathedrale sowie das Goldene Gemach und der Facettenpalast. Der Kreis dieser Analogien weist darauf hin, wo der Meister zu suchen ist, der diese pompösen, an Triumphbögen erinnernden Durchgänge konstruiert hat: Es war zweifellos ein italienischer Architekt.

Die gewaltige Rahmung mit dem abwechslungsreichen geometrischen und floralen Steinschnittdekor schneidet schräg in das starke Gemäuer ein. Der Gewölbebogen ruht auf einem massiven, hervortretenden Karnies, das

seinerseits von den beiden seitlich angeordneten Säulenpaaren gestützt wird. Die Farbzusammenstellung der Portale – Goldmuster auf blauem Grund – ist zwar sehr wirkungsvoll, steht jedoch nicht in Einklang mit der Gestaltung des übrigen Kircheninterieurs.

64 **Blick in den Innenraum der Verkündigungs-Kathedrale**

65 **Der Ikonostas der Kathedrale. Gesamtansicht**
66 **und Blick auf die Zarentür**
Der Ikonostas, der schon 1405 (für einen Vorgängerbau der heutigen Mariä-Verkündigungs-Kathedrale?) geschaffen wurde, ist eines der ältesten erhaltenen Beispiele eines mehrrangigen, sogenannten hohen Ikonostas. Die Entwicklung des Kompositionsschemas der russischen Ikonenwand umfaßte mehr als ein Jahrhundert; und erst an der Wende vom 14. zum 15. Jahrhundert entstanden derart komplexe und vielschichtige Anlagen.

Die wichtigste und älteste Ikonostasreihe ist der Deesis- oder Anbetungs- bzw. Fürbitterang. Am Ikonostas der Verkündigungs-Kathedrale stehen die meisten der in dieser Reihe vereinten Ikonen – »Der Erlöser als Allerhalter« und daneben »Die Gottesmutter«, »Johannes der Täufer«, »Basilius der Große«, »Der Erzengel Gabriel«, »Apostel Paulus« und »Johannes Chrysostomos (Slatoust)« – der Handschrift Theophanes' des Griechen sehr nahe, der die Malerei in der Blagowestschenski-Kathedrale leitete. Die »Gottesmutter« und »Johannes der Täufer« haben wie stets ihren Platz unmittelbar links und rechts neben dem Erlöserbild in der Mitte. Diese Figurengruppe aus drei Gestalten stand am Anfang der Entwicklung der Fürbitte-Reihe der russischen Ikonostase, danach traten die Darstellungen anderer Heiliger hinzu, wie bereits auf der Bilderwand der Verkündigungs-Kathedrale, und zwar in freier Anordnung zu beiden Seiten der Hauptgestalten. Die Wiedergabe der Gottesmutter in der Deesis-Komposition spiegelt in besonderem Maße den Kern ihres Wesens wider: In ihr sah man die Fürbitterin für den Menschen vor Gott. Sie ist in dieser Ikonenreihe stets im Gebetsgestus dargestellt, doch sie bittet nicht für sich, sondern für das Menschengeschlecht, das sie vertritt. Der Blick der Gottesmutter Theophanes' des Griechen, die wie seine anderen Anbetungsikonen in der Verkündigungs-Kathedrale wahrscheinlich im Jahr 1405 entstanden ist, scheint ganz nach innen gewandt zu sein. Sparsam gesetzte Lichter auf ihrem Gesicht verstärken den Ausdruck der Edelherzigkeit dieser Gestalt.

Als Theophanes der Grieche den Ikonostas der Moskauer Blagowestschenski-Kathedrale schuf, war er bereits ein reifer Künstler, der in zahlreichen russischen Städten große Erfahrungen gesammelt hatte. Schon in

133

den siebziger Jahren des 14. Jahrhunderts hatte er sich bei der Anfertigung der Fresken in der Erlöser-Kirche an der Iljin-Straße in Nowgorod als wahrer Meister erwiesen. Im Vergleich mit der Nowgoroder Malerei, die mehr zu äußerer Wirkung tendiert, zeichnen sich seine Ikonen in der Blagowestschenski-Kathedrale durch hohe Individualität und innere Spannung aus.

In der Deesis-Reihe gibt es zwei Darstellungen, die eine andere Handschrift aufweisen als die Tafeln Theophanes' des Griechen: »Apostel Petrus« und »Erzengel Michael«. Sie wurden von einem Künstler gemalt, der dem Kreis Andrej Rubljows sehr nahestand.

Der darüberliegende sogenannte Festtagsrang besteht aus Ikonen, die den bedeutendsten religiösen Feiertagen gewidmet sind. Die Wissenschaftler stellten bei dem Ikonostas der Verkündigungs-Kathedrale unter den links von der Mitte angeordneten Ikonen eine Gruppe fest, die von Andrej Rubljow stammen könnte, dem bedeutendsten Künstler des russischen Mittelalters: »Mariä Verkündigung«, »Christi Geburt«, »Darbringung im Tempel«, »Taufe Christi«, »Verklärung Christi«, »Auferweckung des Lazarus« und »Christi Einzug in Jerusalem«. Als Rubljow an diesen Ikonen arbeitete, war er noch nicht solch ein erfahrener Ikonenmaler wie sein älterer Gefährte Theophanes der Grieche, und sein Name ist im Zusammenhang mit den angeführten Arbeiten erstmals in der Chronik genannt. Dennoch hatte sich der Maler schon eigene künstlerische Prinzipien erarbeitet und Gestalten geschaffen, die frei sind von innerer Spannung und erfüllt von Poesie und Lyrik.

Die übrigen Ikonen – »Abendmahl«, »Kreuzigung«, »Christi Himmelfahrt«, »Christi Höllenfahrt (Auferstehung)« und andere – ähneln weder der Handschrift Theophanes' des Griechen noch der Andrej Rubljows. Ihnen ist eine dynamische Bewegtheit eigen, die durch die Formgebung erreicht wird und nicht durch das Kolorit, für das eine sparsame Verwendung von leuchtenden Tönen kennzeichnend ist. Es wird angenommen, daß der Vertreter dieser Richtung ein älterer Künstler war, der an den Traditionen festhielt: Prochor von Gorodez.

Die Tafeln mit den Propheten, die entsprechend der christlichen Dogmatik das Erscheinen der Gottesmutter und die Geburt Christi vorausgesagt haben, nehmen die nächsthöhere Reihe ein und gehören ins 16. Jahrhundert. In ihren künstlerischen Besonderheiten erinnern sie an die Pskower Malerei. Es liegt Anlaß dazu vor, sie Pskower Meistern zuzuschreiben; arbeitete doch Mitte des 16. Jahrhunderts in der Blagowestschenski-Kathedrale eine Gruppe von Pskowern daran, anstelle der 1547 verbrannten Ikonen neue zu schaffen. Doch das erste Auftreten des Prophetenrangs als Bestandteil des Ikonostas dieser Kathedrale geht schon in den Beginn des 15. Jahrhun-

derts zurück, d. h. in die Zeit Andrej Rubljows und Theophanes' des Griechen. Die Einführung dieser Komponente in den Ikonostas war eine Neuerung, die einige Zeit später in Rußland äußerst populär wurde.

Der oberste Rang mit der Darstellung der Erzväter, die – anders als beispielsweise in der Mariä-Himmelfahrts-Kathedrale – relativ klein gehalten und in die Kokoschniki-Form eingeschrieben sind, ist im 19. Jahrhundert gemalt worden und hat keinen großen künstlerischen Wert. Die kleinen sogenannten Monatsikonen unter der Deesis-Reihe sind im 18. Jahrhundert entstanden.

Weder mit der frühen noch mit den späteren Etappen der Schaffung des Ikonostas steht die Lokale Reihe in Zusammenhang, in der sich die Ortsikonen und die Hauptikone der Kathedrale befinden. Die Herkunft und Datierung der in dieser untersten Reihe angeordneten Tafeln ist unterschiedlich. Hier befinden sich prachtvolle alte Darstellungen und ziemlich späte, weniger ausdrucksvolle Ikonen. Sie sind fast alle aus verschiedenen Städten nach Moskau gebracht worden, vornehmlich im 16. Jahrhundert, zum Teil auch später. Doch es gibt auch einige Ikonen, die für die Blagowestschenski-Kathedrale angefertigt worden sind. Dazu gehört die »Vierteilige Ikone«, die bald nach der Feuersbrunst von 1547 von Pskower Meistern gemalt worden ist. Erstmals in der russischen Ikonographie sind hier vier unterschiedliche Sujets auf einer Tafel vereint.

Diese ungewöhnlich komplizierte Komposition, die selbst für die gebildeten Zeitgenossen durch ihre symbolgeladene Sprache schwer verständlich war, gehört zu jenen Tafeln, die Mitte des 16. Jahrhunderts wegen ihres Abgehens von den Regeln einen Sturm der Entrüstung hervorriefen und deretwegen sich der Leiter des Gesandtschafts-Prikas, Iwan Wiskowato, an den Zaren wandte. Zwar kam es damals zur Formulierung neuer Vorschriften für die Ikonenmalerei, doch wurde die »Vierteilige« in den Bestand der Blagowestschenski-Kathedrale aufgenommen. Sie hängt noch heute unmittelbar rechts neben der Lokalen Reihe des Ikonostas. In den Ikonostas selbst fand sie also keinen Eingang.

Von den weiteren wichtigen Ikonen sei noch »Der Erlöser auf dem Thron« hervorgehoben, der rechts von der Zarentür, dem Durchgang zum Altarraum, angeordnet ist. Sie zählt zu den seltenen Tafeln, auf denen unten das Entstehungsdatum sowie der Name des Künstlers und des Auftraggebers festgehalten sind. Der Schöpfer der Ikone war der Meister Michael, und er hat sie 1337 für den Großfürsten Iwan Kalita gemalt.

Zu den besonders verehrten Ikonen gehören die sogenannten Kirchenikonen, d. h. die Darstellungen, die sich auf den Namen der Kirche beziehen, in der sie sich befinden. Diese Hauptikone ist stets als zweite Tafel rechts neben der Zarentür angeordnet. In der Verkündigungs-Kathedrale nimmt eine Ikone aus dem 16. Jahrhundert diesen Platz ein (neben dem »Erlöser auf dem Thron«), und zwar »Die Verkündigung von Ustjug«.

Das heutige Ikonostasgestell aus vergoldeter ziselierter Bronze entstand in den Jahren 1894/95 nach einem Entwurf des Kunsthistorikers Nikolai Sultanow.

67 Apostel Paulus. Moskau, Theophanes der Grieche, 1405 (?). Holz, Tempera. 210×117 cm
Eines der gehaltvollsten Werke im Schaffen Theophanes' des Griechen ist diese Darstellung des Apostels Paulus. Zunächst fasziniert das flammende Rot des Gewandes den Betrachter – doch die Farbgebung ergänzt nur die außerordentlich reiche Skala der Gefühle, die sich im Gesicht des Apostels widerspiegeln. Paulus ist die gesammelte Konzentration eines Philosophen eigen. Sein Geist ist überragend. Vielleicht wollte der Künstler gerade diesen Gedanken zum Ausdruck bringen, indem er auf den roten Grund des Gewandes das noch kräftigere Rot des Evangeliars setzte.

68 Johannes Chrysostomos, Moskau, Theophanes der Grieche, 1405 (?). Holz, Tempera. 210×109 cm
Auch diese Deesis-Ikone mit der monumentalen Gestalt des Johannes Chrysostomos, der als Schriftgelehrter, Philosoph und Prediger charakterisiert ist, zeichnet sich durch starke psychologische Ausdruckskraft aus. Die Gesichtszüge zeigen den inneren Kampf zwischen verzehrender Leidenschaft, Fanatismus und klarem Verstand.

69 Die Verklärung Christ. Moskau, Andrej Rubljow (?), 1405 (?). Holz, Tempera. 80,5×61 cm
Das Sujet, das dieser Ikone zugrunde liegt, berichtet vom Erscheinen Christi vor den Jüngern in strahlendem Licht auf dem Berg Tabor. Rubljow behandelte dieses Thema anders als die Mehrzahl seiner Zeitgenossen. Ihm ging es nicht darum, die Jünger, die Christus im Licht des Berges sehen, bei diesem Anblick wie in Erstarrung darzustellen. Seine »Verklärung« zeichnet sich durch eine feine Durchzeichnung aus, durch eine erlesene, ins Detail gehende Farbskala und gleichsam durch die morgendliche Frische des gerade erwachenden Tages. Die rote Farbe in der Darstellung erschlägt die anderen Farben nicht, sondern hebt sie eher hervor. Das Können Andrej Rubljows läßt das Weiß des Gewandes Christi heller aufleuchten als die kräftigsten Farben und Töne auf der Tafel. Das blendend weiße Licht erleuchtet den ganzen Berg, bedeckt seine Felsen mit einem silbrigen Hauch. Die Jünger sind durch das Erscheinen Christi im Taborlicht zu Boden geworfen worden, doch ihre Erschütterung schlägt nicht in Angst und Zittern um.

70 Die Geburt Christi. Moskau, Andrej Rubljow (?), 1405 (?). Holz, Tempera. 80,5×61,5 cm
Wie die »Verklärung« gehört auch die »Geburt Christi« zu den Festrang-Ikonen, die Andrej Rubljow zugeschrieben werden. Die fließenden Umrisse der liegenden Maria und die geneigten Engelsgestalten sowie die geschlossene, zum Kreis tendierende Komposition der Szene mit den beiden Hebammen, die das Kind baden, sind, wie auch andere Teile der Ikone, typisch für den Stil Rubljows.

71 »Christi Höllenfahrt«. Moskau, Prochor aus Gorodez (?), 1405 (?). Holz, Tempera. 81×61 cm
Die altrussische Kunst ist nicht reich an Namen. Die Ursache dafür liegt nicht etwa in einem begrenzten Kreis von Künstlern, sondern im Charakter der mittelalterlichen russischen Malerei. Ikonen und Fresken sind fast nie signiert. Chroniken und andere Quellen widmeten dem Entstehen von Wandmalereien oder neuen Ikonen an sich zwar größte Aufmerksamkeit, vergaßen aber meist eine eingehende Information über die Ausführenden. Die schöpferische Suche des Ikonenmalers beschränkte sich auf den Kanon der Darstellung dieses oder jenes Sujets, und so fanden die künstlerischen Leistungen nur bei einem sehr begrenzten Kreis von Liebhabern der Malerei Würdigung. All diese Umstände ließen die russische Ikonenmalerei zu einer vornehmlich anonymen Kunst werden.

Die einzige Erwähnung des Künstlers Prochor aus Gorodez fällt bereits in jene Zeit, in der sein Name mit dem Zusatz »der Alte« versehen wurde, wie das bei Menschen höheren Alters in der Rus üblich war. Prochor blieb jedoch auch völlig den alten künstlerischen Traditionen verhaftet. In der Ikone »Christi Höllenfahrt« hat er eine Komposition geschaffen, die von großer Klarheit erfüllt ist, von fast physischer Wahrnehmbarkeit des nahezu homogenen Bewegungsrhythmus der Personen. Die farbliche Lösung wirkt relativ monochrom und doch farbkräftig. Prochor aus Gorodez gehört zu jenen Künstlern, deren Erbe noch nicht genügend hervorgetreten ist; deshalb sind seine schöpferischen Methoden wenig erforscht.

72 Die Verkündigung von Ustjug. Hauptikone der Verkündigungs-Kathedrale. Moskau, 16. Jh. Holz, Tempera. 153,5×129 cm
Bei einem Feldzug der Moskauer nach Nowgorod im Jahre 1561 wurde neben anderen Lokalheiligtümern die Nowgoroder Ikone »Die Verkündigung von Ustjug« nach Moskau in die Mariä-Himmelfahrts-Kathedrale gebracht. Sie war aus dem Jurjew-Kloster in Nowgorod entnommen worden, wohin sie wahrscheinlich, wie ihr Name besagt, aus der noch nördlicher gelegenen Stadt Ustjug gekommen war.

Die Ikone erfreute sich großer Beliebtheit in Moskau, wo bald nach ihrem Eintreffen Kopien angefertigt wurden. Eine dieser Kopien befindet sich heute in der Erzengel-Kathedrale, die andere erhielt den Ehrenplatz als Kirchenikone im Ikonostas der Verkündigungs-Kathedrale. Das Original aus dem 12. Jahrhundert gehört inzwischen zum Bestand der Tretjakow-Galerie.

Abgesehen von geringfügigen Abweichungen im Detail gibt die Ikone der Blagowestschenski-Kathedrale sehr genau das Nowgoroder Vorbild wieder. Die Gottesmutter ist stehend dargestellt. Direkt auf ihrer Brust befindet sich eine Wiedergabe des Christusknaben, so als lebe er schon in ihr. In einer Hand hält sie die Spindel, mit der sie gerade beschäftigt war, als ihr der Erzengel Gabriel erschien, der ihr die bevorstehende Geburt Christi verkündet. Die andere Hand ist zur Brust emporgehoben und deutet die seelische Erregung der Gottesmutter an.

Die Gestalten der Maria und des Erzengels machen in ihrer Monumentalität und Statik das Bedeutsame des Augenblicks deutlich. Die Farbgebung steht ebenfalls der des Nowgoroder Originals nahe, doch die Töne des neuen Werkes sind klangvoller; es treten außerdem eine Menge zusätzlicher kleiner dekorativer Details auf und mehr Gold und Licht. Die Sujets am Rand hat der Künstler zeitgemäßen Darstellungen entsprechend hinzugefügt – auf der alten Nowgoroder Tafel gibt es diese Randfelder noch nicht.

60 Gesamtansicht der Mariä-Verkündigungs-Kathedrale. 1489

63 Portal
in der
Verkündigungs-
Kathedrale

64 Blick in
den Innenraum
der Verkündigungs-
Kathedrale mit
Jaspisfußboden

140

144

73 Wandmalerei am Nordpfeiler der Verkündigungs-Kathedrale. Die Moskauer Großfürsten Dmitri Donskoi und sein Sohn Wassili I.

74 Wandmalerei am Südpfeiler. Die Kiewer Großfürsten Jaroslaw und Wladimir Monomach

75 Wandmalerei
an der Südwand.
Apostel Petrus
wird aus dem Kerker
geführt

76 Malerei
an der Ostwand.
Detail der Komposition
»Die Verkündigung«:
Erzengel Gabriel
(im Prozeß der
Restaurierung)

77 Wandmalerei im
Gewölbe der
Südwestecke
der Verkündigungs-
Kathedrale
unter der Empore.
Komposition
»Der Reiter
Treu und Wahr
auf weißem Pferd«.
Szene aus der
Apokalypse

DAS Anfertigen der Freskomalereien in der Blagowestschenski-Kathedrale des Moskauer Kreml spiegelt sich als ein Ereignis von großer Bedeutung in der offiziellen Chronik des Staates und später auch in anderen Handschriften wider. Unter dem Jahr 1508 hielt der Chronist folgendes fest: »In jenem Frühjahr gebot der Großfürst ganz Rußlands Wassili Iwanowitsch, die Kirche der Verkündigung der hl. Gottesmutter in seinem Palast auszumalen, und der Meister ist Feodossi, der Sohn Dionissis, mit Brüdern.« Eine andere Chronik enthält eine wichtige Ergänzung: ».. . befahl er, ... in Gold auszumalen«.

Die Fresken der Blagowestschenski-Kathedrale haben im Verlauf ihrer langen Geschichte zahllose Feuersbrünste und Erneuerungen über sich ergehen lassen müssen, wobei sich der ursprüngliche Charakter der Wandmalerei verändert hat. Die Kathedrale wurde nach dem Feuer von 1547, Ende des 17. Jahrhunderts, 1771 und dreimal im 19. Jahrhundert neu ausgemalt. Die Spuren der Malerei von 1508 hatten sich verloren, und Wissenschaftler der ersten Hälfte des 20. Jahrhunderts hielten sie für unwiederbringlich. Restaurierungsarbeiten, die Ende der vierziger Jahre unseres Jahrhunderts begannen und in den letzten Jahren fortgesetzt wurden, trugen glücklicherweise zur Widerlegung dieser Ansicht bei. Natürlich haben sich längst nicht alle Teile der Wandmalerei gleich gut erhalten, doch das, was freigelegt wurde, genügt, um sich im großen und ganzen ein Urteil über die Absichten der Künstler, über die Eigentümlichkeiten ihrer künstlerischen Handschrift und über die zweifellos hohe Qualität der alten Fresken zu bilden.

Charakteristisch für diese Fresken sind eine freie, rhythmische Anordnung der Komposition, der einzelnen Figuren und des Dekors sowie erlesene helle Farben, die in einer Vielfalt von harmonisch zusammengestellten Tönen schimmern.

Das System der Wandmalerei in der Blagowestschenski-Kathedrale folgt in vielem dem im 12. bis 15. Jahrhundert herausgebildeten traditionellen Schema bei der Anordnung der Sujets. Zugleich trat hier aber etwas Neues in Erscheinung, das durch die aktuellen Aufgaben der Ideologie und Politik diktiert war. Es äußert sich in der Auswahl der Gestalten, den Kompositionen, ihrer Anlage und ihrer Behandlung. Die Fresken sind in vier Darstellungszonen angelegt. Außerdem gibt es noch einen ornamentalen Gürtel, der die Bezeichnung »Handtuch« trägt und den untersten Wandteil füllt.

Die allgemeinen Prinzipien der Sujetanordnung stehen nicht im Widerspruch zu den Traditionen. In der Hauptkuppel ist »Der Erlöser als Allerhalter« dargestellt, an den Gewölben sind die Evangelisten und Szenen aus dem Leben Christi wiedergegeben. Die Komposition des Jüngsten Gerichts befindet sich an der Westwand und nimmt außerdem noch einen Teil der angrenzenden Süd- bzw. Nordwand ein.

Eine Besonderheit der Wandmalerei in der Verkündigungs-Kathedrale ist die Fülle von Szenen aus der Apokalypse, einer mystisch-religiösen Darstellung, die vom Schicksal der Menschheit erzählt, vom Kampf des Guten gegen das Böse, von der Heimzahlung der Sünden, die nach dem Jüngsten Gericht anbricht, vom Ende der Welt und letztendlich dem Triumph der Gerechtigkeit.

Die sorgfältige Ausarbeitung des Themas der Apokalypse deutet auf die intensivere Beschäftigung mit der Frage des Weltenendes hin, die sich Ende des 15. Jahrhunderts im Zusammenhang mit der verbreiteten Ansicht einstellte, daß 7000 Jahre nach der Erschaffung der Welt (d. h. nach altrussischem Kalender im Jahre 1492) die Welt untergehen werde. Die Gedanken über das Schicksal des Weltengebäudes spiegelten sich auch in diesen emotional betonten Sujets wider.

Nicht geringe Aufmerksamkeit ist in den Wandmalereien der Blagowestschenski-Kathedrale den Schutzheiligen der Städte Nowgorod, Pskow, Twer, Jaroslawl, Rostow, Tschernigow und anderer Zentren der russischen Lande gewidmet. Die Künstler bemühten sich mit den ihnen zugänglichen Mitteln, den staatlichen Charakter des von ihnen ausgemalten Gebäudes zum Ausdruck zu bringen. Sie schufen eine Art eigenes Modell des Weltengebäudes, in dem den russischen Heiligen eine nicht geringe Rolle zugewiesen ist; durch ihre Anwesenheit verkörpern sie die Idee der Vereinigung der einzelnen Lande zu einem einheitlichen russischen Staat.

Der Propagierung der Ansicht, daß Moskau eine von Gott auserwählte Stadt sei, und der Bestimmung ihres Platzes in der Struktur des Staatsaufbaus ist die bildliche Wiedergabe byzantinischer Kaiser und russischer Fürsten gewidmet. Die Moskauer Großfürsten sind als legitime Erbfolger der einzig wahren, in den Vorstellungen der Menschen jener Zeit gotterwählten Macht dargestellt, die von den byzantinischen Kaisern über die Kiewer und Wladimirer Fürsten schließlich auf die Moskauer Fürsten übertragen wurde.

Die Verherrlichung der russischen und insbesondere der Moskauer Fürsten in der Blagowestschenski-Kathedrale ist sehr begründet, mußten doch hier, in ihrer Hauskirche, die Nachfolger der in der Malerei festgehaltenen Herrscner Jahr für Jahr etliche Male am Tag dem Gottesdienst beiwohnen.

Als Denkmal von hohem politischen Rang spiegeln die Fresken der Kathedrale wichtige Probleme wider, die die russische Gesellschaft Ende des 15. und Anfang des 16. Jahrhunderts bewegten. Die relativ gut erhaltene Wandmalerei stellt ein hervorragendes Beispiel der Kultur und Kunst des alten Rußland dar.

DIE ERZENGEL- (ARCHANGELSKI-) KATHEDRALE

Es läßt sich nicht genau sagen, wann an der Stelle, an der heute die Erzengel-Kathedrale als ein hervorragendes Architektur-Denkmal aus dem Anfang des 16.Jahrhunderts steht, das erste Bauwerk errichtet worden ist – auf alle Fälle lange vor der ersten Erwähnung Moskaus in der Chronik. Wie archäologische Grabungen in den Jahren 1966–69 ergaben, wurde dieses Terrain in vorfeudaler Zeit von einer Siedlung eingenommen, und danach lösten einander hier drei Sakralbauten ab. Die archäologischen Angaben und die architektonischen Besonderheiten der erhaltenen Baureste der ersten dieser Kirchen erlauben es, ihre Entstehungszeit im 12. bis 13.Jahrhundert anzusetzen. Da es keine schriftlichen Quellen aus dieser Zeit gibt, sind eine Reihe interessanter Meinungen unter den Wissenschaftlern aufgetreten, die das Bauwerk mit verschiedenen Epochen und historischen Persönlichkeiten in Verbindung bringen.

Der Initiator des Sakralbaus war zweifellos ein Fürst, ist doch die Kathedrale dem Erzengel Michael, dem Anführer der himmlischen Heerscharen und Schutzpatron der russischen Fürsten, geweiht. Es war sogar möglich, dem Namen des Begründers auf die Spur zu kommen. Nach eingebürgertem russischen Brauch wurden die Kultbauten meist ihren jeweiligen Namensheiligen geweiht; folglich trug in diesem Fall der Fürst den Namen Michail. Im 12. und 13.Jahrhundert gab es nur zwei Fürsten dieses Namens, die mit Moskau in Verbindung zu bringen sind: Michail Chorobrit, den die Chronik unter dem Jahr 1247 als Anführer des Moskauer Heeres erwähnt, sowie ein Sohn Juri Dolgorukis. Konkrete Argumente weisen auf letzteren hin: Auf einem Pfeiler der heutigen Kathedrale ist Michail Jurjewitsch wiedergegeben und neben ihm eine Papierrolle mit Hinweisen auf die Entstehungsgeschichte der Erzengel-Kathedrale. Somit wurde wohl der Sohn Juri Dolgorukis in dieser Freskomalerei des 17.Jahrhunderts als Begründer des Sakralbaus dargestellt, und es ist nicht ausgeschlossen, daß den damaligen Moskauern genaue Angaben über dieses Geschehen vorlagen.

Archäologische Untersuchungen wie auch Aussagen über die Erzengel-Kathedrale in der Chronik weisen darauf hin, daß in der Regierungszeit Iwan Kalitas eine Nekropole entstanden ist. Schon vorher wurde die Kathedrale als Fürstengruft genutzt. Der Chronik zufolge hat man auch den älteren Bruder Iwan Kalitas, Juri Danilowitsch, der im Hauptquartier des Khans getötet worden war, in der Kathedrale bestattet.

Die neue, 1333 errichtete Kirche war das letzte während dieser Periode im Zentrum des Kreml-Ensembles entstandene Gebäude aus weißem Kalkstein. Es ist sehr wenig darüber bekannt, jedoch nicht ausgeschlossen, daß diese Erzengel-Kathedrale in der ersten Hälfte des 14.Jahrhunderts der geräumigste Sakralbau in Moskau war. Immerhin war es die einzige Kirche, deren Wandmalerei, geschaffen von den Künstlern Sachari, Iosif und Nikolai mit Gefährten, wegen der großen Flächen nicht in einer Saison fertiggestellt wurde, sondern zwei Jahre in Anspruch nahm – 1344 und 1345. In den folgenden Jahren hat man diese Fresken wieder übermalt, wodurch sie verlorengingen. Später, 1399, stattete Theophanes der Grieche diesen Vorgängerbau der heutigen Erzengel-Kathedrale mit Fresken aus. Die leuchtende, expressive Ausdrucksweise des Malers, seine freie Handhabung der ikonographischen Vorschriften, die tiefe philosophische Durchdringung der Gestalten – all das zog die Aufmerksamkeit der Zeitgenossen auf sich und rief ihre Begeisterung und Achtung hervor. Etwas völlig Ungewohntes im Interieur eines russischen mittelalterlichen Sakralgebäudes bildete eine Ansicht des Kreml, die Theophanes an eine der Wände dieser frühen Kathedrale gemalt hatte. Nicht minder neuartig für die russische bildende Kunst war die räumliche Durcharbeitung dieser Komposition – schufen die russischen Künstler doch bis ins 17.Jahrhundert rein flächige Darstellungen, um den Gestalten Körperlosigkeit und größtmögliche Leichtigkeit und den Architekturhintergründen etwas Luftiges zu geben. Als die Kirche Anfang des 16.Jahrhunderts abgerissen wurde, gingen diese interessanten Fresken verloren – ebenso wie die bis heute nicht wieder aufgetauchten Ikonen, die von den oben genannten drei Malern geschaffen worden waren. Nur durch die Chronik wissen wir einiges darüber.

Und wie sah das Äußere der Erzengel-Kathedrale aus dem Jahr 1333 aus? Auch darüber ist einiges in den Annalen zu erfahren, die unter anderem im Jahr 1450 durch die Mitteilung bereichert wurden, daß der Sturm das Kreuz auf der Kuppel dieser Kathedrale zerbrochen habe. Also besaß sie nur eine Kuppel. Hätte sie mehrere Kuppeln gehabt, so wäre in der Chronik doch sicher erwähnt worden, daß die anderen Kreuze intakt geblieben sind. Mit einer Kuppel ist die Erzengel-Kathedrale auch auf den Buchminiaturen der »Erzählung über die Schlacht gegen Mamai« wiedergegeben, die in die zweite Hälfte des 14.Jahrhunderts zurückführt. Bekannt ist ferner, daß am 8.September 1482 an das Hauptgebäude der Kathedrale zwei Nebenkirchen angebaut wurden.

Anfang des 16.Jahrhunderts war die vor reichlich 170 Jahren errichtete Kathedrale baufällig geworden und zudem auch mit den Sarkophagen der hier beigesetzten Moskauer Groß- und Teilfürsten angefüllt, so daß sie den an sie gestellten Anforderungen nicht mehr genügen konnte.

1505 begann der aus Venedig geholte Architekt Alevisio Novo mit dem Bau der neuen Gruftkirche des Fürstenhauses. Er stand dabei vor der Notwendigkeit, entsprechend den Wünschen der Auftraggeber mit Hilfe neuester technischer und künstlerischer Mittel ein sakrales Pantheon des russischen Staates zu schaffen, das kanonisch in seiner Form war und in der räumlichen Lösung den altrussischen Traditionen entsprach. Wie die russischen Künstler war auch der italienische Baumeister mit der byzantinischen Architektur verbunden. Er erfüllte die vor ihm stehende Aufgabe zur vollen Zufriedenheit der Auftraggeber.

Die 1508 fertiggestellte Kathedrale setzt sich in ihrer Form von den typisch russischen Kirchen kaum ab, jedoch unterscheidet sie sich von diesen durch ihre architektonisch-dekorativen, aus der toskanischen Palastarchitektur entlehnten Details. Eine Reihe der von Alevisio Novo verwendeten Dekordetails wurde in der zweiten Hälfte des 16.Jahrhunderts und besonders im 17.Jahrhundert ungemein beliebt und auf Hunderte von Bauten verschiedener Städte und Dörfer Rußlands übertragen.

Die klare, leicht in die östliche Gebäudehälfte verschobene Fünfkuppel-Bekrönung der sich von West nach Ost erstreckenden Kathedrale mit deutlich hervorgehobener Mittelkuppel, die besonders massiven quadratischen Pfeiler, die die Gewölbe tragen – all das war nicht neu für die russische Baukunst. Völlig unbekannt in der Architektur der Rus waren hingegen der horizontale Karnies, der den Platz des dekorativen Gürtels einnahm, die »gebro-

chene« Profilierung der Wände, die reich ornamentierten Steinschnitt-Portale anstelle der abgetreppten sogenannten perspektivischen Portale, die »Muscheln« aus weißem Kalkstein unter den Rundgiebeln und die Skulpturfialen, die sie seinerzeit krönten. Obwohl der Anblick der Kathedrale manches Ungewöhnliche bot, wurde sie von den Zeitgenossen mit Begeisterung aufgenommen und Alevisio Novo als einer der befähigtesten Architekten unter seinen Zeitgenossen anerkannt.

Der Memorialcharakter des Bauwerks und sein Bezug auf den Erzengel Michael bestimmten die Besonderheiten der Wandmalerei in der neuen Kathedrale. Ihr bedeutendster Teil ist die Darstellung der Groß- und Teilfürsten aus dem 14.,15. und 16.Jahrhundert, die hier bestattet sind. Ihren Namenspatronen zugewandt, deren Halbfigurenbilder etwas über ihnen in Medaillons wiedergegeben sind, vereinen sie sich zu einer ganzen Galerie von »Porträts« des Moskauer Fürstenhauses von Iwan Kalita bis zu Iwan Grosnys jüngerem Bruder Juri.

Die oberen vier »Streifen« an der südlichen und nördlichen Wand zeigen Sujets, die vor allem den Wundertaten des Erzengels Michael gewidmet sind. An der Westwand nimmt die traditionelle Komposition »Das Jüngste Gericht« einen großen Teil der Fläche ein, ferner »Die Erschaffung des Menschen«, »Adam und Eva im Paradies«, »Die Vertreibung aus dem Paradies« und andere. Die Gewölbe sind Szenen aus dem Alten und vor allem dem Neuen Testament vorbehalten.

Ein eigentümliches Verbindungsglied zwischen der »Fürstengalerie« und den biblischen Gestalten bilden die heiligen Krieger, die als auserwählte »heilige« Fürsten auf allen Pfeilerebenen abgebildet sind. Darunter ist eine Gruppe Kiewer Fürsten zu sehen, beginnend mit Wladimir Swjatoslawitsch, der 988 in der Rus getauft worden ist, die Wladimir-Susdaler Herrscher Andrej Bogoljubski und Alexander Newski – die Begründer der Moskauer Fürstendynastie –, der Sohn Alexander Newskis, Daniil, und dessen Sohn Juri. Am nordwestlichen Pfeiler ist der Großfürst Dmitri Donskoi dargestellt.

Auf den ersten Blick ruft die Datierung der Fresken ins 17.Jahrhundert Befremden hervor, da der letzte der Fürsten, der in der Kathedrale wiedergegeben ist, 1563 verstarb. Inzwischen sind die Namen der Meister gesichert, die in den sechziger Jahren des 17.Jahrhunderts diese Malereien geschaffen haben: Simon Uschakow, Stepan Resanez, Fjodor Subow, Fjodor Koslow, Iwan Filatjew, Juri Nikitin – insgesamt 92 Ikonenmaler. Doch es war nicht die ursprüngliche Ausstattung des Gebäudes von Alevisio Novo. Die Forscher nehmen an, daß die Kathedrale zum erstenmal 1564/65 ausgemalt worden ist und daß eben diese Fresken von den genannten Künstlern des folgenden Jahrhunderts nach altem Vorbild erneuert worden sind. Von den ersten Fresken sind einige kleine Fragmente in mäßigem Erhaltungszustand am westlichen Gewölbe, auf einigen Pfeilern und in den Räumlichkeiten hinter dem Ikonostas auf uns gekommen, darunter in der Nebenkapelle Johannes' des Täufers. Diese Reste aus dem 16. Jahrhundert geben zusammen mit den späteren Fresken eine Vorstellung von dem ursprünglichen Gedankengut der Interieurmalerei.

Das Bildprogramm der Fresken der Erzengel-Kathedrale dokumentiert wiederum, daß die Macht der Moskauer Fürsten in alte Zeiten zurückreicht und sie sich als die direkten Erbnachfolger der Kiewer und Wladimirer Fürsten ansahen.

Das Traditionelle der russischen Wandmalerei fiel in der Erzengel-Kathedrale mit einem neuen, nur für die Gruft der Moskauer Fürsten charakteristischen Merkmal zusammen. In den Räumlichkeiten hinter dem Altar sind Sujets zu sehen, die die Symbolik der Liturgie und des Abendmahls illustrieren. Über dem Altar wurden Szenen aus dem Leben der Gottesmutter angeordnet, wozu vor allem das Sujet der Himmelfahrt Mariä gehört, das in der Rus besonders verbreitet war.

Auch der erste Ikonostas der Kathedrale hat sich nicht erhalten. Die Bilderwand, die heute das Innere des Sakralmuseums schmückt, wurde 1680/81 geschaffen. Doch neben den neuen Ikonen sind auch ältere in die Ikonostas-Ränge einbezogen, die entweder für die gerade fertiggestellte Kathedrale Alevisio Novos gemalt oder aber aus anderen, schon vorher bestehenden Kirchen hierher gebracht worden sein können.

Fast vier Jahrhunderte, vom Anfang des 14. bis ins Ende des 17. Jahrhunderts, war die Erzengel-Kathedrale ein Pantheon der Großfürsten und dann der Zaren. In den Räumlichkeiten der Kathedrale stehen auch heute noch 46 Sarkophage mit durchbrochener ornamentierter weißer Kalksteinverkleidung. In jedem sind zwei, manchmal auch drei Verstorbene beigesetzt. Hier unter den Gewölben der Erzengel-Kathedrale, der offiziellen staatlichen Nekropole, befinden sich die sterblichen Überreste jener Männer, mit deren Namen verschiedene Geschichtsperioden Rußlands verbunden sind, unter ihnen die Persönlichkeiten, die das Erstarken und Aufblühen des Moskauer Fürstentums sicherten – Iwan Kalita und Semjon Gordy –, und die für die nationale Befreiung der russischen Lande kämpften: Dmitri Donskoi, Wladimir Chrabry und Iwan III.

Etwas abgesondert, hinter dem Ikonostas in der Nebenkapelle, die Johannes dem Täufer, dem Schutzpatron Iwan Grosnys, geweiht ist, stehen drei Sarkophage: In ihnen ruhen Iwan Grosny und zwei seiner Söhne – Iwan und Fjodor. Diese Kapelle war von Iwan Grosny als seine persönliche Grabstätte ausersehen worden, doch nicht er

wurde als erster hier bestattet. Iwan IV., der kluge und gerissene Politiker, unter dem im wesentlichen die Herausbildung des Systems der staatlichen Verwaltung ihren Abschluß fand, war zugleich ein despotischer, jähzorniger Mensch. Bei einem seiner Zornesausbrüche versetzte er seinem ältesten Sohn Iwan mit einem Stock einen Schlag gegen die Schläfe. Wenige Tage danach starb der Zarewitsch. Kurz nach dem Tod Iwan Grosnys (1584) verstarben auch seine beiden anderen Nachfolger: der für eine Staatsfunktion völlig untaugliche Fjodor und der minderjährige Epileptiker Dmitri. Mit ihrem Tod brach die Dynastie der Moskauer Fürsten ab. Auch die ersten Vertreter der neuen russischen Zarendynastie, der Romanows, sind in der Erzengel-Kathedrale beigesetzt: Michail Fjodorowitsch (1645) und Alexej Michailowitsch (1676) sowie deren Kinder.

Mit der Verlegung der Hauptstadt des Staates von Moskau nach Petersburg zu Beginn des 18. Jahrhunderts hörte auch die Beisetzung der Mitglieder der Zarenfamilie in der Erzengel-Kathedrale auf. Seit dem Tode des Bruders Peters I., Iwan, wurden sie in der neuen Hauptstadt in der Peter-und-Pauls-Festung bestattet. Die letzte Beisetzung, die 1730 in der alten Fürstengruft erfolgte, gehört in die Kategorie der Zufälle: Als in jenem Jahr die Krönungszeremonie für Peter II. in Moskau vorbereitet wurde, erkrankte dieser plötzlich an Pocken und starb.

Die Fürsten wurden in Sarkophagen aus weißem Kalkstein unter dem Boden der Kathedrale beigesetzt und die Grabstatt durch eine ornamentierte Platte mit einer Aufschrift bedeckt. Die heute vorhandenen Sarkophage sind in der Hauptsache während der ersten Hälfte des 17. Jahrhunderts ausgeführt worden, und 1913 erhielten sie aus Anlaß des 300jährigen Bestehens des Hauses Romanow Glasgehäuse mit bronzener Bedeckung.

Im Verlauf ihrer fast 500jährigen Geschichte entging auch die Erzengel-Kathedrale dem Schicksal vieler alter Bauten nicht. Wiederholt wandelte sich das Aussehen des Architekturdenkmals: Details wurden ergänzt, andere gingen verloren, die Innenausstattung und ihre Bedeutung veränderten sich. So wurden schon im 16. Jahrhundert an die nördliche, südliche und westliche Fassade eine Galerie angebaut und an der Ostseite zwei Kapellen – die des hl. Uar (Pokrow) und die Johannes' des Täufers. Im 18. Jahrhundert trug man einen wesentlichen Teil der Galerie ab, und nur im Süden haben sich noch Reste erhalten. In der zweiten Hälfte desselben Jahrhunderts gingen die hohen Skulpturfialen verloren, die wie eine Zarenkrone das Dach geschmückt hatten. Die Bedachung der Kathedrale wurde erhöht. Die Mitteltrommel erhielt anstelle der helmförmigen eine Zwiebelkuppel. In dieser Zeit wurde es notwendig, auch die Konstruktion der Kathedrale zu verstärken. Deshalb wurden an der Südostecke mächtige Strebepfeiler aus Stein angebaut und im 19. Jahrhundert an der Südwand eine kleine Räumlichkeit für Wirtschaftszwecke angeschlossen.

In den zwanziger Jahren unseres Jahrhunderts setzten systematische Restaurierungsarbeiten in der Kathedrale ein, denen sorgfältige Untersuchungen vorausgingen, um die Erhaltung des Denkmals zu sichern und bestmögliche Lösungen für Wiederherstellungsarbeiten zu finden. 1953–55 wurden die Wandmalereien von den Übermalungen des 19. Jahrhunderts befreit und restauriert. 1963 konnten bei weiteren Arbeiten in Anwesenheit einer speziell geschaffenen wissenschaftlichen Kommision die Gräber Iwan Grosnys und seiner Söhne geöffnet werden. Nach den Schädeln der Zaren Iwan IV. und Fjodor schuf der sowjetische Anthropologe M. M. Gerassimow Porträtplastiken, und nach den erhaltenen Resten rekonstruierten die Restauratoren die Hemden, in denen die Söhne Iwan Grosnys beigesetzt waren – er selbst war in Mönchskleidung bestattet. Einer Untersuchung wurden auch die Ritualgefäße unterzogen, die an den Kopfenden der Särge standen. Danach wurden die Sarkophage wieder verschlossen und an ihren Platz zurückgestellt.

Komplexe Untersuchungen und Restaurierungen des bedeutenden Denkmals der Geschichte und Kultur des mittelalterlichen Rußland werden auch gegenwärtig durchgeführt. Durch schrittweise Realisierung des 1974 angenommenen Restaurierungsprojektes, die der Erzengel-Kathedrale ihr ursprüngliches Aussehen zurückgibt, wird es möglich sein, mehr über ihre einzigartige Freskomalerei und den noch lange nicht vollständig erforschten Ikonostas zu erfahren.

79 **Gesamtansicht der Erzengel-Kathedrale**
   von Nordosten

80 **Die Muschelnischen der Erzengel-Kathedrale**

81 **Eingang im südlichen Teil der Westfassade**

82 **Teil des Ikonostas der Erzengel-Kathedrale**

83 **Blick auf die Zarentür des Ikonostas**

Lange Zeit wurde angenommen, daß das Ikonostas-Gerüst im 19. Jahrhundert entstanden sei; doch jüngste Forschungergebnisse widerlegten diese Ansicht. Die vergoldete Gerüstkonstruktion stellt eine Verbindung von glatten, schmucklosen Elementen und reich mit Schmuckwerk dekorierten Säulchen dar. Archivangaben und eine spezielle Analyse erlauben es, das ganze Gestell ins 17. Jahrhundert zu datieren. Eine Ausnahme bildet nur die sogenannte Zarentür, die zwar stilistisch den Schnitz-

details des 17. Jahrhunderts sehr nahesteht, jedoch erst im nachfolgenden Jahrhundert ausgeführt worden ist.

Der Ikonenbestand des ersten Ikonostas der Kathedrale aus dem Jahr 1508 ist der Chronik zufolge der Moskauer Feuersbrunst von 1547 zum Opfer gefallen. Ob die Bilderwand vollständig verbrannte oder ob sich ein Teil der Ikonen aus jenem ersten Ikonostas erhalten hat, ist nicht bekannt.

Mitte des 16. Jahrhunderts befahl Zar Iwan Grosny, einen neuen Ikonostas zu schaffen. Dieser hatte drei Reihen – den Lokalen Rang mit den sogenannten Ortsikonen, den Festtags- und den Deesisrang – und reichte etwa bis zur halben Höhe der Kathedrale. Das gab die Möglichkeit, vom Kirchenschiff aus die Wandmalerei an den Gewölben des Abschnitts hinter dem Altar zu betrachten. Wahrscheinlich stammt vom Ikonostas jener Zeit auch die Tafel »Die Verkündigung von Ustjug« aus dem 16. Jahrhundert, eine der beiden Kopien der zur Zeit Iwan Grosnys in die Uspenski-Kathedrale gebrachten berühmten Ikone aus dem 12. Jahrhundert.

Der heutige Ikonostas hat noch einen vierten Ikonenrang, die Prophetenreihe. Die ältesten Ikonen – aus dem 15. bis 17. Jahrhundert – befinden sich im unteren, dem Lokalen Rang. Die übrigen Ikonen sind 1680/81 entstanden, doch höchstwahrscheinlich verdeckt diese Malerei aus dem 17. Jahrhundert auf einigen Tafeln ältere Malschichten. Das trifft in erster Linie auf den Deesis- und Prophetenrang zu. Die Hypothese über die weiter zurückreichende Herkunft einiger Ikonen legen vor allem die Art der Befestigung der Tafeln im Ikonostas und die Holzart nahe: Lindenholztafeln wurden im 17. Jahrhundert bereits nicht mehr für Ikonen verwendet.

Der Charakter der Malerei in den oberen drei Ikonenrängen entspricht den für jene Zeit typischen Merkmalen: gründliche Durcharbeitung der Figuren durch dichte Helldunkelmalerei und der Hang zum Naturalismus. Die Propheten- und die Deesisreihe hat der Künstler Dorofej Solotarjow gemalt, und am Festtagsrang hat eine Gruppe von Malern unter Leitung von Fjodor Subow gearbeitet.

84 **Hauptikone der Erzengel-Kathedrale: Der Erzengel**
   Michael. Mittelfeld

85 **Gesamtansicht der Ikone**

86 **Randfeld: Jakob ringt mit dem Engel.**
   Moskau, Anfang 15. Jh. Holz, Tempera. 182,2×135,5 cm
   Diese Ikone ist eines der bedeutendsten Werke aus der Zeit der Schlacht auf dem Kulikowo-Feld. In jener Periode wurde die Darstellung des Anführers der himmlischen Heerschar besonders beliebt. Der grandiose Sieg der russischen Truppen über die Goldene Horde im Jahre 1380 wurde weniger als Verdienst der Krieger selbst hingestellt, sondern vielmehr als der ihrer heiligen Schutz-

patrone, unter denen der Erzengel Michael der wichtigste war.

Der Erzengel dieses Ikonostas ist von ungewöhnlicher Kraft und Energie erfüllt. Die weit auseinandergestellten Beine, der elastische Körper, der hochangewinkelte rechte Ellenbogen, die konstrastvolle Farbverbindung des roten Umhangs mit den braunen, fast schwarzen Flügeln geben der Darstellung etwas zutiefst Natürliches und zugleich Expressives.

Leider ist der Erhaltungszustand zu schlecht, um alle künstlerischen Feinheiten zu verdeutlichen und die fast unkenntlich gewordenen Randfelder als Reproduktion wiederzugeben. Nichtsdestoweniger hinterläßt diese Ikone einen starken Eindruck. Es ist möglich, daß sie im Auftrag der Witwe Dmitri Donskois, Jewdokia, als Erinnerung an ihren Mann und die bedeutsame Schlacht von 1380 geschaffen worden ist.

87 Fjodor Stratilat. Moskau, Simon Uschakow, 1676. Holz, Tempera. 156×53,5 cm

Ikonen, die zu bestimmten historischen Ereignissen gemalt worden sind, werden als Memorialdenkmäler geschätzt und verehrt. Dazu gehört »Fjodor Stratilat«, eine Ikone von Simon Uschakow, dem bekanntesten russischen Künstler aus der zweiten Hälfte des 17.Jahrhunderts und konsequentesten Vertreter der »naturalistischen« Schule.

Diese Ikone entstand, als der ältere Bruder des Zaren Alexej Michailowitsch, Fjodor, an die Macht gelangte. Der heilige Krieger Fjodor Stratilat war sein Namens- und Schutzpatron. In der Regel wurden Ikonen dieser Art bei den besten Künstlern in Auftrag gegeben.

Fjodor Stratilat ist nicht nur als Krieger in prunkvoller Kleidung dargestellt; er hält nicht das Schwert in der Hand, sondern das Kreuz. Der Körper ist in Dreiviertelansicht wiedergegeben, Rücken und Knie sind ein wenig gebeugt, der Kopf ist erhoben, und die für die Zeit typischen langen Hände zeigen, daß der Heilige betet. Zar Fjodor Alexejewitsch scheint seinen Schutzpatron bei Gott Segen für sein Amt als Zar erbitten zu lassen.

Sehr ausdrucksvoll ist die Farbgebung. Das dunkelgrüne untere Feld der Ikone und der helle Fond darüber mit einer kaum wahrnehmbaren grünlichen Tönung scheinen eine Art Fenster in eine andere Welt darzustellen. Die gesamte Malfläche nimmt die herrliche Erscheinung Fjodor Stratilats ein, die ganz und gar in rote Gewänder von verschiedener Tönung gekleidet ist: einen blendend roten Umhang, der sich klar vom Vordergrund abhebt, die Rüstung mit der zarten, spinnwebartigen Vergoldung und die mit einem reichen Goldmuster verzierten Strümpfe. In ihrer »kostbaren« Gestaltung erinnert diese Kleidung an ein Zarengewand.

Nach dem Tode Fjodor Alexejewitschs 1682 erhielt die Ikone ihren Platz neben dessen Grabmal in der Erzengel-Kathedrale.

88 Wandmalerei im nordwestlichen Abschnitt der Kathedrale

Die oberen Zonen veranschaulichen die Wundertaten des Erzengels Michael. Bei der Malerei in der Erzengel-Kathedrale stand natürlich die Kriegsthematik im Vordergrund. Der Erzengel wurde ja als Führer der himmlischen Heerscharen verehrt. Sein Wirken als »Krieger« spielte bei seiner Wiedergabe stets die Hauptrolle, und auch die russischen Fürsten waren im Mittelalter in erster Linie Heerführer. Allerdings sind auf diesen Fresken aus dem Jahr 1666 keine historischen, d.h. nichtkanonischen Schlachtenszenen dargestellt, sondern die tatsächlichen Ereignisse werden in Verbindung mit der biblischen Geschichte dargeboten.

89 Wandmalerei am nordwestlichen Pfeiler der Erzengel-Kathedrale. Darstellung des Großfürsten Dmitri Donskoi

Seine irdische Widerspiegelung findet die Kriegsthematik in zahlreichen Darstellungen von Fürsten als Feldherrn, deren Namen mit Schlachten und bedeutenden Siegen in Zusammenhang stehen. Die am meisten verehrten fürstlichen Heerführer sind auf den vier Pfeilern der Erzengel-Kathedrale wiedergegeben.

90 Wandmalerei im unteren Freskengürtel der
91 Westwand mit der Darstellung des Fürsten Andrej Wassiljewitsch und der Südwand mit der Wiedergabe des Großfürsten Dmitri Donskoi

In der Erzengel-Kathedrale gibt es eine ganze Galerie von »Porträts« der Mitglieder des Moskauer Fürstenhauses von Iwan Kalita bis Iwan Grosny, der Groß-und Teilfürsten aus dem 14. bis 16.Jahrhundert, deren Gräber sich in der Kathedrale befinden.

92 Wandmalerei in der Kapelle Johannes' des Täufers. Serbischer Künstler (?) aus der zweiten Hälfte des 16.Jhs. Ausschnitt

Einen besonderen Charakter haben die Fresken in der Kapelle Johannes' des Täufers, der Gruft Iwan Grosnys. Hier wird anhand von biblischen Gestalten über die wichtigsten Etappen der Regierung und des Lebens Iwan Grosnys berichtet: über seinen Kampf gegen die aufrührerische Bojarenschaft, über die Erwartung des nahenden Todes . . .

Den Abschluß der Malerei bildet die Szene, in der Iwan, der verstorbene »Gerechte«, ins himmlische Heer aufgenommen wird.

93 Sarkophage im südöstlichen Teil
der Erzengel-Kathedrale

94 Steinziborium über dem Grab des
Zarewitsch Dmitri mit der Darstellung des
Großfürsten Andrej Bogoljubski. 1630

95 Detail des gegossenen Gitters vom Sarkophag
des Zarewitsch Dmitri

96 Teil der Deckplatte des Sarkophags, in dem
Zarewitsch Dmitri beigesetzt ist. Moskau, 1630

Die frühesten Beisetzungen in der Erzengel-Kathedrale
befinden sich an der Südwand. Hier ruhen Iwan Kalita,
Semjon Gordy, Iwan Krasny, Dmitri Donskoi, Wassili I.,
Wassili II. Tomny, Iwan III., Wassili III. und andere. An
der Westwand wurden die Gräber für die Kinder und Brüder der Großfürsten aufgestellt. Den Fürsten aus der Moskauer Dynastie, die in Ungnade gefallen waren, wurde
ein weniger bedeutender Wandabschnitt der Kathedrale
zugewiesen – die nordwestliche Ecke. Nachdem der gesamte südwestliche Teil des Innenraums mit Sarkophagen vollgestellt war, erfolgte die Beisetzung der Fürsten
direkt in der Mitte des Kirchensaals.

Im Mittelteil der Kathedrale fand als erster der Zarewitsch Dmitri, genannt Dmitri von Uglitsch, seine letzte
Ruhestätte. Der minderjährige Zarewitsch, der nach dem
Tod seine Vaters, Iwan Grosny, nach Uglitsch verbannt
worden war, um ihn als Thronfolger auszuschalten, wo er
1591 im Alter von noch nicht zehn Jahren ums Leben kam,
wurde zu einer Gestalt, die die heftigen Kollisionen des
politischen Kampfes jener Zeit versinnbildlicht.

Nach dem Tod seines älteren Bruders, des kinderlosen
Zaren Fjodor, brach das Geschlecht der Moskauer Fürsten ab. In dieser Zeit erinnerten sich die oppositionellen
Kräfte, die feindlich gegen den »unrechtmäßigen« Zaren
Boris Godunow eingestellt waren, des toten Zarewitsch
Dmitri. Antirussische Gruppierungen und politische
Abenteurer verwendeten seinen Namen, indem sie seine
wundersame Errettung vom Tode verkündeten und ihn
zum rechtmäßigen Thronfolger erklärten. Der von ihnen
als »Zar« vorgeschobene Günstling ist als »Falscher Dmitri (Demetrius)« in die Geschichte eingegangen.

Um dem Auftreten weiterer Usurpatoren entgegenzu-
wirken, befahl Zar Wassili Schuiski 1606, die sterblichen
Überreste des Knaben Dmitri aus Uglitsch in die Erzengel-Kathedrale zu überführen. Das Grab des Zarewitsch wurde an der markantesten Stelle des Kirchenge-
bäudes in dessen Mitte unweit vom Ikonostas aufgestellt.
Einige Zeit später, 1630, entstanden für den Sarkophag
ein Steinziborium und ein silberner, vergoldeter Reli-

quienschrein, der 1812 nach der Okkupation des Kreml
durch Napoleon verschwunden war. Erhalten hat sich
nur die Deckplatte dazu mit der kunstvollen Basreliefdarstellung des Verstorbenen.

97 Ritualbecher Iwan Grosnys. Glas. Venedig (?), 16.Jh.
Höhe 15,5 cm

Eine seltene Kostbarkeit ist dieses westeuropäische Glas-
gefäß, das 1963 bei der Öffnung des Steinsarkophags Iwan
Grosnys an dessen Kopfende gefunden wurde. In der russischen Glaskunst gibt es keinerlei Analogien zu dem
Becher; eine solche Form findet sich aber auch nicht unter den Metallgefäßen. Es wird angenommen, daß der
Gegenstand in Venedig gefertigt worden ist.

Der Becher aus dunkelblauem Glas hat die Form einer
Glocke über einem weitausgezogenen Fuß. Die schlichte
dreifarbige Bemalung der Noppen in Rot, Gelb und Hellgrün gibt dem Gefäß etwas Urwüchsiges, der Volkskunst
Nahestehendes. Heute ist der Becher, den Iwan Grosny sicher sehr geschätzt hat, auf dem Sarkophag seines einstigen Besitzers zu bewundern.

KIRCHE DER NIEDERLEGUNG DES GEWANDES MARIÄ (RISPOLOSHENSKI-KIRCHE)

Die Kirche der Niederlegung des Gewandes Mariä, einst
Hauskirche des Metropoliten, ist das älteste erhaltene
Bauwerk aus dem Komplex der Bauten des russischen
Kirchenoberhauptes. Eine erste Nachricht über den Bau
einer Kirche auf dem Metropolitenhof stammt aus dem
Jahre 1450. Weitere in der Chronik festgehaltene Überlieferungen geben Kunde von interessanten Geschehnissen
im Zusammenhang mit der Einweihung des Sakralbaus.
Ende Juni 1451 fiel unerwartet der Tataren-Khan Masowscha in die Umgebung von Moskau ein und belagerte den
Kreml. Die Plötzlichkeit des Überfalls hatte dem Großfürsten Wassili Wassiljewitsch keine Möglichkeit gelassen,
das russische Heer rechtzeitig zu sammeln. Jetzt versuchte er eiligst, von außerhalb Beistand zu bekommen und
seine Truppen in der bedrohten Stadt zusammenzuzie-
hen. Doch noch bevor dies erfolgte, wich der Feind zurück: In der Nacht des 2.Juli fand im Kreml ein Gottesdienst zu Ehren des Festtages der Niederlegung des Gewandes der Gottesmutter statt, das Pilger im Jahr 473 aus
Jerusalem nach Konstantinopel gebracht haben sollen.
Die lauten Gebete in den Kirchen der Stadt, so heißt es in
der Chronik, hielten die Krieger Masowschas für das Lärmen des großfürstlichen Heeres, das, wie sie nun wähn-
ten, bereits in den Kreml eingezogen sei. Die Unsicher-
heit der Tataren nach dem erfolglosen ersten Angriff
schlug jetzt in panische Furcht um. Die Horde floh.

Diese für die russischen Menschen unerwartete Wende, die Rettung vor dem Feind, wurde als ein Wunder angesehen. In Erinnerung an das Geschehen, das sich am Tag der Gewandniederlegung der Gottesmutter (poloshenie risy bogomateri) ereignet hatte, erhielt die Kirche des Metropolitenhofes den Namen Rispoloshenski-Kirche. Der Grundstein zu diesem Gebäude wie auch zu dem Steinpalast war ein Jahr vor dem Einfall Masowschas gelegt worden: 1450, als der Metropolit Iona den Bau des neuen Metropolitenhofes beginnen ließ, und vollendet wurden die Arbeiten wahrscheinlich 1451.

Bei einem Brand in Moskau im Jahre 1473 erlitten auch die Bauten des Metropolitenhofes erhebliche Beschädigungen. 1484 sah sich der Metropolit Geronti veranlaßt, den Bau eines neuen Palastkomplexes einschließlich der Hauskirche in Angriff zu nehmen. Die Kirche wurde wahrscheinlich am früheren Platz wiedererrichtet, gegenüber der Westfassade der Uspenski-Kathedrale. Die Erbauer waren Meister aus Pskow. Ihre Namen sind nicht überliefert.

Die 1485 fertiggestellte neue Kirche ist nicht groß, aber wundervoll in ihren Formen. Sie erhebt sich über einem hohen Halbkellergeschoß, in dem möglicherweise im 15. und 16. Jahrhundert der Schatz der russischen Metropoliten und seit 1589 der Schatz des Patriarchen »ganz Rußlands« aufbewahrt wurde. Das Kellergeschoß und das Kirchengebäude waren aus Ziegelstein gemauert, nur einige Schmuckdetails bestehen aus weißem Kalkstein.

Die Fassade ist in jeweils drei Abschnitte unterteilt, deren mittlerer bedeutend breiter und höher als die Seitenteile ist. Dadurch wirkt die Kirche nicht – wie es häufig bei so kleinen Bauwerken der Fall ist – statisch, sondern feierlich und anmutig, ein Eindruck, der noch durch die Kielbogengiebel verstärkt wird, durch die ein gewisses Höhenstreben zur Geltung kommt. Bekrönt wird der Bau durch nur eine Kuppel; dieser gut überschaubare Aufbau ruht auf einem oktogonalen Postament, das den Haupttrakt des Gebäudes abschließt.

Ins Kircheninnere führen drei Eingänge – im Süden, Norden und Westen. Sie alle stellten in traditioneller Weise abgetreppte »perspektivische«, mit kielbogenförmigen Archivolten bekrönte Portale aus weißem Kalkstein dar. In der zweiten Hälfte des 16. Jahrhunderts wurden zwei von ihnen – das nördliche und das westliche – umgebaut, das südliche aber hat sich in der ursprünglichen Form erhalten. Gut harmoniert mit der Gestaltung des Portals das jeweils über ihnen angelegte Fenster mit ebenfalls stufenförmigen, in das dicke Gewände einschneidenden Leibungen. Solche Fenster gibt es auch in der Kuppeltrommel.

Besonders elegant wirkt das kleine Gebäude durch die dekorativen Gürtel, die drei seiner Fassaden schmücken,

sowie die drei niedrigen Apsiden im Osten, die nur bis zur halben Höhe des Bauwerks reichen. Der horizontale Fassadenschmuck setzt sich aus zwei Gürteln zusammen. Einer, aus keramischen Platten gelegt, zeigt ein Ornament mit verflochtenen Palmetten und geht auf die Tradition des Moskauer Architekturdekors zurück. Der andere, der ein Fries aus vorgewölbten bizarren Terrakottabalustern bildet, ist ein typisches Pskower Motiv.

An den Apsiden, die auf die Uspenski-Kathedrale ausgerichtet sind, werden diese beiden Schmuckgürtel noch durch einen dritten vervollständigt, der das Motiv der Blendarkatur von der Hauptkathedrale des Kreml aufgreift. Nur ist hier anstelle des ruhigen Schwungs von Halbbögen, die sich bei der Uspenski-Kathedrale auf die schlanken Säulchen stützen, eine dynamischere Variante getreten: kielbogenförmige Abschlüsse, die in der Form den Fassadengiebeln ähneln. Die vier dekorativen Friese auf der Trommel, die den Kuppeltrakt hervorheben, gehören in ihren Besonderheiten völlig der Pskower Architekturschule an.

Wann in der Rispoloshenski-Kirche die erste Freskomalerei entstand, teilen die Schriftquellen nicht mit. Es könnte sowohl unmittelbar nach Fertigstellung des Gebäudes Ende des 15. Jahrhunderts der Fall gewesen sein als auch Anfang des 16. Jahrhunderts, jener Zeit, in der die Blagowestschenski-Kathedrale ausgemalt wurde, oder Mitte des 16. Jahrhunderts in der Etappe der ausgedehnten Erneuerungsarbeiten nach der Feuersbrunst von 1547. Fest steht, daß 1626 die zu Anfang des 17. Jahrhunderts durch Feuer beschädigten Fresken erneuert wurden und daß die Künstler, die diese Arbeit unter Leitung von Nasari Istomin ausführten, dabei auf alte und neue Übermalungen stießen, die erst kurz zuvor, vielleicht im 16. Jahrhundert, vorgenommen worden waren.

Die erneuerten Fresken existierten nicht lange. 1644 wurde die Kirche erneut ausgemalt. Drei Künstler führten die Arbeit im Auftrag des Patriarchen aus: Sidor Pospejew und Iwan Borissow, die kurz zuvor an der Ausmalung der Uspenski-Kathedrale beteiligt waren, und Semjon Abramow. Am 14. Mai begannen die Künstler mit der Ausführung ihrer Aufgabe, und am 2. August bereits erhielten sie die Bezahlung für die fertige Arbeit. Es ist anzunehmen, daß sie in vielem das frühere System der Ausmalung der Kirche wiederholten, wie es in mehreren Kreml-Kathedralen geschah, zum Beispiel in der Uspenski- und Erzengel-Kathedrale.

79 Gesamtansicht der Erzengel-Kathedrale von Nordosten. 1505–1508

82 Teil des Ikonastas der Erzengel-Kathedrale

83 Blick auf die Zarentür des Ikonostas.
Holz, Schnitzerei, Vergoldung

84 Ikonostas mit der Hauptikone der
Erzengel-Kathedrale: »Der Erzengel Michael«

85 Gesamtansicht der Ikone
»Der Erzengel Michael«. Moskau, Anfang 15. Jh.

86 Randfeld der Ikone »Der Erzengel Michael«:
Jakob ringt mit dem Engel

87 Fjodor Stratilat.
Moskau, Simon Uschakow, 1676

88 Wandmalerei im nordwestlichen
Abschnitt der Kathedrale

АРХА҃ГГЛЪ МИХАИЛЪ ПОКАЗА ДАНІИЛУ
ПРОБУДИВЪ ЗВѢРА ФИ҃РА
ВОСХОДЯЩА

АКХ ГАНІ҃

ПРИИДОША ЖЕНЫ МИРОНОСИЦА НА ГРОБЪ ... ЗА ... ТѢЛО І҃СА

89 Wandmalerei am nordwestlichen Pfeiler der
Erzengel-Kathedrale. Darstellung des Großfürsten
Dmitri Donskoi

90, 91 Wandmalerei im unteren Freskengürtel
der Westwand mit der Darstellung des Fürsten
Andrej Wassiljewitsch und der Südwand mit der
Wiedergabe des Großfürsten Dmitri Donskoi

175

92 Wandmalerei in der Kapelle Johannes' des
Täufers. Serbischer Künstler (?) aus der zweiten
Hälfte des 16.Jhs. Ausschnitt

93 Sarkophage im südöstlichen Teil der Erzengel-
Kathedrale

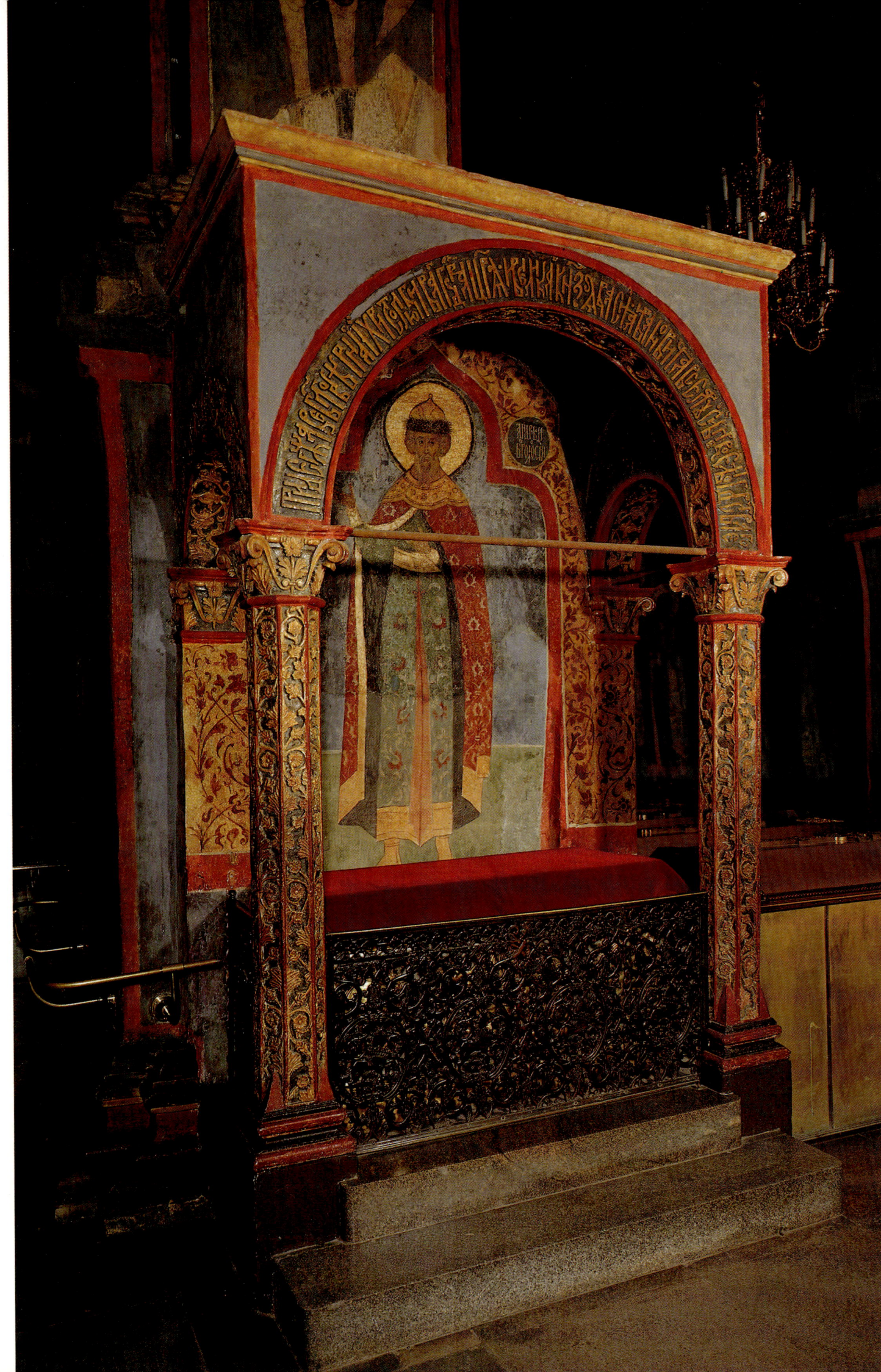

94 Steinziborium über dem Grab des Zarewitsch Dmitri mit der Darstellung des Großfürsten Andrej Bogoljubski. 1630

95 Detail des gegossenen Gitters vom Sarkophag des Zarewitsch Dmitri

96 Teil der Deckplatte des Sarkophags, in dem Zarewitsch Dmitri beigesetzt ist. Moskau, 1630

97 Ritualbecher Iwan Grosnys. Glas.
Venedig (?), 16.Jh.

98 Gesamtansicht der Kirche der Niederlegung
des Gewandes Mariä. 1485

99 Wandmalerei des südwestlichen Teils der
Kirche. 1644

100 Wandmalerei im Diakonikon

Folgende Seiten:
101 Wandmalerei im Gewölbe des Altarraums:
Komposition »Der Große Einzug«

102 Freskenzyklus »Der Große Akathist
(akathistos)«. Erste Strophe: »Die wundersame
Errettung Konstantinopels vor der Belagerung«

188

104 Niederlegung des Gewandes der Gottesmutter.
Moskau, 17.Jh.

105 Dreieinigkeit. Moskau, 1627. Nasari Istomin

106 Ikone des Deesisrangs im Ikonostas
der Rispoloshenski-Kirche: Johannes der Täufer.
Moskau, 1627, Nasari Istomin

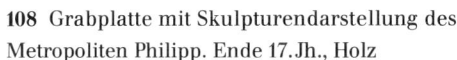

107 Standleuchter. Moskau, 1644

108 Grabplatte mit Skulpturendarstellung des Metropoliten Philipp. Ende 17. Jh., Holz

109 Nikolaus von Moshaisk. 17. Jh., Holz, Tempera

Folgende Seite:

110 Blick auf den Glockenturm Iwan Weliki vom Kathedralenplatz aus

IN ihrem Charakter und Ziel erinnert die Malerei der Kirche der Gewandniederlegung Mariä stark an die Fresken der Uspenski-Kathedrale. Die Anlage der Sujets in der Hauskirche des russischen geistlichen Oberhauptes folgt strenger als anderswo dem Kanon. In der Kuppel ist der Erlöser als Allerhalter dargestellt, etwas darunter sind die Propheten angeordnet und unter ihnen die Evangelisten. Die Gewölbe zeigen wichtige Szenen aus dem Leben Christi, so »Die Taufe«, »Die Verklärung«, »Die Kreuzigung« und »Die Auferstehung«.

Hauptthema der Wandmalerei ist die »Lobpreisung der Gottesmutter«, der ja die Kirche geweiht war. Der Zyklus von Sujets aus dem Leben Mariä, der damals in der Rus beliebt war, nimmt an der Süd- und Nordwand die beiden oberen Gürtel der in vier horizontale Zonen unterteilten Malerei ein sowie den zweiten Fries der Westwand und einen Teil des Gewölbes. Die unteren Zonen zeigen eine bildliche Darstellung des Akathist (griechisch akathistos), eines umfangreichen Gottesmutterhymnus' der byzantinischen Kirchendichtung und Kirchenmusik.

Auf den Pfeilern haben die Wiedergaben der am meisten verehrten russischen Metropoliten und Fürsten Platz gefunden, zu denen Wladimir Swjatoslawowitsch aus Kiew gehört, der die christliche Taufe in Rußland eingeführt hat, ferner seine bei Feudalfehden getöteten Söhne Boris und Gleb, die Wladimirer Fürsten Andrej Bogoljubski, der die Hauptstadt der nordöstlichen Rus nach Moskau verlegte, der berühmte Feldherr Alexander Newski, sein Sohn Daniil und der Begründer des Moskauer Fürstengeschlechts, sowie einer der letzten Vertreter dieses Geschlechts, der minderjährige Sohn Iwan Grosnys, Dmitri aus Uglitsch. Auf diese Weise ist auch hier das Moskauer Fürstenhaus als Fortsetzer des Wladimirer und Kiewer Fürstengeschlechts dargestellt.

Den prägnantesten Platz an der Ostwand über dem Altar nimmt ein Fresko ein, dessen Thema engstens mit dem Namen der Kirche verbunden ist. Hier wird ein Ereignis aus dem 5. Jahrhundert dargestellt: die Überbringung des Gewandes Mariä aus Palästina in die Palastkirche der Gottesmutter in Konstantinopel. Bei der Ausgestaltung der Altarwand in der Rispoloshenski-Kirche haben die Künstler die Besonderheiten der Anordnung der Fresken in der Uspenski-Kathedrale aufgegriffen, doch da ihnen weniger Fläche zur Verfügung stand, waren sie gezwungen, die Sujets in gewissem Umfang zu verändern: Sie verringerten die Anzahl der beteiligten Personen.

In der Kuppelschale der Altarapsis ist die Komposition »Der Große Einzug« dargestellt, der mit einem der Sakramente – der Kommunion – verbunden ist. Die Fresken in der Prothesis sind Johannes dem Täufer gewidmet, und im Diakonikon hat das Kriegsthema den Vorrang: In der Mitte ist der »Erlöser nicht von Menschen Hand gemalt« auf einer Truppenfahne dargestellt.

Insgesamt sind die Fresken dieser kleinen Kirche außerordentlich gelungen in die Proportionen des Interieurs eingeschrieben. Die Dargestellten haben etwa Lebensgröße, und die verhaltene Farbskala ist nicht dazu bestimmt, eine aktive psychologische Wirkung auf den Betrachter auszuüben. Die Sujets der Wandmalerei sollten wohl eher die Anwesenden in das historische Geschehen »einbeziehen«, so als seien sie selbst Teilnehmer an den Ereignissen zum Ruhme der Gottesmutter, in der die Menschen jener Zeit die Beschützerin vor Mißgeschick sahen.

Eine nicht unwesentliche Rolle in der künstlerischen Wirkung des Interieurs spielt die Wechselwirkung der Fresken mit dem Ikonostas, dem kompositionellen Zentrum des Innenraums. Der 1627 in der Rispoloshenski-Kirche geschaffene Ikonostas war auch tonangebend für die gesamte koloristische und in gewissem Umfang die proportionale Gestaltung der Räumlichkeiten. Diese Ikonenwand schuf Nasari Istomin, ein bekannter Künstler der ersten Hälfte des 17. Jahrhunderts, im Auftrag des Patriarchen Filaret, des Vaters von Zar Michail Fjodorowitsch Romanow.

Der Ikonostas hat sich fast vollständig erhalten – mit Ausnahme des unteren, des Lokalen Rangs, wo es nur noch eine einzige Ikone aus dem ursprünglichen Bestand gibt. 32 Ikonen, vereint zu einem geschlossenen Komplex, vermitteln eine tiefgehende und recht vollständige Vorstellung von der künstlerischen Handschrift des Malers und der Besonderheit dieses Ensembles. Istomins Malerei war eine feine kalligraphische Zeichnung eigen, eine sorgfältige Durcharbeitung der ganzen Komposition; seine meist in Bewegung gezeigten Gestalten sind von innerer Spannung erfüllt.

In der Mitte befindet sich die Ikone mit der Darstellung des Allererhalters, die in rotbraunen und blaugrünen Tönen gemalt ist. Je weiter die anderen Ikonen von diesem kompositorischen Zentrum entfernt sind, um so weicher werden die Farbverbindungen; sie gehen in rosarote, hellolive und orange sowie zartblaue und grünliche Töne über. Die vielfältigsten Abstufungen erreichte Istomin, indem er den Farben mehr oder weniger Weiß zusetzte. Durch dieses Verfahren, das besonders in der russischen Buchminiaturmalerei sehr verbreitet war, nahm die Palette des Ikonostas eine natürliche Weichheit und Harmonie der Töne an.

Bald nach der Fertigstellung der Bilderwand wurden die Ikonen mit einem silbernen, geprägten Beschlag verziert, wobei man nach Meinung der Spezialisten alte Matrizen aus dem 16. Jahrhundert benutzte. Das Interieur der Kirche wird durch silberne, vergoldete Lüster vervollständigt, die Dmitri Swertschkow 1624 geschaffen hat, sowie durch vier etwa anderthalb Meter hohe bemalte Holzleuchter aus der Mitte des 17. Jahrhunderts.

Im Verlauf ihrer Geschichte änderte sich die Bedeutung der Kirche ebenso wie ihr äußeres Aussehen und ihre Interieurgestaltung. Seit 1655 war die Rispoloshenski-Kirche nicht mehr die Hauskirche des Patriarchen und wurde in den Gebäudekomplex des Zarenpalastes eingegliedert. Die Veränderung ihres Status zog den Bau geschlossener Galerien nach sich, die die Gemächer der Zarentöchter mit der nunmehr für sie bestimmten Kirche verbanden.

Eine Feuersbrunst im Jahr 1737 verschonte auch die kleine Kirche nicht. Die Reparaturarbeiten veränderten die ursprüngliche Eigenart dieses interessanten Architekturdenkmals. Anstelle der halbkugelförmigen Kuppel wurde jetzt eine Kuppel aufgeführt, die in ihrer Form an eine Vase erinnerte. Die komplizierten kielbogenförmigen Giebelabschlüsse ersetzte ein primitives vierseitiges Dach, das die Originalkonstruktion überdeckte. Die schmalen Bogenfenster verwandelten sich in rechteckige. Eine mehrfache Erneuerung erfuhren die Fresken und Ikonen; Mitte des 19. Jahrhunderts wurden sie dann völlig mit Ölfarben übermalt.

Erste Restaurierungsarbeiten begannen in der Zeit des Bürgerkrieges 1919–22, als die ursprüngliche Form der Fenster wiederhergestellt und die Südfassade von dem späteren Anbau befreit wurde. In den dreißiger Jahren stellte der Architekt D. Suchow das Nord- und Südportal wieder her. Die umfassendsten Arbeiten erfolgten in den fünfziger und sechziger Jahren. In dieser Zeit wurden das Dach, das den Anblick der Kirche entstellt hatte, und die unpassende Kuppel sowie der Anbau an der Westfassade entfernt. Die Restauratoren befreiten die Fresken und Ikonen von ihren mehrschichtigen Übermalungen. 1965 besaß die Kirche wieder ihre ursprüngliche Form, und ihr Interieur, das Mitte des 16. Jahrhunderts entstanden war, zeigt seither wieder das künstlerische Aussehen, das jener Zeit entspricht.

Heute enthält die Rispoloshenski-Kirche ein Museum, in dem nicht nur Ikonen, Fresken und Werke der angewandten Kunst gezeigt werden, die Teil ihres Interieurs sind, sondern auch eine Ausstellung von Holzplastiken. Diese Ausstellung befindet sich in der überdachten West- und Nordgalerie aus dem 17. Jahrhundert. Die Holzschnitzerei ist eine eng mit den breitesten Volksschichten verbundene Kunst. Zugleich war ihr auf russischem Boden ein schweres und tragisches Schicksal beschieden. Und das trifft besonders für die Holzplastik zu. Zahllose Skulpturen gingen bei den wiederholten Feuersbrünsten in Flammen auf, die meisten anderen fielen als Werke, die dem orthodoxen Christenglauben fremd waren, der

Zerstörung anheim. Ähnlich den Gegenständen des heidnischen Kults, der selbst noch im späten Mittelalter unter der russischen Bevölkerung ziemlich verbreitet war, sollten die Holzschnitzereien aus dem Volksbrauchtum verbannt und durch spezielle Erlasse verboten werden. Einer der letzten dieser Ukase der Kirchenbehörde, erlassen im Jahre 1722, ordnete an, die noch unversehrt gebliebenen Werke dieser von der Kirche nicht anerkannten Kunst zu vernichten. Es ist kein Zufall, daß praktisch alle in der Rispoloshenski-Kirche ausgestellten Exemplare im fernen Norden zwischen Gerümpel in Kellergeschossen und auf Dachböden alter Bauten gefunden worden sind.

In der Ausstellung der ehemaligen Hauskirche des Oberhauptes der russischen Orthodoxie, die so energisch den Kampf gegen diese volkskünstlerische Holzschnitzerei geführt hatte, sind heute einige seltene Plastiken beliebter Heiliger zu sehen, die als Beschützer gegen Feinde verehrt wurden – Georg (15. Jahrhundert) und Nikolaus (17. Jahrhundert) –, Grabplatten mit Porträtdarstellungen der Verstorbenen (17. Jahrhundert) und eine Reihe interessanter Schnitzikonen (17. und 18. Jahrhundert).

98 **Gesamtansicht der Kirche der Niederlegung des Gewandes Mariä. 1485**

99 **Wandmalerei des südwestlichen Teils der Kirche. 1644**

100 **Wandmalerei im Diakonikon**

101 **Wandmalerei im Gewölbe des Altarraumes: Komposition »Der Große Einzug«**

102 **Freskenzyklus in der Rispoloshenski-Kirche: »Der Große Akathist (akathistos)«. Erste Strophe: »Die wundersame Errettung Konstantinopels vor der Belagerung«**
Der Große Akathist ist ein bekannter byzantinischer Zyklus aus 24 Liedstrophen zu Ehren der Gottesmutter, in denen sie in poetischen, märchenhaften Schilderungen als Mutter Christi gerühmt wird, als Vermittlerin zwischen den Menschen und Gott, als Beschützerin des Menschengeschlechts. Die Gottesmutter wird als »beseelter Tempel«, als »Braut der Bräute«, als »Gefäß Gottes« gepriesen. In einer der Strophen wird sie mit einem unbesiegbaren Heerführer verglichen, der immer bereit ist zu kämpfen. Dieser Gedanke tritt im hier gezeigten Fresko auf, dem eine reale historische Episode aus dem Jahr 866 zugrunde liegt. Die russischen heidnischen Fürsten, die in der Stadt Kiew herrschten, kamen auf 200 Schiffen nach Konstantinopel und belagerten es vom Meer aus.

Der byzantinische Kaiser und der Patriarch nahmen, nachdem sie die ganze Nacht in der Kirche der Gottesmutter gebetet hatten, das in der Kirche aufbewahrte Gewand Mariä und benetzten es im Wasser der Bucht. Ein plötzlich aufkommender Sturm ließ die Boote der Heiden gegen das Ufer schlagen und am Stein zerschellen. Die russischen Fürsten waren gezwungen, nach Hause zurückzukehren.

Diese Legende, mit der die wundersame Errettung Konstantinopels in Verbindung gebracht wird, war in der christlichen Welt sehr verbreitet, darunter auch in der Rus. Sie ging in die Chroniken ein und wurde auf Wandmalereien in der Uspenski-Kathedrale, der Risploshenski-Kirche und anderen Sakralbauten dargestellt.

103 Ausschnitt aus der Wandmalerei mit der Lobpreisung der Gottesmutter

104 Niederlegung des Gewandes der Gottesmutter. Hauptikone im Ikonostas der Rispoloshenski-Kathedrale. Moskau, 17.Jh., Künstler unbekannt. Holz, Tempera. 88×52,5 cm
Die Hauptikone der Kirche im Lokalen Rang des Ikonostas rechts neben der Zarentür ist dem Festtag der Überbringung des Gewandes Mariä in die Gottesmutter-Kirche in Konstantinopel gewidmet. Wegen der kleinen Ausmaße des Kirchenraumes ist die Hauptikone hier nicht, wie es die Regel war, als zweite von der Tür aus, sondern als erste unmittelbar daneben angeordnet. In diesem Rang gibt es nur eine einzige Ikone von Istomin, die »Dreieinigkeit«.

Die Tafel, die den Namen der kleinen Kirche trägt, hat zwei Ebenen. Auf dem oberen, den Himmel darstellenden Teil ist eine siebenfigurige Deesis mit dem thronenden Christus und sechs ihm zugewandten Heiligen dargestellt. Rechts vom Thron steht die Gottesmutter mit einer Krone auf dem Haupt. Im unteren Teil der Ikone sind die irdischen Ereignisse wiedergegeben. Der byzantinische Patriarch und der Kaiser mit seiner Tochter legen andachtsvoll auf den Kirchenaltar mit der daraufstehenden Ikone »Gottesmutter Umilenie« das Gewand der Gottesmutter nieder, das dieselbe Farbe hat wie das Gewand Mariä auf der Ikone. Die Handlung wird vor dem Hintergrund der Kirche gezeigt, in der das Ereignis stattgefunden hat. Die Künstler des 17.Jahrhunderts, die von traditionell gebundenen zu naturbezogenen Darstellungen übergingen, vermochten es noch nicht, das Interieur realistisch wiederzugeben. Nichtsdestoweniger ist zu spüren, daß sie sich darum bemühten. Früher genügte es ihnen, eine Szene gegenüber einem Gebäude-Eingang anzuordnen, um anzudeuten, daß sich das dargestellte Geschehen im Innern des Bauwerks abspielte. In dieser

Ikone hat der Künstler gleichsam die ganze Vorderwand der Kirche »weggeschnitten«, und indem er das Innere mit dunkler Farbe malte, versuchte er, die Illusion des Innenraums zu vermitteln.

Die Farbskala der Ikone ist entsprechend dem Interieur der Rispoloshenski-Kirche sehr warm und intim. Der edle braune Ton des Hintergrundes bestimmt alle farbigen Bezüge der Ikone, die weich ineinander übergehen. Einen besonderen Farbakzent bildet das Kirchengebäude. In seiner hell- bis dunkelgrünen Tönung ist es unabhängig von dem gesamten Komplex farbiger Flächen für sich allein wahrnehmbar. Mit der Farbe hat der Künstler auch den Symbolgehalt der Hauptkomponenten der Ikone herausgearbeitet: die Heiligen in ihren roten Gewändern (darunter auch die Gottesmutter) in der oberen Zone, das rote Kirchendach und der rote Altar, auf den das Gewand der Gottesmutter niedergelegt worden ist.

105 Dreieinigkeit. Moskau, Nasari Istomin, 1627. Holz, Tempera. 132×105 cm
Die »Dreieinigkeit« ist die einzige erhaltene Ikone des Lokalen Rangs aus dem Jahr 1627. Die feine Zeichnung, die virtuose Beherrschung der Tempera-Technik, die Nutzung der Harmonie des Lichts – all diese Fertigkeiten treten bei diesem Werk voll in Erscheinung, das Nasari Istomin speziell für die Rispoloshenski-Kirche gemalt hat. Hier wendet er sich entschieden von monumentalen Lösungen ab, strebt nicht nach Kontrasten und Ausdruckskraft, sondern er hat eine weiche, von einem innigen, lyrischen Ton durchdrungene »Dreieinigkeit« geschaffen. Die drei Engel, die ein einheitliches Ganzes bilden, scheinen in die Stille der abendlichen Stimmung hineinzulauschen.

106 Ikone des Deesisrangs im Ikonostas der Rispoloshenski-Kirche: Johannes der Täufer. Moskau, Nasari Istomin, 1627. Holz, Tempera. 151×59 cm
Die Darstellung Johannes' des Täufers nimmt einen der wichtigsten Plätze in der Struktur eines Ikonostas ein und ist immer rechts von der Hauptgestalt, dem Erlöser, angeordnet. Die Ikone Istomins wurde in einer klaren Zeichnung ausgeführt, die sich in einer besonders eleganten und ausdrucksvollen Silhouette äußert. Der kleine Kopf mit dem traurigen vergeistigten Gesicht, der im Vergleich dazu unverhältnismäßig lange Körper mit miniaturhaft kleinen Armen und Beinen – all das besagt nicht, daß der Meister nicht in der Lage gewesen wäre, die erforderlichen Proportionen wiederzugeben, sondern beweist vielmehr, daß er bewußt eine besondere Verfeinerung der Formen anstrebte. Ihrer Herausarbeitung schenkte Nasari Istomin, ein Moskauer Künstler,

große Aufmerksamkeit. Er kleidete den Heiligen in ein Gewand aus feinstem Tuch, das den sorgsam gemalten Körper darunter deutlich hervortreten läßt.

Als eine der zentralen Darstellungen des Ikonostas ist Johannes der Täufer in sehr intensivem Grün gehalten, das im kontrastreichen Wechselspiel zu dem leuchtend-roten Fond der daneben befindlichen Ikone steht. Bei den weiter von der Mitte entfernten Ikonen erlischt diese Leuchtkraft der Farbe allmählich. Dadurch wird die plastische Wirkung des Kompositionszentrums dieses Ikonostas noch erhöht.

107 Standleuchter, Moskau, 1644. Holz, Bronze, farbiges Wachs

Ein Bestandteil des Kircheninteriers ist der hohe, massive dekorative Standleuchter, der in der Umgangssprache die Bezeichnung »dünne Kerze« erhalten hat. Die »Kerze« ist gleichzeitig mit den Fresken der Rispoloshenski-Kirche entstanden und steht daher in ihrer Gestaltung mit diesen Wandmalereien in harmonischem Einklang. Besonders gut paßt ihr Dekor mit dem unteren ornamentalen Wandgürtel zusammen, dem »Handtuch«.

Das zylindrische hölzerne Gestell ist mit einem Muster aus farbigem Wachs bedeckt. Verschnörkeltes Flechtwerk aus roten, weißen und dunkelgrünen Pflanzen und Blüten ist als flache Schicht auf den braunen Untergrund aufgelegt. Die matte Wachsmasse absorbiert das Licht; es scheint, als ob die Muster von innen heraus leuchten.

108 Grabplatte mit Skulpturdarstellung des Metropoliten Philipp. Ende 17. Jh. Holz, Schnitzerei, Tempera. 176×49 cm

Das Basrelief, das den Metropoliten Philipp in Lebensgröße darstellt, beschwört die Erinnerung an jene Zeit herauf, in der er – während der 60er Jahre des 16. Jahrhunderts – hierher in seine Hauskirche kam. Als Gegner des zaristischen Terrors blieb er nicht lange – insgesamt drei Jahre – an der Spitze der russischen Kirche. 1569 wurde er in ein fernes Kloster verbannt und dort auf Geheiß Iwan Grosnys ermordet. Mitte des 17. Jahrhunderts erinnerte man sich des Metropoliten wieder: Er wurde als Fürsprecher der Christen, der in Erfüllung seiner Mission sein Leben opferte, heilig gesprochen, und seine sterblichen Überreste wurden nach Moskau überführt.

Das Reliefabbild gibt nicht die Individualität des Metropoliten wieder: Der Schnitzer hat, dem ikonographischen Vorbild folgend, nur die allgemeinen Züge der äußeren Erscheinung festgehalten: die Größe der Gestalt, die Form des Vollbartes und bis zu einem gewissen Grad den Gesichtstyp. Das Werk ist von einem erfahrenen Berufskünstler ausgeführt worden, der sich an die volkstümliche Tradition der Holzschnitzerei gehalten hat.

109 Nikolaus von Moshaisk. 17. Jh. Holzplastik. Tempera. 151×79 cm

Die Skulpturdarstellung des hl. Nikolaus ersetzte im Volk die einstigen heidnischen Idole, die dazu bestimmt waren, die Saat, das Vieh und schließlich die Menschen selbst zu beschützen. Die russische Geschichte kennt nicht wenige Fälle, in denen dieser verehrte christliche Heilige, wiedergegeben in Form einer Skulptur, nur deshalb zerstört wurde, weil sein Bild mit einer heidnischen Gottheit assoziiert wurde. Trotz alledem waren solche Skulpturen, die lokale Schutzpatrone darstellten, in der Rus äußerst verbreitet.

Der Typ des Nikolaus von Moshaisk geht auf die Stadt Moshaisk zurück, eine große Festung an der Westgrenze des Moskauer Fürstentums. Einst diente die auf dem Stadttor aufgestellte Figur des Heiligen mit dem Schwert in einer Hand und dem stilisierten geschnitzten Modell der Stadt Moshaisk in der anderen als Talisman, der die Festung vor dem Einfall von Feinden bewahren sollte. Die naive Wiedergabe des Heiligen mit dem sorgfältig geschnitzten Bischofsgewand war dem russischen Volk lieb und teuer.

KOMPLEX DES GLOCKENTURMES IWAN WELIKI

110 Blick auf den Glockenturm vom Kathedralenplatz aus

Erste Erwähnung fand die alte Iwan-Lestwitschnik- (Johannes-Klimakos-) Kirche »unter den Glocken« am 21. Mai 1329, als nach der Rückkehr Iwan Kalitas vom Feldzug nach Pskow in Moskau auf dem Stadtplatz auch eine steinerne Kirche erbaut wurde, die dem Schutzpatron des Großfürsten geweiht war. Heute ist es schwierig, etwas über das Aussehen dieser einstigen Kirche zu sagen. Bei archäologischen Grabungen wurden Details eines Arkaturgürtels entdeckt, die sich mit einem späteren Bauwerk nicht in Verbindung bringen ließen und daher belegen, daß die Kirche einen Bauschmuck ähnlich dem der Bauten von Wladimir hatte, wo ein solcher Dekorgürtel unerläßliches Zubehör eines jeden Kultgebäudes war. Wahrscheinlich hatte sie von Anfang an eine konische Pfeilerform, da sie schon im 14. Jahrhundert mit einer brennenden Kerze verglichen wurde.

1505–08 führte der italienische Architekt Bon Frjasin auf Geheiß des Großfürsten Iwan III. Wassiljewitsch anstelle der baufälligen Kirche eine andere auf, die ebenfalls den Namen Iwan Lestwitschnik erhielt. Lange Jahre waren die Forscher der Meinung, daß sie zweigeschossig gewesen sei, doch die letzten archäologischen Untersuchungen und der Vergleich mit Miniaturen des 16. Jahrhunderts bewiesen, daß dieses grandiose Bauwerk schon damals drei Geschosse und eine Höhe von fast 70 Metern hatte.

Der heutige Glockenturm ist nicht nur ein eindrucksvolles Bauwerk – die architektonische Dominante des Kreml –, sondern auch eine außergewöhnlich gut durchdachte, stabile Ingenieurkonstruktion. Das Fundament des Glockenturms, aus weißen Kalksteinblöcken gelegt, reicht in eine Tiefe von mehr als fünf Metern und ruht seinerseits auf Eichenholzpfahlwerk, das in den Grund gerammt worden ist. Aus Weißstein bestehen auch der Sokkel, die Karniese und einige Details, während für die Wände und die Gewölbe das haltbarere Ziegelmauerwerk vorgezogen wurde.

Das Untergeschoß des Turmschafts, das drei weitere Baukörper und die Kuppel trägt, steht in seiner Festigkeit selbst den mächtigsten Abschnitten der Kremlmauern nicht nach. Die Stärke des Mauerwerks erreichte fünf Meter. Auch die Mauern der zweiten Stufe sind mit zweieinhalb Metern Dicke noch beachtlich. In diesen unteren Geschossen ist das Mauerwerk außerdem durch Metallstabanker gesichert. Die dritte Stufe wurde im Vergleich zu den beiden anderen sehr leicht gebaut. Die Wände sind hier verhältnismäßig dünn, weniger als einen Meter stark. Die früher vorhandene kompakte Trommel, die aus dem dritten Kubus emporwuchs, wurde etwas später, im Jahr 1600, aufgestockt. Bis dahin hatte die Kuppel geringere Ausmaße und erschien wie in das Innere des dritten Geschosses eingebaut.

In die dicke Wand des ersten Geschosses ist eine Treppe eingelassen, die im zweiten Stock in eine offene Wendeltreppe übergeht. Ab drittem Geschoß führt innen eine spiralförmige Eisentreppe bis zur Kuppel hinauf. Wegen der starken Mauern ist die untere Räumlichkeit des Glockenturms, in der sich auch die Iwan-Lestwitschnik-Kirche befand, sehr klein. Die oberen Räumlichkeiten, deren Zweck noch ungeklärt ist, waren ebenfalls nicht groß, wurden doch diese Geschosse immer schmaler und der innere Raum zu einem bedeutenden Teil von der Treppe eingenommen.

Durch den fließenden Übergang vom massiven unteren Geschoß zu den leichteren oberen Baustufen, deren Durchmesser und Höhe geringer ist, wirkt der Pfeilerbau schlank und elegant. In den von Licht durchfluteten Glockenstühlen hängen hinter den Bogenöffnungen Glocken. Diese offenen sogenannten Schallarkaden geben dem ganzen Gebäude etwas ungewöhnlich Leichtes, geradezu Luftiges.

Der Glockenturm hat praktisch keine kompakten Wände, sie werden von schmalen langen Fenstern aufgelockert. Die durchgehenden glatten Pilaster und Karniese, die die Flächen des vieleckigen Bauwerks rahmen, lassen die Besonderheiten der Konstruktion deutlich hervortreten und lenken die Aufmerksamkeit auf die wohlproportionierte Aufgliederung. In dem Bemühen, die strengen horizontalen Linien der Karniese zu mildern, ordneten die Architekten unter ihnen dekorative Gürtel aus Bögen und Zahnfriesen an. Damit das Gebäude nicht durch den langen »Hals« der Kuppel optisch zusammengedrückt wird, wurde dessen Ansatz von zwei Kränzen spitzbogiger Kokoschniki umzogen. Dadurch wird zugleich der Übergang vom oktogonalen Körper zur runden Trommel verkleidet. Die zwölf Fenster in der Trommel waren nicht dazu bestimmt, das Innere des Raumes zu beleuchten, sondern dienten nur dem harmonischen architektonischen Bild des gesamten Bauwerks: Es sind Scheinfenster in Form nicht sehr tiefer, schwarz bemalter Nischen.

Direkt unter der Kuppel stehen auf schwarzem Fond in goldenen kyrillischen Buchstaben die Worte: »Nach dem Willen der heiligen Dreieinigkeit, auf Geheiß des großen Herrn, des Zaren und Großfürsten Boris Fjodorowitsch, Selbstherrscher der ganzen Rus, und seines Sohnes, des rechtgläubigen großen Herrn, des Zarewitsch und Fürsten der ganzen Rus, Fjodor Borissowitsch, wurde diese Kirche vollendet und vergoldet im zweiten Jahr ihrer Herrschaft.«

Diese Inschrift bedarf einer Erläuterung: Nicht das gesamte Gebäude, sondern nur seine Kuppel ist in der Regierungszeit des Boris Godunow erbaut worden. Zusammen mit dem Kreuz der vergoldeten Kuppel erreichte der Bau die für das mittelalterliche Rußland einzigartige Höhe von 81 Metern.

1532 begann der italienische Architekt Petrok, der den Beinamen Maly (der Kleine) erhielt, neben dem Glockenturm die niedrigere Christi-Himmelfahrts-Kirche aufzuführen (seit 1555 Christi-Geburts-Kirche). Sie ist erst 1543–52 fertiggebaut worden, als Petrok bereits aus Moskau abgereist war. Dieses Bauwerk war, nach Darstellungen auf Miniaturen des 16. Jahrhunderts sowie Plänen von Moskau vom Ende des 16. und Beginn des 17. Jahrhunderts zu urteilen, dreigeschossig. In der Höhe des dritten Geschosses hatte es einen Fassadendekor in Form von drei kielbogenförmigen Sakomari. Der von einer hohen Kuppel gekrönte Bau wurde zu einem Verbindungsglied zwischen dem pfeilerförmigen Glockenturm und den anderen Kremlgebäuden.

1624 bildete sich das Architekturensemble des Glockenturms Iwan Weliki, das im Norden durch eine als Filaretow-Anbau bezeichnete Glockenwand vervollständigt wurde, endgültig heraus. Den Anbau ließ der Patriarch Filaret von dem russischen Architekten Bashen Ogurzow – unter Beteiligung eines »Nemtschin« – errichten. Deutsche oder Nemtschini wurden im mittelalterlichen Rußland fast alle aus Westeuropa gekommenen Ausländer genannt, sofern sie der russischen Sprache nicht mächtig waren. Später wurden die Deutschen nur als »in Deutschland Gebürtige« bezeichnet.

Die im Grundriß rechteckige Filaretow-Glockenwand hatte fünf Etagen, die durch eine im Innern des Gebäudes an der Nordseite angeordnete Treppe untereinander verbunden waren. Den Abschluß des Gebäudes bildet ein achteckiges Ziegelzeltdach, das an den Ecken von kleinen Pyramiden aus Weißstein gerahmt wird.

Einige Forscher meinen, daß etwa im zweiten Viertel des 17. Jahrhunderts die Umgestaltung der von Petrok Maly erbauten Christi-Geburts-Kirche in eine Glockenwand erfolgte. Damals wurde der obere Teil des Gebäudes in ein Geschoß mit drei Öffnungen umgebaut, das sich für die Anbringung von Glocken eignete, und über den Fenstern des darunterliegenden Geschosses wurden dekorative Muscheln eingelassen. Auf alten Darstellungen der Kirche sind die Glocken nicht zu sehen, und der obere Kubus unterscheidet sich heute wesentlich von Wiedergaben auf Zeichnungen des 18. Jahrhunderts.

Im Verlauf des 17. Jahrhunderts erhielt das Ensemble des Glockenturms Iwan Weliki noch einige bauliche Ergänzungen. Im 18. Jahrhundert erfolgte eine Renovierung der Bauten unter Aufsicht des Architekten D. W. Uchtomski. I. T. Tamanski (nach anderen Angaben N. F. Kasakow) errichtete an der Westfassade eine Galerie mit Zugang von außen.

Schweren Prüfungen war der Komplex Iwan Weliki 1812 ausgesetzt. Die aus Moskau abziehende napoleonische Armee beschloß, das Gebäude zu sprengen. Eine gewaltige Detonation zerstörte die Glockenwand und den Filaretow-Anbau fast vollständig. Allein der Glockenturm, der so leicht, ja geradezu zerbrechlich wirkt, blieb stehen und wies nur kleine Risse auf. 1814/15 wurden die zerstörten Gebäude nach einem Projekt von Jegotow und Rusca unter Leitung des Architekten Gilardi in den ursprünglichen Formen wiederhergestellt, wobei Gilardi jedoch für diese Bauten uncharakteristische klassizistische Details an den Fenster- und Portalverkleidungen anfügen ließ. Spätere wesentliche Veränderungen im Aussehen des Komplexes nahm 1849–52 der Architekt Konstantin Thon vor. Er baute an der Westfassade der Glockenwand einen hohen offenen Flügel mit Gulbistsche an, der sich durch die Trockenheit seines Dekors erheblich von der Ausstattung des Gebäudes selbst unterscheidet.

Alle drei Bauten des Ensembles Iwan Weliki sind auch heute noch mit einer reichen Glockensammlung aus dem 16. bis 19. Jahrhundert bestückt. Darunter hebt sich eine Glocke durch ihre Ausmaße hervor, die im Laufe der Zeit verschiedene Bezeichnungen erhielt: Festglocke sowie Namen, die anderen bekannten Kreml-Glocken entlehnt sind: Uspenski- und Zarenglocke. Ihr Gewicht beträgt 65,320 Tonnen. Sie ist 1817–19 gegossen worden. Verwen-

dung fand dafür u. a. eine andere Glocke im Gewicht von 58 Tonnen, die K. Slisow 1760 geschaffen hatte und die bei den Detonationen im Jahre 1812 zersprungen war. Auf der Festglocke verweist eine ausführliche Inschrift auf den Gießermeister, den neunzigjährigen Jakow Sawjalow.

Gleichfalls in der Glockenwand hängt die Glocke Reut (die Wohlklingende), die besonderes Interesse verdient: Sie stammt von dem berühmten Gießer Andrej Tschochow, der auch die Zar-Puschka gegossen hat. Ferner befindet sich im Filaretow-Anbau die Glocke eines anderen bekannten russischen Gießers: Iwan Motorin, Schöpfer der Zar-Kolokol. Seine für die Glockenwand angefertigte »Alltagsglocke« wiegt über 13 Tonnen. Etliche Glocken befinden sich auch im Glockenturm selbst. Die schwersten mit einem Gewicht von fünf bis sieben Tonnen hängen im unteren Geschoß, darüber die leichteren, wozu zwei ganz kleine gehören, die einen sehr melodischen Klang haben. Wahrscheinlich enthielt die Schmelze, aus der sie gegossen worden sind, einen erheblichen Anteil an Silber. Im oberen Geschoß sind nur drei Glocken angebracht, die schwerste 1,71 Tonnen wiegend. Insgesamt enthalten der Glockenturm, die Kirchenglockenwand und der Filaretow-Anbau 22 Glocken. Ursprünglich hingen sie alle an Holzbalken, Ende des 19. und Anfang des 20. Jahrhunderts wurden sie jedoch an einer haltbareren Metallkonstruktion befestigt.

In den letzten Jahrzehnten erfolgten ständige Teilrestaurierungen des gesamten Komplexes; die Kuppeln des Turmes Iwan Weliki und der Glockenwand erhielten eine neue Vergoldung, die Fundamente wurden gefestigt. Gegenwärtig wird eine weitere Etappe der Forschungsarbeiten abgeschlossen und ein neues Projekt zur komplexen Restaurierung des gesamten Ensembles erarbeitet.

DIE RÜSTKAMMER

UNWEIT des Borowizki-Tors erstreckt sich ein zweigeschossiges Museumsgebäude, das unter der Bezeichnung »Rüstkammer« weltbekannt geworden ist. In dieser Schatzkammer der russischen und ausländischen angewandten Kunst sind kostbare, zum Teil einmalige Gegenstände vereint. Vieles davon wurde direkt in den Werkstätten des Kreml und in verschiedenen Kunstzentren Rußlands geschaffen, anderes bei ausländischen Händlern für die Paläste der Großfürsten und Zaren gekauft oder von Gesandten aus dem Ausland als Geschenk für den Moskauer Staat nach Rußland gebracht. Die meisten Exponate haben nicht nur einen hohen künstlerischen Wert, sondern sind auch mit wichtigen Ereignissen und Aktivitäten ihrer Zeit verbunden. Unter anderem werden hier Kriegstrophäen vergangener Jahrhunderte aufbewahrt, die vom unvergänglichen Ruhm des russischen Volkes im Kampf gegen seine Feinde künden.

Die Geschichte der Rüstkammer – eines der ältesten und beliebtesten Museen der Sowjetunion – führt in die Tiefe vergangener Jahrhunderte zurück und ist eng verbunden mit dem Wachstum und der Konsolidierung des russischen zentralisierten Staates.

Ab dem 14. Jahrhundert war Moskau die Kraft, die die russischen Lande, auf denen das mongolisch-tatarische Joch lastete, vereinte. Zugleich mit der Festigung der Macht der Moskauer Fürsten sammelten sich allmählich Reichtümer an, die in verschiedenen Aufbewahrungsstätten im Kreml zusammengetragen wurden.

Bei der Herausbildung des großfürstlichen Schatzes fand die politische Entwicklung des Moskauer Staates vielfältigen Niederschlag. Einige in schriftlichen Nachlaß-Dokumenten des Moskauer Fürsten Iwan Kalita (1325–1340) aufgezählte Kostbarkeiten wie die goldene Schapka (Krone) und die Barmen (großer Schmuck) wurden zu regelrechten Reliquien, die jeweils dem ältesten Sohn übereignet wurden. Unter Iwan III. (1462–1505) festigte sich die Bedeutung dieser Gegenstände sowie der Sardonyx-Schatulle und der »Kreuzkette« als politischer Symbole, und in Nachlaß-Urkunden Iwan Grosnys (1533–1584) sind sie erstmals als »Geschenke des byzantinischen Kaisers« gekennzeichnet, womit die alte These, daß die Moskauer Herrscher Erbfolger der byzantinischen Regenten seien, zu einem offiziell beurkundeten Fakt erhoben wurde.

Der durch Ankäufe wertvoller Gegenstände in anderen Ländern und durch Gesandten-Geschenke vermehrte Schatz bezeugt aufs eindrucksvollste die gestiegene internationale Autorität des jungen Moskauer Staates wie auch die gewachsene Bedeutung der großfürstlichen Macht unter Iwan III. Seine politischen Erfolge wiederum wirkten sich auf das weitere Anwachsen seiner Schätze aus. So ließ er den Chronisten zufolge in den Jahren 1476–1478 aus dem Moskau angegliederten Nowgorod dreihundert Wagenladungen äußerst kostbarer Gegenstände in die Hauptstadt überführen, darunter zahlreiche Gold- und Silbergefäße – »Perlen, Gold und Silber von großem Wert«. In seinem Vermächtnis erwähnt Iwan III. schon nicht mehr einzelne Stücke, sondern spricht ganz allgemein von Kostbarkeiten, die als Erbteil für seinen ältesten Sohn Wassili III. gedacht waren, und zählt versiegelte Kästchen auf, die er seinem jüngsten Sohn zurücklassen wolle.

Im 16. und 17. Jahrhundert, einer Zeit, in der die Tätigkeit in den Kremlwerkstätten sich zu hoher Blüte entfaltete, füllte sich die Schatzkammer mit unterschiedlichsten russischen Arbeiten. Welchen Umfang der Zarenschatz unter Iwan Grosny hatte, läßt unter anderem die Tatsache ahnen, daß 1571/72, als ein Überfall des Krimkhans Dewlet-Girai auf Moskau drohte, zwei Trosse mit kostbaren Gegenständen aus dem Kreml nach Nowgorod geschickt wurden, für deren Überführung 450 Schlitten nötig waren.

Ausländer, die im 16. und 17. Jahrhundert in die Rus kamen, schrieben begeistert und voll Bewunderung über die unermeßlichen Reichtümer, die sich in der Schatzkammer des Zaren angesammelt hatten, über die Pracht der mit Edelsteinen übersäten Zarenregalien, Gewänder und Pferdegeschirre. »Im Moskauer Herrscherpalast gibt es so viel Silber und Gold«, äußerte der deutsche Kaiserliche Gesandte Kobenzl im 16. Jahrhundert, »daß es schier unmöglich ist, alle Gefäße aufzuzählen.«

Den größten Raum in diesen Erinnerungen nehmen die Berichte über die prächtige Kleidung des Zaren und seiner Familienmitglieder ein. Die Gesandten erwähnten vor allem den Überfluß an Edelsteinen und Perlen. Unter

Boris Godunow wurde es zur Regel, den Vertretern ausländischer Staaten den Zarenschatz vorzuführen. 1599 äußerte ein Besucher aus Persien, man könne sich den Reichtum der Schatzkammer »ebenso schwer vorstellen wie ihn schildern«. Und weiter: »Das Arsenal ist so groß und wohlgefüllt, daß damit zwanzigtausend Reiter bewaffnet werden könnten.«

Der von den Moskauer Großfürsten und Zaren angehäufte Reichtum wurde in verschiedenen Aufbewahrungsstätten und Speichern gelagert. Bis zum Beginn des 18. Jahrhunderts gab es im Moskauer Kreml vier wichtige Sammelstätten: den Schatzhof, die Betten- oder Werkstattkammer, in der Kleidungsstücke und Bettzeug für die Zarenfamilie genäht und verwahrt wurden, die Waffen- oder Rüstkammer und das Stallamt (mit dem Marstallschatz).

Alle angeführten Sammelstätten bildeten sich schon im 16. Jahrhundert heraus, und einige entstanden noch früher. So wurde 1484/85 für den großfürstlichen Schatz zwischen der Erzengel- und der Verkündigungs-Kathedrale ein Steingebäude errichtet, das die Bezeichnung »Schatzkammer« erhielt. In Dokumenten vom Anfang des 17. Jahrhunderts ist die Rede davon, daß hier »der ganze Staatsschatz, die Gewänder und Zarenkronen, Gold- und Silbergefäße, Samt, Atlas, Golddamast, Zobel, Füchse und Gelder aufbewahrt werden«.

In der ersten Hälfte des 17. Jahrhunderts befand sich in der Schatzkammer das große Zarenornat – die Regalien, vor allem die Prunkgewänder und eine Reihe von kostbaren Gegenständen, die für die Zarenkrönung und andere feierliche Zeremonien bestimmt waren. Hier wurden auch die Werke des religiösen Kults und verschiedene kirchliche Heiligtümer aus dem »orthodoxen« Orient aufbewahrt. In die Schatzkammer gelangten die Gesandtengeschenke und viel kostbares Geschirr, das bei bedeutenden Anlässen die Tafel des Zaren und seiner Familienmitglieder schmückte.

In der sogenannten Bettenkammer, die offensichtlich Ende des 15. bis Anfang des 16. Jahrhunderts entstanden und später in die Hofwerkstätten umgewandelt worden ist, arbeiteten die geschicktesten Meisterinnen – Goldstickerinnen, von denen die Gewänder mit farbiger Seide sowie Gold- und Silberfäden und Perlen bestickt und mit Edelsteinen verziert wurden.

Die Rüstkammer fand in der Chronik erstmals 1508 Erwähnung. Sie war nicht nur Aufbewahrungsstätte für inländische und eingeführte Waffen, sondern auch eine Produktionsstätte, in der sowohl Kampf- als auch Gala- und Jagdausrüstungen hergestellt wurden. Kunstvoll mit Goldriffelung, Ziselierung, Inkrustation und Gravierung verziert, zeichnen sich diese Waffen zugleich durch einen hohen technischen Stand aus, durch den sie den besten europäischen Beispielen nicht nachstanden. Im 17. Jahrhundert genossen Arbeiten solcher Meister wie Nikita Dawydow, Grigori Wjatkin, Dmitri Konowalow und vieler anderer verdienten Ruhm.

In der zweiten Hälfte des 17. Jahrhunderts stellte die Rüstkammer einen komplizierten Organismus dar, um so mehr, als sie seit Anfang der vierziger Jahre dieses Jahrhunderts auch für Hofikonenmaler und später für die Hofmaler zuständig war, unter denen viele einen bekannten Namen haben.

Etwa zur gleichen Zeit wie die Rüstkammer entstand das Stallamt, das eigene Werkstätten besaß. In ihnen wurden Equipagen sowie verschiedenes Zubehör zu prunkvollem Pferdegeschirr angefertigt.

Außerdem gab es im 17. Jahrhundert im Kreml noch zwei wichtige Einrichtungen, und zwar die Gold- und die Silberkammer, die ausschließlich als Produktionswerkstätten dienten. Sie belieferten den Zarenhof mit mannigfaltigen Gegenständen aus Edelmetallen. Hier waren begabte Juweliere tätig, unter deren Händen herrliche, in ihrer künstlerischen Gestaltung hervorragende Werke entstanden, verziert mit samtartigem Niello, vielfarbigem Email und feinem Filigran.

Seit Ende des 17. Jahrhunderts wurde die Wirksamkeit der Kremlwerkstätten erheblich eingeschränkt und 1711 auf Grund der Umsetzung der Mehrzahl der Meister in die neue Hauptstadt Petersburg fast gänzlich eingestellt.

1727 erfolgte eine Zusammenlegung dieser Schatzkammern und Werkstätten des Kreml unter der Bezeichnung »Werkstatt und Rüstkammer«, und in dieser Sammelstätte kam es zu einer Konzentration riesiger materieller und künstlerischer Werte. Diese Einrichtung war keineswegs als eine zufällige Sammlung von Kostbarkeiten anzusehen, da in den oben genannten Aufbewahrungsstätten bereits seit langem der Prozeß der Herausbildung eines »musealen Kerns« vor sich gegangen war, der aus Erbstücken bestand, die mit diesem oder jenem wichtigen Ereignis, mit Denkmälern der vaterländischen Geschichte und mit bedeutenden Persönlichkeiten zusammenhingen oder auf Grund ihres Alters oder ihrer besonders kunstvollen Ausführung sorgfältig aufbewahrt wurden.

Unter Peter I. und seinen Nachfolgern wurde den Kunstschätzen des alten Kreml nicht die gebührende Beachtung geschenkt. Die Gegenstände befanden sich in feuchten Räumlichkeiten und waren dem Verfall preisgegeben. Erst Mitte des 18. Jahrhunderts wurde dem Direktor der Moskauer Universität, A. Argamakow, nahegelegt, die Schatzkammer des Kreml einer Prüfung zu unterziehen mit dem Ziel, die Bedingungen für die Aufbewahrung der Kostbarkeiten zu verbessern. Nachdem sich Argamakow eingehend mit dem Stand der Dinge vertraut gemacht hatte, wandte er sich im Oktober 1754 an die Regierung mit dem Vorschlag, eine strenge Systematisierung der Sachwerte vorzunehmen und alle Gegenstände zu inventarisieren. Außerdem wies er dringlich auf die Notwendigkeit hin, ein spezielles Gebäude für die Aufbewahrung der Schätze zu schaffen, und brachte abschließend den Wunsch zum Ausdruck, »einen Tag in der Woche festzusetzen, an dem sie Interessenten gezeigt werden können«, d.h. die »Werkstatt und Rüstkammer« in ein allen zugängliches Museum zu verwandeln.

Das neue Gebäude wurde zwar unter großen Schwierigkeiten errichtet, mußte aber bald darauf im Zusammenhang mit den Vorbereitungen für das Bauprojekt des Großen Kremlpalastes wieder abgerissen werden.

Zu einem Wendepunkt im Schicksal der Kremlsammlungen wurde Anfang des 19.Jahrhunderts die Ernennung P.S.Walujews zum Leiter der Kremlkanzlei, zu deren Verantwortungsbereich die »Werkstatt und Rüstkammer« gehörte. Er ließ die ältesten und interessantesten Exponate von dem Historiker A.F.Malinowski inventarisieren, und im Ergebnis dieser Arbeiten erschien 1807 seine erste Publikation: »Historische Beschreibung des alten russischen Museums«.

Walujew wandte sich an Alexander I., verwies auf die schlechten Aufbewahrungsmöglichkeiten für die Kostbarkeiten und ersuchte darum, so schnell wie möglich mit der Errichtung »neuer Appartements« für die Schätze zu beginnen. Am 10. März 1806 unterschrieb Alexander I. einen Erlaß, durch den die Rüstkammer als eine für interessierte Besucher zugängliche Aufbewahrungsstätte anerkannt wurde, mit anderen Worten: als offizielles Museum.

Mit dem Bau des Museumsgebäudes wurde der Architekt Iwan Wassiljewitsch Jegotow beauftragt. 1810 war das Gebäude fertig. Doch 1812, als sich die Truppen Napoleons Moskau näherten, wurden die Schätze der »Werkstatt und Rüstkammer« nach Nishni Nowgorod (heute Gorki) überführt, von wo sie 1813 zurückkamen und im darauffolgenden Jahr endlich in dem neu errichteten Gebäude untergebracht wurden.

Im Verlauf des 19.Jahrhunderts füllte sich das Museum von Zeit zu Zeit mit neuen Exponaten. In die Rüstkammer gelangten der einzigartige, in Altrjasan gefundene Fürstenschmuck, der Helm, der dem Vater Alexander Newskis, Fürst Jaroslaw Wsewolodowitsch, gehört hatte, alte Rüstungen, darunter die Säbel der Anführer des Volksaufstandes von 1612, Kusma Minin und Dmitri Posharski. Unter Nikolaus I. wurde eine Sammlung russischer Ausrüstungen vom Anfang des 18.Jahrhunderts in die Rüstkammer aufgenommen. Damals erhielt sie auch herrliche alte Kutschen aus dem 17. und 18.Jahrhundert. Die Sammler M.P.Pogodin und P.F.Korobanow übergaben der Schatzkammer von ihnen zusammengetragene Kunstwerke.

Die Erweiterung der Kollektionen und die wachsende Besucherzahl machten den Bau eines neuen Museumsgebäudes dringend erforderlich, der in den Jahren 1844–1851 nach dem Projekt des Architekten Konstantin Andrejewitsch Thon erfolgte. In diesem Gebäude befindet sich die Rüstkammer noch heute.

Während der zweiten Hälfte des 19.Jahrhunderts wurden bedeutende wissenschaftliche Kräfte zur Arbeit in dem Museum herangezogen. Über vierzig Jahre war der Kunstwissenschaftler und Archäologe G.D.Filimonow in der Rüstkammer tätig. Unter seiner unmittelbaren Beteiligung entstanden die erste mehrbändige Beschreibung der Museumssammlungen, der erste wissenschaftliche Katalog, der wertvolles Illustrationsmaterial enthielt, Wiedergaben von Stempeln, Inschriften, Wappen sowie Auszüge aus alten Archivdokumenten. Diese 1884–1893 erschienene Beschreibung hat bis heute nichts von ihrer wissenschaftlichen Bedeutung eingebüßt.

Obwohl das Ansehen der Rüstkammer von Jahr zu Jahr wuchs, trug sie bis zur Großen Sozialistischen Oktoberrevolution den Charakter eines Hofmuseums, das nur von einem »schicklich gekleideten Publikum« besucht werden durfte. Nach der Überführung der Denkmäler der Geschichte und Kultur in Staatseigentum wurden ihre Sammlungen Eigentum des ganzen Volkes. Auf dem VIII. Parteitag der KPdSU(B) 1919 wurde u.a. folgende Programmthese angenommen: »Den Werktätigen sind alle Schätze der Kunst zu erschließen und zugänglich zu machen, die auf der Grundlage der Ausbeutung ihrer Arbeit geschaffen worden sind und sich bisher in der ausschließlichen Verfügung der Ausbeuter befanden.«

Die Museumssammlung wuchs nach der Oktoberrevolution ganz erheblich. In die Rüstkammer wurden herrliche Kunstwerke aus den Kreml-Kathedralen, aus der Patriarchensakristei, aus aufgelösten Kirchen und Klöstern, aus Palastbesitz und Privatsammlungen überführt. Zugleich setzten eine intensive Erforschung der Denkmäler, ihre wissenschaftliche Systematisierung und ihre Restaurierung ein.

Heute sind die Museumskollektionen in neun geräumigen Sälen untergebracht. Etwa 8000 Exponate zählt allein die Waffensammlung. Der Besucher hat die Möglichkeit, sich hier mit den verschiedenen Arten von Rüstungen bis hin zu Platten- und Ringpanzern, Hieb-, Stoß- und Schußwaffen bekanntzumachen und in ihrer künstlerischen Ausführung hervorragende Beispiele russischer, orientalischer und westeuropäischer Prunkausrüstungen zu sehen, die Trophäen der Schlacht von Poltawa (1709), Ausstellungsstücke, die an den Vaterländischen Krieg von 1812 erinnern, und anderes mehr.

Ungemein kostbar und interessant ist die Kollektion russischer Gold- und Silbergegenstände, die sowohl Werke profaner als auch kirchlicher Bestimmung einschließt. Sie stammen aus verschiedenen Kunstzentren Rußlands – Moskau, Petersburg, Nowgorod, Pskow sowie anderen Städten des russischen Nordens und des Wolgagebiets – und ermöglichen es, die unterschiedlichen Arten der Bearbeitung und Verzierung von Gegenständen aus Edelmetall kennenzulernen. Anschaulich zeigt die Kollektion die Entwicklung der russischen Gold- und Silberschmiedekunst im Verlauf von gut acht Jahrhunderten und offenbart Schritt für Schritt die Evolution der Formen und Ornamente und den Wandel der Kunststile.

Die in bezug auf ihren Umfang und ihre künstlerische Bedeutung hervorragende Sammlung an westeuropäischem Silber ist einzigartig in der Welt. Ihren Grundbestand bilden Diplomatengeschenke, die dem russischen Zaren von ausländischen Gesandten überbracht wurden. Diese Werke sind kennzeichnend für die diplomatischen Handelsbeziehungen Rußlands mit England, Holland, Dänemark, Schweden, Deutschland, Österreich und Polen und spiegeln sehr deutlich und umfassend die Kunst verschiedener europäischer Zentren der Silberschmiedekunst wider.

Hierunter fällt eine äußerst seltene Sammlung an englischem Silber aus dem 16. und 17. Jahrhundert. Es ist bekannt, daß in England viele kostbare Gefäße, Silbergerät und Schmuck in der Zeit der bürgerlichen Revolution Mitte des 17. Jahrhunderts der Zerstörung anheimgefallen sind. Deshalb stellt der Bestand an englischem Silber im Kreml eine in ihrer Art einzigartige Kollektion dar.

Mehr als tausend Gegenstände zählt der Fundus deutscher Silberarbeiten. Ihr chronologischer Rahmen umspannt vier Jahrhunderte. Ferner birgt die Rüstkammer eine nicht nur dem Umfang nach, sondern auch in ihrem künstlerischen Niveau prachtvolle und interessante Kollektion an holländischem Silber des 17. Jahrhunderts sowie Werke französischer Gold- und Silberschmiede vornehmlich aus dem 18. und 19. Jahrhundert.

In der Rüstkammer wird eine überaus reichhaltige Sammlung an wertvollen Stoffen aufbewahrt, beginnend mit dem 14. Jahrhundert. Sie vereint die besten Beispiele der Textilkunst Rußlands und auch vieler anderer Länder des Orients wie des Okzidents, darunter aus Byzanz, dem Iran, der Türkei, China, Italien, Spanien, Frankreich. Dabei werden die Gewebe im Unterschied zu den Kollektionen der meisten anderen Museen nicht als Fragmente vorgestellt, sondern in Form von Fertigerzeugnissen: weltlicher Prunkkleidung, Gewändern der hohen Geistlichkeit, Decken für die Galapferde, Sargdecken usw. In dem Kremlmuseum werden außerdem Werke der dekorativen Stickerei aufbewahrt; dazu zählen die berühmten figürlichen Stickereien, die als »Nadelmalerei« bezeichnet werden, sowie russische und westeuropäische Gobelins.

Interessante Ausstellungsstücke sind auch jene Gegenstände, die einst den Stallamtschatz bildeten – Parade-Pferdegeschirr russischer und ausländischer Arbeit sowie Equipagen des 17. bis 18. Jahrhunderts. Als wertvollste Ausstellungsstücke gelten die alten Staatsregalien: Throne, Kronen, Zepter, Reichsäpfel und andere Machtsymbole, die von den besten Meistern ihrer Zeit ausgeführt worden sind und deshalb hervorragende Kunstwerke darstellen. Außerdem wird in der Rüstkammer eine ausgezeichnete kleine Sammlung an byzantinischer Kunst des 5. bis 15. Jahrhunderts aufbewahrt, vor allem Werke der Glyptik. Und schließlich gibt es eine Kollektion an Glas und Porzellan, Orden, Münzen, Medaillen und Uhren.

Die in diesem Museum ausgestellten Werke nötigen den Besuchern hohe Achtung vor dem Können der Meister vergangener Zeiten ab, die diese wundervollen Kunstzeugnisse geschaffen haben.

111 Die Rüstkammer. 1844–1851

112 Außenansicht und Fassadenausschnitt

113 Barmen. Rjasan (?), 12. bis Anfang 13. Jh.
Medaillon-Durchmesser 9–10 cm
Gold, Edelsteine, Perlen, Filigran, Granulation
Die sogenannten Barmen gehören mit einer ganzen Reihe weiterer Schmuckgegenstände zu einem Schatz, den Bauern 1822 bei Rjasan gefunden haben, einer alten russischen Stadt, die als erste in die Hände der tatarisch-mongolischen Horden gefallen war.

Nach dem edlen Material und der außergewöhnlichen Meisterschaft in der Ausführung zu urteilen, gehörte dieser Schatz der Familie eines Großfürsten. Bei den Barmen handelt es sich um einen großen Hals- bzw. Brustschmuck mit Hängemedaillons, der über dem Prunkgewand getragen wurde. Die dekorativen gerundeten Edelsteine – Almandine, Saphire und Amethyste – schimmern weich auf einem scheinbar schwebenden goldenen Filigranfond, dessen spiralige Ranken die Steine von allen Seiten umspielen. Prächtige, seitlich durchbrochene und auf feinen Stiften wie auf Säulchen ruhende Fassungen betten die Steine ein, die sich auf diese Weise leicht über den in mehrschichtiger Filigrantechnik ausgeführten spitzenartigen Grund erheben.

Die Frage, wo diese hervorragenden Werke altrussischer Juwelierkunst entstanden sind, konnte bisher noch nicht endgültig geklärt werden. Einzelne Wissenschaftler neigen dazu, sie als Arbeit Rjasaner Meister anzusehen. Dafür sprechen sowohl der Fundplatz als auch be-

stimmte Merkmale, die diese Gegenstände von Juwelier-
erzeugnissen Kiews oder anderer Kunstzentren unterscheiden. Auf der anderen Seite ist Schmuck in der Art
dieses Schatzes bisher im alten Rjasan nicht mehr gefunden worden. Deshalb kann nicht ausgeschlossen werden, daß die Gegenstände aus anderen Landesteilen eingeführt worden sind. Außer Zweifel jedoch steht ihre russische Herkunft.

114 Diadem der Gottesmutter Bogoljubskaja. Moskau,
Ende 14. bis Anfang 15.Jh.
Höhe der Zacken 11,5 cm, Breite je 8 cm
Gold, Edelsteine, Perlen, Filigran, Granulation
Das Diadem zierte seinerzeit die Ikone »Gottesmutter
Bogoljubskaja«, die zu den am meisten verehrten Ikonen
der Verkündigungs-Kathedrale des Moskauer Kreml gehörte. In der Zeit, in der sich die napoleonische Armee in
Moskau aufhielt, ist die Tafel spurlos verschwunden. Einzelne Teile ihres reichen Beschlags haben sich durch Zufall erhalten, darunter die herrliche goldene »Krone«, die
aus fünf Platten mit dreilappigem Oberteil besteht. Eine
ähnliche Diademform aus dem 15.Jahrhundert findet
man beispielsweise auf dem Filigranbeschlag der berühmten Ikone »Gottesmutter von Wladimir«, die im Auftrag des Metropoliten Foti angefertigt worden ist.

Bewundernswert ist der reiche Dekor des Diadems.
Das Filigranmuster besteht aus Spiralranken, die in Gra-
nulatkügelchen enden. Außerdem zieren Perlen und
Edelsteine das Diadem in reicher Fülle. Im Charakter des
Filigranornaments und der Gestaltung der Edelsteine
weist es Bezüge zu Kunstwerken des 12.Jahrhunderts auf,
vor allem zu Gegenständen aus dem Rjasaner Schatz.
Dies war typisch für die Moskauer Kunst des 14. und beginnenden 15.Jahrhunderts, die in jener Zeit nach der
tatarisch-mongolischen Herrschaft aus den verschiedensten Quellen neue schöpferische Impulse erhielt.

115 Anhänger eines Kopfschmucks (Kolt). Rjasan (?),
12. bis Anfang 13.Jh.
Durchmesser 12,5 cm
Gold, Edelsteine, Perlen, Email, Filigran, Granulation
Diese großen goldenen Anhänger, von denen zwei gefunden worden sind, wurden mit aromatischen Substanzen
gefüllt und an einem Kopfschmuck befestigt. Auf der Vorderseite sind die Brustbilder der Fürsten Boris und Gleb
angebracht. Sie wurden in Email Cloisonné (Zellenschmelz oder Stegemail) ausgeführt, eine komplizierte
Technik, die die Kunsthandwerker der Rus im 11. bis
13.Jahrhundert neben dem Filigran glänzend beherrsch-
ten. Die klaren dunklen Töne des Emails, die durch ein
feines Netz von Stegen voneinander abgegrenzt sind, harmonieren wundervoll mit dem goldenen Hintergrund.

Besondere Beachtung verdient bei dem Rjasaner
Schatz die Vielfalt und Schönheit der Filigranornamente.
Um das Mittelrondell schwingen feine herzförmige Ornamente auf glattem Metallgrund. Auf der Rückseite des
Anhängers erheben sich die aus gedrehtem Golddraht gebildeten, mit winzigen Kügelchen unterfütterten Spiralen
beträchtlich über die goldene Oberfläche, wodurch das
Ornament eine besondere Luftigkeit erhält. Ganz anders
als bei den Barmen sind hier die Steine gefaßt: Die breite,
geschwungene Umrandung aus blankem poliertem Gold
kontrastiert wirkungsvoll mit dem zierlichen durchbrochenen Filigranornament. Das Mittelmedaillon rahmte
noch ein Perlenbesatz, der jedoch weitgehend verloren-
gegangen ist.

116 Beschlag eines Evangeliars. Moskau, um 1415
117 Höhe 39,0 cm, Breite 34,0 cm
Pergament, Gold, Edelsteine, Perlen, Samt,
Ziselierung, Granulation
Durch eine hervorragende künstlerische Gestaltung verwandelten sich die liturgischen Bücher häufig in echte
Kunstwerke. Die Einbände der Evangeliare wurden mit
kostbaren Beschlägen verziert, die Buchseiten mit Miniaturen, farbenprächtigen Vignetten und Initialen.

Das hier gezeigte Evangeliar stammt aus der Mariä-
Himmelfahrts-Kathedrale des Moskauer Kreml. Der Beschlag des Einbanddeckels wurde im Auftrag des Metropoliten Foti angefertigt und gehört zu den äußerst seltenen Zeugnissen der angewandten Kunst aus dem ersten
Drittel des 15.Jahrhunderts. Die Komposition der Ein-
banddeckel ist ungewöhnlich für russische Beschläge. In
der Mitte sind Christus in der Vorhölle und die Evangeli-
stensymbole wiedergegeben, in den Ecken Metropoliten,
und um das Medaillon verteilen sich Engel und die Zwölf
Apostel.

Die Oberfläche zwischen diesen Darstellungen ist von
einem komplizierten, spitzenartigen Filigranmuster
überzogen. Dabei sind die gedrehten Golddrähte, die das
Ornament bilden, nicht einfach auf die Metalloberfläche
gelötet, sondern auf gewölbte goldene Plättchen aufgelegt. Zwischen dem Dekor leuchten gerundete Smaragde, Saphire und Amethyste, die die Wirkung des prachtvollen Beschlags erhöhen. Der Metropolit Foti wies der
Schaffung dieses Kunstwerks eine besondere Bedeutung
zu: Der Einband entstand in einer Zeit schwieriger
Kämpfe um die Einheit der russischen Kirche; dem entsprachen die Motive auf dem Beschlag und die ungewöhnlich prunkvolle Gestaltung.

118 Kelch. Wladimir-Susdaler Rus, 12.Jh.
Höhe 26 cm, Durchmesser der Schale 19,5 cm
Silber, Gravierung, Ziselierung, Vergoldung

Dieser silberne Kelch ist eines der wertvollsten Werke der angewandten Kunst der vormongolischen Rus. Die strenge, edle Form und die erstaunliche Proportionalität aller Teile vereinen sich mit der klaren Logik und harmonischen Gliederung des Dekors. Auf der glatten Schalenwandung sind Medaillons mit der für das 12.Jahrhundert charakteristischen Konturdarstellung der Deesis eingraviert – einer kanonischen Reihe von Heiligen. Darüber läuft um den Rand des Kelches eine traditionelle liturgische Inschrift mit Gebetsworten in feinen, ebenfalls eingravierten Buchstaben.

Erlesenen Geschmack verrät auch die Gestaltung des unteren Gefäßteils. Der bauchige »Apfel« ist in mandelförmige Abschnitte gegliedert und scheint aus den langen feinen Blütenblättern zu quellen, unter denen stilisierte Akanthusblätter mit sich einrollendem Rand hervortreten. Geschickt hat der Meister den Wechsel von vergoldeten und silbern belassenen Flächen für die dekorative Gestaltung des Gefäßes eingesetzt.

Genaue Angaben über die Herstellungszeit des Kelches gibt es nicht. Er kann jedoch der Mitte des 12.Jahrhunderts zugeschrieben werden, und zwar nicht nur auf Grund bestimmter stilistischer Merkmale, sondern auch deshalb, weil auf der Schale die Figur des hl. Georg eingraviert ist, dessen Darstellung es nahelegt, das Gefäß mit dem Fürsten Juri Dolgoruki in Verbindung zu bringen, der historischer Überlieferung zufolge als Begründer Moskaus gilt. Offenkundig hat er diesem prachtvollen Gegenstand der 1162 auf sein Geheiß errichteten Christi-Verklärungs-Kathedrale in Pereslawl-Salesski zum Geschenk gemacht.

119 Schale. Moskau, 1561
Durchmesser 41,5 cm, Gold, Ziselierung, Niello

Die goldene Schale ist eines der schönsten Werke in der angewandten Kunst des 16.Jahrhunderts. Auf ihrem Boden befindet sich eine in leicht erhabenen Umrissen einziselierte Blütenrosette mit stark geschwungenen Blättern, deren Bewegung auf den kaum erhöhten Rand überzuschwappen scheint. Über dessen schraffierten Fond läuft ein feines Ornament, das in seiner Leichtigkeit und Zartheit an eine Federzeichnung erinnert. Es ist in der damals sehr hoch entwickelten Niello-Technik ausgeführt. Auf den Erzeugnissen der Moskauer Meister zeichnete sich das Niello durch sein tiefes Schwarz aus, das auf dem warmen Goldfond zugleich eine eigentümliche samtartige Wirkung annahm. Die Symmetrie, Klarheit und grafische Feinheit des Niello-Ornaments wurde im 16.Jahrhundert zu einem bestimmenden Zug der russischen angewandten Kunst.

Zwischen den Stielen und Blättern sind sechs schmale Felder mit eingerollten Rändern angeordnet. Die darauf

befindliche Inschrift besagt, daß die Schale 1561 auf Geheiß des Zaren Iwan Grosny für die Zarin Maria Temrjukowna angefertigt worden ist. Der Zar schenkte sie seiner jungen Frau aus Anlaß ihrer Hochzeit. Nach russischem Brauch wurde der Braut zusammen mit der Hochzeitstracht auf einer solchen Schale der Kopfschmuck überreicht.

120 Weihrauchgefäß. Moskau, 1598
Höhe mit Kreuz 25 cm, Breite 10,2 cm
Gold, Edelsteine, Ziselierung, Niello

Ende des 16.Jahrhunderts schenkte die Zarin Irina Godunowa der Erzengel-Kathedrale des Moskauer Kreml einige kostbare Gegenstände zum Gedenken an ihren verstorbenen Mann Fjodor Iwanowitsch. Darunter befand sich dieses goldene Weihrauchgefäß. Es hat die Form einer altrussischen einkuppligen kubischen Kirche mit den für die Moskauer Architektur typischen zwei Kokoschniki-Reihen unterhalb des Tambours. Die Wände des Gefäßes sind mit Apostel-Darstellungen in Niello-Technik verziert. Graziös und anmutig wirken die Bewegungen der eleganten, schlanken Figuren in ihren leicht wehenden Gewändern. Ausgeführt von der Hand eines Künstlers, der glänzend zu zeichnen verstand, stellt diese Wiedergabe eine hervorragende Gravur in Gold dar.

Der gesamte obere Teil des Weihrauchgefäßes und der Fuß sind mit einem spinnwebfeinen floralen Niello-Muster bedeckt, Edelsteine, asymmetrisch und nur leicht geschliffen, heben sich farbenprächtig von dem goldenen Fond ab, doch fehlt ihnen das starke Funkeln facettierter Kristalle.

Die Schönheit dieses Kunstwerkes wurde von den Zeitgenossen gebührend geschätzt. Auf speziellen Erlaß des Patriarchen, des Hauptes der russischen Kirche, durfte es nur neunmal im Jahr zu besonders feierlichen Anlässen benutzt werden.

121 Evangeliar. Moskau 1499
Höhe 33 cm, Breite 22 cm
Papier, Silber, Guß, Gravierung, Filigran, Email, Vergoldung

Das Evangeliar von 1499 entstand im Auftrag des russischen Metropoliten Simon, der es der Mariä-Himmelfahrts-Kathedrale des Moskauer Kreml schenkte. Der Deckelbeschlag zeigt in der Mitte die Szene der Kreuzigung und an den Ecken die vier Evangelisten. Die Figuren der Heiligen mit den für das 15.Jahrhundert charakteristischen schlanken, leicht gelängten Proportionen sind auf transparenten Emailgrund gesetzt, dessen intensives Grün wundervoll mit dem weichen Ton des vergoldeten Silbers zusammenklingt. Der Raum zwischen den Darstellungen, die von kielbogenförmigen Arkaden gerahmt werden, ist mit einem feinen Filigranmuster ausgefüllt. Von Ringen umschlungene Büschel von Stielen mit spiralförmigen Ranken bedecken die Oberfläche des Buchdeckels wie dichte Spitze.

Trotz der Schlichtheit des Grundmotivs wirkt das von einem starken, klaren Rhythmus durchdrungene Filigran-Ornament sehr prunkvoll. Der Beschlag zeugt von dem hohen Stand der Moskauer Silberschmiedekunst des 15. Jahrhunderts.

122 Evangeliar. Moskau, 1571
123 Höhe 43 cm, Breite 27 cm
Papier, Gold, Edelsteine, Email, Ziselierung, Filigran, Granulation

Dieser goldene Evangeliar-Beschlag fasziniert durch die erlesene Pracht und die Geschlossenheit der dekorativen Ausstattung. Es scheint, als habe der Meister damit unter Beweis stellen wollen, daß er die verschiedensten Kunsttechniken beherrschte.

Ziselierte Medaillons mit den Evangelisten sowie der Darstellung der sog. Höllenfahrt Christi sind gegenüber früheren Werken in der Komposition wesentlich komplizierter geworden. Hier sind Architekturhintergründe und Landschaftswiedergaben einbezogen. Die Darstellungen, ausgeführt in relativ hohem Relief, heben sich deutlich von der durch Punzierung mattierten Fläche ab.

Die ganze Einbanddecke ist mit einem lockeren Filigranmuster überzogen: Blüten und Blättchen sind mit Email ausgefüllt, dessen frische, harmonische Farbzusammenstellung auf weichen, fein abgestuften Blautönen aufgebaut ist. Goldgelbe Topase, kirschrote Turmaline und die beliebtesten Edelsteine des 16. Jahrhunderts, Saphire, vervollständigen in ihren hohen ziselierten Fassungen aufs gelungenste die zarten, wohltuenden Emailfarben.

Schmale, glatte Bänder mit Niello-Inschriften, die sich aus Gebetsworten zusammensetzen, rahmen die Rondells und umflechten einige der Edelsteine, so daß dies alles zu einem unverrückbaren Bestandteil des gesamten Dekors verschmilzt.

Der Beschlag wurde auf Geheiß Iwan Grosnys für die Mariä-Himmelfahrt-Kathedrale angefertigt.

124 Reliquiar. Moskau, 1589
Länge 11,8 cm, Breite 6,5 cm, Tiefe 2 cm
Gold, Edelsteine, Perlen, Ziselierung, Niello

Das zur Aufbewahrung heiliger Reliquien bestimmte vergoldete Kästchen wurde im Auftrag des Zaren Fjodor Iwanowitsch für seine Frau Irina angefertigt.

Auf der Vorderseite des kleinen Behältnisses erscheint als Reliefdarstellung die auf dem Thron sitzende Gottesmutter mit dem Kinde. Der Fond ist mit einem feinteili-

gen floralen Niello-Muster bedeckt, in das geschickt das Gottesmutter- und das Christusmonogramm eingearbeitet sind. Dies alles wird von einer prächtigen breiten Einfassung gerahmt, die im Wechsel mit großen Perlen, leuchtend roten Rubinen und dunkelgrünen Smaragden besetzt ist.

Die Rückseite zeigt in Niello-Technik die Namensheilige der Zarin, die Märtyrerin Irina, mit einer Rolle und dem Kreuz in den Händen – ein hervorragendes Beispiel der grafischen Kunst des 16. Jahrhunderts. In der Einfassung dieser Darstellung heben sich komplizierte Niello-Flechtornamente deutlich von dem goldenen Fond ab, den ein fein graviertes Muster aus spiralförmig gedrehten Ranken bedeckt.

125 Beschlag der Ikone »Gottesmutter Hodegetria«.
Moskau, um 1560
Höhe 47,5 cm, Breite 38,5 cm
Gold, Edelsteine, Perlen, Email, Filigran, Niello

Auf dem Rahmen des Beschlags sind zehn Goldplättchen mit Niello-Darstellungen von Heiligen angeordnet, von denen sieben Namenspatrone der Mitglieder der Familie Iwans IV. waren, darunter der ersten Frau des Zaren, Anastasia Romanowna, und zweier ihrer Söhne. Wahrscheinlich ist die Hülle von Iwan Grosny nach dem Tod der Zarin 1560 der Erzengel-Kathedrale des Moskauer Kreml gestiftet worden.

Der Ikonenbeschlag stellt ein hervorragendes Beispiel russischen Kunsthandwerks aus dem 16. Jahrhundert dar. Trotz des Farbenreichtums zeichnet sich das Kolorit durch eine erstaunliche Geschlossenheit aus, was der Künstler vor allem durch vielfaches Wiederholen des farblichen Wechselspiels erreicht hat. Die Töne des Emails, der Edelsteine und deren Rahmungen korrespondieren ausgewogen miteinander. Hinzu kommen die großen Flächen der Saphire, die sich in ihrem klangvollen leuchtenden Blau unter den anderen Steinen besonders herausheben, so als wollten sie durch ihre Dominanz farblich die ganze Komposition zusammenhalten. Der Meister des 16. Jahrhunderts hat in seiner Vorliebe für das Pflanzenornament vielfach auch die Edelsteine zu eigenständigen floralen Elementen verwendet. Er hat sie auf dem Beschlag der Hodegetria (Hodigitria) mit verschiedenfarbigen Emailblättchen gerahmt und so gewissermaßen zum Herzstück zahlreicher herrlicher Blüten gemacht.

126 Bratina. Moskau, Zweites Viertel 17. Jh.
Höhe mit Deckel 15 cm
Gold, Edelsteine, Perlen, Niello

Die Bratina wurde häufig mit einem hohen, spitz zulaufenden Deckel angefertigt, der fließend in den Gefäßkörper übergeht und eine harmonische Bekrönung des Gegenstandes darstellt. Eine solche wundervolle Bratina wurde dem Zaren Michail Fjodorowitsch von Kaufleuten, den Gebrüdern Sudowstschikow, als Geschenk überreicht. Später beschloß der Zar, sie seiner zweiten Ehefrau Jewdokia Lukjanowna zu schenken, und beauftragte deshalb Kunsthandwerker damit, eine Niello-Inschrift in bereits vorhandenen Feldern anzubringen. Außerdem erschien dem Zaren die Ausstattung des Gefäßes offenbar nicht prunkvoll genug: Er befahl, die Bratina noch mit einem Perlenbesatz zu schmücken. So wirkt sie heute durch die kontrastvolle Verbindung von Niello, Gold, Perlen und leuchtenden Edelsteinen sehr festlich.

127 Jendowa. Moskau, 1644
Höhe 16,5 cm
Silber, Ziselierung, Gravierung, Vergoldung
Die Jendowa ist ein großes bauchiges Gefäß, aus dem Met, Bier und Wein ausgeschenkt wurden.

Bei der abgebildeten Jendowa vermochte der Kunsthandwerker die Gebrauchstüchtigkeit mit einer ausgesprochen dekorativen künstlerischen Gestaltung zu verbinden. Der Gefäßkörper wurde in große, löffelartig ausgetriebene Streifen unterteilt, deren starke wirbelartige Bewegung durch das zurückströmende Muster am Fußteil wieder aufgefangen wird. Das Licht funkelt auf der polierten Oberfläche der unverzierten »Löffel« und sprüht über das getriebene florale Reliefornament hin, das den mattierten Grund der anderen Segmente bedeckt. Der obere breite Rand scheint das kugelförmig aufgeblähte Gefäß regelrecht einzuschnüren. Aus der Inschrift auf dieser Einfassung geht hervor, daß die Jendowa 1644 für den Bojaren Wassili Iwanowitsch Streshnew gefertigt worden ist. Eine derartige Gefäßform war in der Rus lange Zeit sehr gebräuchlich, und ihre Darstellung findet sich häufig auf alten Fresken, Ikonen und Miniaturen. Erhalten hat sich jedoch nur diese hier abgebildete Jendowa, die zu der in Umfang und Wert einzigartigen Sammlung altrussischen Tischgeschirrs gehört.

128 Bratina. Moskau, Erstes Drittel 17.Jh.
Höhe 11 cm
Silber, Ziselierung, Gravierung, Vergoldung
Die Bratina, wie der Kowsch eine Trinkschale, ist in der Form aus dem volkstümlichen Gebrauchsgeschirr hervorgegangen. Diese Gefäße waren in den Bojarenhäusern und am Zarenhof sehr verbreitet und galten als unerläßliches Zubehör zur Festtafel. Mit Kwaß oder Bier gefüllt, machte sie die Runde von einem Gast zum anderen. Nicht selten diente dieses Gefäß auch als Gedenkschale, die mit Wasser oder süßem Met gefüllt auf das Grab eines Verstorbenen gestellt wurde.

Bei relativer Einfachheit der Form sind die Bratina außerordentlich mannigfaltig verziert. Ihre Oberfläche ist für gewöhnlich über und über mit einem floralen oder geometrischen Ornament bedeckt. Die dargestellte Bratina gehörte dem reichen und bekannten Botschaftsbeamten Iwan Tarassowitsch Gramotin. Sie weist spitz auslaufende ziselierte Felder auf, in die Pflanzenmotive eingeschrieben sind. Auf dem Kelchrand ist die Inschrift mit dem Besitzernamen von eingravierten Löwen, Greifen und Einhörnern umgeben.

129 Kowsch. Moskau, 1618
Länge 30 cm, Breite 20 cm, Höhe mit Griff 13 cm
Gold, Edelsteine, Perlen, Niello
Der Kowsch ist ein Gefäß von origineller nationaler Form. Es hat seinen Ursprung im Norden Rußlands, wo es zunächst in Holz und erstmals etwa im 14. Jahrhundert auch in Edelmetall ausgeführt wurde.

Bei Festmählern in den Zaren- und Fürstenpalästen trank man aus solchen Gold- und Silbergefäßen ein in alten Zeiten beliebtes Getränk: Met. Es wurde nach verschiedenen Rezepturen gebraut, wobei man es auf Beeren und anderen Früchten ziehen ließ. Daher unterscheiden sich Metgetränke untereinander nicht nur im Geschmack, sondern auch in der Farbe. Aus den goldenen Kowsch wurde roter Met getrunken, aus den silbernen weißer. Außerdem hatten diese kostbaren Gefäße noch eine andere Bestimmung: Sie wurden als Belohnung für die unterschiedlichsten Dienste verwendet.

Der abgebildete Kowsch, den Zar Michail Romanow von seiner Mutter als Geschenk erhielt, ist aus einem Stück Blattgold gehämmert. Die klare, schlichte Silhouette, die an einen fliegenden Vogel oder einen Nachen erinnert, und die weichen gerundeten Formen haben etwas ungemein Anziehendes. Die dekorative Ausstattung ist der Form des Gegenstandes untergeordnet und unterstreicht seine Eigenart. Ein dünnes aufgelegtes Plättchen mit Niello-Ornamentik, von Perlen umrahmt, setzt den Griff von der flachen Schale ab. Geradezu greifbar heben sich Edelsteine, eingebettet in hohe ziselierte Fassungen, von dem blanken Metall ab. Ein mächtiger Saphir thront auf dem Boden des Gefäßes. Wenn es mit bernsteingelbem Met gefüllt war, schillerte der Stein in faszinierendem Farbenspiel.

130 Teller. Moskau, 1667. Leonti Konstantinowitsch und Iwan Jurjew
Durchmesser 22 cm
Gold, Edelsteine, Email
Der prächtige Teller mit einem elegant gewellten Rand ist mit einem rhythmischen Muster aus vierblättrigen Blüten auf dünnen Stengeln verziert. Das Kolorit des

Email, das sich aus Verbindungen von Dunkelblau, verschieden getöntem Grün, milchigem Blau und bräunlichgoldenen Tönen zusammensetzt, ist ausgesprochen erlesen. In vollendeter Harmonie klingt es mit dem goldenen Fond zusammen. Trotz der ornamentalen Behandlung der Blumen findet sich in ihrer Wiedergabe nichts von jener Abstraktheit, die für das Pflanzenmuster des 16. Jahrhunderts charakteristisch war – die Blüten haben sich den realen Formen der Natur angenähert.

Da in der Rus im 17. Jahrhundert das Interesse an Wappendarstellungen erheblich wuchs, sind sie oft auf Gegenständen dieser Zeit anzutreffen. In der zweiten Hälfte des Jahrhunderts wandelte sich das Wappen des russischen Staates etwas: Der zweiköpfige Adler wurde – wie hier – unter drei Kronen mit dem Reichsapfel und dem Zepter in den Krallen wiedergegeben. Ein solches Wappen ist auch in der Mitte dieses Tellers angebracht.

131 Schale. Moskau, 1694
Höhe 10,4 cm
Gold, Edelsteine, Guß, Email

Die kleine Deckelschale schenkte Peter I. dem Zarewitsch Alexej, wie eine Inschrift auf dem Rand des Gefäßes besagt. Es wirkt sehr elegant und proportional. Hier taucht wieder das löffelförmige Motiv in der künstlerischen Ausstattung auf, das für russische Arbeiten aus Edelmetall typisch war. Die Art der Henkel weist auf das Vorbild westeuropäischer Gefäße hin. Für den Dekor der Schale wurden erhabene Elemente mit kleinen Steinen verwandt, auf einigen sind einzelne Diamanten angebracht, in der Mitte anderer leuchtend-rote Rubine. Solche Verzierungen wurden von den russischen Kunsthandwerkern gern für die verschiedensten Gegenstände eingesetzt. Auf unserer Schale sind sie elegant von zarten Zweigen gerahmt, die smaragdgrünes durchsichtiges Email bedeckt. Auf dem Deckel und dem Fuß hat der Künstler weißes undurchsichtiges Email mit zarten, vielfarbig schimmernden Gräsern und Vogeldarstellungen bemalt.

132 Evangeliar. Moskau, 1678
Höhe 45 cm, Breite 29,6 cm
Papier, Gold, Edelsteine, Ziselierung, Email

Dieser prunkvolle Einbandschmuck wurde von einer ganzen Gruppe von Meistern verschiedener kunsthandwerklicher Zweige geschaffen. In der Mitte des Beschlags ist eine plastisch herausgearbeitete »Kreuzigung« angeordnet, in den Ecken erscheinen die Evangelisten mit ihren Symbolen, und das Mittelmedaillon umgeben mehrere ovale Plättchen mit den Leidenswerkzeugen und der »Kreuzabnahme« sowie der »Grablegung«.

In der zweiten Hälfte des 17. Jahrhunderts eigneten sich die Kreml-Juweliere eine höchst komplizierte Technik an: das Überziehen erhaben herausgetriebener Darstellungen mit Email. Außerdem begannen sie, in großem Umfang die Malerei auf Emailfond anzuwenden. Die Farbpalette des Emails wurde wesentlich reichhaltiger und ungewöhnlich leuchtend. Es dominieren verschiedene rote sowie grüne und blaue Töne. Sie geben dem Kolorit des transparenten Email, durch das der milde Glanz des Goldgrundes hindurchschimmert, etwas ungemein Sattes und Klangvolles. Der bunte Emailschmuck leuchtet so intensiv, daß er in seiner Farbkraft mit dem Funkeln der zahlreichen Edelsteine wetteifern kann.

Wie die Ikonenmaler des 17. Jahrhunderts interessierten sich auch die Meister der angewandten Kunst in jener Zeit zunehmend für die Darstellung von Interieurs, Mobiliar und Landschaften. Mit großer Hingabe hat der Emailleur in den großen Eckfeldern in das ornamentale Muster schlanke Säulen, Möbel und andere Details einbezogen. Ergänzt wird die schimmernde Skala der Emailfarben durch einige Ajour-Elemente auf dem Beschlag, verziert mit Edelsteinen, und die Bildfelder sind mit Smaragden und Rubinen im Wechsel gesäumt – eine Zusammenstellung, die im 17. Jahrhundert sehr beliebt war.

133 Abendmahlskelch. Moskau, 1664
Höhe 26 cm, Durchmesser der Schale 16,5 cm
Gold, Edelsteine, Email

In der zweiten Hälfte des 17. Jahrhunderts begann sich selbst in der Juwelierkunst der allgemeine Prozeß der »Erstarrung der Kultur«, der die ganze Sphäre geistiger Tätigkeit des russischen Menschen erfaßte, bemerkbar zu machen. Viele Werke dieser Zeit faszinieren durch eine jubilierende Festlichkeit, die nicht nur profanen, sondern auch sakralen Kunstgegenständen eigen war. Das gilt zum Beispiel für den in den liturgischen Bestand eingegangenen Kelch, den die Bojarin Anna Iljinitschna Morosowa, die leibliche Schwester der Zarin, dem Tschudow-Kloster zum Gedenken an ihren verstorbenen Mann Boris Iwanowitsch Morosow übergeben hatte, einen einflußreichen Würdenträger, der Erzieher des jungen Zaren Alexej Michailowitsch gewesen war. Die Verbindung mit der Zarenfamilie mag erklären, daß der Auftrag der Witwe Morosows von erstklassigen Meistern der Kremlwerkstatt ausgeführt wurde.

Die Verzierung des Abendmahlskelches zeichnet sich durch einen zauberhaften »Durton« aus. Die Oberfläche des Gefäßes ist mit vielfarbig schimmernden Emailmustern und -blüten bedeckt. Sie umgeben gleich einem Geflecht die Medaillons mit der Darstellung des Kreuzes von Golgatha und Heiligen der Deesisreihe, die in leuchtenden Gewändern gezeigt sind.

134 Becher. Moskau, Ende 17.Jh.
Höhe 20,1 cm
Silber, Gravierung, Niello, Vergoldung

Hohe, sich nach oben leicht verbreiternde Becher aus Edelmetall sind seit dem 17.Jahrhundert in russischen Handschriften auf Miniaturen zu finden, die Tafelszenen wiedergeben.

Bei ihrer dekorativen Ausgestaltung treten in der zweiten Hälfte des 17.Jahrhunderts häufig Gravierung und Niello nebeneinander auf. Charakteristisch für diese Zeit ist das florale Muster mit großen, malerischen Blüten, die aus stark gebogenen Stielen mit prächtigen Blättern wachsen. In das Ornament sind Säugetiere und Vögel einbezogen.

Auf dem abgebildeten Silberbecher wurden in die zylindrische Form geschickt Einhorn, Hirsch und Widder eingeschrieben. Die blinkenden gravierten Muster heben sich eindrucksvoll von dem dunklen Hintergrund ab, der mit zarten Blüten und Gräsern in Niello-Technik bedeckt ist.

135 Schale. Solwytschegodsk, 17.Jh.
Durchmesser 15 cm
Silber, Email, Filigran

Weitab von Moskau, in der nördlichen Stadt Solwytschegodsk, entstanden Arbeiten wie die hier abgebildete. Solwytschegodsk war im 17.Jahrhundert eines der interessantesten russischen Kunstzentren, in dem sich ganz speziell die Emailkunst zu hoher Blüte entfaltete. In großer Anzahl wurden hier die unterschiedlichsten Gegenstände – von Körbchen, Kästchen, Messer- und Gabelgriffen bis zu Evangeliarbeschlägen – mit reicher Malerei auf schneeweißem Grund verziert. In hoher technischer Meisterschaft haben die Emailleure den weißen Schmelz auf die gerundete Wandung von Schalen und Bechern aufgebracht und dann mit farbenfrohen Kamillenblumen, Tulpen und Sonnenblumen bedeckt, wobei sie Blüten zu einer Girlande verflochten, die vollendet in die Form der Gegenstände eingeschrieben ist. Manchmal wurde das Emailmuster von Schnurziselierungen eingefaßt und der Metallfond belassen, wodurch ein anderer künstlerischer Effekt erzielt wird. Die Malerei, ausgeführt in leuchtendgelben, grünen, blauen und rosa- bis lilafarbenen Tönen, wird durch eine dunkle Schraffierung vervollständigt und dadurch die Aussagekraft des Musters erhöht.

Für ihre Werke griffen die Künstler von Solwytschegodsk häufig eigenständige Motive auf, die aus der Folklore, aus alten Büchern und von Gravuren entlehnt sind.

136 Kästchen. Solwytschegodsk, 17.Jh.
Höhe 11 cm, Tiefe 11 cm, Länge 19,5 cm
Silber, Email

In der alten Rus wurden die verschiedensten Alltagsgegenstände in schön verzierten Kästchen aufbewahrt. Das abgebildete Behältnis aus Solwytschegodsk ist nur 11 cm breit. Der Künstler hat die Wandungen mit großer Hingabe und Sorgfalt miniaturhaft ausgestaltet. Ein prächtiges Blütenornament ist geschickt in die rechteckigen Formen eingearbeitet. Den Deckel zieren zwischen dem floralen Ornament Darstellungen von Raubvögeln. Das Email erfreut das Auge durch die faszinierende Leuchtkraft der Farben. Solche Kästchen dienten zur Aufbewahrung von Schmuck, kostbaren Nippes und anderen kleinen Dingen und zugleich als Zierat im Interieur.

111, 112 Die Rüstkammer. Gesamtansicht der südlichen Fassade und Fassadendetail. 1844–1851

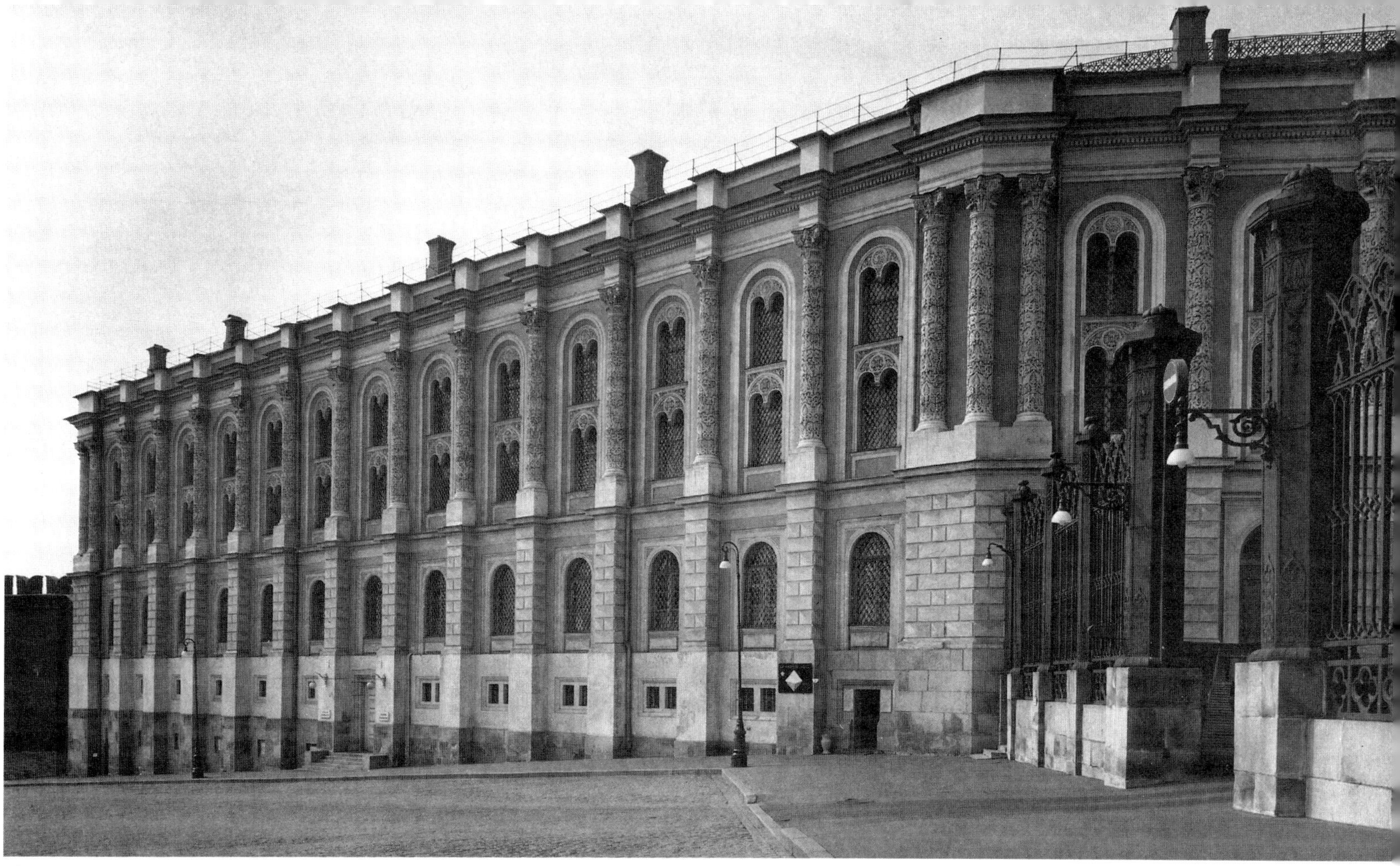

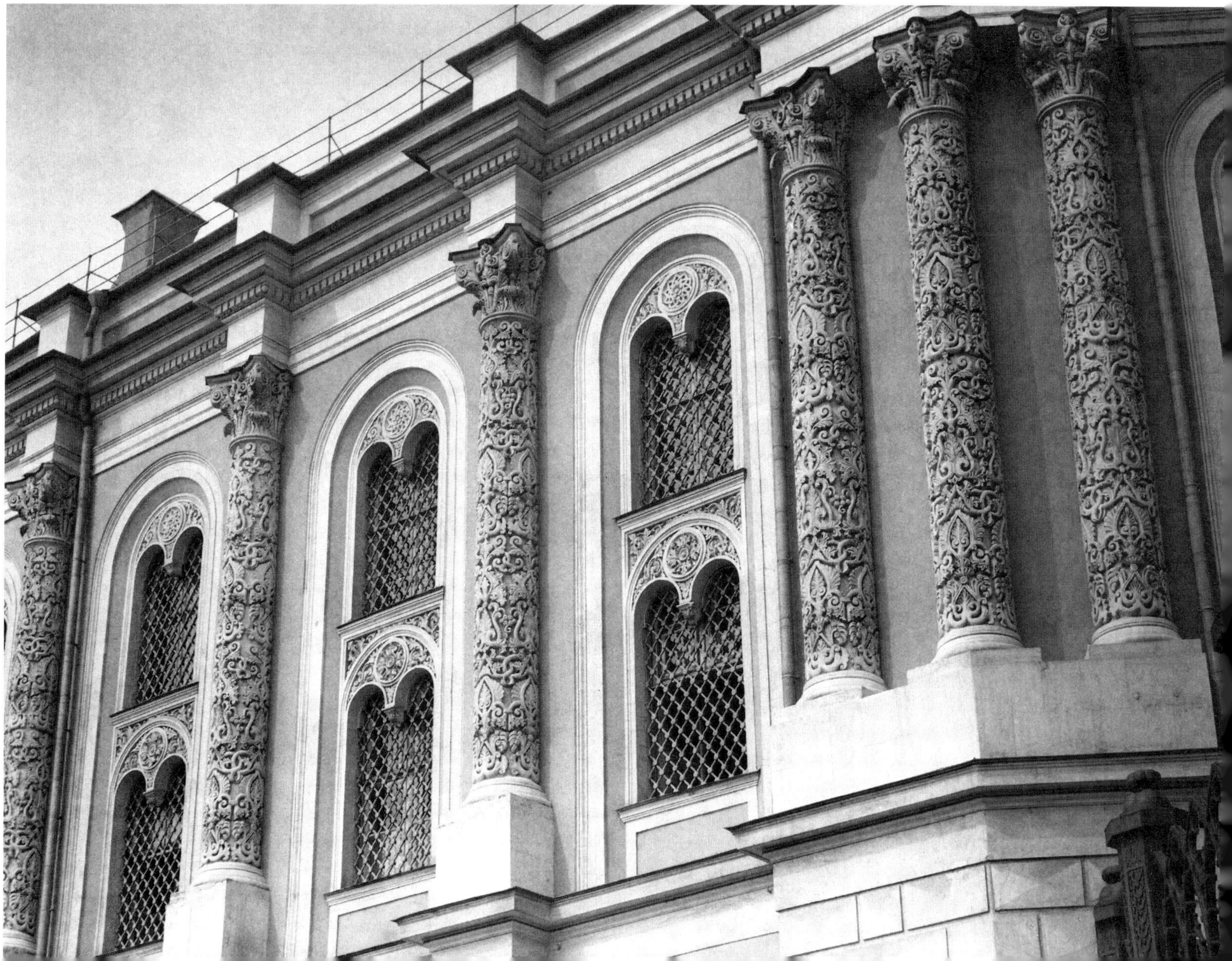

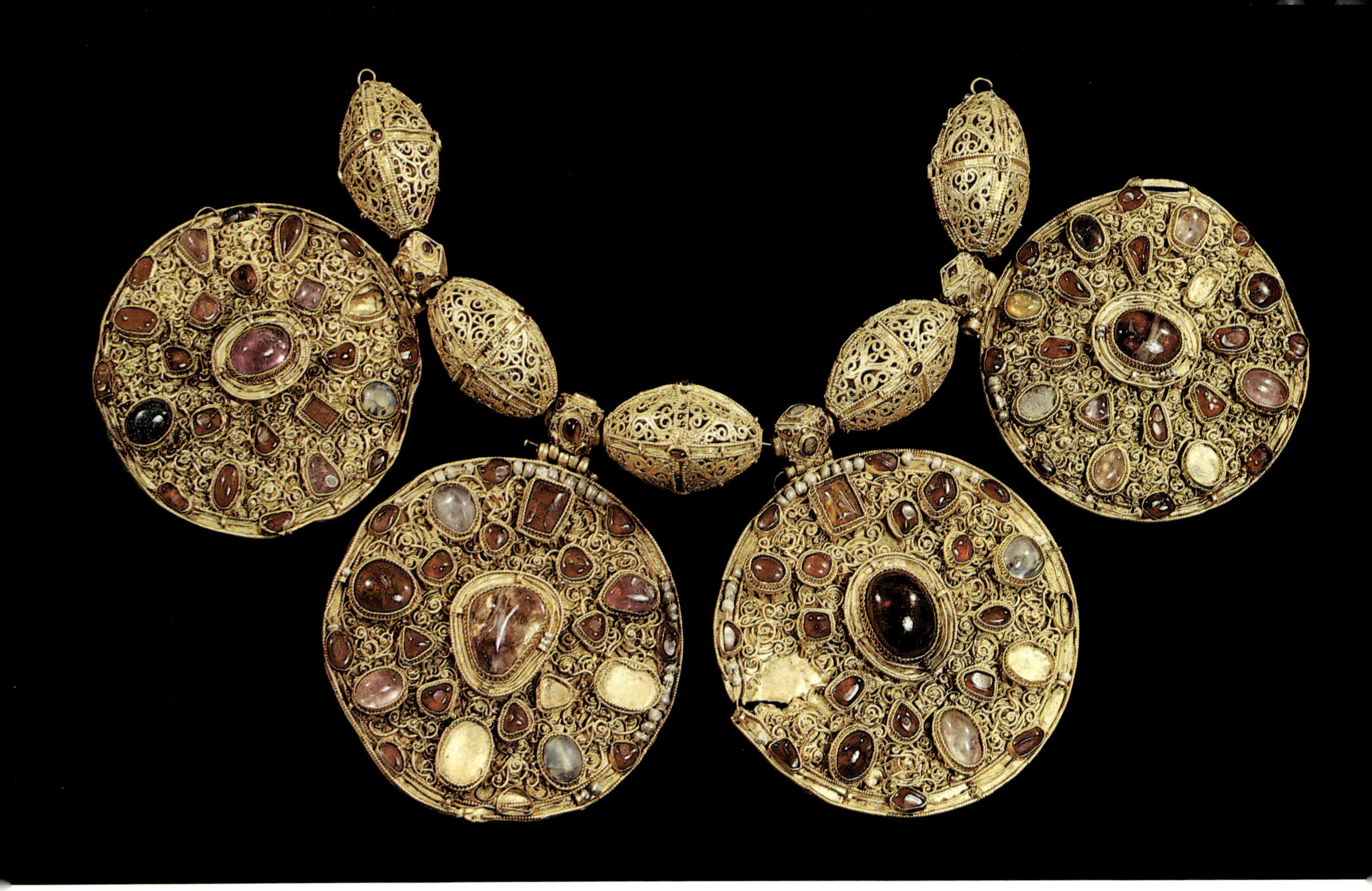

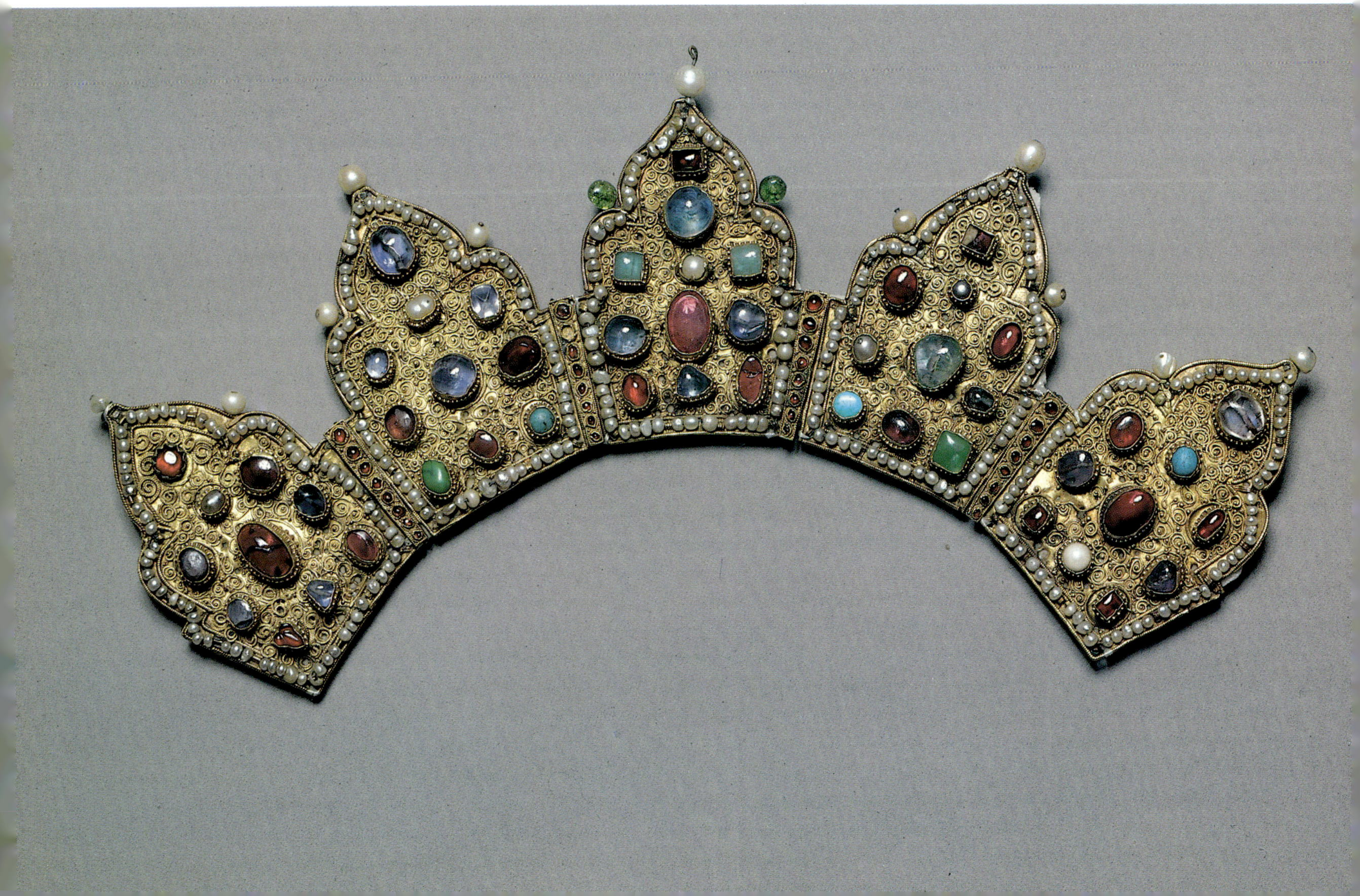

113 Barmen. Rjasan (?), 12. bis Anfang 13.Jh.

115 Anhänger eines Kopfschmuckes. Rjasan (?),
12. bis Anfang 13.Jh.

114 Diadem der Gottesmutter Bogoljubskaja.
Moskau, Ende 14. bis Anfang 15.Jh.

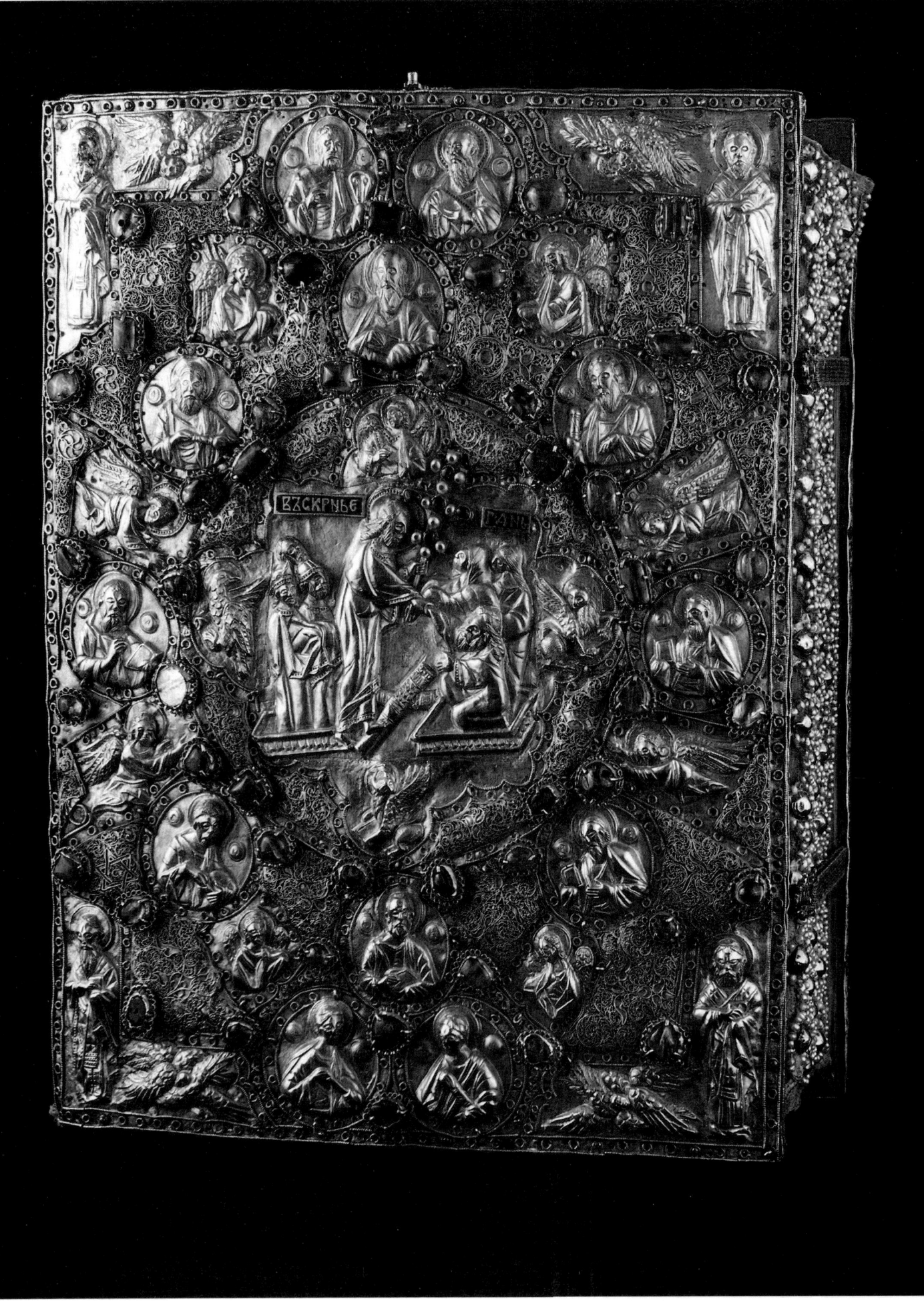

118 Kelch.
Wladimir-Susdaler Rus,
12. Jh.

119 Schale.
Moskau, 1561

120 Weihrauchgefäß.
Moskau, 1598

121 Evangeliar.
Moskau, 1499

126 Bratina, Moskau,
zweites Viertel 17. Jh.

127 Jendowa. Moskau, 1644

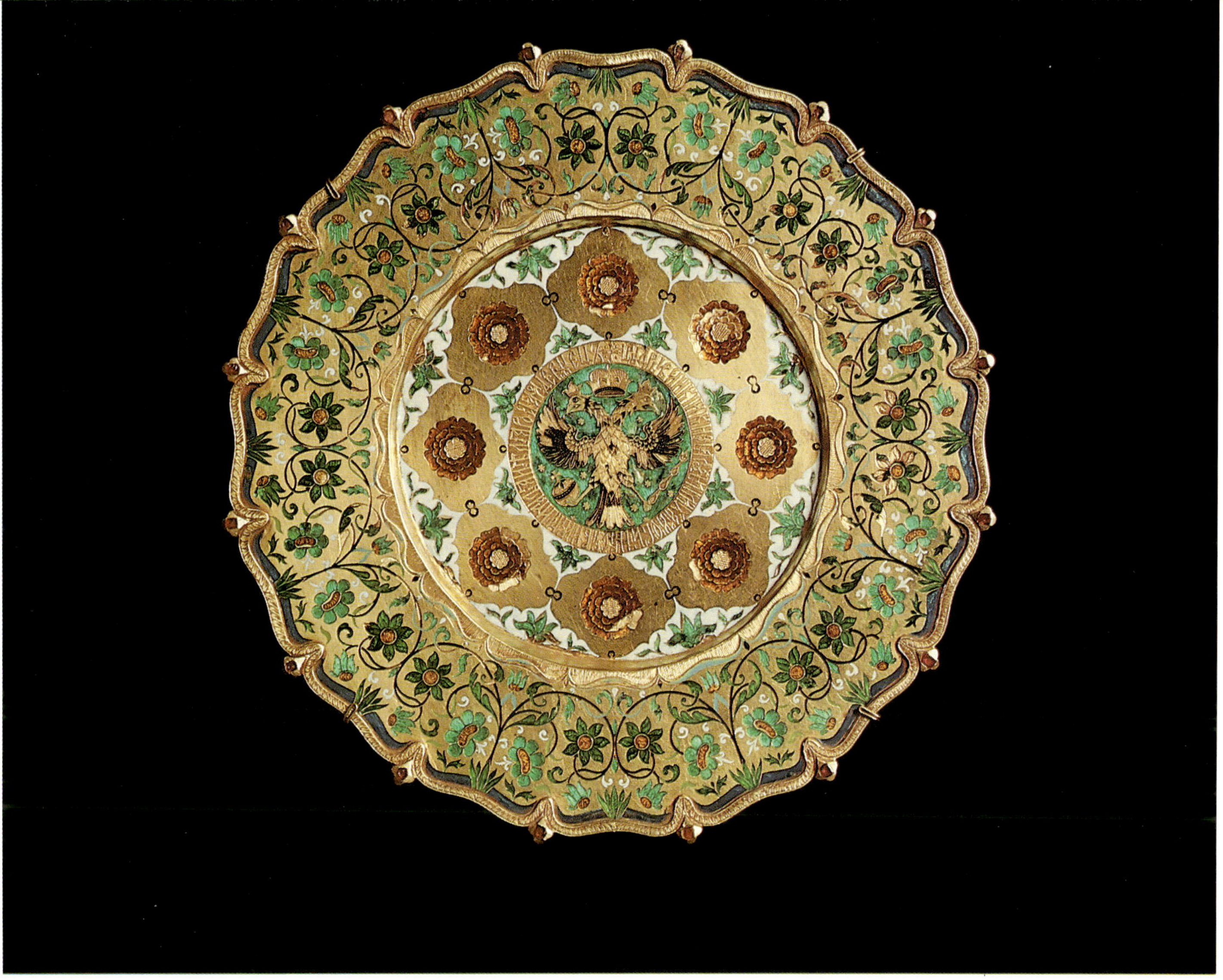

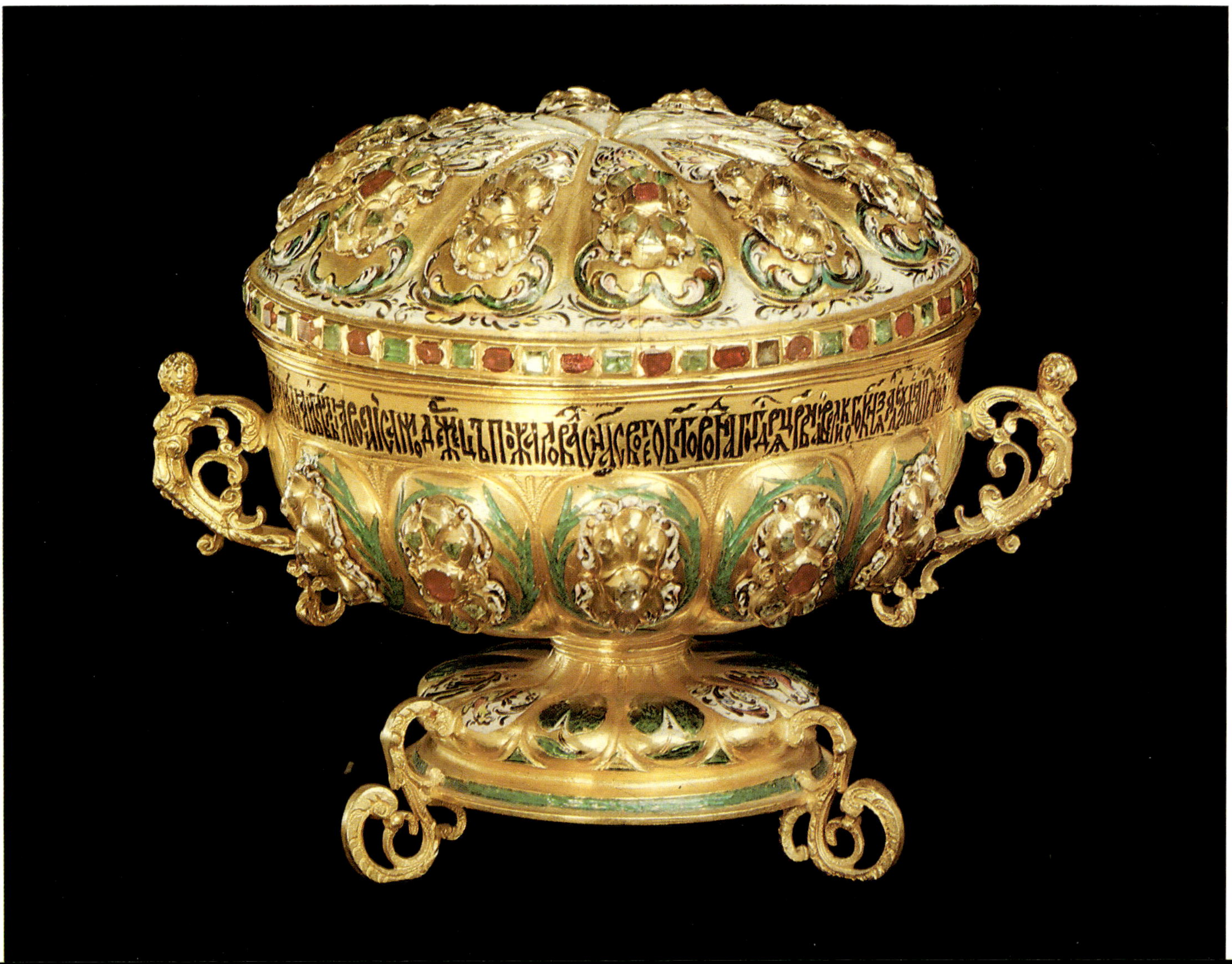

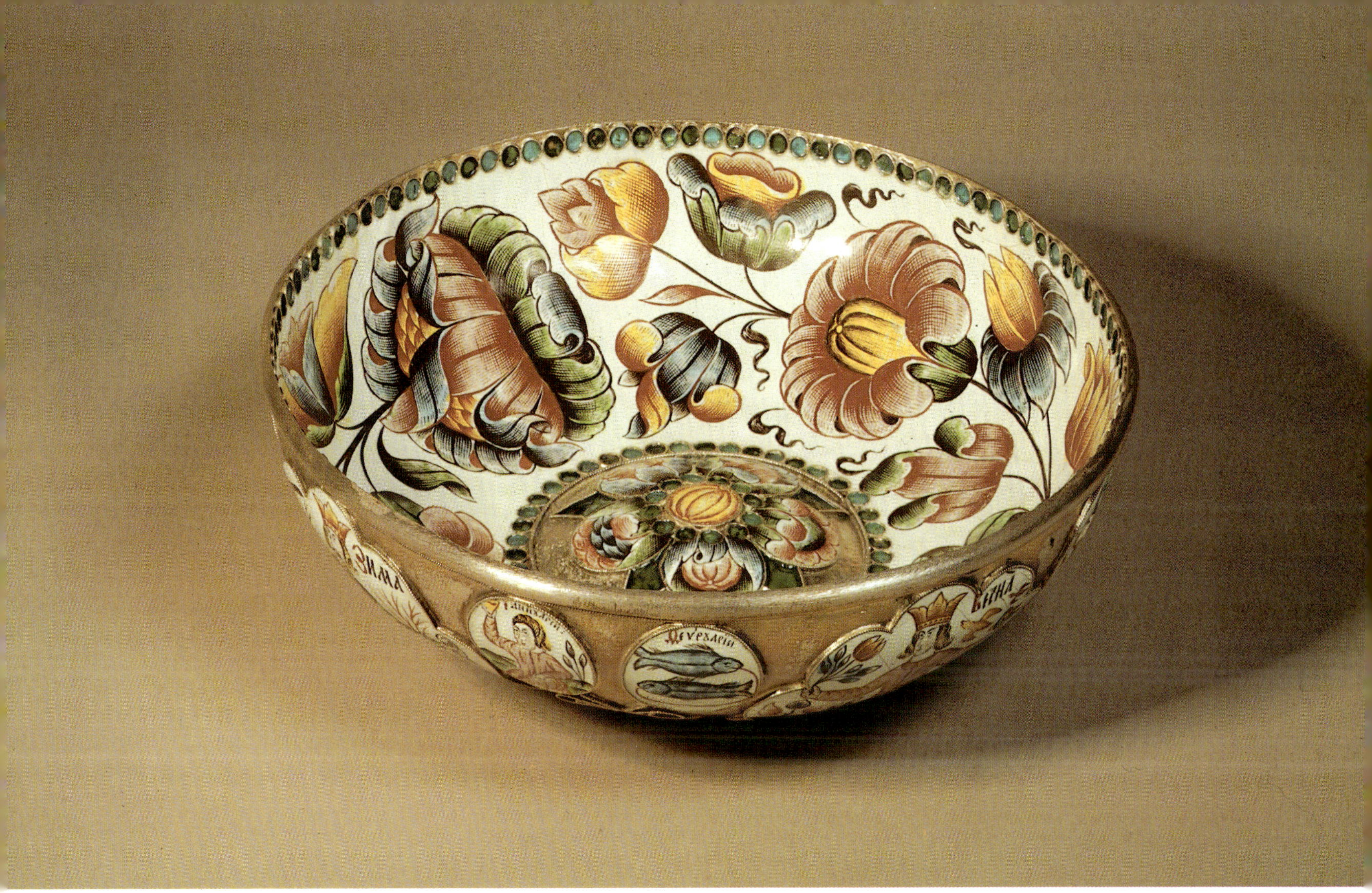
ЗИМА

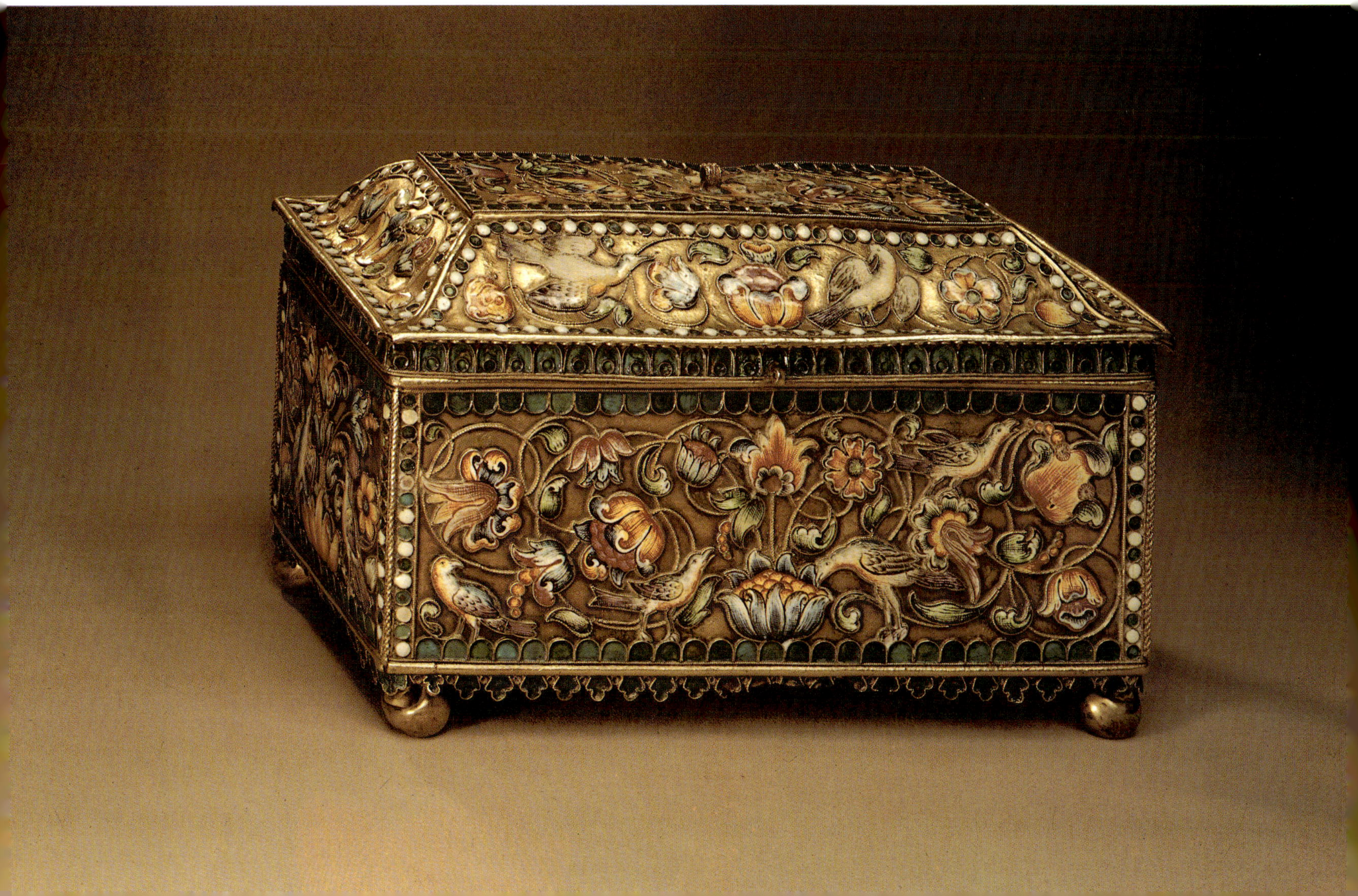

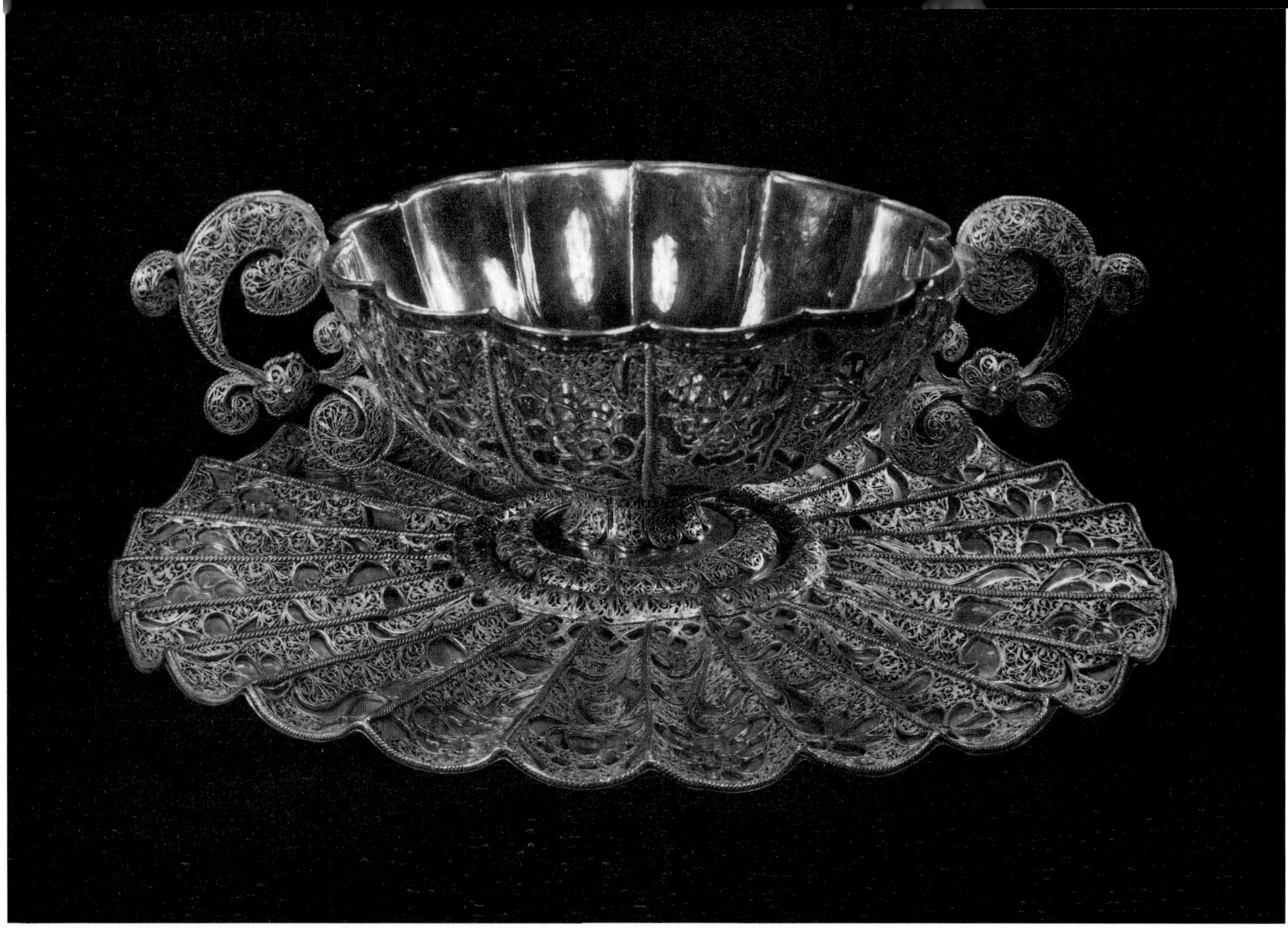
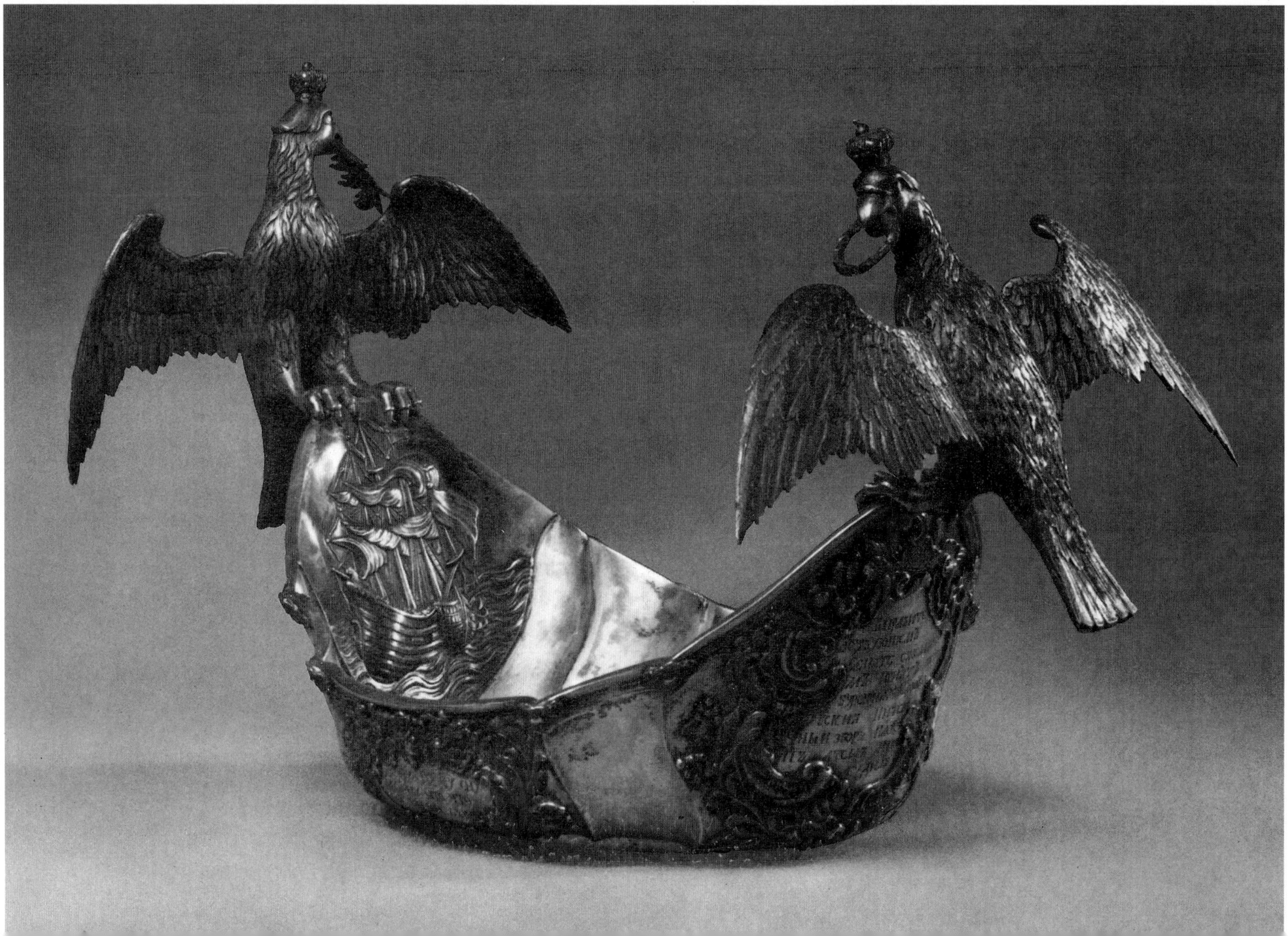

137 Suppentasse.
Petersburg, 1737

138 Kowsch. Moskau, 1755

139 Schale
mit dekorativem Fuß.
Petersburg, 1817

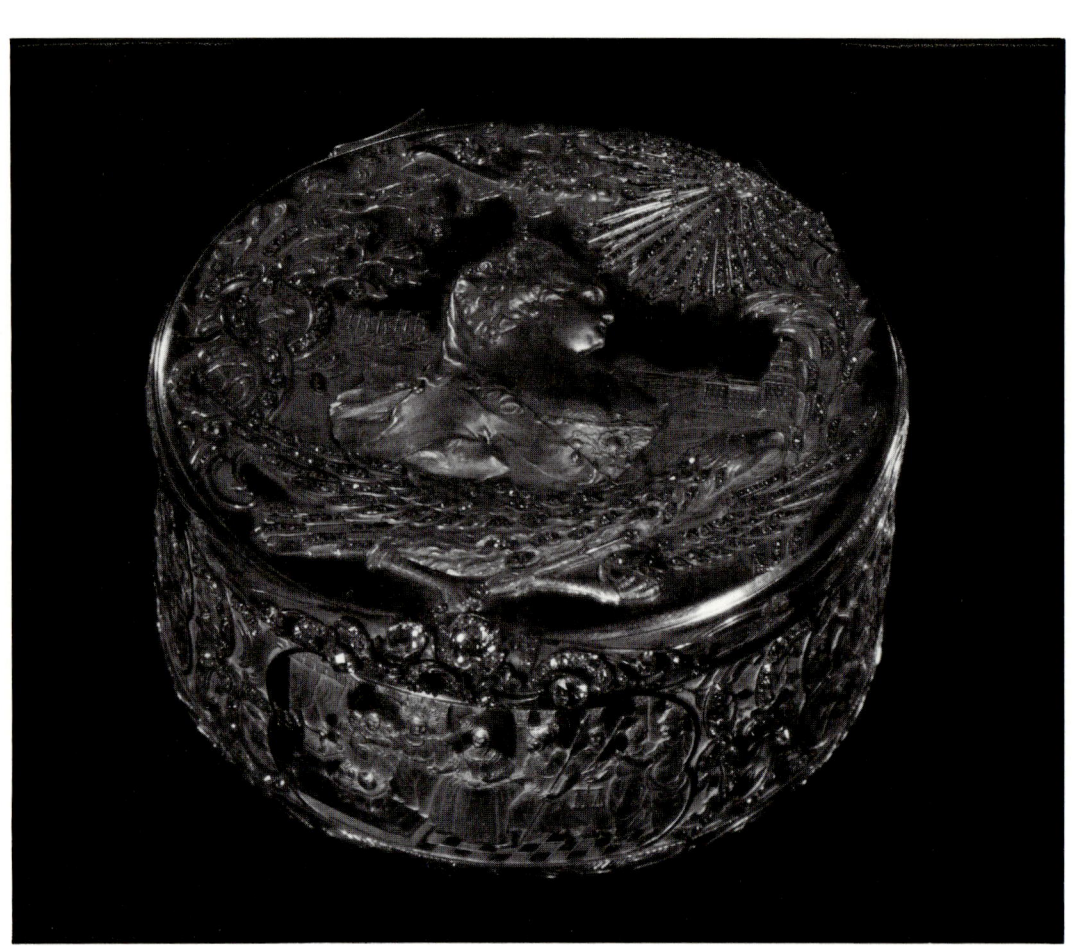

142 Tabatiere. Petersburg, Mitte 18. Jh.

143 Ei. Petersburg, 1891

144 Tabatiere. Petersburg, 1783

148 Helm. Wladimir-Susdaler Rus, Anfang 13. Jh.

149 Baidana – Ringpanzerhemd. Moskau, Ende 16., Anfang 17. Jh.

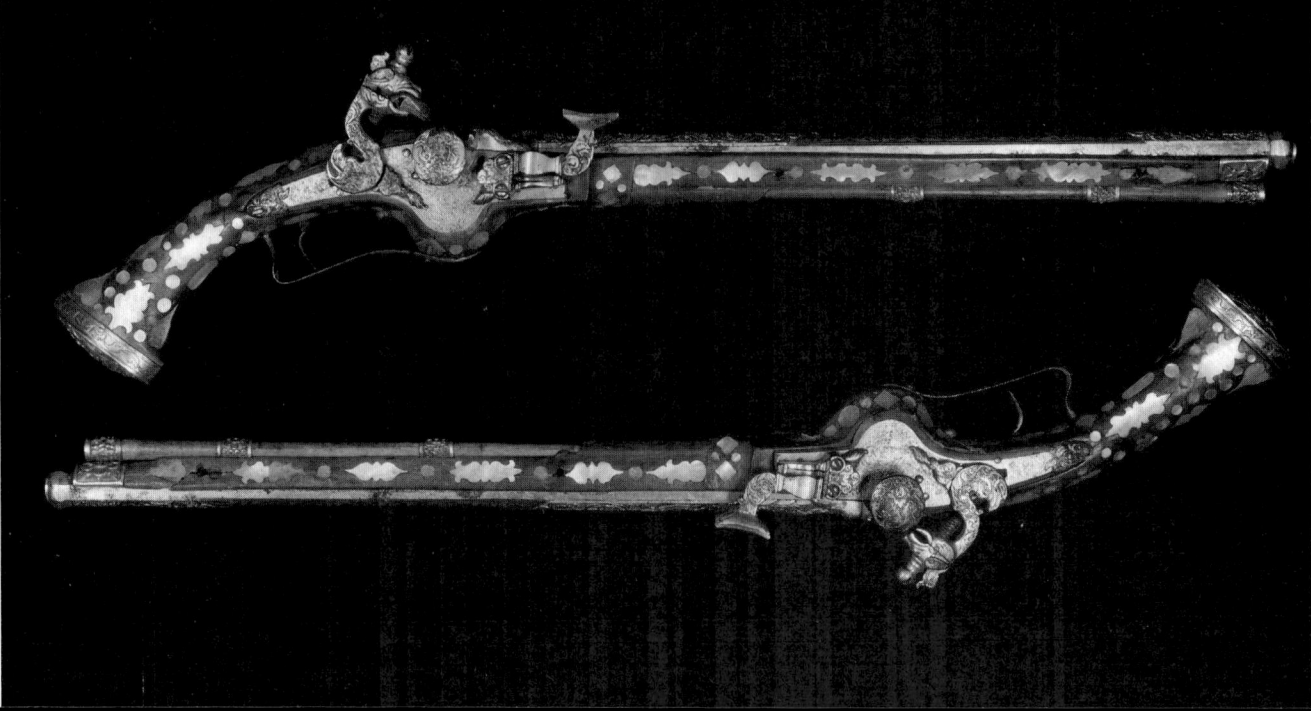

150 Schild.
Iran, 16. Jh.

151 Pistolen.
Moskau, 17. Jh.

137 Suppentasse. Petersburg, 1737
Durchmesser der Tasse 15,2 cm, Durchmesser
der Untertasse 25 cm
Silber, Filigran, Vergoldung
Die Filigranverzierung, die im 16. bis 17. Jahrhundert für gewöhnlich gemeinsam mit Emailschmuck auftrat, erlangte im 18. Jahrhundert wieder eigenständige Bedeutung. So sind kleine durchbrochen gearbeitete Körbchen, Kästchen, Salzgefäße und Tabatieren mit Filigranornamentik geschmückt. Sie wurde in dieser Zeit häufig auf farbiges Glas oder auf einen unverzierten vergoldeten Grund gesetzt, wie bei der abgebildeten Tasse und der Untertasse aus Petersburg. Diese beiden zusammengehörenden Gegenstände fallen durch ihre elegante, schöne Form auf. Sie sind in leicht ausgewölbte schmale Felder mit einem jeweils in sich abgeschlossenen Filigranornament eingeteilt – einem Stiel mit Blättern und einer großen Blüte. Den freien Raum füllen kleine Schößlinge, wobei das Grundmuster deutlich von dem unverzierten Grund abzulesen ist. Eine solche Gegenüberstellung des mattierten Silberfiligrans und der glänzenden Vergoldung war charakteristisch für den Barockstil, der Mitte des 18. Jahrhunderts in der russischen Kunst vorherrschend wurde.

138 Kowsch. Moskau, 1755
Höhe 22,5 cm, Länge 40,5 cm, Breite 19,5 cm
Silber, Guß, Ziselierung, Gravierung, Vergoldung
Seit Ende des 17. Jahrhunderts büßte der Kowsch immer mehr seinen praktischen Verwendungszweck ein und wurde zunehmend ein Gegenstand offizieller »Auszeichnung«. In der Sammlung der Rüstkammer kann man solche Trinkgefäße finden, die für die unterschiedlichsten Dienste angefertigt worden sind: für den Erlaß einer Strafe, für einen Botschafterdienst, einen Gewinn, der dem Staatsschatz durch Eintreiben von Zöllen und erfolgreiche kaufmännische Unternehmungen gesichert worden war, für den Schutz der Reichsgrenze usw. Auf jedem Kowsch besagt eine ausführliche Inschrift, wer wann und für welche Dienste mit dem betreffenden Gefäß geehrt worden ist.

Allmählich wandelte sich auch das Äußere des Kowsch. Er verlor die strenge Schlichtheit und plastische Klarheit der Form. Im 18. Jahrhundert wurde seine Gestaltung besonders prunkvoll und pompös. Moskauer Meister haben das abgebildete nachenförmige Gefäß mit einem gravierten Adler auf dem Schalenboden verziert und mit gegossenen Adlerfiguren anstelle der Schneppe und des Griffs. Das Innere der Schale schmückt ein dreimastiges Segelschiff; außen ist in Rocaille-Kartuschen eine Inschrift eingraviert, aus der hervorgeht, daß der Kowsch dem Kaufmann Pjotr Iwanowitsch Tokarew aus Kolomenskoje geschenkt wurde für dessen Bereitschaft, Moskauer und Petersburger Schankwirtschaften in Pacht zu nehmen.

139 Schale. Petersburg, 1817. Meister Axel Hedlund
Höhe 46,0 cm, Schalendurchmesser 28 cm
Silber, Guß
Seit dem letzten Drittel des 18. Jahrhunderts behauptete sich in der russischen angewandten Kunst allmählich der Klassizismus. In den Formen der Gegenstände und dem Charakter des Ornaments begannen die Meister antike Vorbilder nachzuahmen.

In der Silberschmiedekunst waren künstlerisch gestaltete gegossene Erzeugnisse weit verbreitet, die Zeugnis von den hohen Errungenschaften der russischen Plastik in der Epoche des Klassizismus ablegen.

Schönheit und erhabene Strenge der Formensprache zeichnen die Silberschale aus, die von dem Petersburger Meister A. Hedlund gefertigt worden ist. Die breite, flache Schale mit einem durchbrochenen Ornament aus Weinranken wird von drei ruhig stehenden Frauenfiguren getragen, die an antike Karyatiden erinnern. Ihre weiten Gewänder fallen in ungebrochenen freien Falten herab; die Figuren stehen auf einem hohen zweistufigen Postament, das mit aufgelegten ziselierten Blütengirlanden und anderen Mustern verziert ist. In seiner strengen Tektonik und den wohlerwogenen Proportionen zählt das Gefäß zu den beachtenswerten Werken der angewandten Kunst aus dem frühen 19. Jahrhundert.

140 Deckelkrug. Petersburg, 1774. Meister Ossip Dudin
Höhe 24,5 cm
Bein, Schildpatt, Schnitzerei
Bein- und Hornschnitzerei war von alters her in der Rus verbreitet und hat eine weit zurückreichende Tradition. Die Bearbeitung von Bein verlangt wegen seiner Härte und Sprödigkeit vom Künstler besondere Fähigkeiten. Dennoch gibt es unter den archäologischen Funden nicht wenige Werke aus Bein, die bereits aus der vormongolischen Epoche stammen.

Seit dem 15. Jahrhundert begannen auf dem Gebiet der Beinschnitzerei Gegenstände des religiösen Kults einen beachtlichen Platz einzunehmen. Im 16. und 17. Jahrhundert kamen Kästchen, Gefäße und Waffen hinzu, die mit Beinauflagen verziert wurden. Eine hohe Blüte erreichte die Beinschnitzerei in der zweiten Hälfte des 18. Jahrhunderts, und zwar besonders im Norden, in Archangelsk, Cholmogor und den umliegenden Dörfern. Ein solcher einheimischer Künstler war Ossip Dudin. Er schuf eine Vielzahl von Werken aus Bein: Schatullen, Schachspiele, Tabatieren, Spazierstöcke u. a. m.

In den siebziger Jahren des 18. Jahrhunderts fertigte er zwei prächtige Deckelkrüge, von denen einer in der

Staatlichen Ermitage aufbewahrt wird und einer in der Rüstkammer. Der Krug ist mit Schildpatt in einem herrlichen dunklen rötlich-braunen Ton bedeckt, von dem sich das filigranhafte weiße Muster aus Bein, das wie Filetstickerei wirkt, wundervoll abhebt. In ovalen Medaillons sind die Brustbildnisse von sechs russischen Zaren und Zarinnen angeordnet, von Peter I. bis Katharina II. Besondere Bewunderung verdient bei diesen Porträts die weiche plastische Modellierung der Körper und die sorgfältige Wiedergabe der Frisuren, der Kleidung und der Assessoires. Ossip Dudin beherrschte die Kunst der Beinschnitzerei virtuos und kann auf diesem Gebiet zu den bedeutendsten Künstlern seiner Zeit gezählt werden.

141 Abendmahlskelch. Moskau, 1789. Meister Karl Müller
Höhe 22,5 cm, Schalendurchmesser 15,4 cm
Gold, Brillanten, Email, Guß

Der massive goldene Kelch ist von einem Künstler mit erlesenem Geschmack verziert worden. Schale und Fuß überzieht ein feines goldenes Filigranmuster. Die gravierte Zeichnung, einfach und klar im Aufbau, ist für das Ende des 18. und den Beginn des 19. Jahrhunderts charakteristisch. Wie ein über das Gefäß geworfenes Netz wirken die zahllosen auf die Wandung verstreuten Brillanten. Zwei Emailmedaillons auf der Schalenwandung zeigen den »Erlöser nicht von Menschen Hand gemalt« und »Das Abendmahl«. Diese Darstellungen sind in grauen und bläulichen Tönen gehalten, wie sie Ende des 18. Jahrhunderts in der Emailkunst zu dominieren begannen. Die zweifarbigen Miniaturen harmonieren wundervoll mit der Rahmung des Medaillons in Form großer funkelnder Brillanten, des in diesem Jahrhundert bevorzugten Edelsteins. Diese Zusammenstellung bewirkt eine ausgesucht feine Farbabstimmung. Der glatte, polierte Kelchrand mit einer Niello-Inschrift und eine Girlande aus Weinblättern und -trauben um den Rand des Fußes vervollständigen den Schmuck dieses herrlichen Gefäßes.

Der Kelch ging in den Bestand des Abendmahlgeräts ein, das der Metropolit Platon in das Dreieinigkeits-Sergius-Kloster im heutigen Sagorsk eingebracht hat.

142 Tabatiere. Petersburg, Mitte 18. Jh.
Meister Jeremia Posier
Durchmesser 11 cm, Höhe 4,6 cm
Gold, Brillanten, Guß, Ziselierung

Tabatieren waren im 18. Jahrhundert äußerst beliebt und wurden in großer Anzahl aus den verschiedensten Materialien gefertigt. Sowohl Männer als auch Frauen trugen sie bei sich. Diese kleinen Kunstwerke stellten nicht nur einen unerläßlichen Bestandteil der Kleidung dar, sondern wurden auch als ein Zeichen der Aufmerksamkeit, ja sogar der offiziellen Auszeichnung verschenkt.

Die hier abgebildete Tabatiere schenkte die Zarin Jelisaweta Petrowna, Tochter Peters I., ihrem Günstling, Graf Alexej Rasumowski.

Ausgeführt ist das Stück von dem hervorragenden Hofjuwelier Jeremia Posier, der die weltberühmte Krone Katharinas II. gefertigt hat, die im Diamantenfundus der Sowjetunion aufbewahrt wird.

Auf dem Deckel der Tabakdose ist ein herrliches Profilporträt Jelisaweta Petrownas vor einer Hafenlandschaft angeordnet, das der schwedische Medailleur Johan Karl Hedlinger geschaffen hat, und darunter, ebenfalls im Profil, der einköpfige Adler. Rechts und links davon rahmen ein Lorbeer- und ein Palmenzweig das Bildnis der Zarin. Über ihm versinnbildlicht ein großer gelber Brillant die Sonne in ihrer Aureole von Strahlen, die aus Reihen kleiner Brillanten gebildet werden, und das Spiel ihres Lichtes breitet sich über die ganze Oberfläche der Tabatiere aus.

Die Seitenwandungen des kostbaren Gegenstandes sind mit ziselierten Kompositionen verziert, die in allegorischer Form das Wirken Jelisawetas rühmen.

Posier hat es hervorragend verstanden, die feine Ziselierung mit kunstvoll ausgewählten Edelsteinen zu kombinieren und den weichen Glanz des Goldes mit dem Blitzen der Brillanten zu vereinen. Die Tabatiere fesselt durch ihre Schönheit, die Geschlossenheit der künstlerischen Aussage und die Vollendung der technischen Ausführung.

143 Ei. Petersburg, 1891. Firma Fabergé
Meister Michail Perchin und Juri Nikolai
Länge 9,3 cm
Gold, Platin, Heliotrop, Aquamarin, Edelsteine, Ziselierung

Ende des 19. und Anfang des 20. Jahrhunderts wurden die Werke der Petersburger Hoffirma Fabergé weltbekannt. Sie war in Petersburg während der vierziger Jahre des 19. Jahrhunderts von dem Juwelier Gustav Fabergé gegründet worden, dessen Vorfahren Einwanderer aus Frankreich waren. In den siebziger Jahren ging die Firma in die Hände seines Sohnes Carl Fabergé über. Anfang des 20. Jahrhunderts arbeiteten bereits 50 Meister in den Werkstätten Fabergés, und er besaß Filialen in einer Reihe von Städten Rußlands und sogar im Ausland. Die Firma stellte Gegenstände von höchst unterschiedlicher Bestimmung her. Ein besonderes Ruhmesblatt dieses Betriebes sind jedoch seine zahlreichen Juwelierarbeiten: Ringe, Kolliers, Tabatieren, Zigarrenetuis, Miniaturplastiken. Dabei verwendeten die Meister neben Edelsteinen und Halbedelsteinen weitgehend auch Nutzsteine, die im Ural, in Sibirien und dem Kaukasus gewonnen wurden.

Zu den interessanten Fabergé-Erzeugnissen gehören die Ostergeschenke. Sie sind in Form von Eiern ausgeführt und enthalten im Innern verschiedenartige Überraschungen.

Von Michail Perchin und Juri Nikolai, zwei bekannten Meistern der Firma, wurde das abgebildete Ei aus Heliotrop angefertigt und mit einem Rocaille-Ornament als Fassung verziert. Im Innern dieses kunstvollen »Etuis« befindet sich ein Miniaturmodell, eine genaue Nachbildung des Kreuzers »Pamjat Asowa«. Das Modell wurde aus Gold und Platin gefertigt und auf einer Aquamarinplatte angebracht, die das Meer darstellt.

144 Tabatiere. Petersburg, 1783. Meister Franz Séguin
Höhe 2,5 cm, Länge 8,2 cm, Tiefe 6,2 cm
Silber, Email, Filigran
In der zweiten Hälfte des 18.Jahrhunderts fand auch die Emailminiatur weite Verbreitung. In der Akademie der Künste in Petersburg wurde Ende des Jahrhunderts sogar eine spezielle Klasse für Emailmalerei eingerichtet.

Das Sujet auf dem Deckel hat der Künstler mit gutem Grund für diese Tabatiere gewählt. Entstand sie doch in einer Zeit, in der der Klassizismus vorherrschte und das historische Bild als wichtigstes und meistgeschätztes Genre galt. Die Email-Miniatur zeigt die Familie des letzten Königs von Persien, Darius, vor Alexander von Makedonien, der das persische Imperium erobert hatte. Das Thema der Großmut des Siegers war für die klassizistischen Künstler typisch. Höchstwahrscheinlich hat sich der Emailleur bei seiner Arbeit an einem bestimmten Vorbild aus der Malerei orientiert. Die ganze Komposition ist dem strengen Kanon der klassizistischen Malerei untergeordnet, der die Anordnung der Zentralfigur und der ihr beigesellten Nebengestalten sowie anderes mehr festlegte. Hier offenbart sich auch die etwas manierierte theatralische Pathetik, die der Malerei des Klassizismus eigen ist. Charakteristisch ist ferner die auf der Wechselbeziehung klarer lokaler Farben aufgebaute Farbskala. Unverkennbar war der Künstler ein hervorragender Zeichner, der zudem die Kunst der Miniaturmalerei auf Email ausgezeichnet beherrschte.

145 Ei. Petersburg. 1902. Firma Fabergé
Meister Michail Perchin
Höhe 8,5 cm, Breite 6,2 cm
Gold, Platin, Edelsteine, Ziselierung, Email, Filigran
Zu den besten Werken der Firma Fabergé gehört dieser Gegenstand, der ganz im »Stil Moderne« gehalten ist. Das Ei wird aus Kleeblättchen gebildet, als Untergestell dient ein leichtes goldenes Geflecht aus Stielen und Blättern. Bekanntlich verwendeten die Künstler der Moderne für die Pflanzenornamentik vorzugsweise die Darstellung von wildwachsenden Feldblumen anstelle von Park- und Gartengewächsen. Diese Arbeit M.Perchins fesselt durch ihre künstlerische Geschlossenheit, erlesene Eleganz und makellos saubere Ausführung.

Einzelne Kleeblättchen sind mit Diamantensplittern übersät, andere mit durchsichtigem grünen Email ausgefüllt, und zwar unter Verzicht auf den Metallgrund als Schmelzträger. Diese in der Wirkung alten Glasfenstern nahekommende, sehr komplizierte Technik wird als Fensteremail bezeichnet und erfordert große Erfahrung und Sorgfalt. Bei dem abgebildeten Gegenstand ist das von Drähten gebildete Filigranmuster mit einer Emailmasse ausgefüllt, die stark wasserhaltig und einem mehrfachen Brand unterzogen worden ist.

146 Vase mit einem Stiefmütterchen. Petersburg, 1904
Firma Fabergé. Meister Henrich Vigstrem
Höhe 17 cm
Bergkristall, Gold, Brillanten, Email, Malerei
In der Werkstatt M.Perchins, der, obwohl er auch für die Firma Fabergé arbeitete, das Recht hatte, seinen eigenen Stempel auf seinen Erzeugnissen anzubringen, wurden hervorragende Juwelierarbeiten geschaffen, die sich durch eine ausgesprochen virtuose Ausführung hervortun. Weithin bekannt sind die Tier-und Vogelfigürchen aus Halbedelstein und Nutzstein, die hier gefertigt wurden, ebenso wie die künstlichen Blumen, die auf der Weltausstellung von 1900 bei den Fachleuten allgemeine Anerkennung fanden.

Für gewöhnlich sind die Blumen aus Gold und Silber gefertigt, mit Email verziert und in kleinen Vasen oder Gläschen aus Bergkristall angeordnet, der so kunstvoll geschliffen ist, daß der Eindruck entsteht, sie seien mit Wasser gefüllt.

Die wiedergegebene »Vase mit einem Stiefmütterchen« wurde von einem Schüler M.Perchins, Vigstrem, ausgeführt. Der Blumenstiel besteht aus Gold, die Blätter und Blütenblättchen sind mit farbigem Email bedeckt. Durch einen Mechanismus am Stiel lassen sich die Blütenblättchen öffnen, und es werden darunter fünf Email-Miniaturporträts der Zarenkinder sichtbar, die von winzigen Brillanten eingefaßt sind. Es wird angenommen, daß die Miniaturen von dem Hofminiaturmaler W.Sujew geschaffen wurden oder von dem in den Diensten der Firma stehenden Porträtisten K.Kryshizki.

147 Modell des Kreml. Petersburg, 1904. Firma Fabergé
Höhe 36,1 cm
Gold, Onyx, Email, Guß, Gravierung
Ein einzigartiges Werk der Firma Fabergé ist das Modell des Moskauer Kreml auf hohem Postament aus weißem Onyx. In der Mitte des Modells erhebt sich über einem

243

weißen Email-Ei eine goldene Kuppel der Mariä-Himmelfahrts-Kathedrale. Durch eingeschnittene Fensterchen in die »Eischale« ist die Malerei gut zu sehen, mit der das Innere der »Kathedrale« ausgestattet ist. Sie wird umgeben von den Mauern und Türmen des Kreml, ausgeführt in rötlichem Gold und mit Bedachungen aus grünem Email. Das Modell stellt eine originelle Spieldose dar, die mit einem kleinen goldenen Schlüssel aufgezogen wird.

148 Helm. Wladimir-Susdaler Rus, Anfang 13. Jh.
Durchmesser 19,5 cm
Eisen, Silber, Schmiedearbeit, Ziselierung,
Vergoldung

Die Form des Helms mit angeschmiedetem Nasenstück ist charakteristisch für das 12. bis 13. Jahrhundert. Der aus Eisen geschmiedete Helmkopf ist fast völlig zerstört, da der Gegenstand etwa sechs Jahrhunderte in der Erde lag. Gut erhalten haben sich hingegen die aufgelegten Silberplatten mit den getriebenen und gravierten Mustern. Den Rand säumt ein Streifen mit eingravierten Darstellungen von Greifen, märchenhaften Vögeln und Pflanzenmotiven, die stilistisch den Steinreliefs der berühmten Georgs-Kathedrale in Jurjew-Polski nahestehen.

Auf der Stirnplatte ist der Erzengel Michael dargestellt, der in der Rus als Beschützer der Krieger galt. Die Auswahl der Heiligen, deren Wiedergabe um die Helmspitze herum angeordnet ist und nach dem Brauch jener Zeit mit dem Namen des Helmbesitzers in Zusammenhang stand, veranlaßte die Forscher zu der Annahme, daß dieser Helm dem Fürsten Jaroslaw Wsewolodowitsch, dem Vater Alexander Newskis, gehört hat, eine Mutmaßung, die durch den Fundort unterstützt wird: Der Helm kam 1808 am Ufer der Kolokscha unweit der Stadt Jurjew-Polski zutage, dem Schauplatz einer blutigen Fehde zwischen den Susdaler und den Nowgoroder Fürsten, die hier 1216 um den Großfürstenthron gekämpft hatten. Im Verlauf dieser Schlacht wurde die Druschina des Fürsten Jaroslaw Wsewolodowitsch geschlagen. Offenbar floh er vom Schlachtfeld und entledigte sich dabei seiner Kampfrüstung.

149 Baidana — Ringpanzerhemd. Moskau,
Ende 16. Jh.
Eisen, Schmiedearbeit

Aus Ringen zusammengesetzte Panzer sind eine alte Form der Verteidigungsausrüstung. Überreste davon wurden in Kurganen des 10. bis 11. Jahrhunderts gefunden. Es gab eine große Vielfalt an solchen Ringpanzerhemden, die sich untereinander vor allem durch die Größe der Ringe und die Art ihrer Verkettung unterschieden. Die Anfertigung solcher Ausrüstungen war sehr schwie-

rig und aufwendig, und zweifellos war sie nur für eine privilegierte Oberschicht bestimmt.

Aus den größten Ringen bestand die Baidana, das kurze Panzerhemd. Ein interessantes Beispiel dafür ist die Baidana des Zaren Boris Godunow, die in dem Inventar seines Besitzes unter dem Jahr 1598 erwähnt wird. Die Ringe einer Baidana sind flach und häufig mit Inschriften und einem Ornament versehen. Der Durchmesser der Ringe des Panzerhemdes von Boris Godunow beträgt 24 mm, und auf jedem sind die Worte eingehämmert: »Wenn Gott mit uns, keiner gegen uns«. Die Reif-Enden sind besonders flach geschlagen und nach der Verkettung mit den angrenzenden Ringen fest übereinandergelegt. Diese Art der Reifverflechtung und Befestigung ist sehr einfach und haltbar.

Die Länge des Hemdes von Boris Godunow beträgt 71 cm, das Gewicht 6150 g. Es enthält mehr als zehntausend Eisenringe. In dem Inventar von 1598 ist vermerkt, daß der Schoß der Baidana mit drei Reihen kleiner Goldringe verziert war und die Brust mit drei großen, mit Silber überzogenen runden Scheiben aus Kupfer.

150 Schild. Iran, 16. Jh. Meister Muhammed Mummin
Durchmesser 49 cm
Damaszener Stahl, Edelsteine, Tauschierung,
Gravierung

Einen besonderen Platz in der Sammlung orientalischer Rüstungen nimmt ein Schild ein, der 1621 nach dem Tod einer einflußreichen politischen Persönlichkeit des frühen 17. Jahrhunderts, F. I. Mstislawski, in den Zarenschatz einging. Es gibt in den Sammlungen der Welt nichts Gleichartiges. Der Schild ist aus einem einzigen Stück Damaszener Stahl gehämmert. Seine Oberfläche zieren geschwungene, mit Gold tauschierte Streifen.

Die Darstellungen auf dem Schild, in denen sich deutlich der Einfluß der orientalischen Miniatur äußert, zeichnen sich durch große Vielfalt aus. Hier sind Kriegs-, Jagd- und Genreszenen zu sehen, mit lebendiger Unmittelbarkeit wiedergegebene Tiere – Füchse, Hasen, Löwen, Tiger, Leoparden, Hyänen, Gemsen und Gazellen, oft in komplizierter ausdrucksstarker Bewegung. Von außergewöhnlicher Eleganz sind die floralen Muster.

Die Wiedergaben auf dem Schild wurden in der Technik der Gravurtauschierung ausgeführt. Der Meister hat mit dem Stichel die Silhouette der Menschen und Tiere ausgegraben und die Vertiefungen mit Gold in zwei Farben gefüllt – in grünlichem und in Dukatengold (die Ligatur in Gold und Silber). Dadurch erhält die Farbskala dieses Gegenstandes eine feine Nuancierung.

Von besonderem Wert ist, daß sich auf dem Schild ein Feld mit dem Namen des Künstlers erhalten hat: Muhammed Mummin, Sernischan«, d.h. Goldschmied.

151 Pistolen. Moskau, 17.Jh.
Länge 65 cm
Holz, Silber, Stahl, Perlmutt
Die Rüstkammer verfügt über eine hervorragende Sammlung russischer Feuerwaffen. Die Kunst der Waffenherstellung wurde häufig mit der Juwelierkunst verbunden. Zu besonderer Pracht und Schönheit gelangte die Waffenherstellung in der zweiten Hälfte des 17.Jahrhunderts. Die Oberfläche der Kolben wurde mit Inkrustationen aus Elfenbein, kostbaren Hölzern und Perlmutt geschmückt. Der Motivschatz der Ornamentierung war ungemein reich und vielfältig. Auch die Schlösser der Pistolen und Gewehre wurden künstlerisch gestaltet. Die Hähne waren als Köpfe von Drachen und anderen Phantasietieren geformt, in deren Rachen der Feuerstein gehaltert ist. Die Rohre sind mit ziselierten und gravierten Ornamenten bedeckt.

Geladen wurden die Pistolen wie die Gewehre von der Mündungsöffnung her: Zuerst wurde das Pulver hineingeschüttet und danach mit dem Ladestock das runde Geschoß eingeschoben. Eine solche Pistole hatte eine Reichweite von etwa fünfzig Schritt. Die Pistolen wurden meist paarweise angefertigt und in speziellen Pistolentaschen am Sattel mitgeführt.

152 Helm. Moskau, 1621. Meister Nikita Dawydow
Durchmesser 22 cm, Höhe 21,5 cm
Stahl, Edelsteine, Gold, Perlen, Golddraht, Email
Dieses prächtige Stück aus der Galarüstung des Zaren gehörte dem Großvater Peters I., Michail Fjodorowitsch. Die Helmform ist charakteristisch für das 17.Jahrhundert. Der Dekor stellt eine gelungene Vereinigung von Motiven der russischen und orientalischen Ornamentik dar, mit arabischer Schrift und der Wiedergabe von Kronen westeuropäischen Typs, wie sie auf italienischen Samt- und Hexamitstoffen anzutreffen sind. Das feine, sehr kleinteilige Muster, das einen großen Teil der Helmoberfläche bedeckt, ist vor allem durch die Verzierungstechnik interessant. In den vorher eingekerbten Stahlgrund wurde Golddraht eingeschlagen – eine eigentümliche Form der Inkrustierung auf Metall. Der Fond des Goldmusters ist mit Niello versehen, wodurch das Ornament besondere Ausdruckskraft erhielt.

Die dekorative Ausstattung des Helms ergänzen Edelsteine und eine mit Email überzogene Reliefdarstellung des Erzengels Michael auf dem schildförmigen Abschlußplättchen des Nasenpfeils.

Ausgeführt wurde der Helm von einem der besten Meister des 17.Jahrhunderts, Nikita Dawydow, der über fünfzig Jahre in der Rüstkammer tätig war und nicht wenige talentierte Schüler ausgebildet hat. Es ist bekannt, daß er in jungen Jahren nach Konstantinopel geschickt worden war, um seine kunsthandwerklichen Fertigkeiten und seine Meisterschaft in der Kunst der Waffenverzierung zu vervollkommnen.

153 Bogenfutteral und Köcher. Moskau, 1627–28
Länge des Bogenfutterals 78,4 cm, Länge des Köchers 47,5 cm
Leder, Gold, Silber, Edelsteine, Email, Gravierung, Ziselierung
Prächtig verzierte Futterale für den Bogen und etwas kleinere für die Pfeile gehörten im 16. und 17.Jahrhundert zur Galarüstung, die für feierliche Paraden, Feldzüge und Jagden bestimmt war.

Von einer ganzen Gruppe von Kremlmeistern sind die abgebildeten Futterale des Zaren Michail Fjodorowitsch ausgeführt worden. Die dekorative Gestaltung war dem künstlerischen Geschmack des 17.Jahrhunderts angepaßt. So ist die ganze Oberfläche über und über mit einem aufgelegten Pflanzenmuster überzogen, das mit Email bedeckt ist, dessen reine, unvergängliche Farbenpracht sich wohl kaum noch steigern ließ und dem Streben jener Zeit nach luxuriöser Dekorativität und satter Polychromie voll entsprach. Leuchtend und reich ist auch die Farbskala der Edelsteine. Blitzende Rubine, Smaragde und Saphire, die als Zentrum der emaillierten Blüten dienen, spielen eine große Rolle in der Zusammenstellung des farbgesättigten Dekors. In das Ornament sind heraldische Darstellungen eingestreut: oben auf dem Bogenfutteral zweiköpfige Adler, umgeben von einem Einhorn, einem Löwen, einem Adler und einem Greifen, unten das Wappen Moskaus mit der Figur des drachentötenden Georg auf einem weißen Pferd. Auf dem Köcherbeschlag sind zweiköpfige Adler und das Einhorn im Rondell wiedergegeben.

154 Säbel. Slatoust, 1829. Meister Iwan Buschujew
Länge mit Griff 100 cm, Klinge 83,2 cm
Stahl, Holz, Elfenbein, Gold, Gravierung
Dieser Säbel ist von dem hervorragenden russischen Meister Iwan Buschujew in der Stadt Slatoust angefertigt worden, die im 19.Jahrhundert zum größten Herstellungszentrum für künstlerisch gestaltete Waffen wurde. Im Unterschied zu Tula entstanden hier nur Klingenwaffen, vornehmlich im Auftrag des Staates, als Geschenk für »allerhöchste Persönlichkeiten« oder für Industrie-Ausstellungen. In der Slatouster Manufaktur wurden auch wiederholt Memorialwaffen zu Ehren bestimmter Kriegsereignisse und Siege der russischen Armee geschaffen. Der Säbel von Iwan Buschujew gilt dem Andenken an den Russisch-türkischen Krieg von 1828, in dessen Ergebnis die Meerenge des Bosporus und der Dardanellen für Rußland erschlossen wurde.

Die Stahlklinge ist meisterhaft mit vergoldeten und gravierten Darstellungen von Episoden des Kampfes um die türkische Festung Varna verziert worden, die im September 1828 von den Russen genommen wurde. Die prächtige Gestaltung des Griffs entspricht der Bestimmung der Waffe als Paradesäbel. Der Knauf wurde in Form der geflügelten Siegesgöttin Nike ausgeführt, die in einer Hand den Kranz mit dem Monogramm Nikolaus' I. hält und in der anderen einen Palmenzweig. Auf dem Schild befindet sich die Basreliefdarstellung des Kopfes eines römischen Kriegers. Am Griff ist die Inschrift eingraviert: »Iwan Buschujew. Slatoust. 1829«.

155 Säbelgriffe. Iran, 17. Jh.
Länge: 95,5 und 101,0 cm
Stahl, Gold, Silber, Edelsteine

Im 17. Jahrhundert hatten die Handwaffen im wesentlichen ihre Bedeutung als Kampfwaffe verloren, doch spielten sie noch eine große Rolle bei feierlichen Kriegszeremonien und Jagden. Außerordentliche Schönheit kennzeichnet die künstlerische Gestaltung der orientalischen Galarüstungen, die den russischen Menschen wegen ihrer Farbenpracht und ihrer reichen Ornamentik gefielen. Von besonderer Erlesenheit sind die Arbeiten iranischer Meister.

Die Rüstkammer besitzt eine kleine, aber wertvolle Sammlung iranischer Waffen, darunter Helme, Schilde, Pallasche, Messer und Säbel. Ihre Verzierung ist ungewöhnlich vielfältig. Die Oberfläche der Scheiden und die Griffe der hier wiedergegebenen Säbel sind buchstäblich übersät von gravierter geprägter Pflanzenornamentik, mit Türkisstückchen inkrustiert und reich mit Edelsteinen besetzt, und zwar in der von den orientalischen Meistern bevorzugten Zusammenstellung der Steine: dunkelrote Rubine, Almandine und intensiv blaue Türkise von wundervoll reiner Farbe.

156 Schapka des Monomach. Ende 13. bis Anfang 14. Jh.
157 Höhe 18,6 cm, Umfang 61 cm
Gold, Pelz, Edelsteine, Perlen, Filigran

Die Schapka des Monomach ist die Erbkrone der russischen Zaren, das Symbol der Staatsmacht. Als erster auf dem russischen Thron wurde 1498 Dmitri von seinem Großvater Iwan III. damit gekrönt. 1782 fand sie zum letztenmal bei der Krönung der Brüder Iwan und Peter Alexejewitsch Verwendung.

Die genaue Herkunft der Schapka des Monomach ist unbekannt. Schriftliche Überlieferungen besagen, daß sie der byzantinische Kaiser Konstantin Monomachos dem Kiewer Fürsten Wladimir Monomach für den erfolgreichen Kriegszug gegen die Franken geschickt habe. Doch 1055, als Konstantin starb, hatte Wladimir, der mütterlicherseits ein Enkel von Konstantin war, noch nicht einmal das Alter von zwei Jahren erreicht. Indessen wurde diese Legende offiziell aufrechterhalten, da der Staat so die Theorie vom »dritten Rom« wachhielt, der zufolge Moskau sich als Erbe der Macht der Kiewer Fürsten und folglich der byzantinischen Kaiser ansah.

Über den Herstellungsort des Kunstwerks besteht bei den Wissenschaftlern keine einheitliche Meinung. Die einen halten es für eine byzantinische Arbeit, andere für eine mittelasiatische und die dritten für eine arabische.

Die Schapka des Monomach hat hohen Seltenheitswert. Ihre Kappe besteht aus acht dreieckigen Platten, die völlig mit einem Filigranmuster aus spiralig gedrehten Ranken, Rosetten und den sogenannten arabischen Blumen (stilisierten Lotosblüten) besteht. Zum ursprünglichen Dekor gehören auch die auf den Platten angeordneten kleinen Perlen in glatten Fassungen. Das runde Aufsatzkäppchen mit den Edelsteinen und dem goldenen Kreuz stammt höchstwahrscheinlich aus dem 15. Jahrhundert, und die Edelsteine in den rechteckigen Fassungen zieren die dreieckigen Platten seit dem 17. Jahrhundert.

158 Kasaner Krone. Moskau, 16. Jh.
Höhe 27 cm, Umfang 65 cm
Gold, Pelz, Edelsteine, Niello, Gravierung

Die Galakrone Iwan Grosnys, die der Zar bei Hofzeremonien trug, ist unter der Bezeichnung Kasaner Krone bekannt, da sie aus Anlaß der Vereinigung des Khaganats Kasan mit Rußland angefertigt worden sein soll.

Die halbkreisförmige Kronenkappe, bedeckt mit einem feinteiligen Pflanzenornament auf Niello-Fond, ist mit drei Reihen durchbrochener, spitz zulaufender Platten verziert, den sog. Kokoschniki oder Gorodki, einem Schmuckelement, das in verschiedenen Varianten ständig in der russischen angewandten Kunst und Architektur auftritt. Die Kappe krönt ein zartgelber, birnenförmiger Topas, und den Rand umkleidet nach russischem Brauch Zobelfell.

In diesem Werk verschmelzen auf originelle Weise Motive der russischen und der orientalischen Kunst. Das allgemeine Aussehen der Krone erinnert in der Form und der Verzierung der Silhouette mit den Kokoschniki an altrussische Kathedralen und ermöglicht es, die Arbeit mit der russischen Kunstschule in Verbindung zu bringen. Das Ornament auf der Kappenwandung und die Zusammensetzung der Edelsteine ist eher für Werke orientalischer Meister zutreffend. Dunkelrote Almandine, grünlich-blaue Türkise und schneeweiße Perlen bewirken im Zusammenspiel mit Gold, das durch das Niello und die Gravierungen besonders weich glänzt, eine wundervolle verhaltene Farbstimmung, wie sie den ästhetischen Ansprüchen des 16. Jahrhunderts entgegenkam.

159 Großes Ornat
160 Krone. Moskau, 1627
   Zepter. Prag, zweite Hälfte 16.Jh.
   Reichsapfel, Süddeutschland (?), Ende 16.Jh.
   Krone: Höhe 30,2 cm, Umfang 66,5 cm
   Zepter: Länge 70,5 cm
   Reichsapfel: Höhe 42,4 cm, Umfang 62 cm
   Gold, Pelz, Edelsteine, Perlen, Email, Guß, Ziselierung

Das Große Ornat des Zaren Michail Fjodorowitsch, in den vor allem die Regalien – Krone, Zepter und Reichsapfel – eingegangen sind, wurde bei festlichen Hofzeremonien getragen: bei Zarenkrönungen, Empfängen ausländischer Botschafter und an großen religiösen Feiertagen.

Die Krone hat eine Gruppe von Kremlmeistern im Jahre 1627 angefertigt. In ihrer Form und Farbskala sowie der Art des durchbrochenen ziselierten Dekors stellt sie eine Besonderheit in der russischen Kunst des 17.Jahrhunderts dar. Der Glanz des Goldes und das Schimmern der Edelsteine, der Perlen, des leuchtenden Emails verschmelzen zu einem einzigen Akkord, und die ganze Oberfläche der Krone funkelt und schillert in mannigfaltigen Farbtönen. Eine besondere Rolle spielen die Edelsteine in der dekorativen Ausstattung. In ihrem tiefen Ton faszinierende Smaragde, Saphire und glühende Rubine bilden leuchtende Farbflächen in dem Flimmern dieses vielfältigen Dekors und den reliefartig herausgearbeiteten Gräsern. Kleine Perlen auf dünnen Stäbchen scheinen regelrecht in der Luft zu hängen und bringen einen eigentümlich gebrochenen Rhythmus in die Komposition, der durch das Funkeln und Blitzen der Krone noch verstärkt wird.

Das Zepter und der Reichsapfel sind von westeuropäischen Meistern geschaffen worden. Es gibt Grund zu der Annahme, daß der Habsburger Kaiser Rudolf II. des Heiligen Römischen Reiches Deutscher Nation sie 1604 dem russischen Zaren Boris Godunow überreichen ließ.

Das Zepter, mit kleinen Masken, Trauben von Früchten und einem grotesken Ornament verziert, ist mit hoher Wahrscheinlichkeit ein Werk Prager Juweliere. Dafür spricht die stilistische Nähe zu einigen anderen Erzeugnissen, die in den Prager Werkstätten des Kaisers Rudolf II. gefertigt worden sind.

Schwierig ist die Beantwortung der Frage nach dem Herstellungsort des Reichsapfels. Vielleicht wurde er im Auftrag Rudolfs II. von einem süddeutschen Künstler gefertigt. Das Zepter und der Reichsapfel stellen einmalige Kunstwerke dar. Besonders hervorzuheben sind auf dem Reichsapfel die Kompositionen, die mit König David in Verbindung stehen: »David vor Saul«, »Der Kampf Davids gegen Goliath«, »Rückkehr nach dem Sieg« und »Die Verfolgung durch Saul«. Diese Szenen wurden von einem hervorragenden Meister der Miniaturplastik geschaffen.

161 Krone. Petersburg, 1730
   Höhe 31,3 cm, Umfang 68 cm
   Silber, Edelsteine, Guß, Ziselierung, Gravierung,
   Vergoldung

1721 erklärte Peter I. Rußland zum Imperium, um das internationale Ansehen seines Landes zu erhöhen, und ersetzte die traditionelle russische Krönung mit der Schapka des Monomach durch die allgemein übliche europäische Krönungszeremonie.

Die erste Krönung dieser neuen Art in Rußland fand 1724 statt, als Katharina I. den Thron bestieg. 1730 wurde die Nichte Peters I., Anna Ioanowna, Kaiserin. Für sie entstand die abgebildete Krone von in Europa üblicher Form. Sie besteht aus zwei silbernen Halbkugeln und einem leicht erhöhten Bogen dazwischen.

Die Wandung der Halbkugeln stellt ein Ajournetz aus Quadraten dar, in deren Ecken große Diamanten angeordnet sind. In der Mitte jedes Quadrats befindet sich eine stilisierte Blume mit diamantenem Herzchen. Obwohl die Krone in der kompositionellen Gestaltung verhältnismäßig schlicht wirkt, zeichnet sie sich durch einen großen Reichtum an künstlerischen Dekorverfahren aus. Die roten Edelsteine kontrastieren eindrucksvoll mit dem Weiß der betörend blitzenden Diamanten. Ein großer Turmalin in herrlicher kirschroter Farbe, der in seiner natürlichen Form belassen und nur leicht poliert worden ist, krönt das kostbare Kunstwerk.

162 Thron. Westeuropa, 16.Jh.
   Höhe 138 cm, Breite 64 cm, Tiefe 64 cm
   Holz, Bein, Schnitzerei

In der Rüstkammer gibt es eine interessante Sammlung alter Throne. Der früheste ist ein Sessel mit rechteckigem Rücken, hohen Armlehnen und einem Fußgestell. Das Holzgerüst des Thrones wurde mit geschnitzten Elfenbeinplatten verkleidet, auf denen biblische Sujets und mythologische Tiere dargestellt sind – Tritonen und Hippokampen.

Einer alten Legende zufolge gelangte dieser Thron im Zusammenhang mit der Eheschließung Iwans III. mit Sofia Palaiologos, der Nichte des letzten byzantinischen Kaisers, nach Moskau. In Dokumenten wird der Thron jedoch erstmals im 16.Jahrhundert erwähnt, als er Iwan Grosny gehörte. Fachleute rechnen ihn auch auf Grund des Charakters der Schnitzerei dem 16.Jahrhundert zu und bringen ihn mit westeuropäischen Meistern in Verbindung. 1642 wurde der Sessel restauriert, und vielleicht sind damals einige Platten, vor allem jene mit den Kampfszenen, hinzugefügt worden.

163 Thron. Iran, Anfang 17.Jh.
   Höhe 90 cm, Breite 62,5 cm, Tiefe des Sitzes 51,5 cm
   Gold, Edelsteine, Holz, Blattgold, Brokat

Ende des 16. Jahrhunderts nahm Rußland mit dem Iran ständige diplomatische und Handelsbeziehungen auf, die freundschaftlichen Charakter trugen. Der Botschafteraustausch zwischen den beiden Ländern war von der Überreichung kostbarer Geschenke begleitet.

1604 wurde Zar Boris Godunow als Geschenk des iranischen Schahs Abbas I. ein prunkvoller Thron übergeben. Seine Form und die Verzierung sind für die iranische Kunst des 16. bis 17. Jahrhunderts typisch. Der Thron hat ein niedriges Rückenteil und niedrige, von birnenförmigen Türmchen bekrönte Armlehnen. Er ist aus Holz gefertigt und mit Blattgold verkleidet, das ein kleinteiliges geprägtes Muster aus verflochtenen Zweigen und gefüllten Blüten ziert. Auf dem Ornament erstrahlt eine Vielzahl von Edelsteinen: Turmaline und leuchtendblaue Türkise. Der Thron wurde 1742 erneuert; der Sitz, die Innenseiten des Rückenteils und der Armlehnen sind heute mit französischem Brokat aus dem 18. Jahrhundert überzogen.

164 Galareitzeug für ein Pferd des Zaren. Moskau, 17. Jh. Gewebe, Gold, Silber, Edelsteine, Perlen, Ziselierung, Email

Große politische Bedeutung wurde im 16. und 17. Jahrhundert in der Rus der Gala-Ausfahrt des Zaren beigemessen, die vor dem Volk und ausländischen Gästen den Reichtum und die Macht des russischen Staates zur Schau stellen sollte. Der polnische Resident Swiderski, der Zeuge einer Ausfahrt des Zaren Alexej Michailowitsch wurde, äußerte in einem Schriftstück, daß ein solch wertvolles Pferdegeschirr in keinem einzigen der Nachbarstaaten zu finden sei.

In der Tat, die Parade-Ausfahrt des Zaren war äußerst imponierend und ging mit ungewöhnlichem Prunk und Luxus einher. Vor der Zarenkalesche führten Bojaren bis zu hundert reich geschmückte Pferde am Zaum, und einige tausend Reiter begleiteten die Equipage des Zaren.

Am Hals der für die Ausfahrt hergerichteten Pferde hing eine große, aus Gold und Silber sowie aufgefädelten Perlen geflochtene Quaste, an den Seiten waren Klingelketten angebracht, die bei der Bewegung der Pferde einen angenehmen melodischen Klang hervorriefen. Die Pferdekruppe war für gewöhnlich mit einer reich verzierten Schabracke aus kostbarem Stoff bedeckt. Für die Ausstattung der kunstvoll mit vielfarbigem Email, Ziselierungen und Edelsteinen verzierten Pferdegeschirre wurden die besten Juweliere häufig aus der Gold- und Silberkammer des Kreml herangezogen.

165 Verzierung eines Artschak. Moskau, 1682 Meister Larion Afanassjew, Luka Mymrin und Semjon Fedotow

Höhe des vorderen Bogens 23 cm, Höhe des hinteren Bogens 17 cm Silber, Brokat, Email, Ziselierung, Vergoldung

Die Rüstkammer besitzt eine interessante und kostbare Sammlung russischer Prunksättel aus dem 16. bis 17. Jahrhundert, die sich durch eine besondere Konstruktion und vielfältige künstlerische Bearbeitung auszeichnen. In der zweiten Hälfte des 17. Jahrhunderts trat ein neuer Satteltyp auf, der sog. Artschak. Er ist kleiner und mit einem Kissen ausgestattet, das auf den Sitz geschnallt wird.

Einer der schönsten Artschaks aus der Kollektion der Rüstkammer gehörte dem Zaren Fjodor Alexejewitsch, einem großen Liebhaber von Pferdereitzeug und prächtigen Ausfahrten. Die Sattelbögen sind mit einem ziselierten Muster aus Blättern, Blüten und Sternen verziert, das von Email in weichen, zarten Tönen – Blau, Weiß und Hellgrün – überzogen ist. Das Ornament auf dem Sattelbeschlag erinnert an feines Filigran auf einer Metalloberfläche und gibt dem Artschak etwas sehr Prunkvolles. Wunderbar harmoniert mit dem erlesenen Kolorit des Beschlags der Samt mit seinen großen grünen Blumen auf silbernem Grund, mit dem das Kissen und die Flügel des Sattels ausgeschlagen sind.

152 Helm. Moskau, 1621

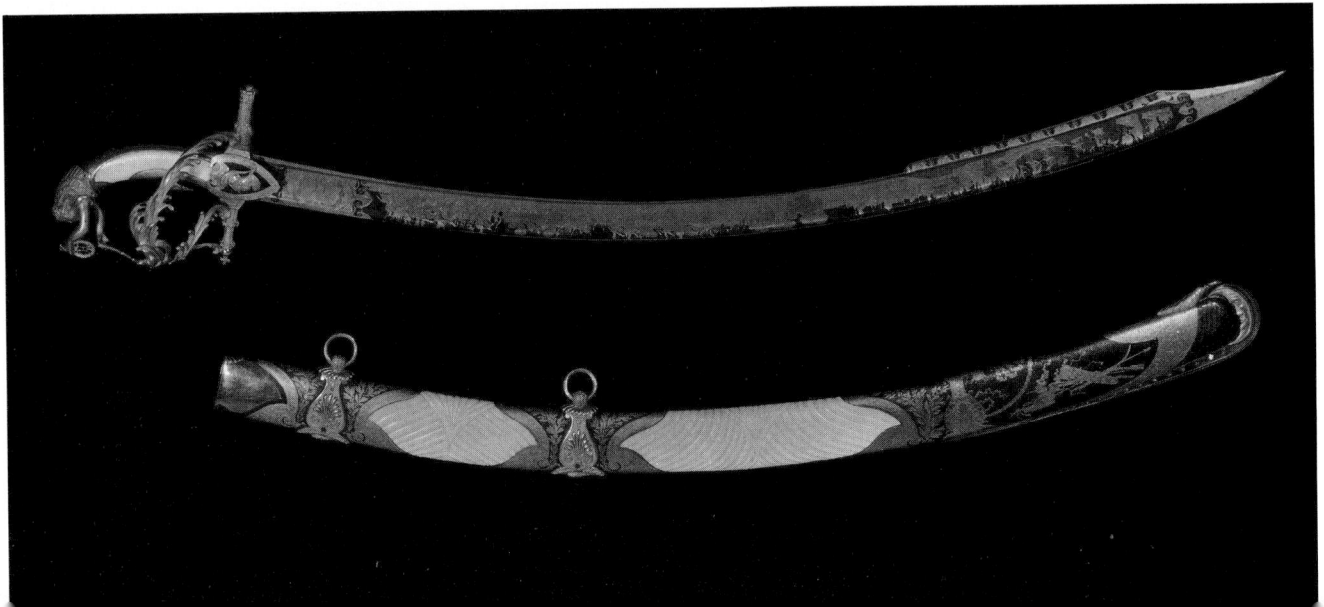

153 Bogenfutteral
und Köcher.
Moskau, 1627–28

154 Säbel mit Scheide.
Slatoust, 1829

155 Säbelgriffe.
Iran, 17. Jh.

158 Kasaner
Krone.
Moskau, 16. Jh.

159 Großes Ornat.
Moskau, 1627

162 Thron. Westeuropa,
16. Jh.

163 Thron. Iran, Anfang
17. Jh.

164 Galareitzeug. Moskau, 17. Jh.

165 Artschak – Sattelverzierung. Moskau, 1682

Folgende Seiten:
166 Kutsche. England, Anfang 17. Jh.

167 Kutsche. Frankreich, Paris, Mitte 18. Jh.

168–170 Sommerkutsche. England, 1770

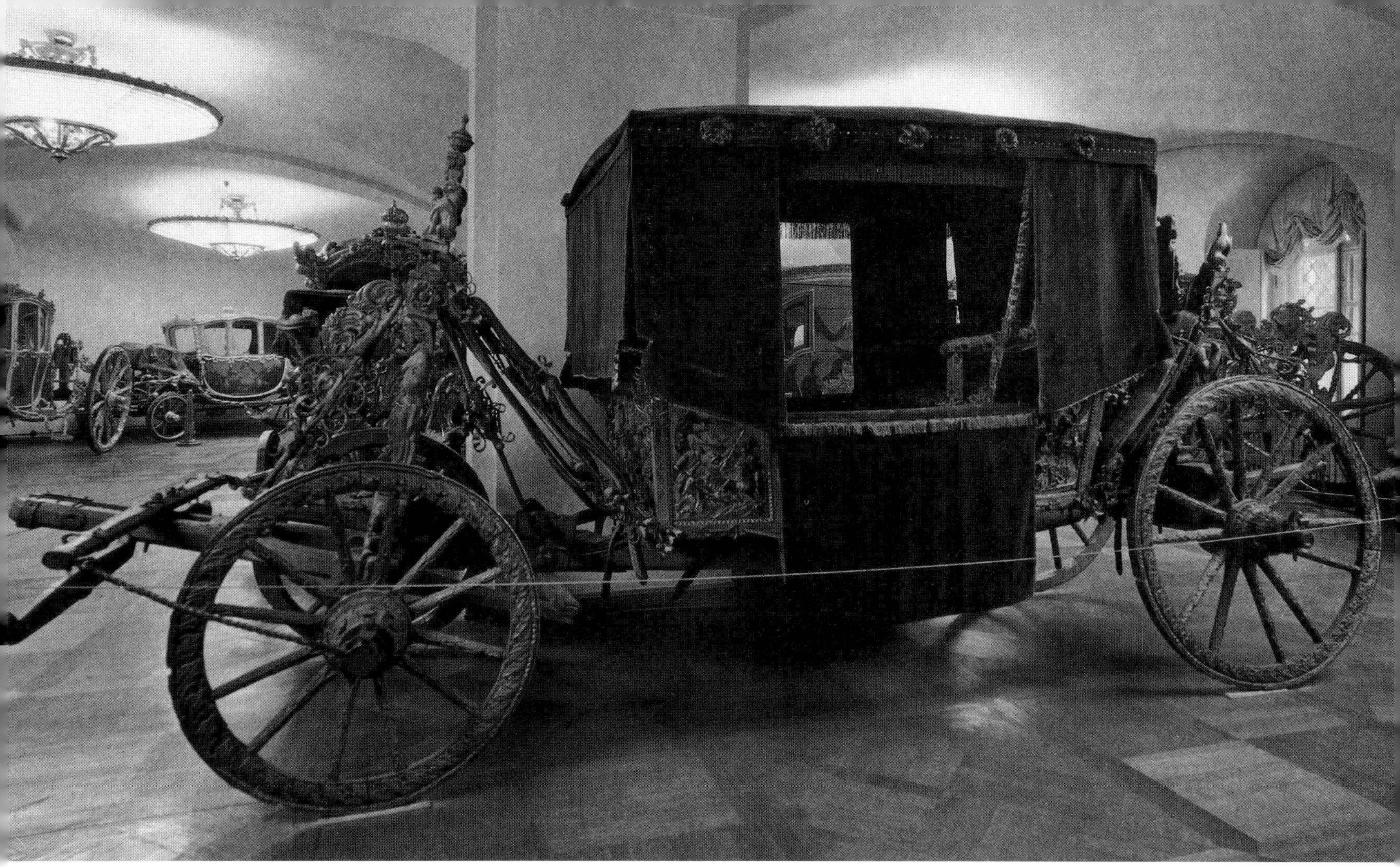

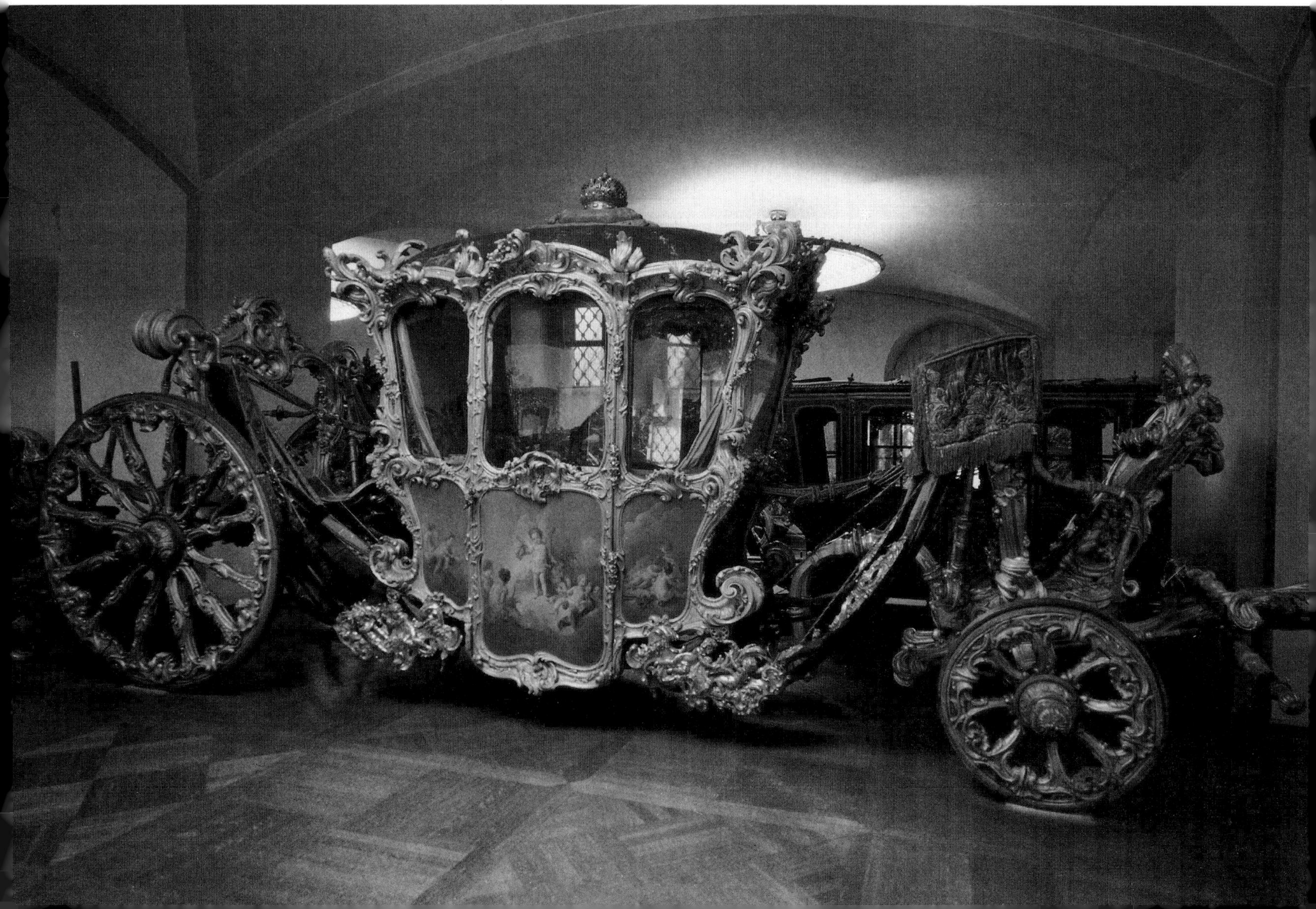

173 Altardecke »Dreieinigkeit«
mit Randfeldern.
Moskau, 1593

174 Tränentuch von Putschesh.
Ausschnitt.
Nowgorod. 1441

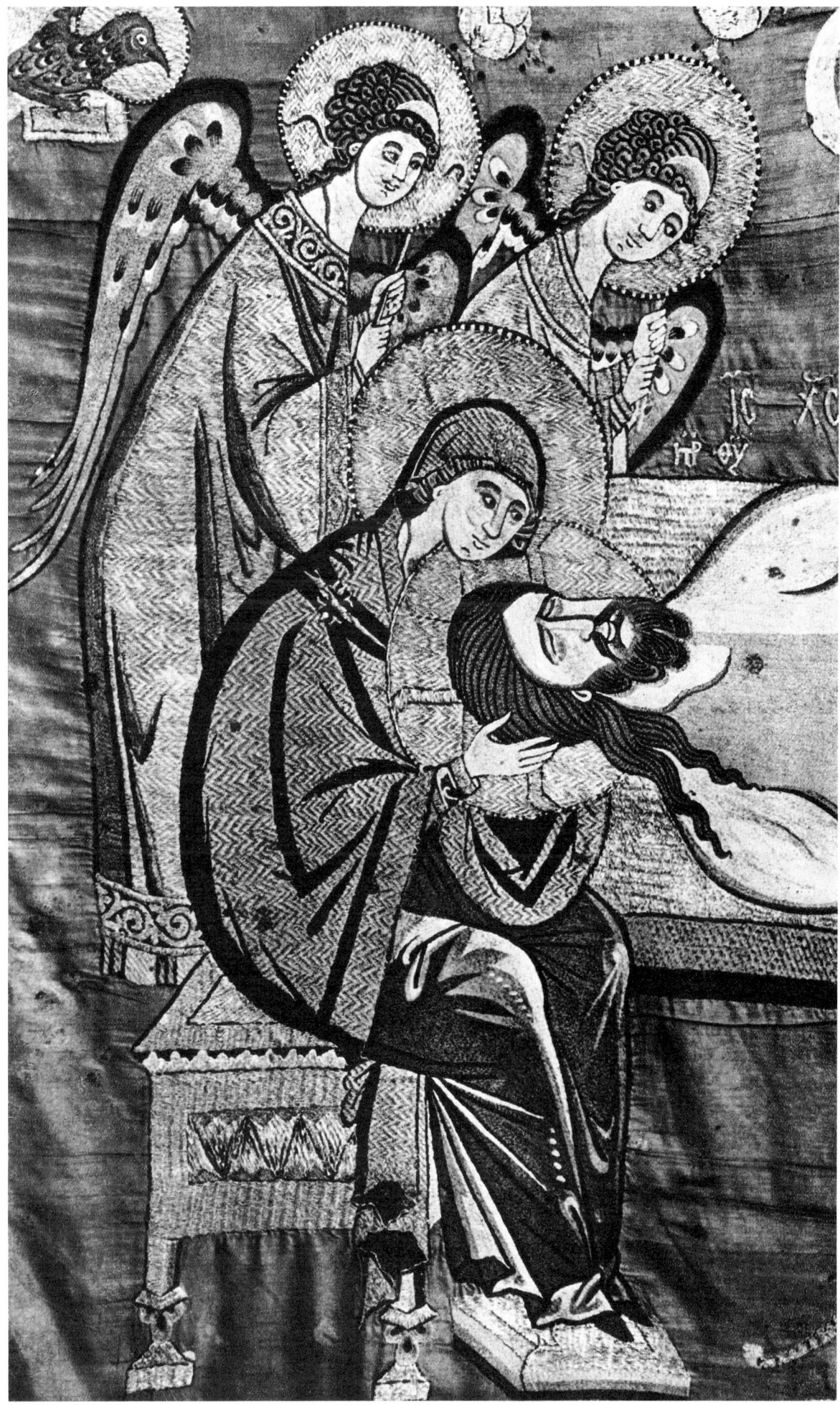

176 Schulterstück
eines Phelonions.
Moskau, Mitte 17. Jh.

177 Phelonion.
Detail.
18. Jh. Stickerei:
Petersburg, 1770

269

182 Pokal in Form eines Hahns. Deutschland, 15. Jh.

183 Pokal in Gestalt eines Türken. Nürnberg, Anfang 17. Jh.

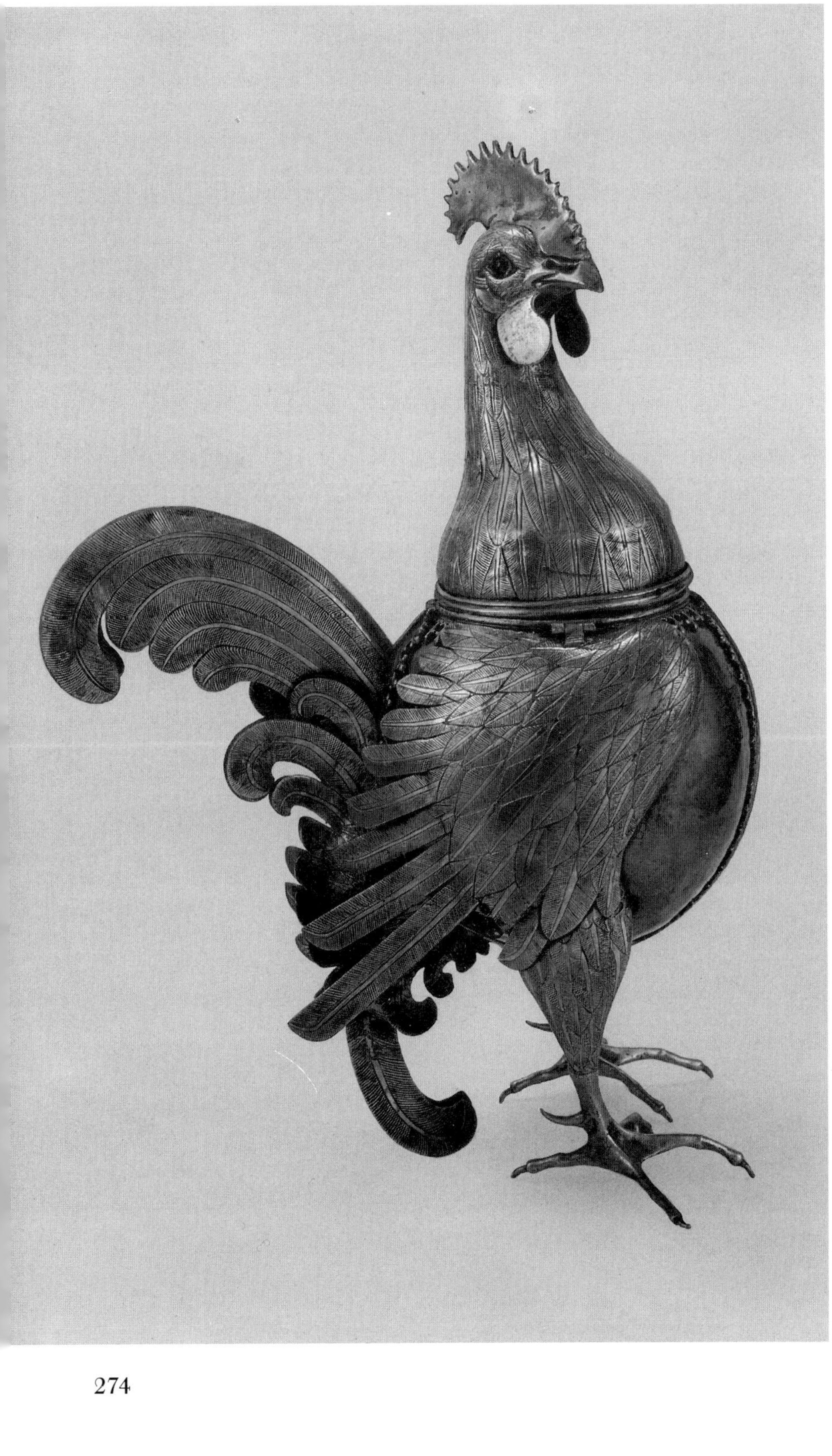

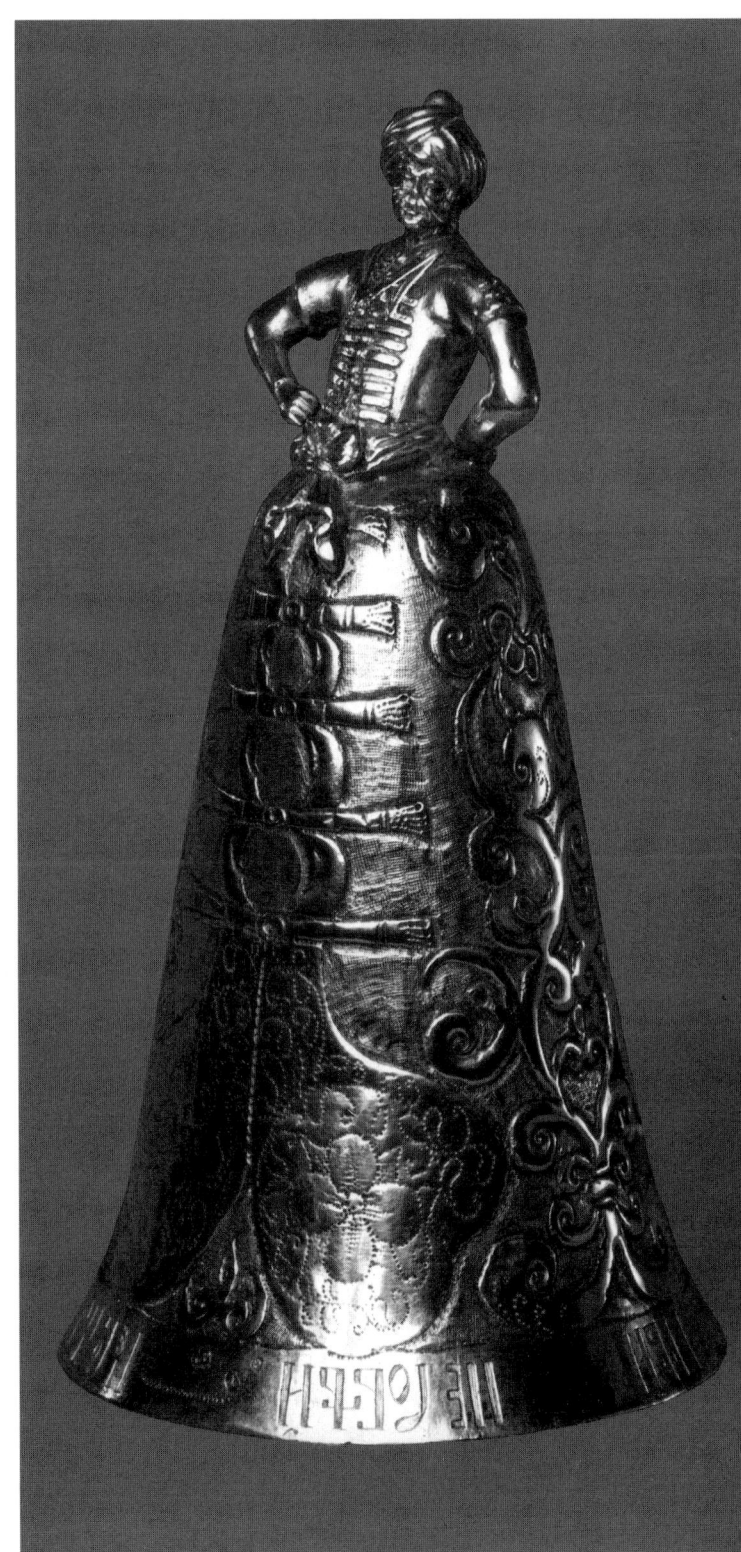

184 Konfektschale. Hamburg, 1633–40

185 Füllhorn-Pokal. Hamburg, 1633–35

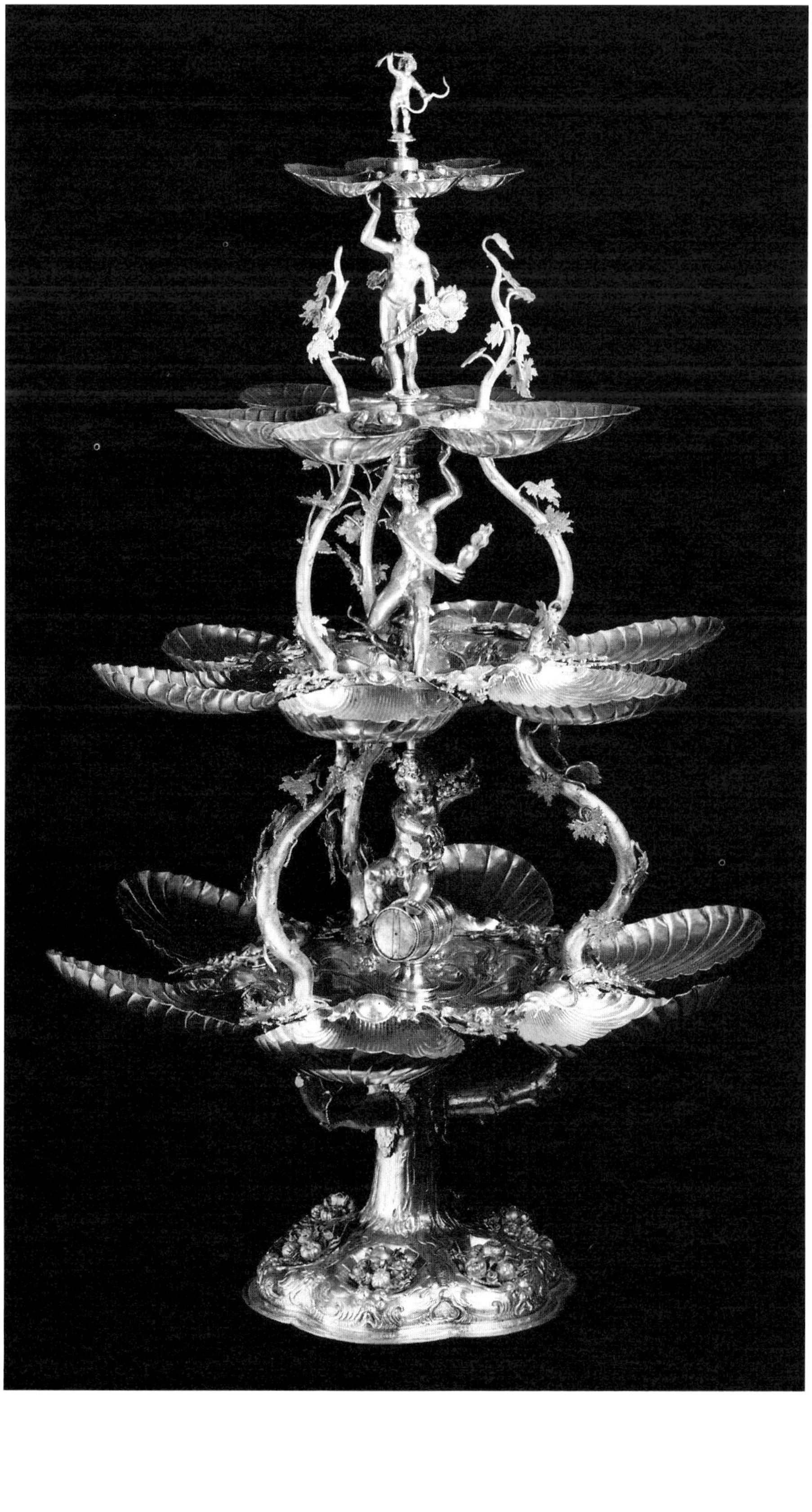

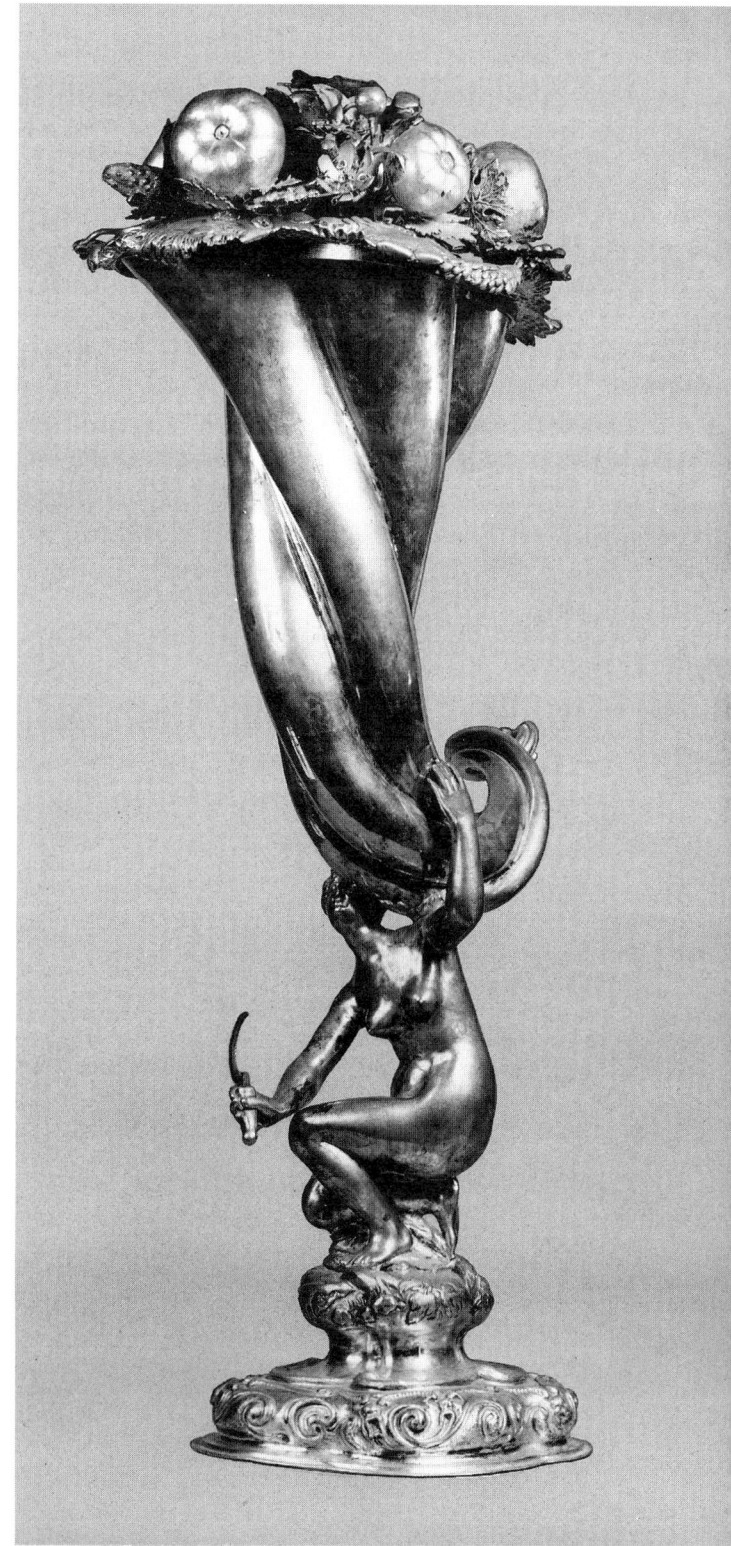

188 Panther. London, 1600–1601

189 Woronok (Weinkrug). London, 1610–11

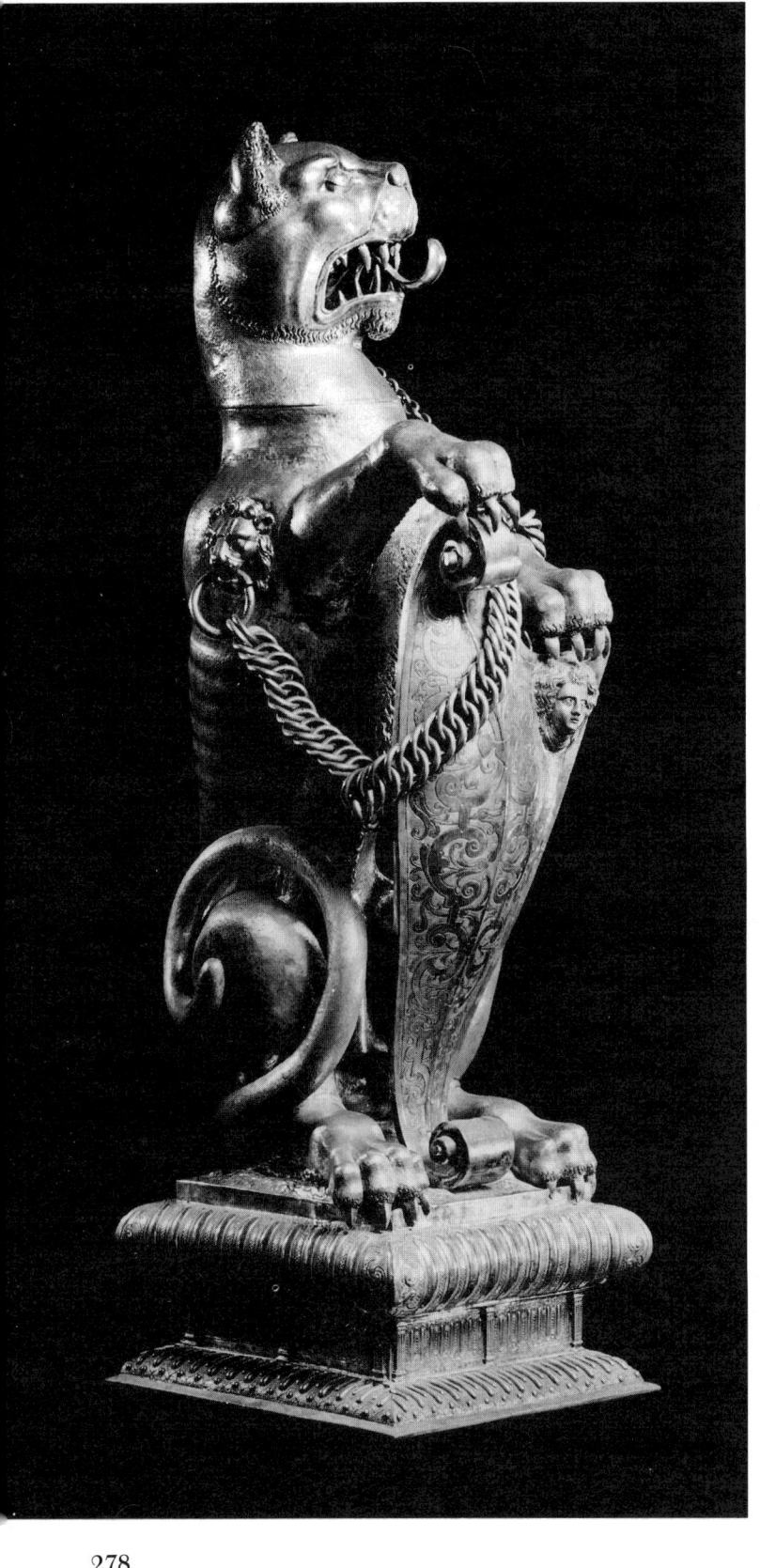

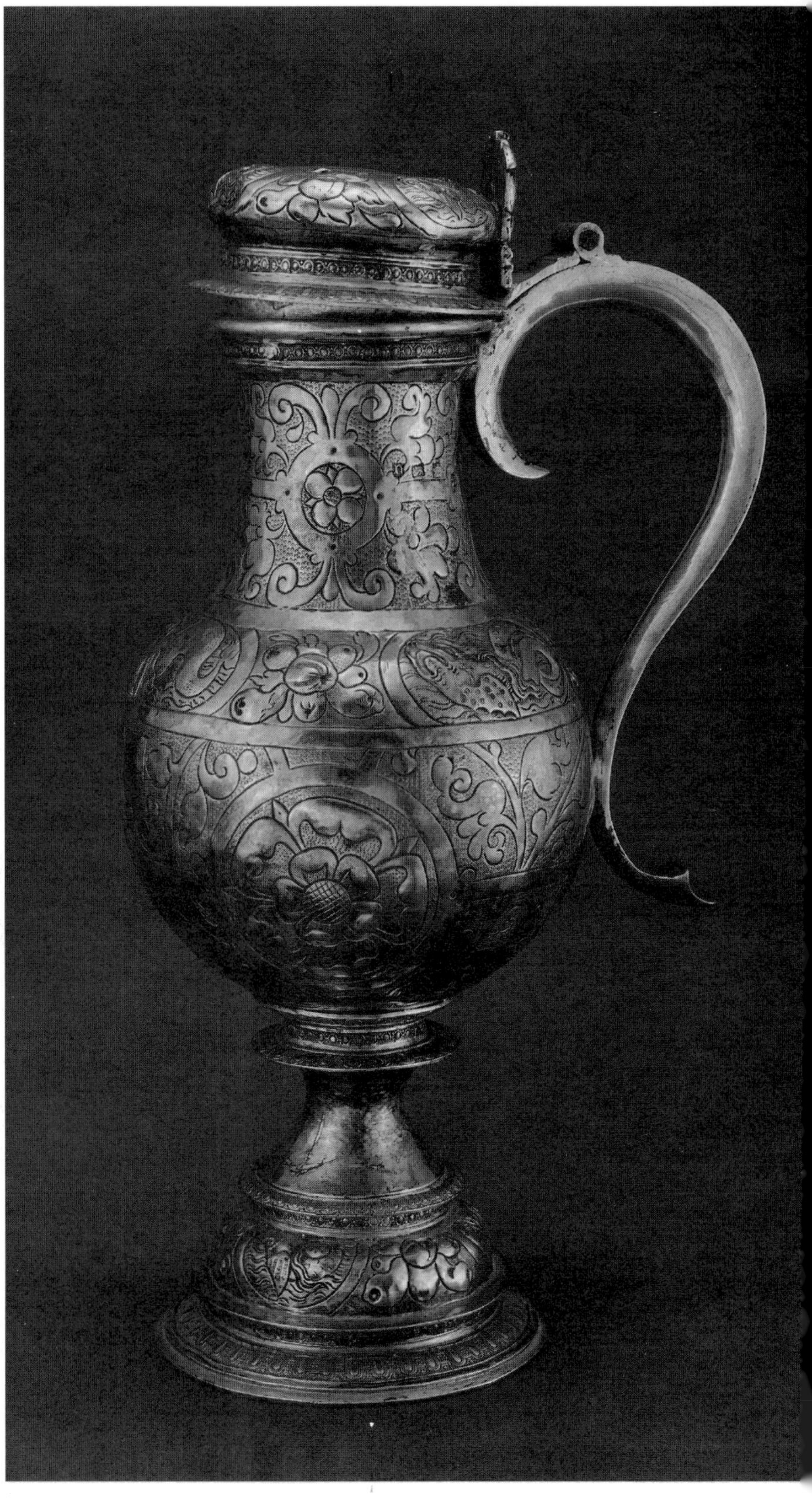

190 Humpen. Amsterdam, 17.Jh.

Folgende Seite:
191 Waschkrug. Antwerpen, Mitte 16.Jh.

166 Kutsche. England, Anfang 17. Jh.
Länge 608 cm, Breite 228 cm, Höhe 250 cm
Eichenholz, Brokat, Schnitzerei, Vergoldung
Diese Kutsche, die Zar Boris Godunow als Geschenk erhielt, ist die älteste Equipage der Sammlung und in ihrem Aufbau noch sehr einfach und ohne Federung. Der Wagenkasten ist mit Samt ausgeschlagen und an Riemen aufgehängt. Anstelle von festen Wänden, Fenstern und einem Dach stützen acht geschnitzte dünne Stangen einen Baldachin. Die Türen ersetzen zurückschlagbare Samtvorhänge. Das Gefährt besitzt noch keine Lenkvorrichtung, deshalb mußte es an den Kurven von Begleitern mit den Händen an den Hinterrädern in die gewünschte Richtung gehoben werden. Einen Sitz für den Kutscher gab es auf dem Gefährt noch nicht, da es entsprechend der Etikette jener Zeit als unschicklich galt, unmittelbar vor dem Zaren zu sitzen und ihm den Rücken zuzuwenden. Bei Prunkausfahrten wurden sechs bis acht Pferde eingespannt, die am Zaumzeug geführt oder von einem Reiter auf einem der vorderen Pferde kutschiert wurden.

Interessant ist die dekorative Ausstattung der Equipage. Das Schnitzwerk zeigt u. a. eine Schlacht der Christen gegen die Moslems und den Triumphzug der siegreichen Christen – Darstellungen, die die russisch-türkischen Beziehungen in der Regierungszeit Boris Godunows widerspiegeln. An den Ecken der Kalesche gibt das Schnitzwerk Jagden auf Bären, Tiger und Wildschweine in lebendiger Ausdruckskraft wieder.

167 Kutsche. Frankreich, Paris. Mitte 18. Jh.
Meister A. Drileros
Länge 740 cm, Breite 238 cm, Höhe 270 cm
Bronze, Brokat, Guß, Ziselierung, Schnitzerei,
Vergoldung, Ölmalerei
Der Hetman der Ukraine, K. G. Rasumowski, schenkte die Galakutsche 1754 der Zarin Jelisaweta Petrowna. Das Gefährt war für besonders wichtige Paradeausfahrten der Zarin gefertigt worden und wurde nur selten benutzt, weil seine übermäßige Größe und der niedrige Wagenkasten sich als ungünstig erwiesen. Deshalb brauchte die Equipage nie restauriert zu werden.

Es gibt Grund zu der Annahme, daß sie nach einem Entwurf des französischen Architekten Nikolai Pineau gearbeitet worden ist, der in der ersten Hälfte des 18. Jahrhunderts in Rußland tätig war und später gern Aufträge für den russischen Zarenhof übernahm. Gebaut wurde das Gefährt von dem französischen Meister A. Drileros, der seinen Stempel auf Vorder- und Hinterwand der Kalesche hinterlassen hat.

Diese Galakutsche ist in künstlerischer Hinsicht sehr interessant. Welch herrliche Kontur des Wagenkastens! Und mit welch großem Feingefühl und Geschmack ist der

wundervolle und prächtige, mit Gold überzogene plastische Dekor ausgeführt, der aus asymmetrischen großen Ranken, Muscheln und Blüten besteht.

Als Material für die Schnitzerei diente Ahornholz, das sich sehr schwer bearbeiten läßt. Eine große Rolle spielten bei der künstlerischen Gestaltung der Equipage auch die Bronzeverzierungen, die eine in sich geschlossene Komposition darstellen, dabei aber organisch in den Gesamtdekor eingeschrieben sind. Harmonisch verbinden sich mit der allgemeinen künstlerischen Gestaltung des Gefährts Malereien in komplizierten Rocaillerahmen. Hier wurden mythologische Sujets und Allegorien von Krieg und Frieden dargestellt. Sie sind nach Meinung der Mehrheit der Wissenschaftler von Francois Boucher geschaffen worden. Das zurückhaltende Kolorit dieser Malerei mit seinen kühlen hellblauen und rosafarbenen Tönen war charakteristisch für diesen Künstler, besonders in seinen letzten Schaffensjahren.

168 Sommerkutsche. England, 1770
bis Länge 486 cm, Breite 197 cm, Höhe 240 cm
170 Bronze, Brokat, Schnitzerei, Vergoldung, Ölmalerei
Zu den schönsten Equipagen in der Sammlung der Rüstkammer gehört zweifellos die offene, für Spazierfahrten in der heißen Jahreszeit bestimmte Sommerkutsche. Der Wagenkasten wurde in Form einer Gondel mit aufklappbarem Vorderteil gearbeitet.

Die Silhouette der Kalesche ist ungewöhnlich schön, leicht und elegant. Ganz einfach konstruierte Details sind kunstvoll verziert und faktisch ihrer Bestimmung entfremdet worden. Den Wagenkasten rahmen in gelungenem Schnitzwerk Lorbeer- und Eichenzweige sowie Blumengirlanden. Hinten stellte das plastische Schmuckwerk Reiter in Helmen und Panzerhemden mit dem Speer in der Hand dar. Eine große Muschel aus Akanthusblättern bildet den Bediententritt. Vorn sitzen auf dem Rahmen geschnitzte Adler mit ausgebreiteten Flügeln. Das ganze Schnitzwerk ist mit Vergoldung überzogen und wirkt wie gegossenes Metall. Auch Malerei bezog man in die Verzierung ein: Auf den Kastenwänden wurden Fortuna und Amphitrite dargestellt, an der Rückwand Apollo zwischen den Musen. Der Maler, der diese mythologischen Szenen geschaffen hat, ist unbekannt. Die Equipage wurde Katharina II. von Graf Orlow geschenkt.

171 Kutsche. Petersburg, 1769
Meister Iogan Konrad Bukendahl
Länge 560 cm, Breite 250 cm, Höhe 240 cm
Bronze, Silber, Brokat, Schnitzerei, Vergoldung,
Ölmalerei
Die Galakutsche Katharinas II. stellt die vollendetste der Equipagen in der Museumssammlung dar. Sie wurde von

dem bekannten Petersburger Meister Bukendahl geschaffen, der gut vertraut war mit den neuesten technischen Daten im Wagenbau seiner Zeit. Die von ihm angewandte Horizontal- und Vertikalfederung in Verbindung mit zwei Stangen verhinderte ein starkes Stoßen und Schütteln des Wagenkastens bei rascher Fahrt. Der Kasten hängt hier hoch, und das Trittbrett ist bereits nicht mehr im Innern, sondern außerhalb der Equipage angebracht.

In der Verzierung hat sich der in der europäischen Kunst vorherrschende Klassizismus ausgewirkt. Die Wagenform ist streng, wenn auch nicht ohne eine gewisse Eleganz. Im Dekor tritt die für den Klassizismus charakteristische Girlande auf, um den Rand des Wagendachs läuft ein vergoldeter Metallgrat mit Urnen. Die Außenwand des Kastens ist mit Malereien verziert, auf denen die Zarin und allegorische Szenen dargestellt sind, die ihre Herrschaft verherrlichen. Griffe und Spangen der Kalesche wurden mit reihenweise angeordnetem Straß besetzt, der Brillanten imitiert und im Sonnenlicht glitzert und blitzt. Die Equipage wurde noch im 19. Jahrhundert mehrfach von den Mitgliedern der Zarenfamilie benutzt.

172 Krönungsgewand. Petersburg, 1724
Rips, Taft, Silberfäden, Stickerei

Zu Beginn des 18. Jahrhunderts gab Peter I. eine Reihe von Erlassen heraus, die das Tragen der traditionellen russischen Kleidung untersagten. Die gesamte Bevölkerung, mit Ausnahme der Geistlichkeit und Bauernschaft, war gezwungen, sich Kleidung zuzulegen, die nach westeuropäischer Mode gefertigt war.

In der Sammlung der Rüstkammer wird eine Kollektion von Krönungsgewändern des 18. und 19. Jahrhunderts aufbewahrt. Das allerfrüheste ist das Krönungskleid Katharinas I., das nach europäischer Fasson in Rußland genäht worden ist. Es besteht aus einem Mieder mit großem Dekolleté und kurzen Ärmeln, einem weiten Rock und einer Schleppe. Das Kleid ist aus scharlachroter Seide genäht und mit kostbarer Silberstickerei garniert. Das helle Muster bringt aufs gelungenste den Schnitt des Kleides zur Geltung und hebt sich klar und wirkungsvoll von dem roten Grund ab. Eine herrliche Einfassung ziert die Schleppe, die nach Beschreibungen von Zeitgenossen bei der Krönungsfeierlichkeit von fünf Hofdamen getragen wurde. Dieses Kleid, ein Zeugnis der hohen Kunstfertigkeit russischer Stickerinnen, zählt zu den besten Beispielen der im Museum aufbewahrten profanen Gewänder.

173 Altardecke »Dreieinigkeit mit Randfeldern«.
Moskau, 1593
Länge 133,5 cm, Breite 118 cm
Seide, Gold-, Silber- und Seidenfäden, Stickerei

Die Kunst- oder Bildstickerei spielte in der altrussischen angewandten Kunst eine große Rolle. Sie hat viele Jahrhunderte zurückreichende Traditionen und ist eng mit dem volkstümlichen Schaffen verbunden.

Im 15. bis 17. Jahrhundert befaßte sich jede russische Frau mit Stickerei, von der Zarin bis zur einfachen Bäuerin. Bojaren-, Fürsten- und selbst Kaufmannshäuser unterhielten Werkstätten mit Stickerinnen. Eine der besten war die der Zarin im Moskauer Kreml.

Die Werke der Bildstickerei stehen stilistisch der Malerei ihrer Zeit nahe, da sie für gewöhnlich nach der Vorzeichnung eines Ikonenmalers ausgeführt wurden, der sie selbst auf den Stoff aufbrachte. Doch nur durch das Talent der Stickerinnen, ihren Geschmack und ihr Können ließ sich die Idee in die bildliche Sprache der Textilkunst umsetzen.

Das Altartuch »Dreieinigkeit mit Randfeldern« gehört zu den großartigen Werken des 16. Jahrhunderts. Es wurde in Räumlichkeiten angefertigt, die zum Haus Dmitri Iwanowitsch Godunows gehörten, einer der gebildetsten Persönlichkeiten seiner Zeit, und dem Ipatjew-Kloster in Kostroma gestiftet. Diese Stickerei zeigt im Mittelteil die »Alttestamentliche Dreieinigkeit«, in den Feldern ist die im ersten Buch Mose beschriebene Schöpfungsgeschichte in Szenen von großer Lebendigkeit und Ausdruckskraft wiedergegeben.

Zum Unterschied von Werken des 15. Jahrhunderts und der ersten Hälfte des 16. Jahrhunderts spielt hier die Stickerei mit Gold- und Silberfäden eine wichtige Rolle. Mit farbiger Seide sind die Gesichter, die Anhöhen, Bäume, Tiere, Teufel, das soeben erschaffene erste Menschenpaar Adam und Eva und andere Gestalten des Alten Testaments gestickt. Das Unifarbene des Goldfadens in der Kleidung wird durch Stickereien in leuchtenden Farben aufgehoben, die vielfältige Muster bilden.

174 Tränentuch von Putschesch. Ausschnitt.
Nowgorod, 1441
Gesamtlänge 225 cm, Breite 175 cm
Taft, Goldatlas, Seiden- und Goldfäden, Stickerei

Im christlichen Kult wurde bei den wichtigsten Kirchenfesten das sogenannte Grab des Herrn (das »heilige Grab«) mit einem »Tränentuch« bedeckt. Das wiedergegebene Tuch, das im Auftrag des Nowgoroder Erzbischofs Euphemos angefertigt wurde, erhielt seine Bezeichnung nach der Stadt Putschesch, wo es 1930 in einer Kirche gefunden wurde.

Die traditionelle Szene der »Grablegung« ist auf diesem Tuch, einem der ältesten Zeugnisse der russischen Nadelmalerei, monumental und bedeutsam wiedergegeben, die Figur Christi stark gelängt und vergrößert und auf diese Weise deutlich in den Blickpunkt gerückt. Zärtlich beugt sich Maria über den Kopf des Verstorbenen. Die Komposition ist nicht mit Figuren überladen. Der symmetrische Aufbau, die mehrfachen Wiederholungen von Linien und Farben geben dem Bild einen strengen, feierlichen Rhythmus; die makellose Zeichnung, die Ausdruckskraft der eingestickten Figuren, die sich in ihren harmonischen Silhouetten von dem roten Taftstoff abheben, bezeugen, daß ein begabter Künstler an diesem Werk beteiligt war. Die Stickerinnen beschränkten sich nicht auf eine einfach konturierte flächige Darstellung der Figuren, sondern versuchten, Helldunkel-Übergänge von einer Farbe zur anderen zu erzielen. Dadurch haben die Wiedergaben eine gewisse Plastizität erhalten. Diese Art Stickerei wird als Nadelmalerei bezeichnet.

Die Skala der hellblauen, grasgrünen und hellbraunen Töne der Seidenfäden verband sich ausgezeichnet mit den Gold- und Silberfäden. Wie gewöhnlich haben an dem Tränentuch mehrere Meisterinnen gearbeitet.

175 Sakkos. Erstes Viertel 17.Jh.
Länge 128 cm
Goldbrokat, Perlen, Handweberei
Das Sakkos gehörte dem Vater des Zaren Michail Fjodorowitsch, dem Patriarchen Filaret, und ist 1623 von dem Gesandten Iwan Kondryrjew und dem russischen Djaken (Beamten) Tichon Borlosow aus Konstantinopel nach Rußland gebracht worden. Dieses Gewand besteht aus einem Stoff, dessen Muster aus Goldfäden gewirkt wurde. Solcher als Hexamit bezeichneter Brokat gehört zu den äußerst seltenen und kostbaren Geweben, die nur einem kleinen Kreis der Feudalaristokratie und der Geistlichkeit zugänglich waren. Gewänder aus diesen Stoffen wurden sorgsam aufbewahrt, als Erbstück weitergegeben und immer wieder verändert.

Das Sakkos des Patriarchen Filaret zeichnet sich durch außergewöhnliche, etwas schwere Pracht aus. Der Grunddekor besteht aus Granatäpfeln, die in große, von einer breiten geschwungenen Einfassung gerahmte Felder gesetzt und von Zweigen mit Blättern und Blüten umgeben sind. Dieses Muster ist so großflächig, daß es nur zweimal auf der Gewandbahn Platz hat. Das Kolorit setzt sich aus Gold und leuchtendem Rot zusammen.

Aus solchen kostbaren Geweben wurde auch die weltliche Prunkkleidung des 16. und 17.Jahrhunderts genäht. Leider hat sich bis in unsere Tage nur sehr wenig davon erhalten; es ist jedoch bekannt, daß einige der in der Rüstkammer aufbewahrten Kirchengewänder aus Kleidungsstücken des Zaren umgenäht worden sind.

176 Schulterstück eines Phelonions. Moskau, Mitte 17.Jh.
Länge 76 cm, Höhe 36 cm
Brokat, Perlen, Edelsteine, Stickerei

Perlen waren ein beliebtes Material der altrussischen angewandten Kunst. Ausländer, die im 16. und 17.Jahrhundert nach Rußland kamen, waren überrascht von der Fülle an Perlen, die sie im Zaren- und Patriarchenhof und in den Klosterschätzen zu sehen bekamen. Man beschaffte sie sich vom Ufer des Schwarzen Meeres, aus Indien und aus Ceylon. Die Mehrzahl der Perlen jedoch stammte vom Ilmensee und aus den nördlichen Flüssen Rußlands. Das war eine Perlenart von hoher Qualität, und sie wurde von den eingeführten Perlen nur in der Größe übertroffen.

Vor allem wurden Perlen in reichem Maße für die dekorative Stickerei verwendet. Die Meisterinnen benähten damit die unterschiedlichsten Gegenstände. Werke von ihrer Hand fanden auch im Ausland weite Verbreitung und gelangten oft als Gesandtschaftsgeschenke dorthin.

Die Blüte der dekorativen Stickerei fällt ins 17.Jahrhundert. Als wertvolles Zeugnis dieser Zeit kann das abgebildete Schulterstück eines Kirchengewandes dienen. Im Zentrum ist aus glitzernden Goldscheiben mit je einem Edelstein in der Mitte das traditionelle Kreuz dargestellt. Dieses Rondell umgeben auf einem Fond, der über und über mit kleinem Goldflitter bedeckt ist, zwei schön geschwungene große Zweige mit prächtigen Blüten und saftigen, viellappigen Blättern: Große Perlen stellen das Gerüst des Musters dar, machen die Bewegung des Ornaments deutlich und erheben sich reliefartig zwischen den Blüten und Blättern, die kunstgerecht aus sehr kleinen Perlen gebildet werden. Die Verbindung des goldenen Fonds mit dem schillernden Schimmer der Perlen und dem Spiel der leuchtenden Edelsteine gibt der Stickerei eine ausgesprochen schöne und festliche Wirkung.

177 Phelonion. Detail. Samt: Italien, 18.Jh., Stickerei: Petersburg, 1770. Meisterin Darja Lichnowskaja
Perlen, Edelsteine, Stickerei
Das Phelonion wurde zusammen mit einer Reihe anderer kirchlicher Gegenstände auf Geheiß Katharinas II. für den Metropoliten Platon gefertigt und 1770 dem Dreieinigkeits-Sergius-Kloster gestiftet. Die Hofmeisterin Darja Lichnowskaja war mit diesem Gewand mehr als zwei Jahre beschäftigt und bestickte es mit etwa 150 000 Perlen. Um eine solche Menge von Perlen zusammenzubringen, befahl Katharina II., sie von alten Altardecken und Gewändern abzutrennen. Die hohe technische Vollendung der Stickerei und die Schönheit des erlesenen Perlenmusters, das dieses Phelonion schmückt, bezeugen den feinen künstlerischen Geschmack der Meisterin.

Besonders kompliziert und prächtig wirkt das reliefartige Muster des Schulterstücks, das aus Perlen verschiedener Form und Größe zusammengestellt ist. In der Mitte bilden Smaragde und große Diamanten ein Kreuz, umwoben von einem floralen Ornament. Leuchtend grüne Steine heben sich wirkungsvoll von dem Samt ab, der seinerzeit von intensiv roter Farbe war. Das Können der Stickerin, das sich hier mit der Juwelierkunst vereinte, ist ein hervorragendes Beispiel der dekorativen Ausstattung von Kleidung.

178 **Gobelin. Frankreich, Paris, 18.Jh.**
179 **Höhe 372 cm, Länge 386 cm. Wolle, Seide**
In der Rüstkammer werden 80 Wandteppiche aufbewahrt, unter denen vier Gobelins der Serie »Die Geschichte des Don Quijote« aus der Königlichen Manufaktur Paris einen besonders hohen Wert haben.

Im 18.Jahrhundert galt diese Folge in ihrer künstlerischen Ausdruckskraft als bestes Werk der Manufaktur, die der Künstler Charles Antoine Coipel berühmt machte. Coipel wandte sich in seinem Schaffen wiederholt diesem Thema zu. Der abgebildete Wandteppich wurde als einer der letzten in der Folge von 28 Bildern gewirkt, die der Künstler 1751 gemalt hat. Es betitelt sich »Don Quijote mit den Jungfrauen im Hof der Herberge«. Das Sujet ist den Anfangsereignissen des Romans gewidmet, als Don Quijote, unterwegs auf die Herberge treffend, sich einredete, daß er sich in einem berühmten Schloß befände, daß das verschimmelte Schwarzbrot, das ihm der Wirt vorsetzte, aus schneeweißem Mehl gebacken sei und daß ihn schöne Damen umgäben. Da er es entschieden ablehnte, den Helm mit dem aufgeklappten Visier abzulegen, mußte ihm eine der Damen die Speise in den Mund legen. Außer Don Quijote tragen alle anderen Helden Coipels die Frisuren und die Kleidung der Franzosen seiner Zeit.

In dieser Folge hat sich der traditionelle Charakter des kompositionellen Aufbaus von Bildteppichen völlig gewandelt. Breiteten sich früher monumentale, von prächtigen Einfassungen gesäumte Szenen über die ganze Teppichfläche aus, so erinnern diese Gobelins an kleine Gemälde in einem breiten dekorativen Rahmen.

180 **Reliquiar. Byzanz, 11.Jh.**
Höhe 16 cm, Breite 11 cm
Silber, Ziselierung, Gravierung, Vergoldung
Eine Reihe erstklassiger Werke der byzantinischen Kunst, die in der Rüstkammer aufbewahrt werden, bezeugen die einstigen politischen und kulturellen Verbindungen der alten Rus mit Byzanz. Darunter befindet sich ein silbernes Miniatur-Reliquiar, das dem achteckigen Tempel über dem Sarkophag des Demetrius in Saloniki nachgebildet ist. Auf den beiden zu öffnenden Flügeln sind getriebene Darstellungen zweier heiliger Krieger

wiedergegeben, auf der gegenüberliegenden Wand die des byzantinischen Kaisers Konstantin Dukas und seiner Frau Eudokia, die von Christus gesegnet werden.

Trotz ihrer offenkundigen Verdichtung und der Abplattung des Reliefs ist in der Behandlung der Figuren deutlich der Nachhall der antiken Plastik zu erkennen. Es wird angenommen, daß das Reliquiar in den Jahren 1059–1067 gefertigt worden ist.

181 **Waschkrug. Türkei, 17.Jh.**
Höhe 27 cm. Gold, Edelsteine, Gravierung, Email, Guß
Im 17.Jahrhundert kamen in großer Zahl Geschenke und Waren aus der Türkei nach Rußland, darunter kostbare Stoffe, Waffen, Parade-Reitzeug und elegantes Geschirr. Dieser Wasserkrug, zu dem eine entsprechend verzierte hohe, löffelförmig ausgebuchtete Waschschale gehört, wurde dem Sohn Peters I., Zarewitsch Alexej, von seiner Großmutter Natalja Kyrillowna geschenkt.

Das Wassergefäß hat die typische Form einer orientalischen Kanne. Die klare Silhouette mit den geschwungenen fließenden Konturen, das Ebenmaß der Form mit dem kugeligen Gefäßkörper und dem hohen, schlanken, sich nach oben zu leicht verbreiternden Hals, der ganz natürlich in einen helmförmigen Deckel übergeht – all das hat etwas geradezu Faszinierendes. Der dünne Henkel und der schlanke gebogene Ausguß, der in einem Drachenkopf endet und eine originale schuppige Oberfläche hat, verleihen dem Gefäß ganz besondere Eleganz. Es ist mit einem geometrischen Muster verziert und mit Diamanten, Smaragden und Rubinen in goldenen Fassungen besetzt. Dieses Ornament hebt sich klar von dem Grund aus durchsichtigem grünen Email ab. Derartige Farbverbindungen sind sehr charakteristisch für türkische Erzeugnisse. Das klangvolle Kolorit dieser Gegenstände fand im 17.Jahrhundert bei den russischen Menschen großen Anklang.

182 **Pokal in Form eines Hahnes. Deutschland, 15.Jh.**
Höhe 35,5 cm
Silber, Edelsteine, Email, Guß, Gravierung, Vergoldung
Zu den frühesten Werken in der reichen Sammlung an deutschem Silber gehört ein Humpen, der in Form eines Hahnes mit erhobenem Kopf ausgeführt ist. Am Hals des Hahnes ist ein Emailtäfelchen mit dem Namen des Großfürsten Iwan III. eingefügt.

Ursprünglich war der Gefäßkörper offensichtlich aus der Schale eines Straußeneis oder aus einer Perlmuttmuschel gefertigt, aber nachdem er zerbrochen war, wurde er aus Silber ersetzt. Der Bischof Arseni Jelassonski, der 1598 einen Schrank mit kostbarem Geschirr beschrieb, den er im Zarenschloß sah, erwähnt Gefäße in Form von

Pfauen, Storchen, Kranichen, Enten, Gänsen, Straußen, Tauben, Rebhühnern und Hähnen. Vielleicht befand sich darunter auch dieser älteste Pokal der Rüstkammer.

183 Pokal in Gestalt eines Türken. Deutschland, Nürnberg, Anfang 17.Jh. Meister Meinrad Bauch d.Ä.
Höhe 16 cm
Silber, Guß, Ziselierung, Gravierung, Vergoldung
Dieses Gefäß gehört zu den sogenannten Amüsierpokalen. Man kann ihn nicht absetzen, ohne vorher den Inhalt bis zum Boden zu leeren. Auf den Kopf gestellt, verwandelt sich das weite Gewand des Türken in eine tiefe Schale, um deren Rand eine in Rußland ausgeführte Inschrift läuft. Der Meister war sehr bemüht, den ethnischen Typ des Türkengesichtes wiederzugeben, die nationale Kopfbedeckung und Kleidung. Dabei wirkt das von Gewichtigkeit und Würde erfüllte Figürchen auf dem unproportional hohen Unterteil in Form des sich in der Hüfte verbreiternden Gewandes reichlich komisch, was jedoch ganz dem Charakter des Gefäßes entspricht.

184 Konfektschale. Deutschland, Hamburg, 1633–40.
Meister Ditrich tor Moye
Höhe 53 cm. Silber, Ziselierung, Guß, Vergoldung
Um sich des Beistands Rußlands im Kampf gegen Schweden zu versichern, schickte Dänemark mehrfach Gesandtschaften nach Moskau. In den vierziger Jahren des 17.Jahrhunderts entstand der Plan, einen Ehebund zwischen der Tochter des Zaren Michail Fjodorowitsch, Irina, und dem dänischen Königssohn Woldemar zu schließen. Als der Bräutigam 1644 zu einem feierlichen Empfang nach Moskau kam, schenkte er dem Zaren mehr als 130 deutsche Silbergegenstände, darunter den sogenannten Konfektbaum. Es handelt sich um eine hohe Silberschale mit um den Mittelstamm angeordneten Reihen kleiner Muschelteller für Süßigkeiten. Zwischen diesen Konfekttellerchen schlingen sich Weinreben empor, und auf der vertikalen Achse sind gegossene Figürchen mythologischer Gottheiten angebracht: unten der junge Bacchus, der auf einem Fäßchen sitzt und ein Schälchen in den Händen hält, etwas höher Venus mit dem flammenden Herzen in der Hand und darüber Ceres mit dem Füllhorn. Bekrönt wird das Gefäß von einem Cupidofigürchen mit Pfeil und Bogen.

185 Füllhorn-Pokal. Deutschland, Hamburg, 1633–35
Meister Ditrich tor Moye
Höhe 67 cm. Silber, Ziselierung, Guß, Vergoldung
Der Pokal stellt die Göttin der Fruchtbarkeit, Ceres, mit ihren ständigen Attributen dar – Füllhorn und Sichel. Die kniende Göttin, wiedergegeben in komplizierter Verkürzung, ist voller innerer Spannung und wie durchdrungen

von starker elastischer Bewegung. Die leicht spiralige Drehung der Figur setzt sich in dem Füllhorn fort. Man fühlt sich veranlaßt, den Pokal von allen Seiten zu betrachten: Er ist von jedem beliebigen Blickpunkt aus interessant. Mit großem Können ist auch das Stilleben aus Früchten und Weintrauben auf dem Gefäßdeckel ausgeführt.

Die wirkungsvolle Dekorativität, das Unübliche und die Geschlossenheit und Vollendung der ganzen Komposition stellen diesen Pokal in die Reihe der besten Werke deutscher Silberschmiedekunst. Nicht ohne Grund wurde er in den Bestand der Gesandtengeschenke Schwedens aufgenommen, die Zar Alexej Michailowitsch 1647 aus Anlaß seiner Krönung erhielt.

186 Humpen. Deutschland, erste Hälfte 17.Jh.
Höhe 23 cm
Silber, Bernstein, Schnitzerei, Guß, Vergoldung
Dieser Humpen wurde dem Zaren Alexej Michailowitsch von dem litauischen Botschafter Stanislaw Winewski geschenkt. Den zylindrischen Gefäßkörper schmücken ovale Reliefszenen; sie stellen Früchte und auf ihnen sitzende Vögel dar.

Der besondere Reiz des in der Form strengen, schlichten Gefäßes liegt in seinem Material. Der Meister hat hier höchst geschmackvoll Bernstein in verschiedenen Farben kombiniert – vom Goldgelb bis zum Dunkelbraun. Die silbervergoldete Fassung macht den Krug haltbar und gebrauchstüchtig und gibt seiner Form zugleich etwas künstlerisch Vollendetes. Im 16. und 17.Jahrhundert fertigten die Juweliere Erzeugnisse aus Bernstein in großer Zahl für europäische Herrscher an, die ihre Schatzkammern damit bereicherten.

187 Suleja (Weinflasche). England, 1580–81
Höhe 44 cm
Silber, Ziselierung, Guß, Gravierung, Vergoldung
Die Sammlung an Weinflaschen in der Rüstkammer ist sowohl in der Anzahl als auch der Qualität der einzelnen Gegenstände einmalig. Die Form geht auf die Reiseflaschen zurück, die die Pilger während der Kreuzzüge bei sich führten.

Das im Band wiedergegebene Beispiel zeichnet sich durch eine strenge, edle Form und schöne Proportionen aus. Charakteristisch für die Werke englischer Silberschmiede der Renaissance ist die Verbindung von Gravierung und Treibarbeit. Zum Dekor gehören Meereswesen, Früchte und Vögel. Eines der Medaillons enthält das Wappen König Jacobs I. Auf dem Gefäßkörper sind außerdem Löwenmasken aufgesetzt, auf deren Kopf je ein Ring mit einer massiven Kette angebracht wurde, deren Ringe wie bei einem Panzerhemd verbunden sind. Diese

Kette stellt eine gelungene Zutat zu der künstlerischen Ausstattung des Gefäßes dar, das der Botschafter Thomas Smith 1604 Zar Boris Godunow als Geschenk von dem englischen König Jacob I. überbrachte.

188 Panther. England, London, 1600–1601
Höhe 71 cm
Silber, Guß, Gravierung, Ziselierung, Vergoldung
Die beiden in der Rüstkammer befindlichen Figurengefäße in Form von Panthern haben in keiner anderen Sammlung der Welt ein Gegenstück. Hier ist ein auf den Hinterpranken stehender zähnefletschender Panther dargestellt, der in den Vorderpranken einen Schild mit Treibmuster und einer gegossenen Maske hält. Das Postament ist mit Riffelung und einer tiefen Kehlung verziert. Die ganze Skulptur wirkt kompakt und ungemein ausdrucksvoll, von ihr geht eine furchtgebietende Kraft aus. Der abnehmbare Kopf dient als Deckel.

Lange Zeit war unbekannt, auf welche Art die Weinbehälter in den Zarenschatz gelangt sind. 1958 wurde ein Dokument gefunden, durch das bestätigt wird, daß der englische Handelsvertreter Fabian Uljanow im Mai 1626 für Silbergefäße, unter denen auch die zwei Panther erwähnt werden, Geld und Zobelfelle erhalten hat.

189 Woronok (Waschkrug). England, London, 1610–11
Höhe 34 cm. Silber, Ziselierung, Guß, Vergoldung
»Woronok« ist die alte Bezeichnung für einen Waschkrug, der mit Rosenwasser gefüllt wurde. Er wurde nach dem Mahl zusammen mit einem Gefäß zum Händewaschen gereicht. Die Form des Woronok ist keramischem Geschirr entlehnt, wie es in England um 1555 in Erscheinung trat, und gegen Ende des Jahrhunderts gab es auch Metallarbeiten dieser Art.

In dem Gefäß verschmelzen die Schlichtheit und verhaltene Eleganz der Form, die klare Gliederung, die feinfühlige Profilierung und die streng durchdachte Anordnung des Dekors. In das Ornament sind in reifartigen Abgrenzungen Rosetten, Meereswesen, Blumen und Früchte eingearbeitet. Der gravierte, stellenweise leicht getriebene Dekor hebt sich gut von der Oberfläche des Gefäßes ab.

Wahrscheinlich wurde der Woronok Zar Michail Fjodorowitsch durch den Gesandten John Merrick von Jacob I. übersandt.

190 Humpen. Holland, Amsterdam, 17.Jh.
Höhe 25 cm
Silber, Ziselierung, Gravierung, Vergoldung
Die Sammlung an holländischem Silber in der Rüstkammer besteht vornehmlich aus Gesandtschaftsgeschenken. Sie umfaßt eine relativ kurze Zeitspanne: die vierziger bis siebziger Jahre des 17.Jahrhunderts. Die Zeit des großen Aufschwungs der holländischen Kunst war auch für die Silberschmiedekunst sehr fruchtbar.

Eine eigenständige und interessante Gruppe von Gegenständen bilden in der holländischen Kollektion die Krüge, Suppentassen, Gläser und Becher mit einer eingravierten Inschrift, aus der hervorgeht, daß sie für den »angesehenen Mann Grigori Dmitrijewitsch Stroganow« bestimmt waren. Es ist bekannt, daß die reichen Kaufleute und Manufakturbesitzer Stroganow umfangreiche Handelsbeziehungen zu Holland unterhielten.

Unter den Silbergefäßen, die Stroganow gehörten, befindet sich ein massiver Humpen mit Henkel und langem Ausguß, der im Kopf eines Tieres mit einem Maul voller spitzer Zähne endet. Dieses Gefäß wurde in der Blütezeit des holländischen »Blumenstils« geschaffen: Es ist mit den damals üblichen Mustern in Form voll erblühter Tulpen, Narzissen, Pfingstrosen und Nelken verziert. Auf dem Humpen vereinen sich die als Relief ausgeführten Blumen vollendet mit der Darstellung von Vögeln wie Pfauen, Eulen und Adlern.

191 Waschkrug. Belgien, Antwerpen, Mitte 16.Jh.
Höhe 36 cm
Silber, Gold, Perlmutt, Edelsteine, Perlen, Guß,
Ziselierung, Vergoldung
Im 16. bis 17.Jahrhundert waren bei den Kunsthandwerkern die sogenannten Naturalien sehr beliebt: Elfenbein, Kokosnüsse, Schalen von Straußeneiern, Perlmutt, das Horn des Nashorns und andere exotische Materialien, die in Europa nach den großen geographischen Entdeckungen bekannt wurden. Die Goldschmiede brachten in ihren Werken die dekorativen Eigenschaften dieser Stoffe geschickt zur Geltung.

Der Gefäßkörper dieses Waschkrugs besteht aus drei Nautilusmuscheln, wodurch seine Form einen bizarren Charakter erhalten hat. Die Muscheln werden durch eine silbervergoldete Fassung in Form breiter Gürtel zusammengehalten, die mit den gegossenen Hermen Venus und Neptun geschmückt sind. Auf dem Hals des Kruges sind die Profildarstellungen römischer Kaiser im Lorbeerkranz angebracht. Den flachen bogenförmigen Henkel ziert ein Aufsatz in Form einer Chimäre mit schuppigem Körper. Der Ausguß des Kruges ist als Vogelkopf mit dünnem, gebogenem Hals ausgebildet. Auf dem Fußteil erheben sich gegossene Satyrfigürchen, von denen jedes mit dem Kopf und der erhobenen rechten Hand den Gefäßkörper stützt, während die linke Hand auf einem Füllhorn ruht. In den Dekor des Kruges sind außerdem kunstvolle Smaragde, Rubine und Perlen einbezogen, was in Verbindung mit dem schillernden Perlmuttglanz der Muscheln und dem vergoldeten Silber die Kostbarkeit des Gefäßes noch unterstreicht.

DER KOMPLEX
DES GROSSEN KREMLPALASTES

IM südlichen Teil des Kremlgeländes befindet sich auf dem Borowizki-Hügel die majestätische Anlage des Großen Kremlpalastes. Das Terrain, auf dem er steht, war der traditionelle Platz, den die Großfürsten und Zaren von jeher für ihre Wohngemächer ausersehen hatten.

So erhob sich hier in der ersten Hälfte des 14. Jahrhunderts der – sicher noch recht kleine – Holzpalast Iwan Kalitas. Ende des 14. bis Anfang des 15. Jahrhunderts gab es unter Fürst Dmitri Iwanowitsch Donskoi und seinem Sohn Wassili Dmitrijewitsch schon einen wesentlich größeren Palast, der offenbar – ähnlich den großfürstlichen und Zarenresidenzen späterer Zeit – aus einzelnen Gebäuden bestand, die untereinander durch Treppen und Übergänge verbunden waren.

Eine wichtige Etappe für die Herausbildung des Architekturensembles auf dem Kremlgelände war die Regierungszeit des Großfürsten Iwan III. Neue Festungsmauern wurden errichtet, Kathedralen entstanden im Kreml. Und darüber hinaus erfolgte auch der Bau eines großen Palastes, der aus zahlreichen Steingebäuden bestand. Dazu wurden die italienischen Architekten Mark Frjasin, Pietro Antonio Solari und Alewis Frjasin der Ältere herangezogen.

Der Bau dieses Palastes begann 1487. Nach einer schrecklichen Feuersbrunst im Jahre 1493, die viele Kremlbauten in Mitleidenschaft zog, ruhten die Arbeiten. Sie wurden erst sechs Jahre später wieder aufgenommen und 1508 unter Wassili III., dem Sohn Iwans III., zu Ende geführt.

Erhalten geblieben sind von diesem grandiosen Komplex der Facettenpalast mit der Heiligen Diele und Kellergeschosse aus Stein, auf denen später, in den Jahren 1635/36, der Terempalast aufgeführt wurde.

Im 16. und 17. Jahrhundert erfuhr der Kremlpalast ständige Erweiterungen und Umbauten, durch die sich der Komplex in ein Konglomerat von im Charakter und in der Zweckbestimmung unterschiedlichsten Gebäuden verwandelte, die ein kompliziertes, malerisches Ensemble bildeten. Die Grundzüge der Anlage aus der Zeit um 1500 jedoch blieben dabei erhalten.

Nachdem die Hauptstadt zu Beginn des 18. Jahrhunderts nach Petersburg verlegt worden war, fiel der Zaren-palast allmählich der Vernachlässigung anheim. Zum Stillstand jedoch kam die Bautätigkeit im Kreml weder in diesem noch im folgenden Jahrhundert. 1749 beauftragte Zarin Jelisaweta Petrowna den aus Italien stammenden russischen Hofarchitekten Francesco Bartolomeo (Warfolomeo Warfolomejewitsch) Rastrelli, anstelle einer Reihe abgerissener Bauten ein neues Steingebäude zu errichten, den sogenannten Winterpalast des Kreml, der bis 1838 existierte. Zu dieser Zeit wurde er abgetragen, weil Zar Nikolaus I. beschloß, hier einen neuen Palast aufzuführen, der die Bezeichnung Großer Kremlpalast erhielt. Der Bau stand unter Leitung des berühmten russischen Architekten Konstantin Andrejewitsch Thon. Zusammen mit den Moskauer Architekten F. F. Richter, N. I. Tschitschagow, W. A. Bakarew und P. A. Gerassimow arbeitete er an der Lösung dieser gewaltigen Aufgabe.

Konstantin Thon, erzogen im Geiste der Architektur des russischen Klassizismus, bewies bei der Errichtung dieses Palastes sein hohes professionelles Können. Es gelang ihm, die im Verlauf von fast fünf Jahrhunderten entstandenen verschiedenen weltlichen und kirchlichen Bauten zu einem kunstgerechten Ganzen zu verschmelzen. Der Komplex des Großen Kremlpalastes vereint den Facettenpalast und die Heilige Diele aus dem Ende des 15. Jahrhunderts, das Goldene Zarinnengemach aus dem 16. Jahrhundert, den Terempalast aus dem 17. Jahrhundert sowie sechs zum Palast gehörende Kirchen und Kathedralen. Auf diese Weise stellt der Große Kremlpalast eine in seiner kompositorischen Lösung komplizierte, im Grundriß rechteckige Gruppe von Bauten mit einem großen Innenhof dar.

Die Hauptfassade ist der Moskwa zugewandt. Im Norden erstreckt sich der Terempalast, im Osten der Facettenpalast, im Westen befinden sich die Privatgemächer der kaiserlichen Familie, die durch einen Gang mit dem großfürstlichen Flügel und dem Gebäude der Rüstkammer verbunden sind.

Bei der Schaffung dieses malerischen asymmetrischen Komplexes hat sich Thon an dem bereits vorhandenen Ensemble der älteren Bauten orientiert und weitgehend auf altrussische Traditionen gestützt. Das Zurückgreifen auf Altes zeigt sich nicht nur in der Gesamtanlage. Konstantin Thon war ein Vertreter jener Richtung in der russischen Architektur des 19. Jahrhunderts, in der sich die Idee der »offiziellen Volkstümlichkeit« verkörperte – aktiv gefördert von Nikolaus I. als Mittel zur Verherrlichung der alten Zarenselbstherrschaft.

Die Vorstellung von der nationalen Eigenart äußerte sich zu jener Zeit in Bauten des sogenannten russischen Stils, d. h. in der Nachahmung von Formen und kompositionellen Besonderheiten der Moskauer Architektur des 15. bis 17. Jahrhunderts.

Am Palast zeigt sich das Anknüpfen an die altrussischen Denkmäler sowohl in der Gestaltung einiger Prunksäle des 19. Jahrhunderts als auch in seinen äußeren Formen. Bei der Komposition des Untergeschosses wiederholte Thon die Arkadenkontur an der 1. Etage des Palastes der Moskauer Großfürsten, der früher hier gestanden hatte. Vorbild für das Äußere des oberen Baukubus waren die ziemlich präzise nachvollzogene Struktur und die bauplastische Verzierung des Terempalastes aus dem 17. Jahrhundert oder – genauer gesagt – seiner drei oberen Etagen.

Der Große Kremlpalast ist ein hervorragendes Denkmal der europäischen Schloßarchitektur des 19. Jahrhunderts. In seinen Ausmaßen übertrifft er alle Palastbauten jener Zeit. Bau und Einrichtung nahmen zwölf Jahre in Anspruch – bis 1849. Die besten künstlerischen Kräfte Rußlands wurden dazu herangezogen. Hier arbeiteten so berühmte russische Bildhauer wie I. P. Vitali, P. K. Klodt und A. W. Loganowski. Eine Architektengruppe unter Leitung von K. A. Thon entwarf unter Teilnahme des Malers F. G. Solnzew die bis ins letzte Detail durchdachte Innenausstattung des Palastes. Umgesetzt wurden diese Entwürfe von angesehenen russischen Werkstätten und Manufakturen.

Eine interessante Eigenart dieses Architekturdenkmals bildet die umfangreiche Verwendung einheimischer Rohstoffe bei der dekorativen Ausgestaltung: weißer und grauer Kalkstein aus Lagerstätten bei Moskau sowie Marmor, Granit, Malachit und Jaspis aus anderen Gegenden Rußlands.

Bei der Lösung seiner Aufgabe wußte Thon die Errungenschaften der damaligen Bautechnik zu nutzen. So führte er, um den neuen Palast bei Feuersbrünsten vor Zerstörung zu schützen, Geschoßdecken und Dachsparren aus Eisenkonstruktionen statt aus Holz ein; in den inneren Verbindungsgängen und auf den Treppenabsätzen verwendete er für den Boden Stein- und Gußeisenplatten. Die alte Ofenheizung wurde durch Warmlufterzeuger nach einem System des russischen Ingenieurs N. A. Amassow ersetzt.

Unter den Bauten früherer Jahrhunderte ist der Facettenpalast das älteste erhaltene weltliche Gebäude nicht nur des Kreml, sondern ganz Moskaus. Erbaut wurde er in den Jahren 1487–91 von den italienischen Architekten Mark Frjasin und Pietro Antonio Solari. Die Bezeichnung Facettenpalast stammt daher, daß die zum Kathedralenplatz gewandte Ostfassade mit facettiertem Kalkstein verkleidet ist. Das Hauptgeschoß enthält einen im Grundriß fast quadratischen Saal, dessen Kreuzgewölbe auf einem mächtigen Mittelpfeiler ruht. Der Saal umfaßt 495 Quadratmeter Fläche und weist bis zum Gewölbescheitel eine Höhe von neun Metern auf. Tagsüber flutet das Licht durch zahlreiche in zwei Reihen übereinander angeordnete Fenster herein, abends wird er von vier großen Kronleuchtern aus dunkler Bronze erhellt, die nach dem Vorbild alter Nowgoroder Chorosen (Reifenleuchter aus dem 15./16. Jahrhundert) angefertigt worden sind. Als weitere Lichtquelle kommen 18 ähnlich gestaltete kleine Wandleuchter hinzu.

Ende des 16. Jahrhunderts ist unter Zar Fjodor Iwanowitsch das Innere des Palastes bemalt worden. Die alte Malerei hat während wiederholter Brände Schaden gelitten und ist daher mehrfach erneuert worden. Ende des 17. Jahrhunderts, in der Regierungszeit Peters I., wurden die Wände verstärkt und im 17. Jahrhundert innen mit karmesinrotem Samt verkleidet, auf den mit Goldfäden doppelköpfige Adler, das Wappen des Moskauer Staates, gestickt waren.

Bedeutende Restaurierungsarbeiten fanden im Facettenpalast Ende des 19. Jahrhunderts statt. 1882 erneuerten die Brüder Beloussow – Künstler aus dem Dorf Palech – die Wandmalerei auf der Grundlage einer ausführlichen Beschreibung der Fresken im Facettenpalast, die der bekannte Ikonenmaler Simon Uschakow 1672 verfaßt hat.

Der Hauptraum des Facettenpalastes diente als Galasaal für große, feierliche Zeremonien. In ihm nahm der Zar die Gratulation nach der Krönung entgegen, hier erfolgte die Einsetzung der russischen Patriarchen und Metropoliten und wurden ausländische Gesandte festlich empfangen, während auf stufenförmigen Borden rund um den Mittelpfeiler kostbares Geschirr und anderes goldenes und silbernes Gerät zur Schau gestellt wurde. Im Facettenpalast tagte der Semski Sobor, der die wichtigsten Fragen des Staates erörterte und entschied. So fiel auf einer dieser Beratungen, im Jahr 1649, die Entscheidung über die Vereinigung Rußlands mit der Ukraine. 1552 verkündete Iwan Grosny hier den Sieg seiner Truppen über das Kasaner Khanat, und Peter I. feierte 1709 den Sieg über die Schweden in der Schlacht von Poltawa.

Frauen war es in der Alten Rus nicht gestattet, den feierlichen Zeremonien im Palast beizuwohnen. So verfolgten die Zarin und ihre Töchter das Geschehen im großen Saal vom Fenster eines rechts vom Eingang gelegenen Geheimgemachs (eines sogenannten Tainik) aus.

Im Westen grenzt an den Facettenpalast die Heilige Diele, ein breiter Durchgangssaal, dessen Name daher rührt, daß die Wände Malereien ausgesprochen religiösen Charakters tragen.

Zu den älteren Bauwerken, die in den Komplex des Großen Kremlpalastes eingegangen sind, gehört das Goldene Zarinnengemach, das unmittelbar an den Facettenpalast grenzt.

In Dokumenten vom Ende des 16.Jahrhunderts wurde der Bau als Goldener Palast der Zarin Irina bezeichnet. Vom Kathedralenplatz aus ist die einzige nicht inzwischen verbaute Fassade dieses Gemachs, die Ostfassade, zwischen der kleinen Kirche der Niederlegung des Gewandes Mariä und dem Facettenpalast sichtbar. In der Gestaltung des Portals, der Fenstereinfassungen und der Karniese äußert sich der Einfluß der Renaissance-Architektur.

Das Goldene Zarinnengemach ist nicht sehr groß, der Innenraum wirkte jedoch zu damaliger Zeit durch seine kostbare Ausstattung und die erlesenen Wandmalereien auf goldenem Fond ungewöhnlich festlich. Hier empfing Zarin Irina 1589 den Patriarchen Jeremias aus Konstantinopel, der zur Weihe des ersten russischen Patriarchen nach Moskau gekommen war. Der ihn begleitende Bischof Jelassonski hat eine Beschreibung des Gemachs hinterlassen, das, wie er darin berichtet, Mosaik-Ikonen schmückten, die mit Edelsteinen und Perlen besetzt waren, ferner silberne Gefäße, ein Kronleuchter in Form eines Löwen, der in den Pranken eine Schlange hält, sowie prächtige Armleuchter.

Vom Wohnkomplex des 17.Jahrhunderts hat sich der Terempalast erhalten, eines der bemerkenswertesten Profandenkmäler jenes Jahrhunderts. Er entstand 1635/36 unter Leitung der russischen Architekten Bashen Ogurzew, Trofil Scharutin, Antip Konstantinow und Larion Uschakow, die auf einem zweigeschossigen Unterbau drei obere Geschosse mit den Wohngemächern der Zarenfamilie aufführten. Die erste Etage ist ein Überrest des ehemaligen Palastes Iwans III., die zweite war unter Iwan IV. (Grosny) erbaut worden.

Die Räumlichkeiten jeder Etage dienten einem bestimmten Zweck. In der ersten Etage wurden die Lebensmittel und andere Wirtschaftsvorräte aufbewahrt, Speisen und Getränke zubereitet, und in der zweiten Etage befanden sich Werkstätten zur Herstellung von Kleidung und Wäsche für die Zarenfamilie. Die kleinen Zimmer der dritten Etage mit ihren niedrigen Gewölbedecken bewohnten die nächsten Angehörigen des Zaren. 1670 wurde in einem der Zimmer für den Zaren ein Bad eingerichtet, dessen Boden und Wände mit Bleifliesen ausgelegt waren. Die vierte Etage war für die persönlichen Gemächer des Zaren bestimmt. In der fünften Etage auf dem Flachdach befand sich ein größeres Zimmer – das sogenannte Obere Teremok. Eine Steinschnittinschrift über dem Zugang zu dem Aufbau besagt, daß Zar Michail Fjodorowitsch den Teremok für seine Söhne Alexej und Iwan erbauen ließ.

Seine architektonischen Formen hat der Terempalast fast unangetastet bis in unsere Tage bewahrt; sein Interieur jedoch erfuhr wesentliche Veränderungen. Im 17.Jahrhundert wurden die Innenwände von Simon Uschakow bemalt. Die Gemächer des Zaren zierten kostbare Teppiche, wundervolle Möbel, farbenfrohe Kachelöfen und anderes. Doch der Palast wurde wiederholt von Feuersbrünsten heimgesucht. 1812 waren hier die Soldaten der Armee Napoleons einquartiert. Sie entfernten das alte Mobiliar, rissen die Fensterrahmungen, die Türen und den Fußboden heraus und verbrannten sie, während sie die kostbaren Gegenstände mitnahmen.

In den dreißiger und vierziger Jahren des 19.Jahrhunderts hat man im Zuge von Restaurierungsarbeiten die Innenausstattung des Terempalastes erneuert. Nach Vorlagen von F.G.Solnzew, des ersten russischen Malers, der sich einem gründlichen Studium alter Kunstdenkmäler widmete, bemalte T.Kisseljow die Wände mit einem Pflanzenornament und Szenen religiösen Charakters. Diese Malereien wurden in Ölfarbe ausgeführt, jedoch im »altrussischen« Stil, so wie er im 19.Jahrhundert verstanden wurde. In Wirklichkeit hat diese Bemalung zwar wenig gemein mit den ursprünglichen Wandmalereien des 17.Jahrhunderts, dennoch vermittelt sie bis zu einem gewissen Grade einen Eindruck von dem farbenprächtigen »Usorotschje«, jenem russischen »Ornamentenstil«, der zwei Jahrhunderte zuvor für die Kunst in Moskau so charakteristisch war.

Die Rekonstruktion der Einrichtung des Terempalastes leitete F.Richter. Auch dabei konnte von Zeichnungen Solnzews ausgegangen werden. Diese Aktivitäten erstreckten sich vor allem auf die vierte Etage des Palastes mit den persönlichen Gemächern des Zaren. Hier liegen fünf ineinander übergehende, gemütlich wirkende kleine Zimmer, die eine Vorstellung vom Aussehen des Wohninterieurs im 17.Jahrhundert geben und dank der gelungenen Restaurierung das eigentümliche Fluidum ihrer Epoche bewahrt haben.

In das Palastensemble sind sechs Hauskirchen einbezogen. Die älteste ist die Kirche der Auferweckung des Lazarus. Erbaut 1393, stellt sie das früheste Denkmal der Kalksteinarchitektur in Moskau dar. In Verstecken war in diesem Sakralbau einst der Staatsschatz verwahrt worden. 1479 stürzte das Kirchengewölbe ein. Wie die Chronik berichtet, wurden dabei die Ikonen zerstört, die die Kirche schmückten, und die Mehrzahl des Kirchengeräts zerschlagen. Es erfolgte ein Wiederaufbau der Kirche;

doch Ende des 15. bzw. Anfang des 16. Jahrhunderts im Erdgeschoß des damaligen Zarenpalastes vermauert, geriet sie dann in Vergessenheit und wurde erst im 19. Jahrhundert beim Bau des Großen Kremlpalastes wiederentdeckt.

Der zeitlich nächste Kirchenbau ist die Mariä-Geburts-Kirche. Sie wurde 1514 über der Lazarus-Kirche errichtet und mehrfach umgestaltet. Heute ist sie von allen Seiten umbaut, von außen sind nur das Dach und die kleine vergoldete Kuppel zu sehen.

Ins 17. Jahrhundert gehören die vier übrigen Palastkirchen. Die Katharinen-Kirche aus dem Jahre 1627 war die Hauptkirche in der Frauenhälfte des Palastes. Als Hauskirche der Zarenfamilie entstand gleichzeitig mit dem Terempalast die Obere Erlöserkirche.

1681 wurden die Kreuzigungs-Kirche, die Kirche der Auferstehung des »Heiligen Gerühmten« und die Obere Erlöser-Kirche unter einem gemeinsamen Dach zusammengeführt, auf dem sich nun elf vergoldete Kuppeln erheben, deren Trommeln mit leuchtendem und blitzendem Majolikaschmuck verziert sind.

Von großem künstlerischen und historischen Wert ist die Ausstattung der Räumlichkeiten des Großen Kremlpalastes aus dem 19. Jahrhundert. Die Enfilade seiner Prunksäle, die die Namen vorrevolutionärer Orden tragen, betont durch den Charakter ihrer Architektur und ihrer Bestimmung die Rolle des Palastes als wichtigstem Gesellschaftsbau des Landes in damaliger Zeit.

Der größte dieser Galaräume ist der Georgs-Saal, so benannt nach dem Kriegsorden des hl. Georg, den Katharina II. 1769 gegründet hatte. Die Devise des Ordens lautete: »Für Dienst und Tapferkeit«. Der Saal war als eine Art Ruhmestempel der russischen Waffen gedacht; an den Wänden und den 18 mächtigen Pylonen, die den Raum untergliedern, sind Marmortafeln angebracht, auf denen in goldenen Lettern eingemeißelt die Namen verdienstvoller Regimenter und Kriegsschiffe stehen, sowie die Namen der Träger des Georgs-Ordens, darunter so berühmter Feldherren und Flottenführer wie A. W. Suworow, M. I. Kutusow, P. I. Bagration, P. S. Nachimow und F. D. Uschakow, der Helden des Vaterländischen Krieges von 1812.

Vor den Pylonen erheben sich über hohlen Zinksäulen allegorische Marmorfiguren, geschaffen von dem berühmten Bildhauer I. P. Vitali. Sie verkörpern Gebiete, die vom 15. bis 19. Jahrhundert Bestandteile des russischen Staates geworden sind. Eine der Figuren stellt eine Frauengestalt dar. Sie hält in der Linken einen Schild mit dem russischen Wappen und in der Rechten einen Stab, das Machtsymbol des Hetmans, des ukrainischen Regenten. Diese Gestalt personifiziert die Ukraine, die sich 1654 freiwillig mit Rußland vereinte.

Neben dem Georgs-Saal befindet sich der achteckige, mit Oberlichtfenstern ausgestattete Wladimir-Saal. Der Wladimir-Orden war 1782 ebenfalls von Katharina II. gegründet worden und wurde für Kriegs- und Bürgerdienste verliehen; sein Wahlspruch lautete: »Nutzen, Ehre, Ruhm«. Der Saal liegt an der Stelle des sogenannten Bojarenplatzes, wo sich im 17. Jahrhundert die Hofangehörigen versammelten, wenn Zarenerlasse und andere wichtige Nachrichten von einem Bojaren bekanntgegeben wurden.

In der Komposition des Großen Kremlpalastes ist dem Wladimir-Saal eine besondere Rolle zugewiesen worden, und zwar als Bindeglied zwischen den Palastbauten der verschiedenen Epochen. Nur von diesem Saal aus kann man in den Facettenpalast und in das Goldene Zarinnengemach gelangen und über eine Treppe zum Terempalast hinaufsteigen. Ferner befindet sich hier der Hauptzugang zum Wintergarten, der in den fünfziger Jahren unseres Jahrhunderts angelegt wurde. Von diesem aus führt ein spezieller Verbindungsgang zum neuen Kongreßpalast.

Zwei weitere Prunksäle im Kremlpalast – der Alexander- und der Andrejew-(Andreas-)Saal – erhielten ihre Namen nach den alten russischen Orden des heilig gesprochenen Alexander Newski und des Erstberufenen Apostels Andreas. Diese beiden Räumlichkeiten wurden 1933–34 nach einem Projekt des sowjetischen Architekten I. A. Iwanow-Schitz umgebaut und in den seiner Gestaltung nach sachlich strengen Sitzungssaal des Obersten Sowjets der UdSSR verwandelt.

Der Katherinen-Saal des Großen Kremlpalastes diente in der Vergangenheit als Thronsaal der russischen Zaren. Er wurde nach dem 1714 von Peter I. gestifteten Orden der hl. Katharina benannt, dessen Wahlspruch »Für Liebe und Vaterland« lautete. Die Verleihung dieses Ordens erfolgte nur an Frauen, vor allem an Hofdamen, und zwar für verschiedene Wohltätigkeitsdienste.

An zwei Seiten des Katharinen-Saals grenzen Räumlichkeiten an, die mit ihm eine gemeinsame Enfilade bilden und unter der Bezeichnung »Galahälfte« bekannt sind. So schließen sich südlich der sogenannte Chevaliergardesaal an, der für die Chevaliergarde, d. h. die Leibwächter des Zaren bestimmt war, und im Norden der Galasalon und das Prunkschlafgemach sowie die Nußbaum-Garderobe. Jede der Räumlichkeiten ist in erlesener Pracht gestaltet.

Nicht weniger elegant und prunkvoll sind die Privaträume, das frühere Höchsteigene Appartement, auch »Persönliche Hälfte« genannt: der ehemalige Speisesaal, der Salon, das Kabinett der Zarin, das Boudoir, der Schlafraum, das Kabinett und der Empfangssalon des Zaren sowie einige Durchgangszimmer, in denen sich die

Bediensteten der Zarenfamilie aufhielten. Diese nicht zum Repräsentationstrakt gehörenden Wohnräume tragen einen etwas anderen Charakter. Vornehmlich in europäischen Stilen vergangener Jahrhunderte gehalten, zeichnen sie sich durch eine intime wohnliche Atmosphäre aus. Dabei läßt die Ausstattung eine Vorliebe für die verschiedensten Kunstgegenstände und einen Hang zur Gemütlichkeit und zum Komfort erkennen, wie sie für die Interieurs des zweiten Drittels des 19. Jahrhunderts typisch waren.

Am Vorabend des Neujahrstages 1960 wurde der Wintergarten eröffnet, in den man aus dem Wladimir-Saal gelangen kann. Die Einrichtung knüpft an die altrussischen Traditionen an, denn im 17. Jahrhundert war der Kreml berühmt für seine »Zimmergärten« und »Hängenden« oder »Obergärten«, die sich in verschiedenen Teilen des Palastes befanden.

Vor der Großen Sozialistischen Oktoberrevolution war das Hofgefolge während der Anwesenheit der Zarenfamilie in Moskau im Großen Kremlpalast untergebracht. Heute residiert hier der Oberste Sowjet der UdSSR, das höchste gesetzgebende Organ des sowjetischen Staates, und zugleich auch der Oberste Sowjet der Russischen Sozialistischen Föderativen Sowjetrepublik.

Im Sitzungssaal des Großen Kremlpalastes finden außer den Sitzungen des Obersten Sowjets der UdSSR und der RSFSR Allunionsberatungen der Vertreter von Wissenschaft und Kultur sowie der Werktätigen verschiedener Zweige der Volkswirtschaft statt. In den Räumlichkeiten des Palastes erfolgen Begegnungen und Gespräche mit ausländischen parlamentarischen Delegationen und mit Staats- und Regierungsoberhäuptern, und hier werden die höchsten Auszeichnungen durch die Regierung verliehen.

In sowjetischer Zeit fanden im Großen Kremlpalast der II., III. und IV. Kongreß der Kommunistischen Internationale statt, hier arbeiteten der XIV., der XV. und der XVII. bis XXI. Parteitag der KPdSU. Auch Wladimir Iljitsch Lenin trat in den Räumen des Palastes auf.

Zugleich wird der Große Kremlpalast als interessanter und wertvoller kulturhistorischer, von begabten Künstlern vieler Epochen geschaffener Komplex bewahrt, und es erfolgen ständig wissenschaftliche Forschungs- und Restaurierungsarbeiten, die dazu angetan sind, den Denkmälern ihr ursprüngliches Aussehen zurückzugeben und zu erhalten.

DER FACETTENPALAST

192 Außenansicht

Der Facettenpalast wurde 1487–91 erbaut. In den folgenden Jahrhunderten wandelte sich seine architektonische Gestalt beträchtlich. Ursprünglich hatte er ein hohes Walmdach und nur eine Fensterreihe. Die Feuersbrunst von 1682 zog wie andere Palastbauten auch den Facettenpalast stark in Mitleidenschaft. Bei der Wiederherstellung des Gebäudes änderte Meister Ossip Starzew die Form und Anzahl der Fenster und versah sie mit Steinreliefverzierungen aus weißem Kalkstein.

An der Südwand des Facettenpalastes befand sich früher die sogenannte Schöne Freitreppe. Dieser Aufgang führte zur Heiligen Diele. Der Zar begab sich bei festlichen Anlässen durch den Treppenvorbau auf den Kathedralenplatz und in die Kathedralen. Zu der prächtigen Ausstattung dieser heute nicht mehr existierenden Treppe gehörten seit Mitte des 17. Jahrhunderts ein Gitter, teils vergoldet, teils farbig gestaltet, und ein Kupferblechdach in Form eines Zeltdaches über jedem der drei Treppenabsätze. Heute befindet sich an Stelle der nicht mehr erhaltenen Treppe ein Anbau für wirtschaftliche Zwecke.

193 Interieur und Ausschnitte der Wandmalerei
bis
196

Das Innere des Facettenpalastes wirkt festlich und erlesen, vor allem durch die prächtige, vielfigurige Wandmalerei, die einen wundervollen Einklang mit der vergoldeten Reliefschnitzerei des Portals und der Mittelsäule bildet. Für das 16. Jahrhundert, als die ursprüngliche Bemalung entstand, waren diese Darstellungen ungewöhnlich, verflochten sich in ihnen doch mit den religiösen Sujets und Parabeln historische und Genreszenen. Neben Darstellungen zur »Erschaffung der Welt« oder aus dem »Leben Adams und Evas« gibt es hier auch Porträts der Großfürsten, des Kiewer Fürsten Wladimir mit seinen zwölf Söhnen und eine Komposition, die den Sohn Iwan Grosnys, Zar Fjodor Iwanowitsch, auf dem Thron sitzend zeigt. Große politische Bedeutung wohnt den Kompositionen inne, die von der Überführung der Staatsregalien des byzantinischen Kaisers Konstantin Monomach (Monomachos) in die Rus erzählen.

Die Künstler des 19. Jahrhunderts haben die Sujets dieser altrussischen Malerei nicht nur genau wiederholt, sie haben sich auch bemüht, den Stil der Malerei des 17. Jahrhunderts, soweit bekannt, nachzuvollziehen. Daher rührt auch die Dekorativität der Wandbemalung, die sorgfältige Wiedergabe der unterschiedlichen Muster und der Verzierung der Kleidung.

In sowjetischer Zeit erfolgten im Facettenpalast wiederholt Restaurierungsarbeiten, so z.B. 1949 eine Reinigung und Sicherung der Wandmalereien. 1968 wurde am

Mittelpfeiler, der im 18. Jahrhundert rundum durch die Fächer der Geschirrborde des »Zarenbüfetts« verdeckt und im 19. Jahrhundert anderweitig verziert worden war, nach erhaltenen Fragmenten des einstigen Steinreliefdekors dieser mittelalterliche Reliefschmuck im Renaissance-Stil erneuert. In der Mitte jeder Pfeilerfläche sind zwei Delphine dargestellt, die nach unten gewandt auf einen stilisierten Kandelaber zuschwimmen. Die Reliefs wurden mit Vergoldung überzogen und heben sich dadurch gut von dem rötlichen Terrakottafond ab.

Zur gleichen Zeit erfolgte die Restaurierung des inneren Portals, für dessen Dekor ebenfalls Renaissance-Ornamente Verwendung fanden. Bemerkenswert ist bei dem Portal der rein russische Abschluß in Form eines in der Baukunst der Rus sehr verbreiteten, nach oben zulaufenden Spitzbogens in der Art der Kokoschniki. In dem Bogenfeld sind die Darstellung zweier sitzender Tiere mit einem Schild in den Vorderpranken und eine Löwenmaske angebracht und außerdem der zweiköpfige Adler, der unter Zar Iwan III. das Wappentier des russischen Staates wurde.

197 Goldenes Zarinnengemach

Die Wandmalerei des Goldenen Zarinnengemachs aus der zweiten Hälfte des 16. Jahrhunderts umfaßt Sujets aus dem Leben christlicher Kaiserinnen und Fürstinnen, die wegen ihrer Weisheit berühmt waren: Jelena, Irina, Theodora, die legendäre grusinische Königin Tamar und die russische Fürstin Olga. Zum Teil liegen den Wandgemälden wahre historische Begebenheiten und Fakten zugrunde.

Während der Restaurierungsarbeiten 1925 und 1947 gelang es, Fragmente der Malerei auf goldenem Fond vom Ende des 16. Jahrhunderts aufzufinden. Die übrigen, 1978 entdeckten Wandmalereien gehören ins 17. Jahrhundert. 1979 wurden die Türen erneuert. Sie sind mit rotem Tuch bespannt und mit einem Streifenornament aus vergoldeten Nagelköpfen geschmückt sowie mit vergoldeten durchbrochenen Metallbeschlägen, die erhalten gebliebenen Originalen aus dem 17. Jahrhundert nachgebildet sind.

Das Interieur des Goldenen Zarinnengemachs mit seinen eigentümlichen Sitznischen wurde im 17. Jahrhundert in Verbindung mit dem Bau der darüber errichteten Oberen Erlöserkirche und der Kreuzigungskirche durch neue Steinarkaden und Metallstreben entstellt, da das Gewölbe des großen Gemachs wegen der Aufstockungsbauten verstärkt werden mußte.

198 Die Heilige Diele

Nach russischem Brauch ist einer wichtigen Räumlichkeit ein »Flur« vorgelagert (in der Art eines meist recht geräumigen Vestibüls). Ihre endgültige Gestalt erhielt die Heilige Diele, wie dieser »Flur« im Facettenpalast heißt, bei der Errichtung des Großen Kremlpalastes. Damals kamen zu den beiden vorhandenen Portalen noch vier neue hinzu, von denen drei nur Blindtüren darstellen, während die vierte, die an der Stelle der drei früher zum Bojarenplatz führenden Fenster eingelassen wurde, diesen Durchgangssaal mit dem Wladimir-Saal verbindet.

Die Heilige Diele spielte eine wichtige Rolle beim Hofzeremoniell. Der Zar durchschritt sie, wenn er sich bei offiziellen Feierlichkeiten zum Kathedralenplatz begab. Über dem alten Portal, hinter dem sich die sogenannte Schöne Treppe befand, ist eine während der vierziger Jahre des 19. Jahrhunderts erneuerte Inschrift zu sehen, die besagt, daß der Facettenpalast und die Heilige Diele in der Regierungszeit des Großfürsten Iwan III. angelegt worden sind.

Die alte Malerei dieser saalartigen Diele hat sich nicht erhalten, die jetzige Bemalung führte der Künstler F. Sawjalow in den Jahren 1847/48 aus. Dabei wurden die religiösen Kompositionen, die einer Bestandsaufnahme aus dem Jahr 1672 entsprechen, durch zwei Szenen historischen Inhalts ergänzt: »Sergej Radoneshski segnet Dmitri Donskoi vor der Schlacht auf dem Feld von Kulikowo« und »Die Annahme des christlichen Glaubens durch den Kiewer Fürsten Wladimir«.

DER TEREMPALAST

199 Außenansicht

Der Terempalast ist ein interessantes Denkmal der Profanbaukunst aus der ersten Hälfte des 17. Jahrhunderts. Sein Baukörper verjüngt sich stufenförmig nach oben zu und bildet dadurch offene Umgehungsterrassen. Aus den Wohngemächern der unteren Etagen führte von zwei Seiten je eine Treppe zum Dachgeschoß – ein breiter Aufgang und eine schmale Wendeltreppe. Auf dem Flachdach befand sich ein weiträumiger Platz mit einer Brüstung, der im 17. Jahrhundert einen Aufbau erhielt, das sogenannte Obere Steingemach, auch Oberes Teremok genannt. Dieser Raum war zum Spielen und der Platz davor zum Spazierengehen für die Zarensöhne gedacht. An den Oberen Teremok schließt sich ein Aussichtstürmchen von zylindrischer Form mit spitz zulaufendem Dach an. Von diesem Turm aus eröffnet sich ein herrlicher Blick auf das Panorama der Stadt.

Der Palast beeindruckt durch sein nationales Kolorit und seine malerischen, harmonisch aufeinander abgestimmten architektonischen Volumina, die ausdrucksvolle Silhouette und die kunstvolle Fassadengestaltung. Sein endgültiges Aussehen erhielt der Steinreliefdekor des Terempalastes 1682 nach einem großen Brand. Wundervoll verbinden sich in der reichen Ornamentierung der Portal- und Fenstereinfassungen Pflanzenmuster und die Darstellung von realen und phantastischen Tieren, Masken und menschlichen Figuren. Dabei wurden sowohl traditionelle russische als auch auf eigene Weise verarbeitete Motive der westeuropäischen und orientalischen Kunst aufgegriffen. Heute sind die drei oberen Etagen außen korallenrot gestrichen, was dem ursprünglichen Kolorit der Fassaden entspricht, in denen das Rot des Backsteins und das Weiß des Kalksteins sich deutlich voneinander absetzen und zugleich eine harmonische Verbindung bilden. Der feine Dekor der Karniese wurde durch leuchtende Keramikplatten ergänzt.

Besondere Aufmerksamkeit fand die Gestaltung eines Fensters der vierten Etage. Es ist von zwei reliefierten Kalksteinsäulen gerahmt, von denen jede auf einer Löwenfigur ruht. Die Säulen stützen einen geschwungenen Giebel mit der Darstellung des doppelköpfigen Adlers. Dies ist das sogenannte tschelobitnoje okno; es gehörte zum ehemaligen Throngemach des Zaren, das nur von den ihm besonders nahestehenden Bojaren »mit gesenkter Stirn« betreten werden durfte. Damit hängt der Name des Fensters zusammen: bitj tschelom bedeutet »die Stirn zu Boden senken, d.h. im altrussischen Sprachgebrauch: »den Gruß entbieten« oder »um etwas bitten«.

200 Das Goldene Gitter

Aus dem Wladimir-Saal, an dessen Stelle sich früher der Bojarenplatz befand, führt eine Treppe in den Terempalast, die an dem 1670 entstandenen Goldenen Gitter endet. Es ist ein hervorragendes Beispiel russischer Kunstschmiedearbeit. In sein spiraliges Ornament sind Darstellungen von Fabeltieren und grotesken Figuren eingeflochten. Eine Legende spricht davon, daß dieses Gitter aus Kupfermünzen geschmiedet sei, die unter der Regierung des Zaren Alexej Michailowitsch anstelle der Silbermünzen eingeführt worden waren, aber nach der sogenannten Kupferrevolte aus dem Verkehr gezogen wurden. Tatsächlich aber besteht das Gitter aus Eisen, das mit Gold und anderen Farben bemalt worden ist. Mit einem in der Zeichnung ähnlichen Gitter wurde der Eingang zur Oberen Erlöserkirche versehen.

201 Goldener Treppenvorbau

Ihre Bezeichnung erhielt diese Räumlichkeit wegen der funkelnden Vergoldung, mit der ursprünglich die Decke und die Innenwände überzogen waren. Die alte Bemalung ist heute unter einer Ölmalerei verschwunden. Doch im Ergebnis von probeweisen Reinigungen konnten

Fragmente der ursprünglichen Bemalung freigelegt werden, die in reinen, leuchtenden Farben erglänzt und auf deren Fond das Gold der bizarren Pflanzenmuster glüht, wie sie für die Kunst des 17. Jahrhunderts charakteristisch sind.

Bei der Gestaltung der Vorhalle wurde das in der russischen Architektur des 17. Jahrhunderts beliebte Motiv des Doppelbogens mit tief herabhängender Kalkstein-Girka verwendet, die hier in eine Löwenmaske ausläuft. Das Tier hält im offenen Rachen den »Apfel der Verschwiegenheit«, ein althergebrachtes Symbol für das Wahren der Geheimnisse der Zarenwohnung. Am Fuß des Aufgangs zu den Zarengemächern steht auf jeder Seite ein Postament mit der Figur eines Löwen, der in den Vorderpranken ein Schild mit dem Monogramm des Zaren Nikolaus I. hält.

Einst spielte die Goldene Treppe eine wichtige dekorative Rolle im äußeren Bild des Terempalastes, weil sie auf einen offenen Platz führte, der die Bezeichnung Vorderer Steinhof trug. Bei der Errichtung des Großen Kremlpalastes erhielt dieser kleine Platz eine flache Überdachung und verwandelte sich so in ein eigentümliches Vestibül vor dem Terempalast und der ihm gegenüberliegenden Oberen Erlöserkirche.

202 Vorzimmer

Das Vorzimmer oder die Durchgangsdiele, in die man von der Goldenen Treppe aus gelangen kann, war das erste der Zarengemächer. Hier versammelten sich allmorgendlich die dem Zaren nahestehenden Bojaren. Manchmal wurden Tische aufgestellt und Festessen veranstaltet, weshalb der Raum auch als Tafelzimmer bezeichnet wurde.

Die überwölbten Bogenfenster hatten seinerzeit Zinn- oder Eisenfassungen in unterschiedlichen Konturen, die jeweils den Formen und Abmessungen der in sie eingesetzten farbigen Glimmerstückchen entsprachen. Bei der Restaurierung im 19. Jahrhundert wurden die Metalleisten durch Holzrähmchen und die Glimmerscheiben durch farbiges Glas ersetzt.

Nach Fragmenten der Holzschnitzerei des 17. Jahrhunderts wurden die Fensterbänke aus Eichenholz erneuert. Auch das Mobiliar aus diesen Palasträumen ist im wesentlichen nach Möbeln aus dem 17. Jahrhundert gearbeitet worden. Bemerkenswert sind die mit prächtigen glasierten Kacheln verkleideten Öfen, bei deren Rekonstruktion F. Richter stellenweise die Originalkacheln aus der Entstehungszeit verwendet hat.

203 Kreuzgemach

Einst wurde dieses Zimmer als Kreuz-, Duma- oder Versammlungsraum bezeichnet. Hier hielt die Bojarenduma ihre Beratungen ab bzw. saß in diesem Gemach, wie es in alten Dokumenten heißt, der Zar mit den Bojaren zu Rate, wobei wichtige Staatsfragen entschieden und die zahllosen Bojarenzwistigkeiten behandelt wurden. Manchmal empfing der Zar hier als Zeichen besonderer Gunst ausländische Gesandte.

Die Möbel in diesem Raum sind ebenfalls dem 17. Jahrhundert nachgestaltet, jedoch mit dem ursprünglichen Samtstoff bezogen worden. Der Fußboden der Palastgemächer war dereinst mit quadratischen Eichenholzplatten ausgelegt, die mit Filz bedeckt waren, den seinerseits farbiges Tuch verbarg. Bei festlichen Empfängen wurden darüber noch kostbare Teppiche ausgebreitet, die der Ausstattung der Zarengemächer zusammen mit der leuchtenden Bemalung der Wände und Gewölbedecken, dem bunten Möbelbezugsstoff, der vergoldeten Holzschnitzerei, den farbigen Ofenkacheln und den Glimmerfenstern etwas ungemein Eindrucksvolles gaben. Bekannt ist auch, daß im 17. Jahrhundert im Kreuzgemach ein vergoldeter hölzerner Büffelkopf mit einem an ihm befestigten kupfernen Leuchter hing.

204 Schlafgemach

Vom Kabinett aus gelangt man ins Schlafgemach des Zaren, in dessen Mitte das Bett steht, ein Prachtstück altrussischer Holzschnitzerei. Diese Form des Bettes war in der alten Rus lange Zeit beliebt. Es ersetzte die breiten, mit Federbetten und Pelzen bedeckten Bänke und bürgerte sich im 17. Jahrhundert in den Häusern der Aristokratie ein. In Beschreibungen des Zarenmobiliars von 1633/34 ist ein »deutsches Bett, groß, auseinandernehmbar, mit runden geschnitzten Pfosten« erwähnt, und in Schriftstücken von 1687 wird ein elegantes Bett mit prunkvollem Baldachin beschrieben. Die russischen Tischler und Schnitzer erhielten den Auftrag, solche Vorbilder nachzuarbeiten.

Das Schlafgemach wie auch die davorliegenden Räume sind völlig mit Wand- und Deckenmalerei bedeckt, mit Sujetkompositionen und einem Ornament, das eine freie Umarbeitung von Motiven der Renaissancekunst des 16. Jahrhunderts darstellt.

An das Schlafzimmer stößt ein kleiner Betraum an, der allein dem Zaren vorbehalten war. Hier befinden sich zwei hölzerne, mit prächtiger vergoldeter Holzschnitzerei verzierte Ikonenschreine, in denen Ikonen aus dem 17. und 18. Jahrhundert aufbewahrt werden.

205 Throngemach

Der Raum davor, in alten Zeiten als Zarenstube oder Throngemach bezeichnet, diente vor allem als Kabinett des Zaren, wo er den größten Teil seiner Zeit verbrachte. Es war das am schwersten zugängliche Zimmer des Palastes. Nur die dem Zaren besonders nahestehenden Bojaren durften es betreten. Manchmal wurde im Kabinett ein »Essen ohne Rang und Würden« veranstaltet, d.h. ohne Rücksicht auf das Ansehen der Anwesenden. In diesem Raum wurden dem Zaren Gefangene vorgeführt, hier beköstigte der Herrscher Bettler, »Gottesnarren« und Pilger. Und in diesem Zimmer befindet sich das bereits erwähnte tschelobitnoje okno – das Fenster mit der hervorgehobenen Außengestaltung. Der Legende zufolge wurde seinerzeit ein Kasten herabgelassen, in den jeder Bittsteller ein Ersuchen oder eine Beschwerde hineinlegen durfte in der Hoffnung, daß seine Belange auf diese Weise den Zaren erreichten. Da diese Schreiben lange Zeit ohne Antwort blieben, erhielt der Kasten im Volksmund die Bezeichnung »der Lange«, woher der russische Ausdruck rührt: »etwas in den langen Kasten legen«, d.h. die Entscheidung einer Frage auf unbestimmte Zeit verschieben.

In eine Seitenwand der Zarenstube sind zwei Türen eingelassen. Die linke führt zu der Wendeltreppe, über die man zum 5. Geschoß in den Oberen Teremok hinauf- und ins dritte Geschoß hinuntergehen kann. Hinter der rechten Tür befand sich ein kleiner Anrichteraum, von dem aus im Kabinett verschiedene Gerichte aufgetragen wurden.

Das Kabinett ist das schönste Zimmer des Terempalastes. In seiner Ausstattung herrschen rote Töne in Verbindung mit einem in Gold gehaltenen Pflanzenornament sowie der Darstellung von Wappen und heraldischen Tieren vor.

Eben diese Farbskala bestimmte die 1660 entstandenen Malereien, die von dem bekannten Ikonenmaler Simon Uschakow ausgeführt worden sind. Die Sitzmöbel wurden wieder mit dem alten roten Samt ausgeschlagen. Zu den ursprünglichen Gegenständen aus dem 17. Jahrhundert gehörten auch der Zarensessel, der in einer Ecke des Raumes steht, und ein rechteckiger Tisch im Barockstil mit S-förmig ausgebildeten geschnitzten Beinen, die dunkelblau angestrichen und reich vergoldet sind. Der runde Ofen rechts im Zimmer ist mit farbenprächtigen, ein wundervolles Ornament bildenden Kacheln verkleidet. Dieser Ofen kommt seinem Charakter nach den Vorbildern aus dem 17. Jahrhundert besonders nahe.

KIRCHE DER AUFERSTEHUNG DES »HEILIGEN GERÜHMTEN«

206 Ikonostas

Der geschnitzte und vergoldete Ikonostas mit der prunkvollen Zarentür entstand Ende des 17., Anfang des 18. Jahrhunderts. Die phantasievolle Schnitzerei, die regelrecht die Malerei des Ikonostas verdrängt, ist ein typisches Beispiel für den russischen Barock. Den Kronleuchter vor dem Ikonostas schenkte der schwedische König Karl XII. dem Zaren Alexej Michailowitsch.

OBERE ERLÖSERKIRCHE

207 Königs- oder Zarentür

Die Obere Erlöserkirche wurde 1635/36 von der Architektengruppe errichtet, die auch den Terempalast schuf. Der Eingang zur Kathedrale lag auf dem ehemaligen Vorderen Steinhof. Es war die Hauskirche der Zarenfamilie, worauf ihre geringen Abmessungen und der intime Charakter des Interieurs hinweisen. Im Refektorium erregen die alten, herrlichen Kachelöfen Aufmerksamkeit. Bei Restaurierungsarbeiten wurden unter den Schichten der Ölmalerei aus dem 19. Jahrhundert Fragmente der Malerei des 17. Jahrhunderts entdeckt.

Die größte Sehenswürdigkeit der Kathedrale ist der vierrangige Ikonostas. An seinem Entstehen waren bedeutende russische Künstler des 17. Jahrhunderts beteiligt: Fjodor Subow, Leonti Stepanow, Sergej Kostromitin (Roshkow). Rechts und links der Zarentür sind die Ikonen »Der Erlöser nicht von Menschen Hand gemalt« mit 20 Randfeldern und »Gottesmutter mit dem Kind« angeordnet.

In der Malerei der zweiten Hälfte des 17. Jahrhunderts zeigten sich deutlich realistische Tendenzen, die sich in der Aneignung perspektivischer Gestaltung und der plastischen Hell-Dunkel-Modellierung der Figuren äußerten, wodurch die Figuren auf den Ikonentafeln lebendige Körperlichkeit gewannen und die Heiligen wie Menschen von Fleisch und Blut wirken.

1778 wurde der Mittelteil dieses Ikonostas mit einem Beschlag in hervorragender Silbertreibarbeit versehen, der komplizierte, vielfigurige Szenen aufweist. Zu den wichtigsten dieser Sujetkompositionen gehören: »Die Synaxis der Gottesmutter«, »Dreieinigkeit« und »Mariä Verkündigung«. Der Künstler hat die freie plastische Modellierung der Figuren vollendet beherrscht und sie als Relief in ausdrucksvoller Plastizität herausgearbeitet. Offenkundig hat ein sehr begabter Moskauer Silberschmied diesen Beschlag geschaffen.

GROSSER KREMLPALAST (SCHLOSS)

208 Südfassade

Der für die zweite Hälfte des 19. Jahrhunderts charakteristische Hang zu großen Maßstäben, zur Monumentalität bestimmte auch den Entwurf zum Großen Kremlpalast im Moskauer Kreml. Er enthält etwa 700 Zimmer! Nach der Fassade zu urteilen, die in der Länge 125 m und in der Höhe 45 m mißt, scheint der Palast aus drei Etagen zu bestehen; tatsächlich aber sind es zwei, da die Säle des zweiten Geschosses als hohe Oberlichträume mit zwei übereinanderliegenden Fensterreihen angelegt sind. Die untere Etage ist etwas vorgesetzt, wodurch darüber eine offene Terrasse entsteht, die an die alten Gulbistsche (offene Umgänge) erinnert.

Nicht nur in der Komposition der Palastanlage, sondern auch in ihrer äußeren Gestaltung ist die Orientierung an der altrussischen Baukunst spürbar. K. A. Thon hat auf die klassische Säulenordnung verzichtet und die ganze Fassade durch flache Lopatki (Pilaster ohne Basis und Kapitell) aufgegliedert. Die Fenster haben elegante Verkleidungen mit althergebrachtem Doppelbogen und Girka (herabhängender Mittelzapfen). In das eingemeißelte vegetabilische Ornament, das von den Steinmetzen der Moskauer Werkstatt Santino Campions ausgeführt wurde, sind Darstellungen des doppelköpfigen Adlers und andere heraldische Tierfiguren eingefügt.

Die Außenwände des Palastes wurden aus Ziegelsteinen aufgeführt, der Sockel ist mit Graustein aus Steinbrüchen in der Moskauer Umgebung verkleidet. Pilaster, Karniese, Fenstereinfassungen sind aus hellem Kalkstein gearbeitet, der in der Nähe des Dorfes Mjatschkowo bei Moskau gewonnen wurde.

Über dem Mittelteil der Hauptfassade erhebt sich eine hohe vierseitige Attika. Dieser Aufbau ist vorn über dem Fassadengesims mit fünf Blendbögen verziert, die oben einen kielbogenförmigen Abschluß (Kokoschniki) haben; in diese Arkaden sind heute als Stuckdekor das Wappen der Sowjetunion und die russischen Buchstaben für UdSSR eingeschrieben. Auf der geschweiften Kuppel der Attika ist an zwei Seiten ein Zifferblatt angeordnet, das mit einem hier eingebauten Glockenspiel verbunden ist. In der Mitte der Kuppel erhebt sich der Fahnenmast, auf dem die Flagge der UdSSR oder der RSFSR gehißt wird, wenn Sitzungen, Beratungen und Konferenzen im Palast stattfinden.

209 Vestibül

Der Haupteingang, an der dem Moskwa-Ufer zugewandten Front gelegen, führt in die Vorhalle des Palastes. Sie bildet einen ziemlich geräumigen Saal, dessen Decke auf vier etwa acht Meter hohen Säulen aus grauem, hellgeädertem Serdoboler Granit ruht. Die dorischen Kapitelle und Basen der Säulen und Pilaster des Vestibüls sind aus weißem italienischen Carrara-Marmor gefertigt, die polierten Platten des Fußbodens aus grauem Granit. Für die Beleuchtung dieser Vorhalle sind vier schwere Bronzekandelaber aufgestellt.

Die Paradetreppe mit ihren fünf breiten Absätzen und 57 Stufen führt in die zweite Etage. Die Wände des Treppenaufgangs und zehn schlanke Pfeiler wurden mit spiegelblank poliertem gelbem Kunstmarmor verkleidet. Zwischen den Pfeilern sind in einer bestimmten Höhe bizarre Bronzegitter angebracht, die das Geländer für die Galerien zu beiden Seiten der zweiten Etage bilden. In einer dieser Galerien hängt ein 1850 speziell für den Großen Kremlpalast gemaltes Bild des französischen Künstlers Adolf Yvon mit der Darstellung der Schlacht auf dem Feld von Kulikowo. Die Prunktreppe mündet in einen kleinen lichten Vorsaal, in dem heute das bekannte Bild »Ansprache W.I.Lenins auf dem III. Unionskongreß des Komsomol« hängt, das eine Gruppe sowjetischer Künstler unter Leitung von B.W.Joganson gemalt hat.

Folgende Seiten:
193–196 Facettenpalast. Interieur
und Ausschnitte der Wandmalerei

197 Goldenes Zarinnengemach

198 Die Heilige Diele

199 Der Terempalast. 1635/36

200 Terempalast, Das Goldene Gitter

201 Terempalast. Goldener Treppenvorbau

202 Terempalast. Vorzimmer

203 Terempalast. Kreuzgemach

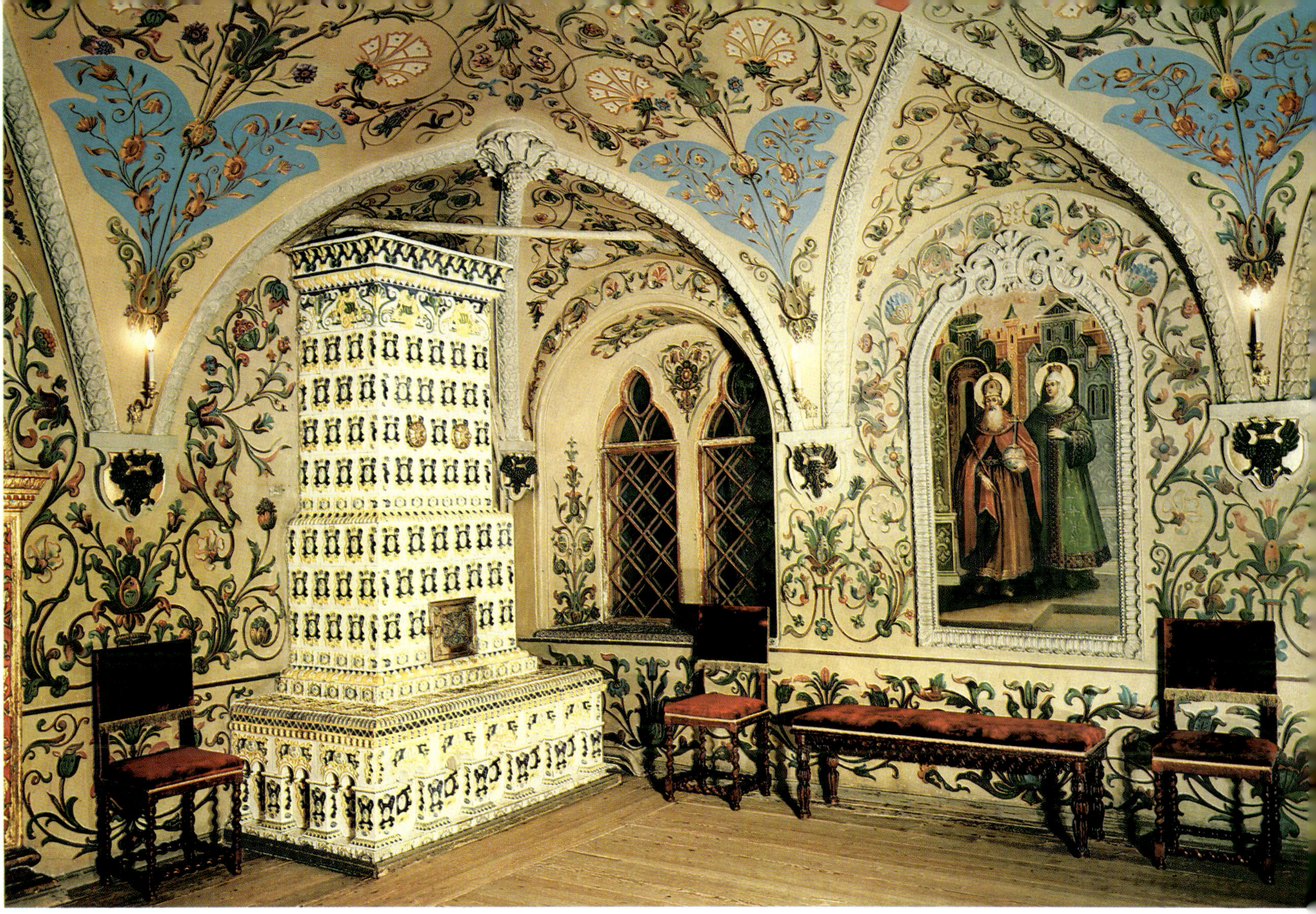
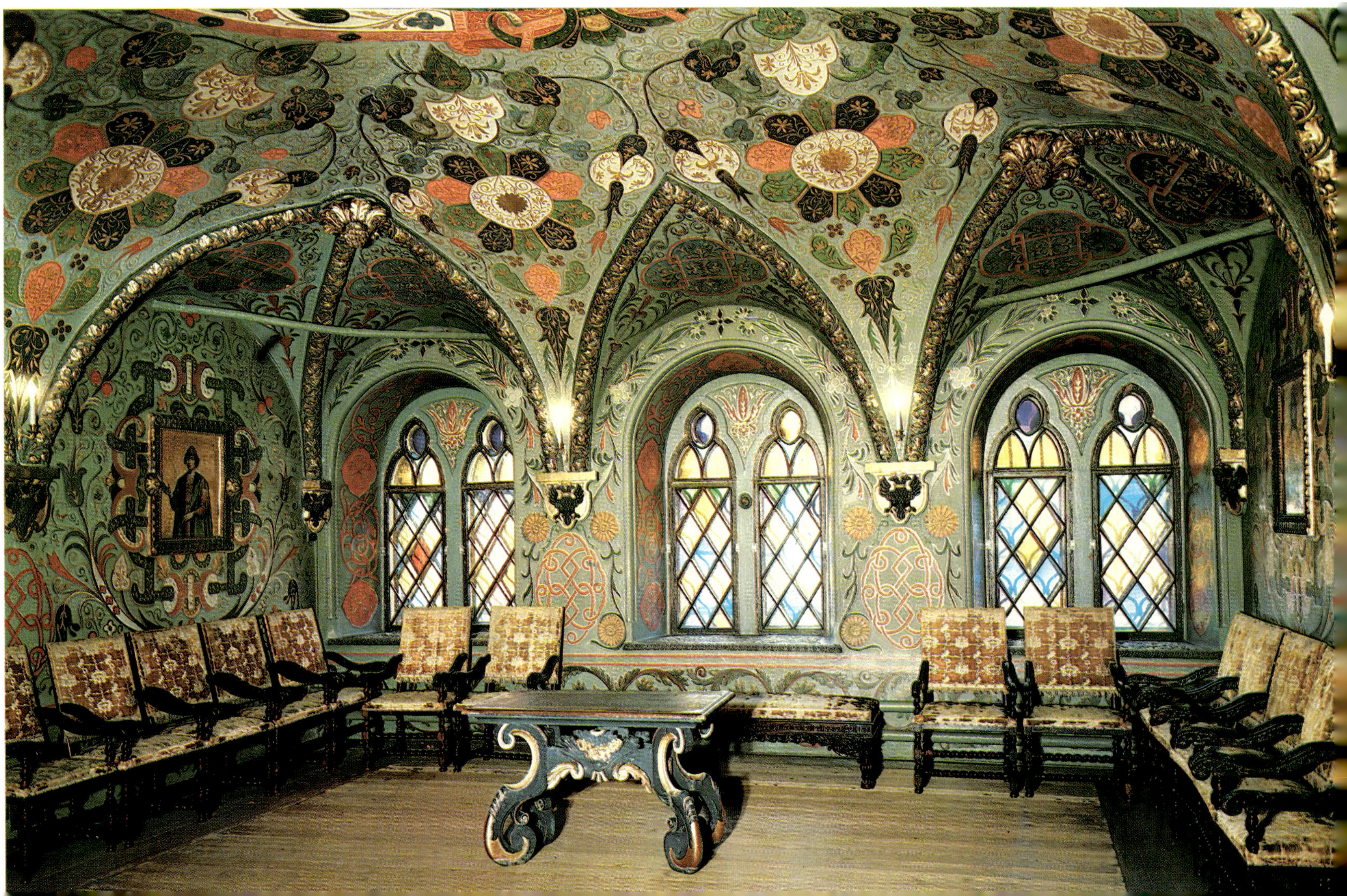

206 Kirche der
Auferstehung des
»Heiligen Gerühmten«.
Ikonostas. Ende 17.Jh.

207 Obere Erlöserkirche.
Zarentür des Ikonostas.
17.Jh.

210 Georgs-Saal, Gesamtansicht

211 Georgs-Saal, Türornamentik mit dem Orden

212 Wladimir-Saal

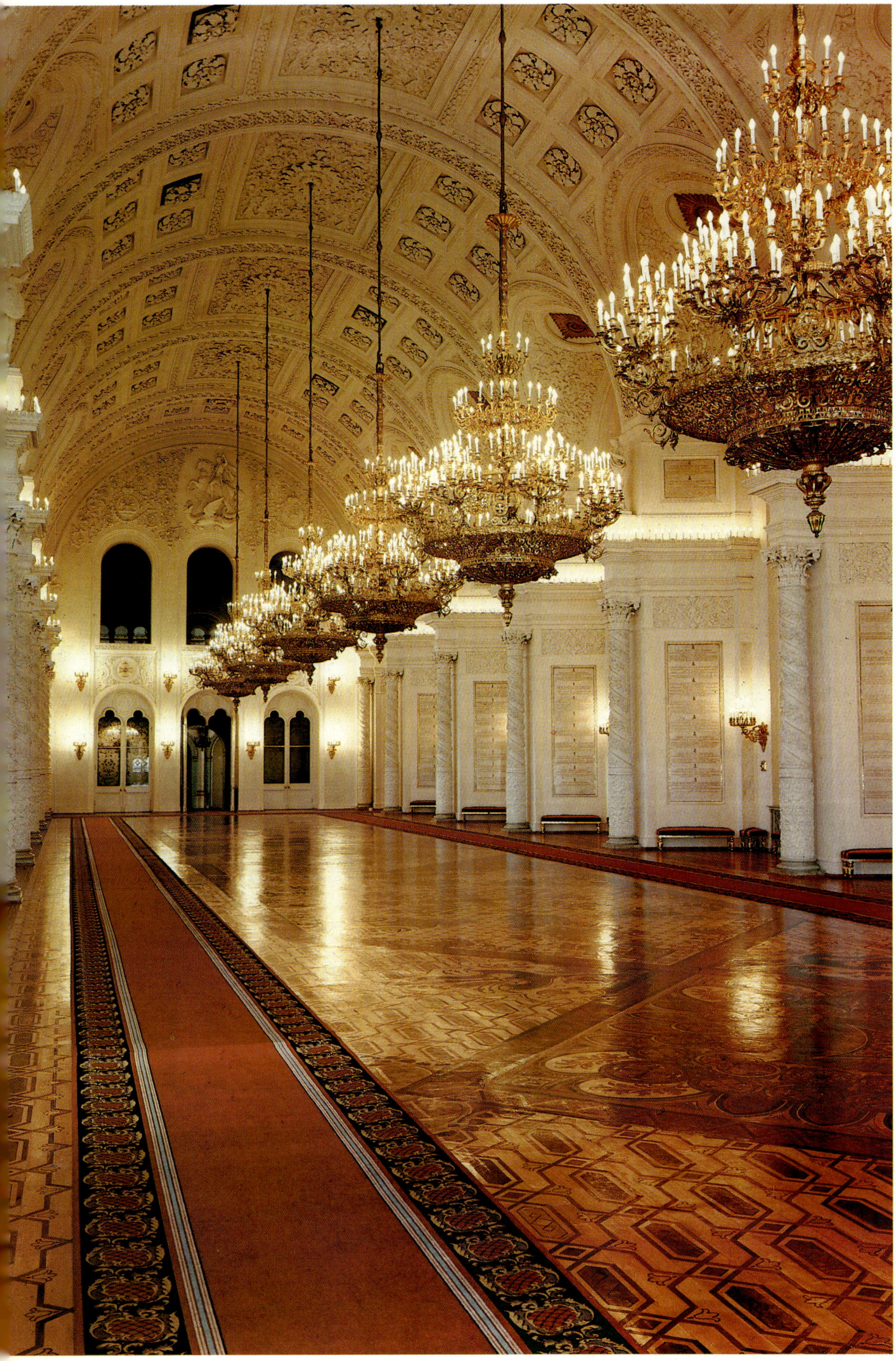

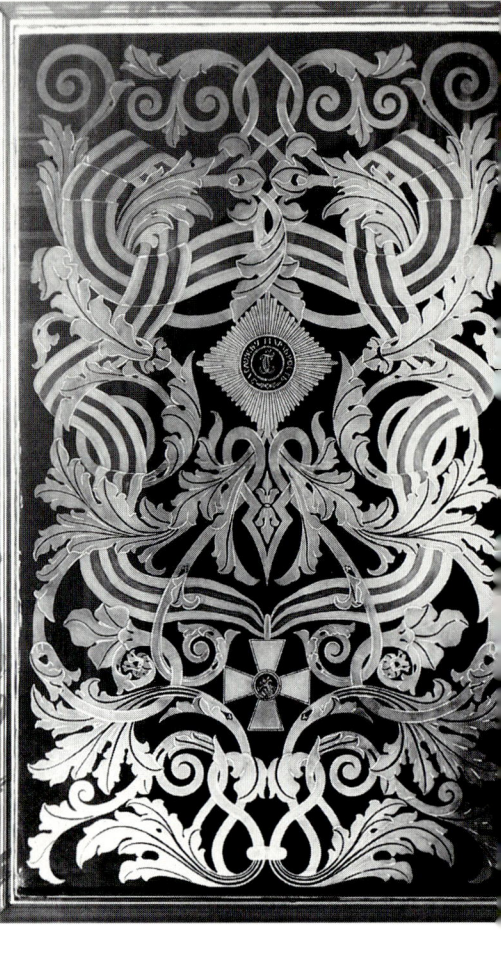

Folgende Seiten:
213, 214 Katharinen-Saal mit Detail einer Tür

226 Kamin im Schlafzimmer der »Persönlichen Hälfte«

227 Kabinett des Zaren

228 Sitzecke im Empfangssalon des Zaren

Folgende Seite:
229 Sitzungssaal des Obersten Sowjets der UdSSR

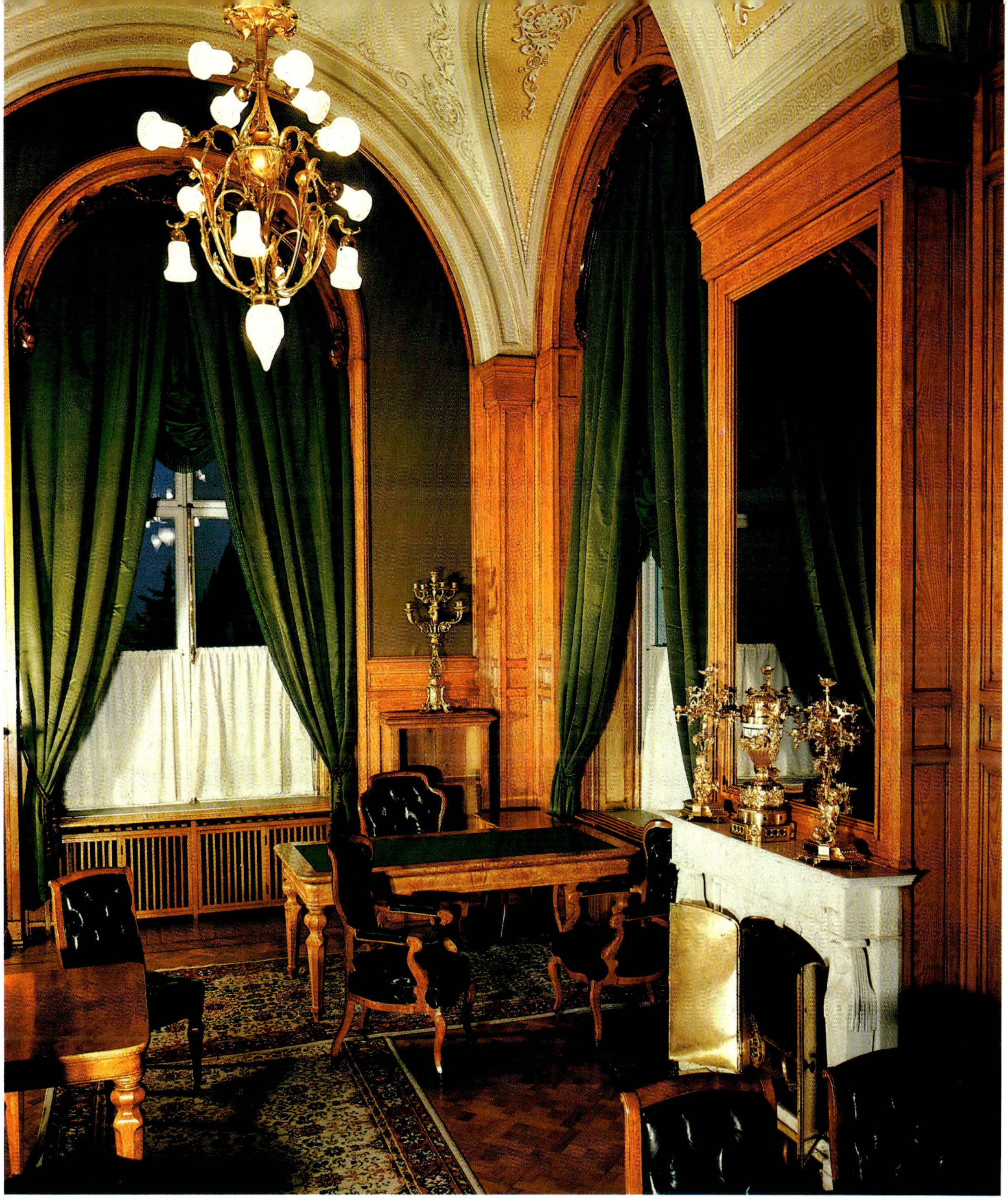

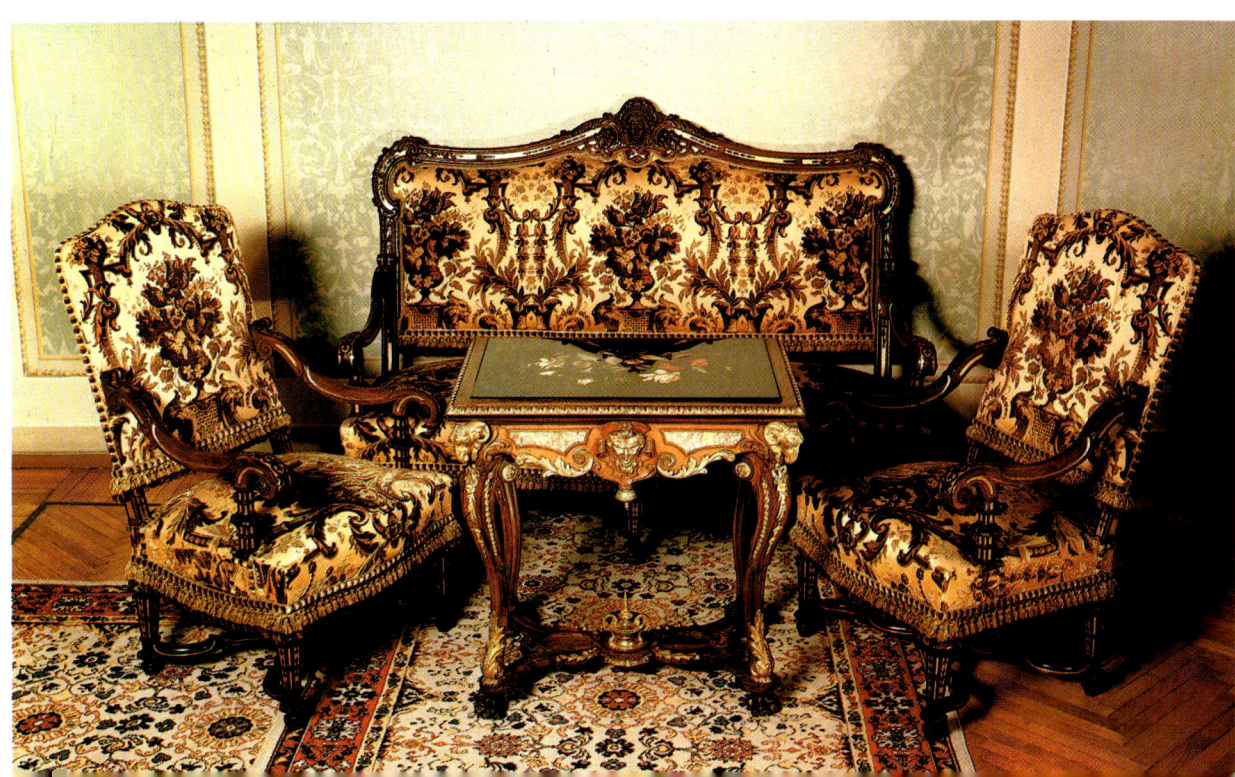

210 Georgs-Saal

211 Der prunkvolle schneeweiße Saal, dessen riesiger lichter Raum von einem hohen kassettierten Tonnengewölbe bedeckt ist, fasziniert durch seine erhabene Feierlichkeit. Seine Länge beträgt 61 m, die Breite 20,5 m und die Höhe 17,5 m. Ungemein reich und vielfältig ist der Stuckdekor, der an russische Architekturdenkmäler des 17. Jahrhunderts erinnert. In das Pflanzenornament sind die Zeichen des Georgs-Ordens eingeschrieben: Kreuze und golden leuchtende Sterne. Die Möbel – niedrige Bänke und Taburetts auf gewundenen kannelierten Beinen – sind mit gestreiftem Seidenmoiré bezogen, und zwar in den Farben des Ordensbandes: schwarz und orange.

An jeder der Stirnwände ist ein Hochrelief mit der Darstellung des siegreichen hl. Georg angeordnet. Sie stammen von dem bekannten russischen Bildhauer P. K. Klodt. Eine große Rolle spielen in der dekorativen Ausstattung des Saales die Beleuchtungskörper: 40 Wandleuchten und sechs Kronleuchter. Diese vielarmigen gewaltigen Deckenleuchten sind aus vergoldeter Bronze gearbeitet und ungewöhnlich schön. Infolge ihres durchbrochenen Ornaments wirken sie weder schwer noch überladen – trotz ihres Gewichts von je 1300 Kilogramm. Auch im Ornament dieser Kronleuchter, die speziell für den Saal gefertigt wurden, sind Darstellungen des Georgs-Kreuzes eingearbeitet.

Bis Ende des 19. Jahrhunderts wurden zur Beleuchtung des Palastes Wachskerzen sowie Öl- und Petroleumlampen verwendet. 1896 sind alle Beleuchtungskörper mit Glühbirnen versehen worden, deren Zahl sich heute allein im Georgs-Saal auf dreitausend beläuft.

Die Pracht des Saales wird noch gesteigert durch den herrlichen Parkettfußboden, der einem Teppich in reicher, komplizierter Ornamentik gleicht. Dieses Kunstwerk wurde nach einer Vorlage von F. G. Solnzew aus 20 verschiedenen Edelhölzern in erstaunlich vielfältigen Farben und Schattierungen angefertigt.

212 Wladimir-Saal

Dieser Saal erinnert an das Innere einer Kuppelkirche. Es herrschen sich rhythmisch wiederholende Bögen vor; in den unteren Wandteilen sind sie groß und breit, in den oberen, in die Emporen eingearbeitet sind, schmal und zu dreifachen Arkaden zusammengefaßt. Der Durchmesser des Wladimir-Saals beträgt etwa 16 m, die Höhe 18 m. Von der polygonalen Kuppel, die in einen großen Oberlichtteil übergeht, hängt ein riesiger 1700 Kilogramm schwerer Kronleuchter herab.

Die Gestaltung des Saales ist in lichten Tönen gehalten. Wände und Pilaster sind mit rosafarbenem Kunstmarmor verkleidet. Der Reliefdekor der sechzehn Kuppelsegmente stellt ein dichtes, vergoldetes Stuckornament aus Stengeln, Blüten und Blättern dar, die von zwei leibeigenen Künstlern, den Brüdern Fjodor und Nikolai Dyljow, geschaffen wurden. Zwischen diesem Pflanzendekor sind in Medaillons das Kreuz und der Stern des Wladimir-Ordens, gerahmt von Eichenblatt-Girlanden, eingefügt. Die seidenen Polsterbezüge der niedrigen Sitzbänke wurden wiederum in den Farben des Ordensbandes gehalten. Vier bronzene Armleuchter auf Ständern aus rotem Marmor stellen in den bogenförmigen marmornen Ecknischen eigentümliche Lichtreflektoren dar. Der Parkettboden mit seinen geometrischen Mustern wurde nach Entwürfen von F. G. Solnzew aus seltenen Holzarten gelegt.

213 Katharinen-Saal

214 Wesentlich niedriger als der Georgs- und der Wladimir-Saal ist der Katharinen-Saal. Seine Höhe beträgt 7 m, seine Länge 20 m und seine Breite 14 m. Das Kreuzgewölbe der Decke ruht auf kräftigen Pfeilern. Die Wände sind mit silbergrauem Moiré ausgeschlagen, und jedes Feld ist von einem Rahmen in der roten Farbe des Ordensbandes umgeben. In den oberen Wandpartien hängt an diesen rahmenden Bändern jeweils das mit einem funkelnden Kunstdiamanten besetzte Ordenszeichen des Katharinen-Ordens.

Die Ecken des Saales und die Pylonen zieren Pilaster, die mit grünem Uralmalachit verkleidet sind. Zur künstlerischen Gestaltung dieses Raumes gehört ein feiner vergoldeter Stuckdekor an den Karniesen und den Gewölberippen. Die helle Farbe des Saales harmoniert auch wundervoll mit der Vergoldung, die das Ornament der Türen bedeckt, sowie mit den bronzenen Pilasterkapitellen und den prächtigen Beleuchtungskörpern.

Die sechs Kristall-Armleuchter des Raumes, gefertigt in der Kaiserlichen Glasmanufaktur in St. Petersburg, haben die beachtliche Höhe von vier Metern. Die Ständer, auf denen sie sich erheben, bestehen aus dunklem, weißgeädertem französischen Marmor. Die eleganten bronzenen Kronleuchter wurden 1845–49 in der Fabrik Felix Choupin in St. Petersburg gefertigt.

Reich verziert sind die Türen des Saales. Ihr vergoldeter Reliefdekor setzt sich aus einem floralen Ornament und dem Stern im roten Band des Katharinen-Ordens zusammen.

215 Katharinen-Saal. Innenausstattung

216 In diesem Saal befand sich früher der Zarenthron mit Baldachin, während anderes Mobiliar nicht vorgesehen war. Heute stehen Sessel, Sofas und Stühle im Katharinen-Saal, die im Stil des Spätklassizismus ausgeführt sind, sowie elegante Tische mit Spiegelplatten und kunstvoll geschweiften Beinen im Stil des Zweiten Rokoko.

Wie auch andere Prunkräume des Palastes ist der Katharinen-Saal mit kostbarem Parkett ausgelegt. Von einem rhombenförmigen Netz mit Laubwerkrosetten als Grundmuster heben sich große Felder mit einem stilisierten Pflanzenornament ab. Mit erlesenem Geschmack sind die Farben der Hölzer gewählt, deren Tönung die Zeichnung des Musters wundervoll zur Geltung bringt.

217 Großer Salon

In diesem prunkvoll ausgestatteten Raum wurden Ehrengäste empfangen. Wände und Möbel sind mit goldgrünem Damast überzogen, den ein prächtiges Pflanzenornament sehr dekorativ wirken läßt. Die hohe gewölbte Decke trägt eine herrliche florale Bemalung, die von dem italienischen Künstler Guiseppe Colombo Artari ausgeführt worden ist. Die Einrichtung vervollständigen vielarmige Porzellanleuchter in »chinesischem« und »japanischem« Stil.

Das Mobiliar im Großen Salon ist in Gruppen angeordnet. Sofas, Sessel und Stühle stehen um Tische, von denen vier in hervorragender handwerklicher Verarbeitung mit Bronze, Perlmutt und Schildpatt eingelegt sind. Die Möbel für den Großen Kremlpalast wurden vorwiegend von den Petersburger Betrieben Peter Gamba sowie Andrej und Konstantin Tour gefertigt.

218 Prunkschlafgemach. Durchblick

Die verzierten Türen der Prunkgemächer des Großen Kremlpalastes stellen hervorragende Werke der dekorativen Kunst dar. Die Künstler, die sie schufen, haben viel Phantasie und künstlerischen Geschmack bewiesen. Die Türen des Schlafgemachs fertigte der Kunsttischler Blechschmidt aus Palisanderholz. Sie sind mit einer feinen Intarsienarbeit verziert, die durch herrliche gegossene Beschläge aus Goldbronze ergänzt wird.

219 Prunkschlafgemach

Ursprünglich war dieser Raum in hellen Farben gehalten; die Wände besaßen einen Bezug aus Silberbrokat. Jetzt sind Stoffe von karmesinroter Farbe tonangebend. Auch natürlicher und künstlicher Marmor ist für die Ausstattung reichlich verwendet worden: weißer für die Decke, hellgrüner und rosagrauer für die Karniese sowie grüner an den zehn Pilastern, die, mit Gold verziert, die Wände gliedern. Von besonderem Wert sind die beiden Säulen, auf denen die Decke zwischen dem Alkoven und dem übrigen Raum ruht. Sie wurden aus zwei einzigartigen Monolithen grünlich-grauen Marmors gefertigt. Im Alkoven stand ehemals ein Bett mit Baldachin.

Zur Ausstattung gehören außer den Sitzmöbeln mit abgestepptem Bezugsstoff zwei Kristallstehleuchter in mit weißem Marmor verkleideten, als Reflektoren dienenden Nischen und ein Spiegel mit einem prachtvollen vergoldeten Holzschnitzrahmen und zwei seitlich angearbeiteten Leuchten.

Vor dem mittleren Fenster befindet sich ein Kamin aus grünlich-blauem Jaspis in einer strengen, der Architektur entlehnten Form. Er wurde in einer schon im 18. Jahrhundert in Jekaterinenburg im Ural gegründeten Steinschleiferei gefertigt.

220 Speisesaal in der »Persönlichen Hälfte«
bis
222

Die »Höchsteigene« oder »Persönliche Hälfte« des Großen Kremlpalastes mit den Privatgemächern der Zarenfamilie eröffnet ein geräumiges lichtüberflutetes Zimmer, dessen Ausgestaltung durch eigenständig verarbeitete antike und Renaissancemotive bestimmt ist. Die Oberfläche der mit gelbem und weißem Kunstmarmor verkleideten Wände und Gewölbe wird durch feine Profilierungen und friesartig eingefügte Stuckreliefs belebt. In halbrunden Nischen stehen wundervolle Vasen aus schneeweißem Marmor, Arbeiten von Künstlern des 19. Jahrhunderts.

Die Gefäße haben die Form antiker Kratere, wie sie sich auch einst in der berühmten italienischen Familie Borghese befanden, weshalb sie als »Borghese-Vasen« bezeichnet werden.

Außerdem sind im Speisezimmer zwei Rundplastiken aufgestellt: die Gestalten der Leda und des Hymenaios. Auf hohen Sockeln aus weißem und gelblich schimmerndem Marmor erheben sich große Porzellanvasen, die zu den besten Erzeugnissen der Kaiserlichen Porzellanmanufaktur im ersten Drittel des 19. Jahrhunderts gehören. Ihre Wandung ist mit einem vergoldeten Reliefmuster aus breiten palmettenartigen Blättern und Darstellungen aus der russischen Geschichte verziert. Auf einer Vase sind Kusma Minin und der Patriarch Hermogenes dargestellt, die den Fürsten Dmitri Posharski auffordern, sich an die Spitze der patriotischen Bewegung des Volkes für die Befreiung Rußlands von fremdländischen Eroberern zu stellen. Auf der anderen Vase sehen wir Peter I. und seine Frau Katharina I. in der Zeit der Schlacht zwischen Russen und Türken am Pruth im Jahre 1711, als Katharina, der Überlieferung zufolge, ihre Juwelen zum Loskauf in Gefangenschaft geratener russischer Soldaten zu Verfügung stellte.

223 Salon in der »Persönlichen Hälfte«

Charakteristisch für die dekorative Kunst der vierziger Jahre des 19. Jahrhunderts ist die Hinwendung zu Formen und Ornamenten im Stil des Rokoko, der Mitte des 18. Jahrhunderts in Europa vorherrschend war. Diese Strömung, als »Zweites Rokoko« bezeichnet, wurde bestimmend für die Ausgestaltung des Salons der russischen Zarin. Die hellen frischen Töne des Marmors, die

Gestaltung der Wände und Möbel, die feine ornamentale Malerei und Stuckreliefierung der Gewölbedecke und die Goldtöne des Parkettfußbodens geben dem Interieur dieses Raumes einen heiteren, festlichen Charakter.

Von großem Wert sind die verschiedenen Porzellangegenstände dieses Salons: Vasen, Uhren, Arm- und ein Kronleuchter. In den eleganten Kandelabern verbindet sich das intensive Türkis des Porzellans mit den schimmernden Farben floraler Darstellungen und pastoraler Szenen in Medaillons.

Ewas ausgesprochen Graziles erhalten diese Leuchten durch die geschweiften Fußteile und die ornamentale Rahmung des vasenförmigen Porzellankörpers, die aus vergoldeter Bronze bestehen.

Die kräftigen Pylonen in diesem Raum haben nicht nur eine konstruktive Bestimmung, sondern sie bilden zugleich die Trennelemente zwischen dem Teil des Zimmers, der in der sogenannten Durchgangspartie, also an der Achse der Zimmerflucht, liegt, und der übrigen Räumlichkeit mit ihren gemütlichen Möbelgruppen. Die Sitzmöbel haben weiche, rokokohaft geschwungene Beine und Seitenlehnen. Das vergoldete Holz bringt die weißen, in sich gemusterten Seidenbezugsstoffe der Sofas und Sessel wirkungsvoll zur Geltung.

Ein interessantes Detail der Zimmereinrichtung ist die vergoldete Holzpergola. Die wundervoll geschwungenen kapriziösen Konturen dieses dekorativen Gitters entsprechen in gelungener Weise dem allgemeinen Charakter der Interieurgestaltung.

224 Kabinett der Zarin in der »Persönlichen Hälfte«

Die Gestaltung des Kabinetts zeichnet sich durch einen betonten, etwas schweren Luxus aus. Hier herrschen weißer und farbiger Marmor, Bronze, Vergoldung, Kristall, kostbare Spiegel, Teppiche und Stoffe vor. Das Zimmer weist prächtiges Mobiliar im Stil des französischen Ebenisten André Charles Boulle auf, der die Einrichtung für das Schloß Ludwigs XIV. geschaffen hatte. Boulle verwendete als Schmuckelement seines Möbels mannigfache Intarsien aus Schildpatt und Bronze. Die russischen Kunsttischler, die im »Stil Boulle« arbeiteten, fügten häufig noch Perlmutt hinzu.

In den Räumen der »Persönlichen Hälfte« sind herrliche Kronleuchter vielfältigster Art zu bewundern. Im Kabinett der Zarin erinnern sie an phantastische Kristallkaskaden. Die metallische Tragekonstruktion verschwindet unter den Gehängen in Form geschliffener Perlen und Prismen, in denen sich die Strahlen des Lichts brechen und in wahre Myriaden von farbigen, feurigen Reflexen zerlegt werden.

Eine große Rolle spielen in der Einrichtung des Saales die an den Pylonen und Wänden angebrachten Spiegel.

Sie vervielfältigen im Spiegelbild die dekorative Ausstattung des Kabinetts und erhöhen deren Pracht.

225 Kamin im Boudoir der »Persönlichen Hälfte«

Vielfältig sind auch die Formen der kostbaren dekorativen Kamine in den Zimmern der »Höchsteigenen Hälfte« des Großen Kremlpalastes. Ein besonderes Prachtexemplar ist der Kamin im Boudoir, den kleine Malachitstücke verkleiden. Die natürliche Zeichnung des Steins ist dabei so geschickt nachvollzogen worden, daß der Eindruck entsteht, der Kamin sei aus einem einzigen Monolith gefertigt. In dieser Technik – sie wird als »russisches Mosaik« bezeichnet – erlangten die Meister in den Betrieben der Demidows und Turtschaninows höchste Vollendung. Bei dem hier betrachteten Kamin verbindet sich das Malachit wirkungsvoll mit den goldbronzenen Beschlägen in Form von Sirenen, Kartuschen und anderer Ornamentik.

Interesse verdienen auch die Uhren, die in den privaten und Galagemächern des Großen Kremlpalastes aufgestellt sind. Es handelt sich dabei vornehmlich um französische Arbeiten.

226 Schlafzimmer in der »Persönlichen Hälfte«

Die koloristische Lösung in diesem kleinen Zimmer zeichnet sich durch eine besondere Erlesenheit aus. Mit blauem Moiré sind die Wände bespannt, aus demselben Material bestehen die Fenstervorhänge und die Möbelbezüge. Der Kamin aus schneeweißem Marmor korrespondiert farblich mit der Decke, die mit Buketts und feinen Ranken bemalt ist. Die Skala der blauen und weißen Töne klingt vortrefflich mit dem vergoldeten Schnitzdekor zusammen.

227 Das Kabinett des Zaren

schließt die »Persönliche Hälfte« im Großen Kremlpalast ab. Der schmale, holzgetäfelte Raum ist nicht durch Pfeiler gegliedert wie die anderen Zimmer. Lederpolstermöbel unterstreichen den sachlichen Stil, in dem Mitte des 19.Jahrhunderts die Arbeitsräume in den Palästen Rußlands ausgestattet waren.

228 Empfangssalon des Zaren in der »Persönlichen Hälfte«

Entsprechend seiner Bestimmung ist auch dieses Zimmer nicht so prunkvoll ausgestattet wie die anderen Räume der »Persönlichen Hälfte«. Dennoch verdient die Einrichtung Aufmerksamkeit. Gepolsterte Sofas, Sessel und Stühle sind mit einem prächtig gemusterten, in einer komplizierten Technik hergestellten Stoff bezogen. Auf dem glatten Atlasfond hebt sich reliefartig ein großes samtenes Pflanzenmuster ab. Dieser Stoff ist wie alle dekorativen Textilien für den Großen Kremlpalast in der Moskauer Manufaktur G. Saposhnikow gefertigt worden.

229 Sitzungssaal des Obersten Sowjets der UdSSR

Der Sitzungssaal wurde 1932–34 geschaffen. Die durch Pilaster mit korinthischen Kapitellen gegliederten Wände, die großen, in zwei Reihen übereinander angeordneten Fenster, die hohe kassettierte Decke und das bequeme, sachliche Nußbaum-Mobiliar mit Lederbezug geben dem Raum etwas Feierliches und Strenges. Er nimmt eine Fläche von etwa 1600 m² ein und enthält mehr als 2500 Sitzplätze. Im Parterre, das für die Deputierten des Obersten Sowjets der UdSSR und der RSFSR, für Delegierte von Tagungen und Kongressen bestimmt ist, gibt es Klapppulte, spezielle Lautsprecheranlagen und Kopfhörer. Am Ende des Saales befinden sich ein großer Balkon mit Sesseln für Gäste und davor die Presselogen; für die Vertreter des Diplomatischen Korps stehen Logen in der Nordwand zur Verfügung.

Im vorderen Teil des Saales ist die Rednertribüne, dahinter befinden sich die Plätze des Ehrenpräsidiums und rechts und links davon die Logen des Präsidiums des Obersten Sowjets und des Ministerrates der UdSSR.

1939 wurde in der Nische hinter dem Präsidium die Marmorstatue des Begründers des Sowjetstaates, W. I. Lenin, aufgestellt, eine Arbeit des Bildhauers S. D. Merkurow. 1920–22 trat Lenin im Andrejew-Saal, an dessen Stelle sich heute der Sitzungssaal befindet, wiederholt auf Komintern-Kongressen und Sitzungen des Allrussischen Zentralen Exekutivkomitees auf.

In den letzten Jahren erfolgte eine vollständige technische Umgestaltung des Saales, die sich u. a. auf das Ventilationssystem, die Klimatisierung und die elektrische Anlage erstreckte. Eine spezielle radiotechnische Ausrüstung ermöglicht es, die Reden gleichzeitig in 30 Sprachen zu übermitteln.

WEITERE BAUTEN UND DENKMÄLER

DER Palastkomplex für das Haupt der russischen Kirche wurde, nachdem 1325 die Residenz des Metropoliten von Wladimir nach Moskau verlegt worden war, nördlich der Mariä-Himmelfahrts-Kathedrale errichtet. Reichlich hundert Jahre später, 1450, ließ der Metropolit Iona den Holzbau durch einen Steinpalast mit einer Hauskirche ersetzen, die zunächst den Namen »Kirche der Niederlegung des Gewandes Mariä« trug. Bald folgten hier weitere Kalkstein- und Ziegelbauten sowie Wirtschaftsgebäude. Sie alle wurden untereinander durch Übergänge verbunden und stellen einen geschlossenen Architekturkomplex dar.

Wahrscheinlich erstreckten sich die Palastbauten damals bereits von Osten nach Westen, mit parallel zur Mariä-Himmelfahrts-Kathedrale angeordneter Hauptfassade. Ständige Feuersbrünste zerstörten mehrfach einige der Gebäude, doch beharrlich wurden sie unter Beibehaltung ihrer früheren Anlage wiederaufgebaut. 1566–68 bereicherte noch ein weiteres Bauwerk diesen Komplex: eine Kirche, die nach einem großen, im Norden Rußlands auf dem Solowezki-Archipel im Weißen Meer gelegenen, von den Mönchen Sossima und Sawwati gegründeten Kloster benannt wurde. Diese Kirche schloß den Bau an der Ostseite ab, während seine andere Flanke die Kirche der Niederlegung des Gewandes Mariä bildete. 1589, im Jahr der Bestätigung des Patriarchats in Rußland, wurde dieser Palast der offizielle Sitz des Patriarchen. Ende des 16. Jahrhunderts ließ der erste russische Patriarch Iow die alten Paläste umbauen, wobei jedoch der für damalige Zeiten komplizierte Kern der Bauten erhalten blieb.

Damals entstand an der Nordseite die kleine Kirche der Drei Metropoliten Moskaus, unter denen die Moskauer Metropoliten früherer Jahre – Pjotr, Alexej und Iona – zu verstehen sind, die der russischen Kirche im 14. und 15. Jahrhundert vorstanden. An dieses Bauwerk wurde parallel zu den bestehenden Baukörpern ein hölzerner Wohnpalast angebaut. Es war freilich nicht Mangel an Wohnraum, der den Patriarchen veranlaßte, sich in einem Holzwohnhaus einzurichten. In einem Holzhaus zu wohnen, hielt man in der Rus für hygienischer als in einem Steinhaus. Zudem hieß es im Volksmund: »Wer in einem Steinhaus wohnt, hat ein Herz aus Stein«. Die Einführung der Steinbauweise brachte es zwar mit sich, daß auch Wohngemächer aus Stein entstanden, doch wurden diese noch mit einem alten Holzterem überbaut.

Nach dem Brand von 1626 erfolgte im Bereich des Patriarchenhofes der Bau neuer steinerner Räumlichkeiten. Der Patriarch Filaret ließ bei der Wiedererrichtung seines zerstörten Palastes die drei bereits erwähnten Kirchen neu erbauen und in den Palastkomplex einbeziehen: die Kirche der Niederlegung des Gewandes Mariä, die Solowezker Sossima- und Sawwati-Kirche und die Kirche der Drei Metropoliten Moskaus. Doch nach kaum zwanzig Jahren machte sich wiederum eine große Reparatur nötig: Einige Teile der Gewölbe mußten erneuert werden, und das gesamte Gebäude wurde unter einem gemeinsamen Dach zusammengefaßt. Diese Arbeiten leitete einer der Erbauer des Terempalastes, Antip Konstantinow.

Der bedeutendste Umbau des Patriarchenhofes erfolgte in den fünfziger Jahren des 17. Jahrhunderts unter Nikon. Patriarch Nikon konnte, indem er von Zar Alexej Michailowitsch zusätzliches Terrain auf Kosten des ehemaligen Bojarenhofes Boris Godunows erhielt, die Grenzen seines Besitzes beträchtlich erweitern und den Palastkomplex nach Osten hin vergrößern. An der Stelle der alten Gemächer und der Solowezker Kirche entstand u. a. ein großer Saal für festliche Empfänge, der denselben Namen trägt wie der frühere Empfangsraum: Kreuzgemach. Als Baumaterial dienten neben Ziegelsteinen große Kalksteinblöcke.

Das Kreuzgemach, in der zweiten Etage des 1655 geschaffenen Baus gelegen, war ungewöhnlich geräumig und in seiner technischen Lösung neuartig. Sein Gewölbe ruhte nicht auf Pfeilern, wie das bei anderen russischen Räumlichkeiten jener Zeit üblich war, sondern überdeckte frei eine Fläche von 280 m². Die Ausstattung dieses wichtigsten Gemachs im Patriarchenhof zeichnete sich durch Geschmack und Prachtentfaltung aus. Der Boden war gänzlich mit Fliesen belegt. Mit farbigen Reliefkacheln war auch der große Ofen verkleidet. Wahrscheinlich schmückte damals Malerei oder eine Stoffbespannung die Wände und Gewölbe. Die Türen und Fensterläden, deren Ränder mit farbigem Leder beschlagen waren, hatte der bekannte Künstler Iwan Filjatjew bemalt. Bänke, bemalte Truhen und Tische, die mit bläulich-grünlichem Tuch bedeckt waren, vervollständigten das Interieur. Eine besondere Stimmung riefen die farbigen Buntglasfenster hervor – ein Werk der Susdaler Ikonenmaler Fjodor Dmitrijew und Boris Iwanow.

Der Archidiakon Paul von Aleppo, der 1655 zur Einzugsfeierlichkeit beim Patriarchen Nikon weilte, äußerte sich begeistert über das Kreuzgemach. »Der Saal setzt den Besucher durch seine ungewöhnliche Größe, Länge und Breite in Erstaunen; ein besonderes Wunder ist das riesige Gewölbe ohne jede Mittelstütze. Rings um den Saal sind Stufen gelegt, und der Boden des Saales aus herrlichen verschiedenfarbigen Fliesen ähnelt einem Bassin, dem nur das Wasser fehlt. Große Fenster führen zur Kathedrale, versehen mit Scheiben aus wunderbarem Glimmer und verziert mit verschiedenen Blumen, die ganz und gar wie echte wirken ... Mit einem Wort, dieses Gebäude setzt den Geist in Erstaunen ...«

Neben dem zweigeschossigen Kreuzgemach lag ein dreietagiges Gebäude, in dem kleine Dienstzimmer und persönliche Gemächer des Patriarchen untergebracht waren, darunter die nicht sehr große Apostel-Philipp-Kirche. Nördlich schloß an das Kreuzgemach eine Isba an, ein Holzhaus aus vierkantig behauenen Balken, das wahrscheinlich auf einem steinernen Untergeschoß stand.

1656 wurde der Bau einer östlich des Kreuzgemachs gelegenen Fünfkuppelkirche abgeschlossen. Dieses hohe Gebäude auf einem Untergeschoß mit zwei Torbogen, die als Paradeeinfahrt in den Patriarchensitz vom Kathedralenplatz aus dienten, wurde zweifellos der wirkungsvollste Abschnitt des Palastes. Die Kirche hat ein betont altrussisches Aussehen und ahmt in stilisierter Form die Architektur von Wladimir aus dem 12. Jahrhundert nach. Das äußert sich vor allem in der Gestaltung der Kuppeln, die im 17. Jahrhundert bei anderen Bauten zwiebelförmig waren, während sie hier die Form flacher Halbkugeln haben. Am Hals sind sie von einem Arkaturgürtel umzogen, der ebenfalls früheren Zeiten eigen war. Auf die Architekturtraditionen von Wladimir gehen ferner die beiden horizontalen Blendarkaturreihen der zur Mariä-Himmelfahrts-Kathedrale ausgerichteten Fassade zurück, die nicht nur den Kirchenbau zieren, sondern sich auf der Palastfassade fortsetzen. In diesen dekorativen Gürtel fügen sich die Fenster in gleicher Weise ein wie bei der großen Kathedrale.

Im Süden und Norden war die Kirche des Patriarchenpalastes von malerischen, überdachten Galerien umgeben, die außen ein dekorativer Fries aus farbigen Kacheln schmückte.

Das ganze Äußere des Gebäudes hatte eine leuchtende, farbenfrohe Bemalung, an der die besten Künstler der zweiten Hälfte des 17. Jahrhunderts mitgewirkt hatten: Simon Uschakow und Josef Wladimirow. Unter ihrer Leitung entstand auch die im Oktober 1656 beendete Wandmalerei im Innern der Kirche. Es ist denkbar, daß zu dieser Zeit oder um weniges später auch ein Ikonostas errichtet worden ist, doch läßt sich darüber aus den historischen Quellen nichts entnehmen. Sie sagen auch nichts über die ursprüngliche Zueignung des Gotteshauses aus. Viel häufiger ist in den Dokumenten die Apostel-Philipp-Kirche erwähnt, was den Forschern Grund zu der Annahme gab, daß damit die Hauptkirche des Patriarchensitzes bezeichnet wurde. Entsprechend dieser Version hat nach ihrer Umbenennung in Zwölf-Apostel-Kirche eine kleine Kirche in der dritten Etage des Patriarchenpalastes den alten Namen des Apostels erhalten. Paul von Aleppo bezeichnet in seiner Beschreibung des Patriarchenpalastes die große »Kathedrale« als Dreieinigkeitskirche. Außer ihr erwähnt er noch zwei Kirchen in der oberen Etage des Palastes zur Zeit Nikons. Eine davon muß also die Apostel-Philipp-Kirche gewesen sein, doch wem die andere Kirche geweiht war, ist bis zum heutigen Tage ungeklärt.

Bei aller Traditionsgebundenheit in der Projektierung des Gebäudekomplexes der Patriarchenresidenz steuerte jede Periode ihre Züge zum Aussehen der Baulichkeiten bei. So verwandelten sich nicht nur ihr Äußeres, sondern auch ihre Bestimmung und Bezeichnung.

Wichtigster Anlaß für laufende Umbauten waren die wiederholten Feuersbrünste auf dem Kremlgelände. 1682 erlitten die gerade erst ausgebesserte Zwölf-Apostel-Kirche und der Palast erneut Beschädigungen durch einen Brand. 1691 ließ der an die Macht gekommene Patriarch Adrian den Gebäudekomplex ausbessern und rekonstruieren. Die drei Etagen des Wohntraktes erhielten als Aufbau einen kleinen Teremok (später als Pjotr-Teremok bezeichnet), und zwischen diesem und der Zwölf-Apostel-Kirche wurde ein »Oberer Garten« eingerichtet ähnlich jenen, die es im Großen Kremlpalast und im Lustschloß gab. Einem teilweisen Umbau wurden auch andere Räumlichkeiten des Komplexes unterzogen, darunter der westlich an das Kreuzgemach anschließende Speisesaal.

Nach dem Tod Adrians im Jahr 1700 schaffte Peter I, der die Macht nicht mit dem Haupt der Kirche teilen wollte, die Institution des Patriarchats ab. Einige Zeit danach, 1721, ging der ehemalige Patriarchenhof in die Hände des soeben begründeten »Heiligsten Regierenden Synods« über, eine dem orthodoxen Kirchenrecht nicht entsprechende Institution, durch die für fast zwei Jahrhunderte die Unterordnung der Kirche unter die weltliche Macht in Rußland besiegelt war. Erst 1917 wurde das Patriarchat wieder eingeführt.

So war nun also aus dem alten Patriarchenhof der Synodalhof geworden. 1722–24 paßte der Architekt Iwan Sarudny das Interieur der Zwölf-Apostel-Kirche im Auftrag des Synods den Bedürfnissen der neuen Behörde an: Es wurde ein Raum für die Aufbewahrung des Kirchenvermögens eingerichtet und ein nach einem Entwurf des Architekten ausgeführter Ikonostas aufgestellt.

Eine Änderung erfuhr auch die Bezeichnung des Kreuzgemachs. 1763 wurde in ihm ein spezieller Herd zum Kochen eines wohlriechenden Gemischs aus Öl, Wein, einem Pflanzensud und nahezu fünfzig weiteren Zusätzen aufgestellt. Das Myron war Zubehör zu den damaligen Gottesdiensten und bewirkte die neue Benennung des Gemachs als Salbölsaal.

Ende des 18. Jahrhunderts führte der Architekt Kasakow den nächsten Auftrag zur Rekonstruktion und Ausbesserung der Gebäude des Synodalhofes aus. Kasakow zog das durchgehende Gewölbe des Salbölsaals neu ein und bemühte sich dabei, das frühere Aussehen beizubehalten. Mehrfach veränderte sich das Bild des Patriarchenhofes schließlich noch im 19. Jahrhundert.

Heute sind von dem einst so komplizierten Ensemble nur einige Teile erhalten, und zwar die wichtigsten: die Zwölf-Apostel-Kirche, der Korpus der Wohnräume mit der Apostel-Philipp-Kirche und dem Pjotr-Teremok, der Kreuz- bzw. Salbölsaal und der stark umgebaute Speisesaal. Die systematische Restaurierung des Komplexes begann 1918. Bereits in den ersten Jahren entdeckten die Restauratoren dabei den in Vergessenheit geratenen Bogendurchgang unter der Zwölf-Apostel-Kirche, der als Zufahrt zum Terrain des ehemaligen Patriarchensitzes vom Kathedralenplatz aus gedient hatte. Auch stellten sie das ursprüngliche Aussehen des erhalten gebliebenen Teils der Außengalerie an der Nordseite der Kirche wieder her. 1925–30 erstreckte sich die Tätigkeit der Restauratoren auf die oberen Etagen des Palastes, auf die Fenster und Türen und die Treppenaufgänge. Einen besonders großen Umfang nahmen die Restaurierungsarbeiten in den fünfziger und sechziger Jahren an, als neue Fundamente unter dem Palast angelegt wurden und die erste Etage ihren ursprünglichen Grundriß sowie die Fassaden ihre einstige dekorative Ausstattung zurückerhielten.

1967 konnte mit Materialien aus dem Fundus der Rüstkammer im Architekturkomplex des ehemaligen Patriarchenhofes ein »Museum für Kunsthandwerk und Lebensweise im 17. Jahrhundert« eröffnet werden. Der Hauptausstellungsraum des Museums wurde der Salbölsaal. Hier sind Metall- und Keramikgefäße, Gewebe, bestickte Gewänder, handgeschriebene und gedruckte Bücher zu sehen. In zwei kleinen Räumen werden Inneneinrichtungen aus dem 17. Jahrhundert gezeigt – die einer Wohn- und einer Amtsstube –, im Refektorium der Zwölf-Apo-

stel-Kirche einiges Gerät des religiösen Kults und in der Kirche selbst ein Schnitzikonostas von 1721. Der restaurierte Komplex des Patriarchenhofes ergänzt die entsprechenden Ausstellungen und gibt eine recht gute Vorstellung von der Lebensweise der höchsten Würdenträger der russischen Kirche und von dem hohen Rang der unterschiedlichsten Werke angewandter und bildender Kunst, die von hervorragenden russischen Kunsthandwerkern geschaffen worden sind.

230 bis 238
Komplex des Patriarchenhofes

239 Das Lustschloß. Palast des Bojaren
J. Miloslawski. 1652

An der Kremlmauer zwischen dem Dreieinigkeits- und dem Kommandanten-Turm liegt ein Komplex von Bauten aus dem 17. Jahrhundert, der die Bezeichnung »Lustschloß« erhielt. Dieser Geländeabschnitt ging 1495 in den Kreml ein, als anstelle der Wälle der Festung aus der Zeit Dmitri Donskois neue Mauern errichtet wurden, die die frühere Grenzziehung etwas erweiterten. Damals bildete sich eine Vertiefung zwischen der Mauer und der Böschung des Hügels, die zugeschüttet und als Untergrund eingeebnet wurde. Wahrscheinlich entstanden hier auch Wirtschaftsbauten für den Zarenhof.

1648 wurde dieses Grundstück dem Hof des Bojaren Ilja Danilowitsch Miloslawski zur Nutzung übergeben. Einen solchen Platz auf dem Kremlgelände für einen Herrensitz zu erhalten, erwies sich in dieser Zeit als höchst schwierig: war der ganze Grund und Boden doch schon längst unter die Mitglieder der großfürstlichen Familie und die bedeutendsten Bojarengeschlechter sowie in patriarchalen, klösterlichen und kirchlichen Besitz und unter administrative Institutionen aufgeteilt. Daß der Bojar Miloslawski dennoch im Kremlbereich bauen durfte, erklärt sich aus dem Umstand, daß er der Schwiegervater des Zaren Alexej Michailowitsch wurde. Bald nach der Hochzeit erhielt der Adlige und ehemalige Gesandte in Konstantinopel und Holland Ilja Danilowitsch Miloslawski den Bojarenrang. Damit gehörte er zur höchsten Schicht der Aristokratie des mittelalterlichen Rußland. Vielleicht wurde ihm schon damals das Recht zugesprochen, seinen Wohnsitz im Kreml zu errichten.

Der Baubeginn fiel mit einem in seinem Ausmaß gewaltigen Aufstand breiter Kreise von Einwohnern Moskaus zusammen, der sich gegen die außerordentlich hohen Steuern und die Übergriffe der Oberschicht der Aristokratie richtete. Einige Angehörige dieser Schicht wurden bei diesen Moskauer Unruhen getötet. Der Hof des einflußreichsten Bojaren, B. I. Morosow, der gerade erst die jüngste Tochter Miloslawskis geheiratet hatte, wurde gebrandschatzt und er selbst aus Moskau verbannt. Die Drohungen richteten sich auch gegen Miloslawski, der sich bemühte, die Aufständischen zu beschwichtigen und seinen Schwiegersohn zu schützen. Die sofortige Einberufung der Semski sobor – der wichtigsten Körperschaft der Ständevertretung – und die von ihr ausgearbeitete Gesetzessammlung, die unter der Bezeichnung »Sobornoje Uloshenije« in die Geschichte eingegangen ist, trugen zur Beilegung des Aufstandes bei. Die Vorsteher der Prikase (behördliche Organe der Zentralverwaltung) wurden während dieser Unruhen ihres Postens enthoben. Doch binnen kurzem stand I.D.Miloslawski gleich fünf Prikasen vor, d.h., er rückte faktisch an die Spitze der gesamten russischen Verwaltung.

In dieser Zeit wurde auch der Palast dieses neuen Favoriten des Zaren fertig, ein Bauwerk, das völlig der Position entsprach, die Miloslawski in der feudalen Hierarchie einnahm. Auf dem schmalen Stück Land entlang der Kremlmauer, das ihm zugewiesen worden war, wurden in einer ziemlich komplizierten Anlage Wohngemächer und Wirtschaftsbauten untergebracht. Die Baumeister wußten die vor ihnen stehende Aufgabe ausgesprochen rationell zu lösen. Die Mitte des Herrensitzes nahmen in ganzer Breite die Wohnbauten ein. Auf der obersten Etage wurde an der Seite der Hauptfassade eine Kirche mit drei Kuppeln erbaut, von der ein offener Übergang zu einem einkuppligen Glockenturm führte. Auf dem flachen an die Kremlmauer angrenzenden Dach war ein sogenannter Zimmergarten angelegt worden, dessen Fläche 100 m² nicht überschritt. Unter dem Palast befanden sich tiefe Keller aus Kalkstein. An der nördlichen und südlichen Seite des Wohnpalastes schlossen sich verschiedene Arten von Wirtschaftsräumlichkeiten an: Vorratskammern, Küchen, Pferdeställe usw. Alle vier Etagen des Hauptgebäudes und verschiedene Dienstzimmer waren durch Übergänge und Treppen miteinander verbunden. Der Haupteingang zum Palast lag im Süden. Hier befanden sich das Tor zum Hof des Anwesens und ein schöner Vorbau aus Kalkstein mit geschnitzten reliefierten Säulen. Ein anderer Vorbau, von dem aus eine Treppe in die oberen Etagen führte, schmückte die Nordfassade.

Den aus Ziegelmauerwerk aufgeführten Palastkomplex zierte eine Vielzahl reliefierter Kalksteindetails: die Fenstereinfassungen, die Eingangsportale, die Balustrade der offenen Galerien und die Gärten. Schriftquellen sprechen auch von einer reichen Innenausstattung. Die Wände und Gewölbe waren von Künstlern der Rüstkammer bemalt, die Türen und Fensterläden mit farbigem Tuch beschlagen worden.

Nach dem Tod I.D.Miloslawskis 1668 ging sein Haus in den Bestand des Zarenpalastes ein, mit dem der ehemalige Besitz Miloslawskis durch Holzübergänge verbunden wurde. Diese Übergänge wurden 1671 durch Anlagen aus Stein ersetzt. Der Miloslawski-Palast erhielt eine neue Funktion: Ein Zarenerlaß vom 10.Mai 1672 bestimmte, daß die Wände und Fenster eines Gebäudes im Hof des »Bojaren Ilja Danilowitsch Miloslawski, wo die Komödie ist . . .« zu verkleiden sind. Das ist eine der frühesten Mitteilungen über die Einrichtung des ersten professionellen russischen Theaters im ehemaligen Miloslawski-Palast, der in diesem Zusammenhang den Namen »Potjoschny dworez« erhielt. Obwohl die ersten Theaterstücke, die im Rußland jener Zeit als »Potjocha« (Kurzweil) bezeichnet wurden, nicht nur im Kreml zur Aufführung gelangten, sondern auch in dem auf dem Roten Platz gelegenen Gebäude des Apothekeramtes und im Zarenhof Preobrashenskoje in der Umgebung Moskaus, bürgerte sich die Bezeichnung »Lustschloß« fest für die Wiege des russischen Theaters im Kreml ein. In diese Zeit gehört wahrscheinlich auch das Entstehen des Paradetores, des sogenannten Löwenportals, das drei Hängebogen mit Löwenmasken aus Kalkstein aufweist.

1679 erfolgte ein Umbau des Lustschlosses. Es wurden Holzemporen und ein Teremaufbau für die Schwestern des Zaren Fjodor Alexejewitsch errichtet. In den achtziger Jahren überbaute Galaktion Nikitin den »Oberen Zimmergarten«. Es ist anzunehmen, daß dieser Aufbau mit dem Ziel erfolgte, ihn für die neuen Bewohner des Palastes besser einzurichten. Bereits 1697 wurde das Gebäude der Zuständigkeit der Polizeiverwaltung übergeben.

Nachdem in den ersten Jahrzehnten des 18.Jahrhunderts die Residenz des Staates nach Petersburg verlegt worden war und an den Kremlbauten viele Jahre lang keinerlei Ausbesserungen erfolgten, so daß sie allmählich verfielen, diente das gut erhaltene »Lustschloß« als Wohnung für die zeitweilig nach Moskau kommende Zarenfamilie. Doch 1737 wurde bei der großen Feuersbrunst in Moskau auch dieser Palast in Mitleidenschaft gezogen. Bei den Wiederherstellungsarbeiten und den folgenden Reparaturen, die von M.G.Semzow, A.P.Jewlaschow und D.W.Uchtomski vorgenommen wurden, ersetzte man einige verlorengegangene Dekordetails durch neue in pseudogotischer Stilisierung.

1806–1807 erfolgte im Auftrag des führenden Administrators des Moskauer Kreml, P.S.Walujew, ein gründlicher Umbau des »Lustschlosses« mit dem Ziel, es als Wohnhaus für den Kommandanten von Moskau herzurichten. Der Architekt I.W.Jegotow trug den Nordflügel vollständig ab, den wichtigsten Teil des südlichen Flügels, die Kuppeln der Hauskirche und den Glockenturm. Anstelle der alten Gebäudeflügel wurden neue aufgeführt. Ein weiteres Bauwerk errichtete Jegotow im Süden

des ehemaligen Miloslawski-Hofes entlang der Kremlmauer. Die Südfassade wurde im Geiste der Pseudogotik
umgestaltet und mit roter Farbe bemalt, einige Details in
Weiß. Zusammen mit der äußerlichen Veränderung dieses Baudenkmals wandelte sich auch seine Bestimmung:
Von nun an erhielt es den Namen Kommandantenhaus.

Die ersten Versuche, ihm die im Ergebnis der zahlreichen Umbauten verlorengegangenen ursprünglichen Züge
wiederzugeben, standen mit den Reparatur- und Restaurierungsarbeiten Ende der sechziger bis Anfang der siebziger Jahre des 19.Jahrhunderts in Zusammenhang, die
unter Leitung der Architekten P.A.Gerassimow und
N.A.Schochin erfolgten. Die Restauratoren beseitigten
einen Teil der späteren Anbauten, entfernten die Details
des pseudogotischen Dekors und stellten fragmentarisch
die Ost-, Süd- und Westfassade wieder her. Die Nordfassade wurde mit stilisierten Elementen verziert, die abso-
lut nicht mit dem ursprünglichen Aussehen übereinstimmten. Um die Gebäudekonstruktion zu befestigen,
legte N.A.Schochin einige Bogen an und baute zusätzliche Wandstreben unter die Treppen und den Keller. Damals wurde ein hohes Dach aufgesetzt ähnlich dem des
Terempalastes, das die Basis der Kuppeln der Hauptkirche einbezog.

Diese erste partielle und in vielem fehlerhafte Restaurierung des Lustschlosses ist im Grunde genommen die
einzige in seiner mehr als dreihundertjährigen Geschichte. In den letzten Jahren wurde auf der Grundlage von
Forschungsergebnissen ein Projekt vorbereitet, durch
das dieses seltene Denkmal der Wohnhaus-Architektur
aus der Mitte des 17.Jahrhunderts sein altes Aussehen wie-
dererlangen soll.

240 Das Arsenal

241 Das 18.Jahrhundert mit seinen neuen künstlerischen
Idealen und strengen Normen in der Architektur brachte
entscheidende Eingriffe in das malerische und ausgewogene System des mittelalterlichen Baugeschehens im
Kreml. Der verheerende Brand von 1701 in Moskau, der
die Holzbauten buchstäblich hinwegfegte, in denen sich
das alte patriarchalische Rußland verkörpert, begünstigte
diesen »Einbruch«. An ihre Stelle begannen klassizistische Bauwerke zu treten, für die symmetrische Baukörper und beträchtlich größere Ausmaße als in der vorher-
gehenden Periode kennzeichnend waren.

Der erste Bote einer klassizistischen Strömung in der
Architektur des Kreml war das Arsenal (Zeughaus). Der
Baubeginn fiel in das Jahr 1702, also in die Zeit des Nor-
dischen Krieges gegen Schweden (1700–1721), in dessen
Anfangsetappe die russischen Truppen eine Niederlage
erlitten. Damals ordnete Zar Peter an, auf dem Kremlge-

lände ein für die damalige Zeit gigantisches Gebäude als
Waffenlager zu errichten. Die Bedeutsamkeit dieser
Maßnahme wird schon darin offenbar, daß Peter I. selbst
einen schematischen Entwurf für das künftige Bauwerk
unterbreitete. Nicht weniger bezeichnend ist auch der
Umstand, daß als Verantwortlicher für den Arsenalbau
einer der angesehensten Staatsmänner ernannt wurde,
das Haupt der Botschaftskanzlei, die für die internatio-
len Beziehungen Rußlands zuständig war: Fjodor Alexejewitsch Golowin. Die künstlerische Leitung der Arbeiten
lag in den Händen zweier bekannter Maler aus der Rüstkammer: Michail Tschoglokow und Iwan Saltanow.
Tschoglokow hatte als Erbauer des Gebäudes der Mathe-
matischen Schule – des sogenannten Sucharew-Turms –
seine Fähigkeiten auf dem Gebiet der Architektur bereits
unter Beweis gestellt. Saltanow trat etwas später als
Architekt vor allem durch Projekte für Triumphtore in
Erscheinung.

Als Standort für das Arsenal wurde ein Terrain im
nordwestlichen Teil des Kreml ausersehen, wo sich früher der Hof der Bojaren Godunow befand, der Verwandten des Zaren Boris Godunow. Dieser starb 1605, kurz danach wurde sein Sohn, der den Thron bestiegen hatte, ermordet, und die Angehörigen der Bojarenfamilie kamen
bei einer antifeudalen Erhebung in Moskau ums Leben.
Später befanden sich an der Stelle ihres einstigen Anwesens Kornspeicher des Zarenhofes sowie der Sitz der Bojaren Streschnew und Trubezkoi.

Die Gestalt des Abschnitts zwischen Dreieinigkeits-
und Nikolaus-Turm diktierte den trapezförmigen Grundriß des Waffendepots mit dem geräumigen Innenhof. Die
Wände des Arsenals mußten dicht an die Kremlmauern
angrenzen. Dazu wurde die Vertiefung entlang des Ge-
mäuers als Grund aufgefüllt und dem übrigen Terrain
angeglichen. Die ungleichmäßige Dichte des Grundes
veranlaßte eine unterschiedliche Tiefe der Fundamente
zwischen 5,6 und 10,6 m. Um ihnen Stabilität zu verleihen, sind sie wesentlich breiter als der über die Erdober-
fläche reichende Teil. Aufgeführt wurden sie aus Kalksteinblöcken und Ziegelmauerwerk.

Zur Errichtung der Außenwände kam es im Frühjahr
1703, und zu Ende des folgenden Jahres stand der südliche Portikus, das Hauptportal des Arsenals, das der Architekt Dmitri Schapow und der Maler Wassili Minin projektiert hatten, kurz vor der Vollendung. Doch hatte 1703 der
Bau der neuen Hauptstadt Rußlands, Petersburg, begonnen, und nachdem 1706 Fjodor Golowin verstorben war,
wurden die Geldzuweisungen für den Arsenalbau entscheidend gekürzt. Die Arbeiten am Arsenal gingen äußerst langsam voran. 1713 stürzte die noch nicht zu Ende
gebaute hohe Ziegelsteinbedachung des Gebäudes ein
und durchschlug an einigen Stellen die Gewölbe beider

Etagen. Die Mittel und Kräfte reichten für die Behebung der Schäden nach dieser Katastrophe nicht aus. Auch verstarb der Chefarchitekt des Arsenals, Michail Tschoglokow, und andere Meister wurden nach Petersburg berufen.

Die Periode von 1714 bis 1728 kann als »Tote Zeit« in der Geschichte der Steinbaukunst in Moskau bezeichnet werden: Ein Zarenerlaß untersagte, in der ehemaligen Hauptstadt Steinbauten aufzuführen. Materialien sowie Maurer und andere Spezialisten – alles war in dieser Zeit für die neue Hauptstadt, für Petersburg bereitzustellen. Erst 1722 wurde Christopher Konrad zum Weiterbau des Arsenals nach Moskau geschickt, der das Vorhaben als durchschnittlicher Architekt begann, aber sogleich die Bezeichnung »Kremlarchitekt« erhielt. Nichtsdestoweniger kamen die Arbeiten nur langsam voran. 1731 war der Bau in der ganzen Länge der Wände praktisch vollendet, doch einige Gewölbe waren immer noch nicht wieder eingezogen, und das Dach bedeckte nur einzelne Gebäudeteile.

Auf Anweisung der Zarin Anna Ioanowna wurde die Verantworung für den Bau dem Artillerie-Kollegium des Senats und speziell dessen Oberhaupt Generalfeldmarschall Burchard Christoph Minich übertragen. Die unmittelbare architektonische Leitung übernahm auf Vorschlag Minichs der Petersburger Architekt I. J. Schumacher. Er lehnte das von Christopher Konrad vorgelegte Projekt der Innen- und Außenausstattung des Gebäudes mit aller Entschiedenheit ab. Der Geschmack war in jener Übergangszeit von den Traditionen der russischen Architektur zum klassizistischen Stil äußerst unbeständig. Das neue Projekt sah neben dem Kalksteinschnittdekor zahlreiche Stuckelemente in dem in Mode gekommenen Barockstil vor.

Auch in der Konstruktion kamen einige neue technische Verfahren in Anwendung. Die beschädigten Gewölbe wurden durch Flachdecken ersetzt, die in der mittelalterlichen russischen Architektur praktisch unbekannt waren. In der Westwand des Arsenals, die vorher keine Fenster hatte und durch ihre monolithische Bauweise an eine Festung erinnerte, wurden Fensteröffnungen eingelassen. Die Kremlmauer mußte auf dieser Seite zum Teil abgetragen werden, damit die Westwand des Gebäudes zur Geltung kommen konnte. Das mit 24 m Höhe relativ niedrige Bauwerk erhielt ein hohes, kompliziert geformtes Dach, das bereits ganz zu Beginn der Bauarbeiten projektiert worden war. Es wurde von einer Galerie mit einem auf kleinen geschwungenen Balustern aus Kalkstein ruhenden Geländer umzogen.

1736, also 35 Jahre nach Baubeginn, war das Arsenal fertig. Das Datum seiner Vollendung ist über dem Haupttor eingemeißelt, das modellierter und gemalter Dekor

ziert. Doch damit war die Baugeschichte dieses »schwergeprüften« Gebäudes noch nicht abgeschlossen.

Es verstrich kaum ein Jahr, da ging das Arsenal bei der Feuersbrunst von 1737 in Flammen auf. Sein Dach stürzte ein, der Stuck und Details des Kalksteindekors bröckelten ab, die Gewölbe und Decken erlitten ebenfalls Beschädigungen. In diesem halbzerstörten Zustand blieb das Arsenal stehen. Gewiß, es gab zwischenzeitlich Versuche zu seiner Wiederherstellung. 1754 schuf der bekannte Architekt Dmitri Uchtomski ein Projekt zum Wiederaufbau des Arsenals, das aber nicht realisiert wurde. Teilweise Restaurierungsarbeiten setzten erst 1763 ein, doch wurden auch sie offenbar bald wieder eingestellt. Der nächste Versuch, den beschädigten Bau wieder in Ordnung zu bringen, fällt in die achtziger bis neunziger Jahre des 18. Jahrhunderts, als unter Leitung des Architekten Matwej Kasakow und des Ingenieurs A. I. Gerard die Flachdecken durch Gewölbedecken ersetzt wurden, die den ursprünglichen ähnlich waren. Das Dach, die grundsätzliche Aufgliederung und die dekorative Gestaltung des Gebäudes erhielten ihr früheres Aussehen. Das östliche Portal des Arsenals wurde jedoch mit einem neoklassizistischen Portikus ausgestattet. Der Architekt Wassili Bashenow, ein geachteter Meister des Klassizismus, der das Gebäude in diesen Jahren sah, war von dessen schlichter Schönheit beeindruckt und bemerkte: »Der Facettenpalast ist schön, doch mit dem Arsenal ist er nicht zu vergleichen.«

1812 wurde das Arsenal auf Befehl Napoléon Bonapartes gesprengt. Bei der Wiederherstellung, die zwischen 1815 und 1828 von den Architekten A. I. Bakarjow, I. L. Schironowski, I. T. Tamanski und J. D. Tjurin geleitet wurde, erhielten die Fassaden ein spätklassizistisches Aussehen. Zugleich damit wurde das hohe Dach abgenommen, das dem Gebäude seine eigentümliche Silhouette gegeben und die Proportionalität der horizontal betonten Fassaden unterstrichen hatte. An seine Stelle trat ein Satteldach, durch das das äußere Bild verarmte. Wesentlich zurückhaltender fiel auch die Fassadengestaltung aus. Die zerstörten Statuen des Hauptportals wurden nicht erneuert. An die Stelle der farbenfrohen Bemalung der Wände traten zwei Farben, die in der spätklassizistischen Architektur sehr häufig Verwendung fanden: Gelb und Weiß. Dieses Aussehen hat das Arsenal bis auf den heutigen Tag behalten.

Mitte des vergangenen Jahrhunderts entstand der Plan, im Arsenal ein Museum der Geschichte des Vaterländischen Krieges 1812 einzurichten. Obwohl dieses Vorhaben nicht verwirklicht wurde, wirkte es sich auf die Gestaltung des südlichen und östlichen Portals aus, sie erhielten einen Reliefschmuck, der Kanonen, Fahnen, Säbel, Degen und andere militärische Insignien darstellt.

Damals erfolgte auch entlang der Gebäudewände die Aufstellung von 875 von den russischen Truppen im 18. und 19. Jahrhundert eroberten Kanonen, darunter österreichische, preußische, italienische, holländische und fast zur Hälfte französische.

1960 wurden entlang der Südfassade auch russische Waffen des 16.–18. Jahrhunderts angeordnet, die früher am alten Gebäude der Rüstkammer standen. So erlangte das Denkmal der russischen Architektur aus dem ersten Viertel des 18. Jahrhunderts mit der Zeit eine besondere Bedeutung und wurde durch die Aufstellung der russischen und der eroberten ausländischen Kanonen an seinen Außenwänden zu einem Symbol des Ruhmes der russischen Waffen.

242 bis 244

Das Senatsgebäude. Gesamtansicht, Weißer Saal (Swerdlow-Saal) und Arbeitszimmer W. I. Lenins

Ein 1763 erarbeitetes Projekt zur Veränderung des staatlichen Verwaltungssystems in Rußland führte zur Untergliederung des zu Beginn des 18. Jahrhunderts geschaffenen Senats als regierendes Organ in sechs Departements: zwei davon hatten ihren Sitz in Moskau. Dies begünstigte die Errichtung eines großen Verwaltungsgebäudes im Kreml. Von zwei Entwürfen – einer von Karl Blank, der andere von Matwej Kasakow – wurde der des letzteren angenommen.

1776 begann gegenüber der Ostfassade des Arsenals an der Stelle der ehemaligen Höfe der Fürsten Trubezkoi und Barjatinski der Bau des Senatsgebäudes, das für die beiden Departements bestimmt war – das Justiz- und das Adelskollegium. Der Grundriß des künftigen Bauwerks wurde im wesentlichen von dem zur Verfügung stehenden Grundstück vorgegeben: Auf der einen Seite grenzte es an die Kremlmauer und auf der anderen an das damalige Tschudow-Kloster. Bereits im Stadium der Fundamentlegung zeigte sich, daß bei der Planung des Senatsgebäudes nicht nur die Kremlbebauung in Rechnung zu ziehen war, sondern auch der Abschnitt, der vom Roten Platz her an die Kremlmauer angrenzte.

Genau gegenüber dem Kreml-Turm, der später Senats-Turm genannt wurde und die Mitte der Gebäudefront zum Roten Platz markiert, entstand ein runder Saal mit einem Durchmesser von 24 m und einer riesigen Kuppel. Im Grundriß stellt das Senatsgebäude ein gleichschenkliges Dreieck dar. Dabei hat dieses eigenartige Dreieck keine spitzen Ecken; sie sind, da sie gewisse Unbequemlichkeiten bei der Nutzung des Gebäudes mit sich gebracht hätten, sozusagen abgestumpft, und an der Stelle dieser »Schnitte« entstanden zusätzliche Fassaden. Zwei der Ecken fassen jeweils einen kleinen Hof ein, der durch einen Gebäudeblock mit Diensträumen von dem größeren mittleren Hof abgesondert ist. Der Bau des Senats dauerte bis 1787, und danach zogen sich die Ausstattungsarbeiten noch über drei Jahre hin.

Das aus Ziegelmauerwerk auf hohem Sockel errichtete Gebäude hat drei Geschosse. Das untere weist eine »Rustikafassade« auf, deren Verkleidung große Steinplatten imitiert. Die zweite und dritte Etage sind an den Außenwänden durch flache Pilaster untergliedert, die in rhythmischer Abfolge den Raum zwischen den Fenstern ausfüllen. Gekrönt wird der Bau von einem mächtigen Karnies. Jede der großen Fassaden hat drei kleine Risalite – in der Mitte und an den Seiten –, und die kurzen Fassaden erhielten je einen solchen vorspringenden Teil. Als Hauptfassade gilt die westliche, dem Arsenal zugewandte, in deren Mitte sich die Einfahrt zum Innenhof befindet. Sie wird von einem Viersäulen-Portikus mit Dreieckgiebel gerahmt, wodurch das Portal an einen Triumphbogen erinnert.

Mittelpunkt der architektonischen Komposition ist die über dem Gebäude »schwebende« Kuppel des runden Sitzungssaales: Diese Rotunde gibt dem Bauwerk eine ausgesprochen harmonische Silhouette. Die Innengestaltung des Saals übertrifft alle anderen Räumlichkeiten des Senats. Auf 24 Säulen ruht das Halbrund der hohen bläulichweißen Kuppelschale. Die Wandteile zwischen den Säulen und Fenstern sind mit Basreliefs verziert, die die liberalen Anfänge in den ersten Regierungsjahren der Zarin Katharina II. glorifizieren. Außerdem gehören zur Innenausstattung von G. Samarajew geschaffene Basreliefs mit Porträts russischer Großfürsten und Zaren – Kopien von heute in der Rüstkammer befindlichen Reliefplastiken des hervorragenden Bildhauers Fjodor Schubin für den Tschesme-Palast in St. Petersburg.

Das Senatsgebäude, das Matwej Kasakow als eines seiner besten Werke bezeichnete, ist auch heute noch gut erhalten. Es nahm keinen Schaden durch Feindeinwirkung, blieb von Feuersbrünsten verschont und entging einschneidenden Umbauten. Verändert haben sich nur einzelne Details der Ausstattung: die Bemalung der Wände und des Dekors und die Einrichtung. Der einzige bemerkenswerte Verlust ist eine Statue, die den hl. Georg als Drachentöter darstellte – das alte Wappen Moskaus. Dieses Standbild befand sich ursprünglich auf der Kuppel. 1812 wurde es auf Befehl Napoleon Bonapartes heruntergenommen und nach Frankreich gebracht. Als 1856 der Gerichtshof in dieses Gebäude einzog, erhielt die Kuppel nach einer kleinen Reparatur des Gebäudes eine Krone mit der Inschrift »Gesetz« als Aufsatz – das Emblem der zaristischen Justiz.

Nach der Großen Sozialistischen Oktoberrevolution wurde der Kreml wieder Regierungssitz. Von März 1918 bis Mai 1923 arbeitete und wohnte Wladimir Iljitsch Lenin hier. Das Arbeitszimmer und die bescheidene Vierzimmer-Wohnung des Hauptes der ersten Sowjetregierung lagen in der dritten Etage des Gebäudes. Regierungssitzungen, Parteikonferenzen und Kongresse fanden im runden Saal statt, der vor der Revolution Weißer oder Katharinen-Saal hieß und 1919, nach dem Tode J. M. Swerdlows, eines leitenden Funktionärs der Kommunistischen Partei der Sowjetunion, dessen Namen erhielt. 1925 wurde in einer Nische hinter der Tribüne eine von dem Bildhauer Sergej Merkurow geschaffene Büste W. I. Lenins aufgestellt. Gegenwärtig finden im Swerdlow-Saal die Plenarsitzungen des Zentralkomitees der Kommunistischen Partei der Sowjetunion statt. In diesem Saal erhalten hervorragende Friedenskämpfer den Internationalen Leninpreis »Für Sicherung des Friedens zwischen den Völkern«, und hier werden Sowjetbürgern für große Verdienste auf dem Gebiet von Wissenschaft und Technik hohe staatlichen Auszeichnungen verliehen.

In den sechziger Jahren unseres Jahrhunderts erfolgten Restaurierungsarbeiten im Senatsgebäude: Der Karnies und andere Details des Kalksteindekors, die durch die Zeit gelitten hatten, wurden erneuert. Der Swerdlow-Saal erhielt wieder seine ursprüngliche blau-weiße Kuppel- und Wandbemalung, die Kuppelrosetten wurden vergoldet und die Panneau-Basreliefs gereinigt. So unterscheidet sich heute das Aussehen dieses hervorragenden Denkmals der russischen Architektur des 18. Jahrhunderts kaum von dem Anblick, den es vor fast zweihundert Jahren bei seiner Fertigstellung bot.

245 Das Gebäude der Militärschule (Hauptfassade), heute Sitz des Obersten Sowjets der UdSSR

Nicht weit vom Spasski-Turm an der Stelle des Kleinen Nikolajew-Palastes, den der Architekt M. Kasakow errichtet hatte, und des ehemaligen Erzengel-Michael- und Christi-Auferstehungs-Klosters entstand 1932–34 ein neues Gebäude. Dieser große Block war für die Offiziersschüler der Kreml-Militärschule (Militärakademie) bestimmt, die bereits im Dezember 1917 auf persönliche Weisung von W. I. Lenin gegründet worden war.

Das Gebäude ist nach einem Projekt des Architekten Iwan Röhrberg (Rerberg) erbaut, der damals bereits durch zwei hervorragende Moskauer Bauwerke bekannt war: den Kiewer Bahnhof und das Haupttelegraphenamt. Die Nähe der Militärschule zum Senat bestimmte den Charakter seines architektonischen Äußeren. Damit das neue Gebäude nicht im Widerspruch zum Senatsgebäude stand, wandte sich Röhrberg den Traditionen des klassizistischen Stils zu. Die letzte Replik dieser Traditionen, der Neoklassizismus, fiel in Rußland in das Ende des 19.

und den Beginn des 20. Jahrhunderts. Der Architekt vermochte die Silhouette des Ensembles Arsenal-Senat einfühlsam zu ergänzen, nicht jedoch seinem Bau ein individuelles Äußeres zu verleihen. Die Formen sind wenig ausdrucksvoll und ließen nichts von der funktionalen Bestimmung des Gebäudes erkennen. Die ungelösten Verhältnisse in den Proportionen und die Trockenheit des Dekors lassen das Bauwerk kaum anziehend wirken, ihm fehlt der Zauber, der den anderen Kremlbauwerken eigen ist.

Die Militärschule stellt, nicht weit vom Spasski-Turm gelegen, einen Komplex aus drei aneinanderstoßenden Gebäudeteilen dar, die Fassade des mittleren Baukörpers ist der Moskwa zugewandt. Wie der Senat hat die Militärschule drei Etagen, einen hohen Sockel und eine durch einen Portikus hervorgehobene Hauptfassade.

1938 wurden hier das Sekretariat des Präsidiums des Obersten Sowjets der UdSSR und die Verwaltung des Kremlkommandanten untergebracht. Zwanzig Jahre später baute der Architekt A. Chochljakow die Diensträume und den Sitzungssaal zum Kremltheater mit 1200 Plätzen um. Nach Eröffnung des Kongreßpalastes, der u. a. auch für Konzert- und Theateraufführungen zur Verfügung steht, wurde das Interieur der ehemaligen Militärschule 1969–70 unter Leitung des Architekten Possochin abermals rekonstruiert. Kabinette, Säle und Zimmer verwandelten sich in praktisch eingerichtete Arbeitsräume. Gegenwärtig ist das Gebäude Sitz des Präsidiums des Obersten Sowjets der Sowjetunion.

230 Patriarchenpalast. Blick von Nordosten

231 Komplex des
Patriarchenpalastes
mit Zwölf-Apostel-Kirche

232 Interieur des
Patriarchenpalastes.
Durchblick

233 Eingang zur
Zwölf-Apostel-Kirche

234 Interieur des
Patriarchenpalastes. Diele

235 Patriarchenpalast. Ausstellung im
Refektorium. Kultgerät, 17. Jh.

236 Patriarchenpalast. Detail der Einrichtung der
Amtsstube aus dem 17. Jh.

239 Blick auf das
sog. Lustschloß.
1652

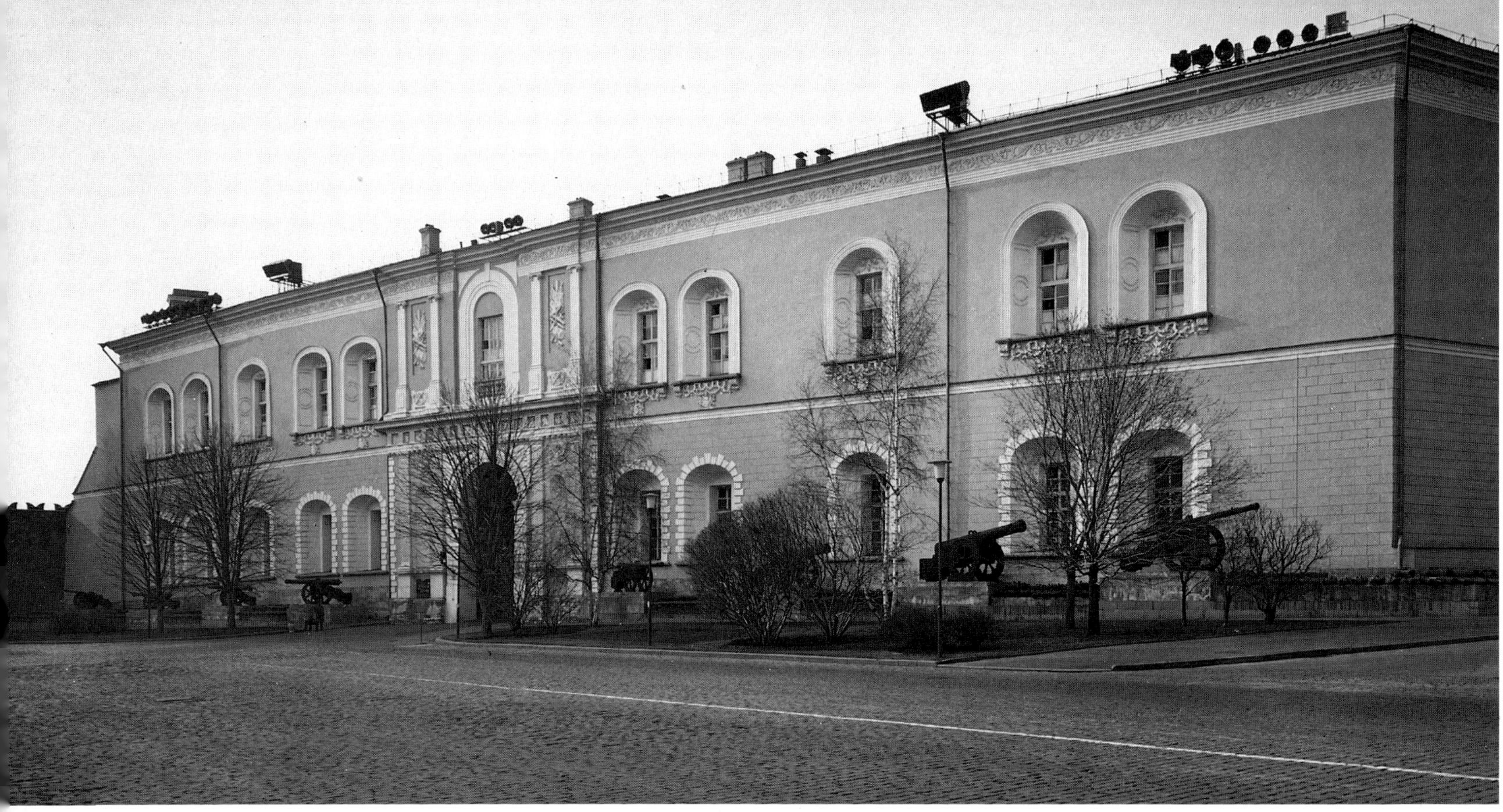

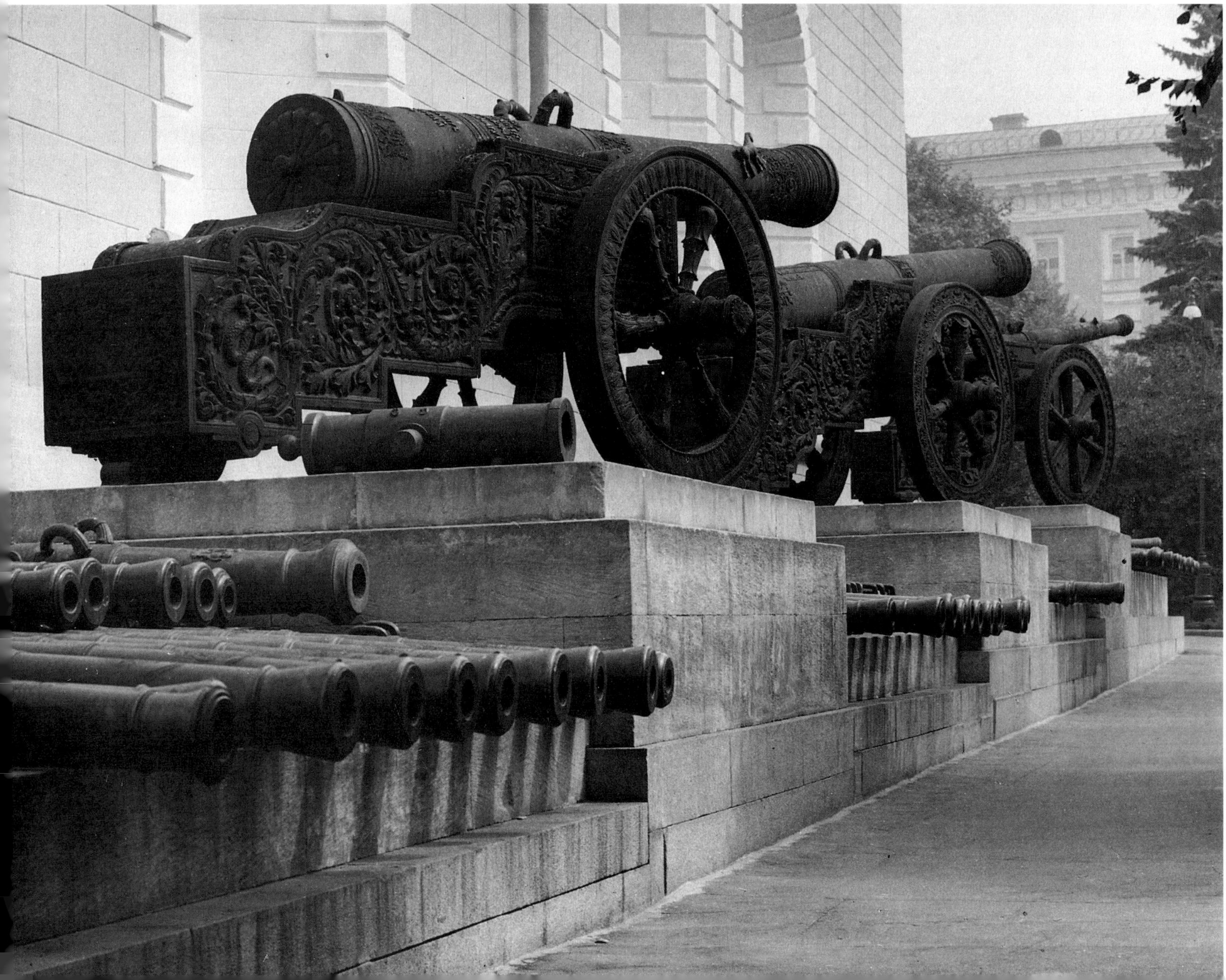

240, 241
242
Siehe
S.349

Vorhergehende Seiten:
240 Arsenal. Südfassade. 1736

241 Kanonen vor dem Arsenal

242 Senatsgebäude
(heute Ministerrat der UdSSR).
Gesamtansicht 1787

243 Senatsgebäude. Weißer Saal
(heute J. M. Swerdlow-Saal)

244 Senatsgebäude.
Arbeitszimmer W. I. Lenins

247 Kongreßpalast.
Gesamtansicht,
1961. Rechts
Dreieinigkeits-Turm

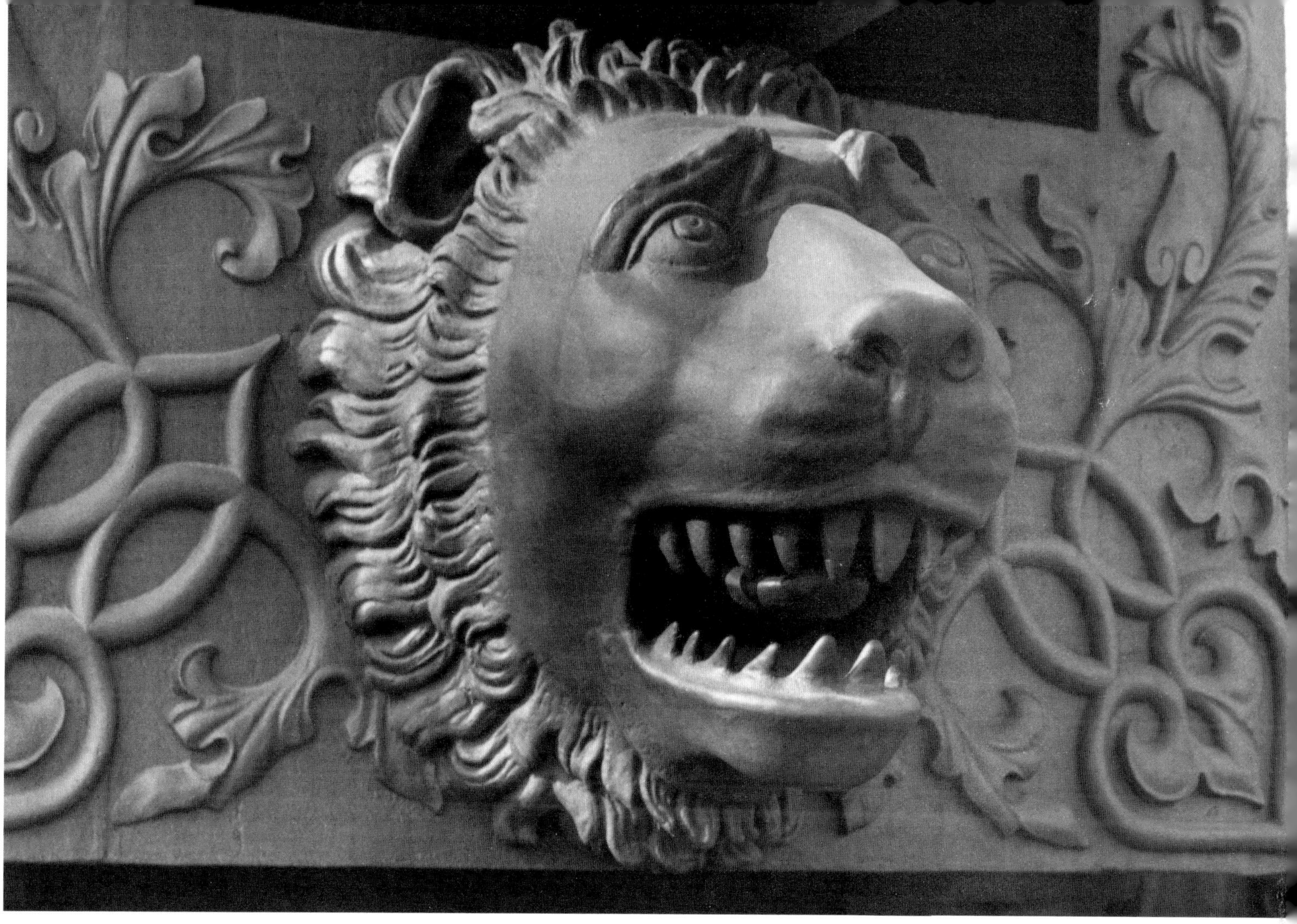

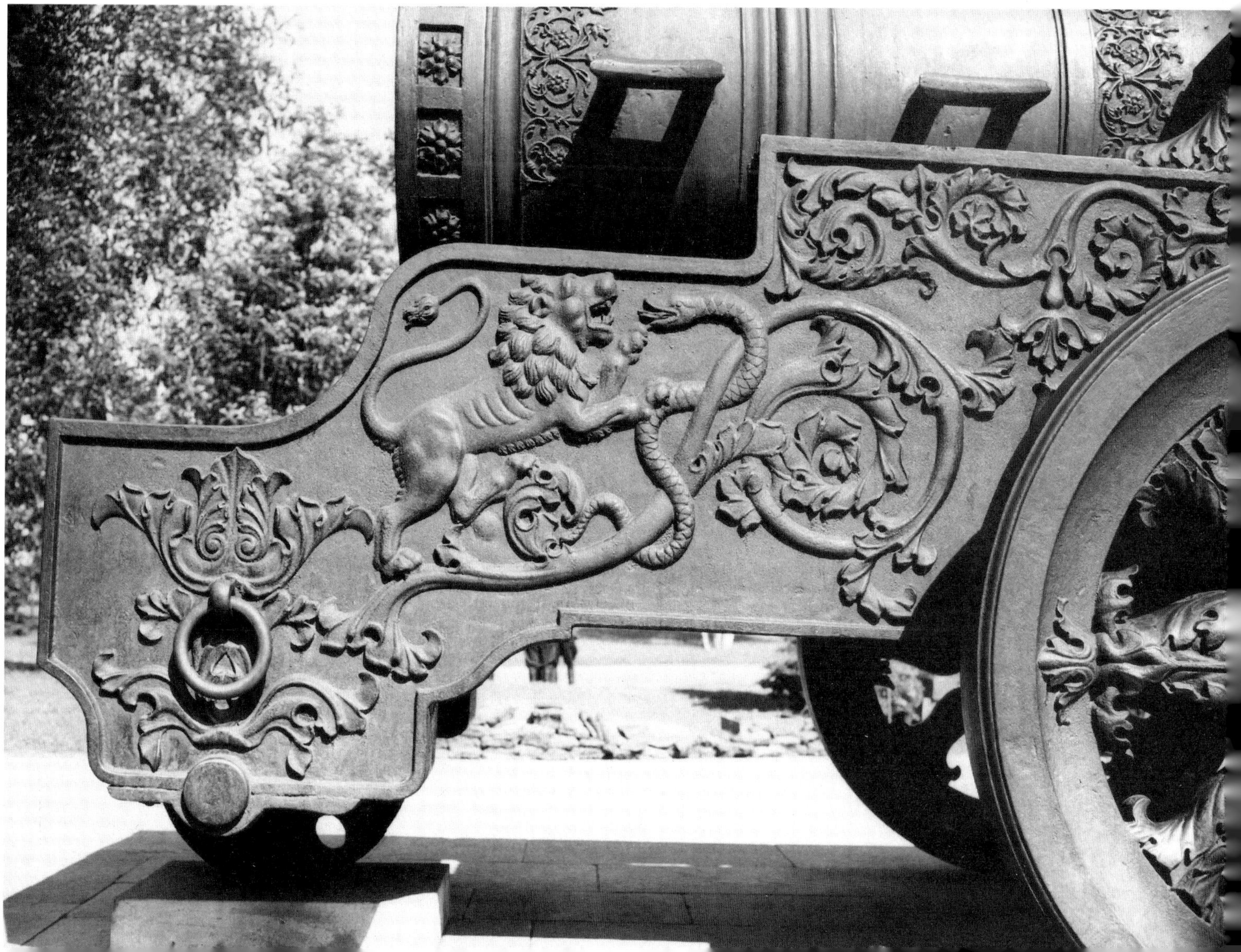

253 Rad der Zar-Puschka

254 Zar-Kolokol.
Ausschnitt.
Porträtdarstellung
der Zarin
Anna Ioanowna

Folgende Seite:
255 Zar-Kolokol.
Gesamtansicht.
1737

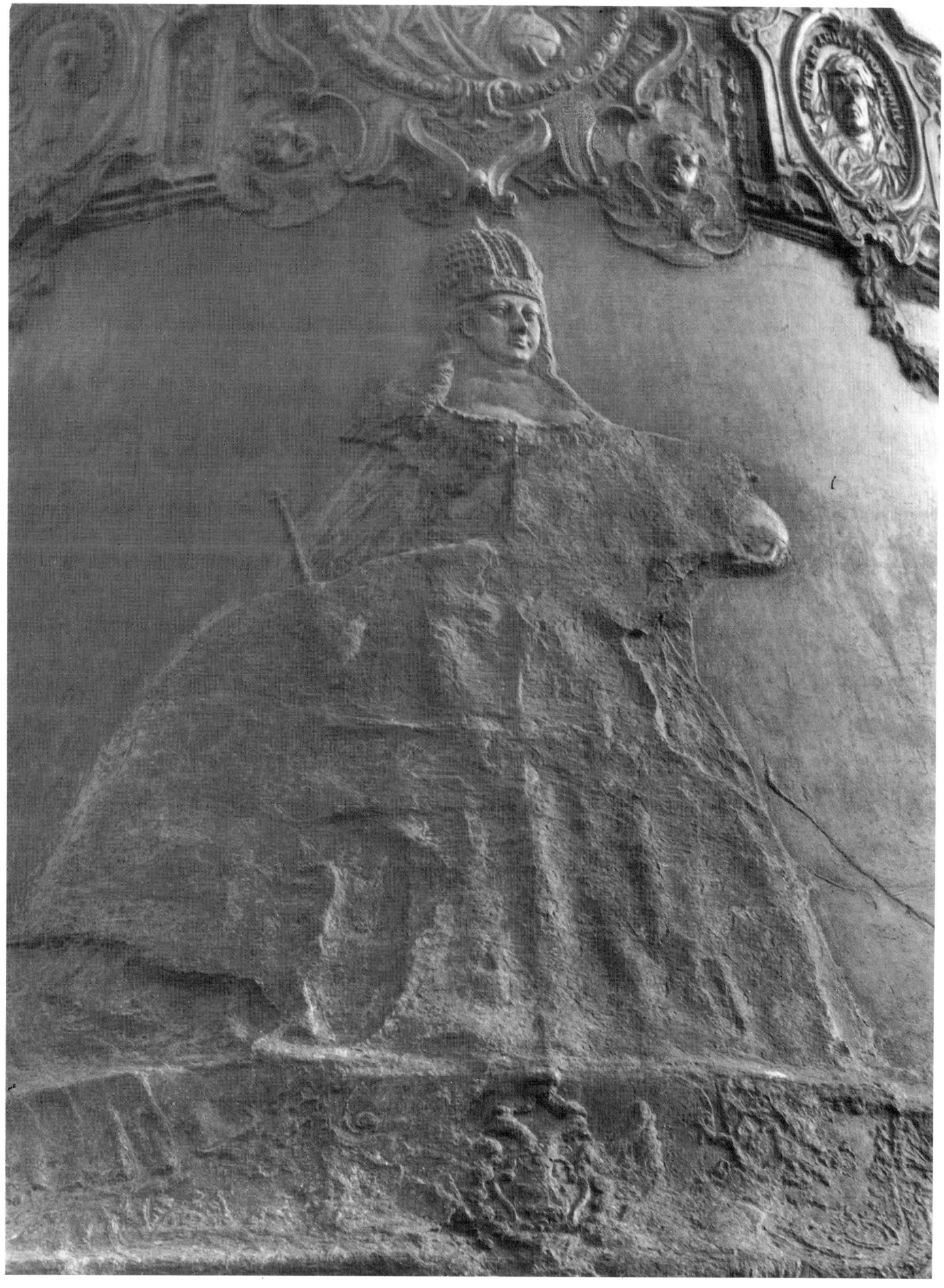

246 Das Lenin-Denkmal. Bronze

Im Kreml wohnte und arbeitete der Vorsitzende der ersten Sowjetregierung, der Führer der Großen Sozialistische Oktoberrevolution, Wladimir Iljitsch Lenin. 1967, zur 50-Jahr-Feier der Oktoberrevolution, wurde auf dem Iwanow-Platz das Lenin-Denkmal enthüllt: eine Bronzeplastik auf dunkelgrauem Granitsockel, geschaffen von W. Pintschuk und S. Spirenski.

247 bis 249

Der Kongreßpalast

Die letzte Seite in der steinernen Chronik des Kreml wurde 1961 mit der Eröffnung eines großen öffentlichen Gebäudes aus Glas und Beton geschrieben – des Kongreßpalastes. Der 1959 angenommene Beschluß zur Errichtung dieses Palastes erfüllte sich sofort mit Leben. Als Baugelände war eine Fläche in der Nähe des Dreieinigkeits-Turms ausgewählt worden, auf der einige Bauten aus dem 19. Jahrhundert abgetragen werden mußten sowie das alte Gebäude der Rüstkammer, das seit 1851 als Kaserne gedient hatte.

Die wichtigste Aufgabe der Architekten des Kongreßpalastes bestand darin, dieses große Gebäude harmonisch in das historisch gewachsene komplizierte Ensemble des Kreml einzubinden. Der Kongreßpalast mußte auf die Belange des Staates zugeschnitten sein. Doch durch eine zu gewaltige Ausdehnung des Bauwerks konnte die umliegende Bebauung mit den vielen kleineren mittelalterlichen Bauten und dem in seiner dekorativen Gestaltung sehr verhaltenen Arsenal »verschluckt« werden. Unzulässig wäre es aber auch gewesen, die erforderlichen Räumlichkeiten durch Aufstockung nach oben zu schaffen – das hätte sich ungünstig auf die bereits vorhandenen Akzente der ausgewogenen Silhouette der Kremlanlage ausgewirkt. Es blieb nur ein Ausweg: ein modernes, streng gestaltetes, die Höhe der umliegenden Architekturdenkmäler nicht überragendes Gebäude zu errichten. Die Verantwortung für die Ausführung dieser schwierigen Aufgabe übernahmen die Architekten M. Possochin, A. Mndojanz, J. Stampo, P. Schteller und N. Stschepetilnikow.

In weniger als zwei Jahren nach Baubeginn war der Kongreßpalast im Oktober 1961 zum Empfang der Delegierten des XXII. Parteitages der Kommunistischen Partei der Sowjetunion bereit. Seine Hauptfassade ist dem Arsenal zugewandt. Das Gebäude bildet ein riesiges kompaktes Rechteck von 121×73 Metern und erdrückt mit seinem Volumen dennoch in keiner Weise die umliegenden Gebäude.

Der neue Gesellschaftsbau ist äußerst schlicht und streng. Es entsteht der Eindruck, als ob die schmalen Betonpylonen die gläsernen Fassaden nur rahmen. Dies verleiht dem Monumentalbau Leichtigkeit. Durch das Vestibül auf der Seite des Dreieinigkeits-Turms kann man die gegenüberliegenden alten Gebäude sehen: die Mauern, Türme und Paläste. An heiteren, sonnigen Tagen spiegeln sich in den Glasfassaden des Palastes Teile der Kremlbebauung. Zweifellos ist es den Schöpfern des Kongreßpalastes gerade durch die reichliche Verwendung von Glas gelungen, dem Bauwerk eine gewisse Neutralität inmitten der vielen älteren Bauten zu geben. Der gräuliche Marmor mit leichten rosa Schattierungen, der die Betonkonstruktion verkleidet, übertönt das blendende Weiß des Kalksteindekors der benachbarten Baulichkeiten nicht und gibt dem neuen Gebäude zugleich etwas besonders Feierliches und Einmaliges.

Der Hauptkorpus des Kongreßpalastes erreicht zusammen mit dem gläsernen Aufbau, in dem sich der Bankettsaal befindet, eine Höhe von 29 Metern, ist also um ein geringes niedriger als das danebenstehende Arsenal. Ein Teil der Diensträume liegt in Untergeschossen bis zu 17 Meter tief unter der Erde.

Im Palast gibt es mehr als 800 verschiedene Räume, wobei das Hauptaugenmerk natürlich dem Großen Sitzungssaal zukommt, der 6000 Plätze enthält, von denen 4230 auf das Parterre und Amphitheater entfallen und 1770 auf den weiträumigen Balkon. Die Sessel im Parterre sind so angeordnet, daß die letzten Reihen vier Meter höher liegen als die ersten. Das gewährleistet, daß die Bühne von jedem Platz im Saal aus gut eingesehen werden kann. Sie ist mit verschiedenen Vorrichtungen ausgerüstet, die es ermöglichen, ihre Ausmaße den Opern- und Ballettaufführungen, Konzerten und anderen festlichen Veranstaltungen anzupassen. Die hervorragende Akustik konnte durch eine gelungene Verbindung von schallabsorbierenden und resonanzverstärkenden Stoffen erreicht werden, mit denen Wände, Fußboden, Plafonds und Möbel ausgestattet sind. Eine gleichmäßige Tonübertragung im Saal gewährleisten 6000 Lautsprecher, die bei Bedarf durch ein System von Stereophonverstärkern ergänzt werden. Eine wesentliche Rolle in der künstlerischen Ausgestaltung des Interieurs bildet die künstliche Beleuchtung. 5000 Leuchtstoffröhren erstrahlen im Großen Saal mit 727 Kilowatt. Die Gesamtzahl der Lichtpunkte im Saal beläuft sich auf ungefähr 30 000.

Der zweitgrößte Saal ist der Bankettsaal. Dieser Saal mit seinen gläsernen Wänden, der das Gebäude des Kongreßpalastes krönt und etwa 2500 Menschen faßt, ist von einer breiten Terrasse umgeben, von der aus sich ein herrlicher Ausblick selbst auf weit entfernte Teile von Moskau bietet. Spezielle Einrichtungen ermöglichen einen schnellen Wechsel der Ausstattung des Saales und seiner Bestimmung. Alle Haupt- und Nebenräume sind, abgesehen von den Treppen, durch 14 Rolltreppen und 26 Lifte untereinander verbunden. Ein Übergang führt zum Großen Kremlpalast.

Die Leistungen der Erbauer des Kongreßpalastes haben bei den gesellschaftlichen und staatlichen Organisationen hohe Anerkennung gefunden und sind mit dem Leninpreis gewürdigt worden.

250 bis 253
Die Kanone Zar-Puschka

Das Bild vom Moskauer Kreml als mittelalterliche Festung setzt sich aus mehreren Komponenten zusammen: dem Gelände, das er einnimmt, den Mauern und Türmen mit den zusätzlichen Befestigungsanlagen, den Wällen, Gräben und Palisadenwänden sowie den Verteidigungswaffen. Im Arsenal der Abwehrmittel kam zweifellos der Artillerie die Hauptrolle zu. Mitte des 16. Jahrhunderts nahm die Moskauer Artillerie in zahlenmäßiger Hinsicht einen der ersten Plätze unter den europäischen Ländern ein. Hans Kobenzl, Gesandter Maximilians II., Kaiser des Heiligen Römischen Reiches Deutscher Nation, der Rußland 1575/76 besuchte, setzte seinen Herrscher davon in Kenntnis, daß »... der Moskauer Großfürst (Iwan Grosny) im Überfluß jede Art Waffen hat, und eine Schußwaffenausrüstung, daß jemand, der sie nicht gesehen hat, ihre Beschreibung nicht glauben wird, die Russen haben ständig nicht weniger als 2000 beliebige Waffen parat. ...«

Unter der großen Vielzahl Moskauer Kanonen gab es auch wahrhaft überragende Exemplare, deren Guß große Erfahrung und Meisterschaft erforderte. »Einige dieser Geschütze«, so bemerkte Hans Kobenzl weiter, »sind so groß, breit und lang, daß ein erwachsener Mensch in voller Ausrüstung, wenn er auf gleicher Höhe mit dem Geschütz steht, dessen oberen Teil nicht erlangen kann ...« Dabei hatte der österreichische Botschafter nicht einmal die von Andrej Tschochow gegossene Zar-Puschka gesehen, die Kreml-Kanone, die zehn Jahre nach seinem Besuch in Moskau entstand.

Der Fertigung dieser Riesenkanone gingen ein Jahrhundert Entwicklung der Kunst des Eisengießens in der Rus und zwei Jahrhunderte Anwendung von Feuerwaffen voraus. Den ersten Einsatz von Feuerwaffen bringen die Forscher mit der Verteidigung des Kreml während der Belagerung durch Khan Tochtamysch im Jahre 1382 in Verbindung. Ende des 14. bis Anfang des 15. Jahrhunderts erlangten Kanonen in den russischen Städten eine weite Verbreitung und wurden zu ihrem wichtigsten Verteidigungsmittel.

Die Läufe der ersten Kanonen sind entsprechend der in der historischen Literatur bestätigten Meinung ge-

schmiedet worden und bestanden aus einigen zusammengefügten einzelnen Längsstreifen. Möglicherweise gab es auch von Anfang an gegossene Kanonen, denn die Technologie ihres Gusses ist weniger schwierig als der Glockenguß, bei dem die Erfahrungen damals wenigstens fünf Jahrhunderte zurückreichten. Jedenfalls wurden in der ersten Zeit Geschütze aus derselben Legierung gegossen wie die Glocken. Doch dieses Material, das den Anforderungen des Glockengusses voll entsprach, erwies sich für die Herstellung von Kanonen als wenig geeignet. Seine ungenügende Zähigkeit und Härte führten häufig zu Rissen im Lauf.

Mit den Jahren wurden immer mehr Geschütze in Gußarbeit hergestellt, die Zusammensetzung der Legierung, als Kanonenbronze bezeichnet, wurde vervollkommnet, und damit verbesserte sich auch die Qualität der Kanonen. Seit Ende des 15. Jahrhunderts bildete die Geschützherstellung in Moskau einen regelrechten Produktionszweig. 1479 entstand unter Leitung des namhaften Architekten, Ingenieurs und Kanonengießers Aristotele Fioravanti jenseits der Kremlmauern nicht weit vom Spasski-Turm eine Kanonen-Isba (das Kanonenhaus). Diese Werkstätte existierte nur zehn Jahre. Der Brand von 1488, der einen großen Teil der Moskauer Holzbauten vernichtete, setzte auch der Kanonen-Isba ein Ende. Einige Zeit später wurde eine noch größere Werkstätte zur Herstellung von Geschützen gebaut, und zwar etwas weiter weg vom Kreml am Ufer der Neglinnaja: der sogenannte Kanonenhof, der einige Jahrhunderte lang an dieser Stelle in Betrieb war. Hier entstanden die besten Beispiele mittelalterlicher russischer Artillerie- und Gießereikunst, darunter auch die berühmte Zar-Puschka.

Es war nicht die erste Kanone mit dieser Bezeichnung in der Geschichte der russischen Artillerie. 1488, kurz vor der Feuersbrunst, die das alte Kanonenhaus vernichtete, goß der ausländische Meister Paul Debossis ein Riesengeschütz, das ebenfalls Zar-Puschka genannt wurde. Wahrscheinlich hießen die größten Kanonen alle so. Das Geschütz des Pawel Debossis hat sich nicht bis in unsere Zeit erhalten, seine Spuren verloren sich bereits im 17. Jahrhundert.

Die nächste Zar-Puschka wurde 1586 von dem Kanonengießer Andrej Tschochow geschaffen, wie eine Inschrift auf der Kanone bezeugt. Am hinteren Lauf ist auch das Gewicht vermerkt: 2400 Pud, das entspricht 39 312 Kilogramm, also etwa 40 Tonnen. Die Länge des Geschützes beträgt 5,34 m, das Kaliber 890 mm. Der Kanal des Rohrlaufs besteht aus zwei Teilen, einem konusförmigen (außen verbreiterten) Teil für das Geschoßrohr und einem Hinterstück oder der Pulverkammer zum Laden. In jedem Teil gibt es eine Öffnung nach außen zum Zünden der Pulverladung. Die Konstruktion des Rohrlaufkanals weist auf die Bestimmung des Geschützes als Kartätschengeschoß hin, d.h. es schoß mit Steinschrot auf die Infanterie des Gegners.

Die Oberfläche des Laufs ist streifenförmig mit gegossenem Dekor verziert, wie er für Arbeiten Tschochows charakteristisch war. Im Basrelief ist hier Zar Fjodor Iwanowitsch zu Pferde mit der Krone auf dem Haupt und dem Zepter in den Händen dargestellt. Auf jeder Seite des Laufs sind vier Bügel zum Tragen und Aufstellen des Rohrs auf der Lafette angebracht. Der Kanonenlauf der Zar-Puschka zeichnet sich durch seine ausgereifte technische Vorrichtung, die hohe Qualität des Gusses und die feine dekorative Ausstattung aus. All das bekundet die große Meisterschaft der russischen Metallgießer und insbesondere Andrej Tschochows.

Er war, als er die Zar-Puschka schuf, bereits ein anerkannter Kanonen- und Glockengießer. Sein erstes bekanntes Gußerzeugnis gehört in das Jahr 1568. Einer erhaltenen Aufzeichnung aus dem 16. Jahrhundert zufolge war das ein kleiner Lauf von 43 Pud (etwa 700 kg) Gewicht, verziert mit dem zweiköpfigen Adler und der Aufschrift »Im Jahr 7076 (1568) hergestellt von Kaschpars Schüler Andrej Tschochow«. Nach dieser Inschrift zu urteilen, war der künftige Schöpfer der Zar-Puschka damals noch unbekannt, da er seine Arbeit noch als die des Schülers eines anderen namhaften Meisters bezeichnete, des Kaschpar Ganussow, der von 1550–1564 im Moskauer Kanonenhof tätig war.

In den siebziger Jahren goß Tschochow die großen Geschützläufe, die traditionsgemäß bestimmte Eigennamen erhielten: »Fuchs« (1575), »Einhorn« (1577), »Wolf« (1577) . . . Auf diesen Kanonen steht bereits nur der Name Andrej Tschochows. Im Verlauf seines langen Lebens hat der berühmte Gießermeister eine Vielzahl von Waffenläufen geschaffen. Viele von ihnen werden heute u.a. im Leningrader Kriegshistorischen Museum sowie im Moskauer Kreml aufbewahrt. An den Wänden des Arsenalgebäudes im Kreml stehen seine Kanonen »Troil« mit der Abbildung des Königs von Troja (1590) und »Natter« mit der Figur eines Ungeheuers (1590). Im Glockenturm Iwan Weliki hängen zwei Glocken von ihm (1621/22).

Sich von der Schönheit der Formen und der Verzierung der Werke Andrej Tschochwos zu überzeugen, ist nicht schwer, ihre hohe Qualität ist nur zu ahnen. Übrigens konnten seine Erzeugnisse durch Zufall auch ihre Haltbarkeit unter Beweis stellen: 1812, als die napoleonischen Truppen den Glockenturm Iwan Weliki sprengten und dabei fast den ganzen Filaretow-Anbau zerstörten, in dem sich eine seiner Glocken befand, wurden nur ihre »Ohren« beschädigt, an denen sie befestigt war. Diese konnten rasch erneuert werden und die Glocke wieder ihren alten Platz einnehmen. 1855 fiel während des Läu-

tens die fast 32 Tonnen schwere Glocke aus nahezu 40 Metern Höhe herab, wobei sie drei steinerne und zwei hölzerne Gewölbe durchschlug. Sie selbst blieb jedoch unversehrt und wurde noch viele Jahre genutzt.

Das letzte Werk Andrej Tschochows, eine kleine auf Befehl des Zaren Michail Fjodorowitsch gegossene Kanone, gehört ins Jahr 1629. Sie schließt das Verzeichnis seiner 1600 Werke ab, die er im Verlauf von 60 Jahren geschaffen hat. Und jedes, darunter die Zar-Puschka, hatte seine besondere Bedeutung und seine Geschichte.

Da die Zar-Puschka ein Kartätschengeschütz ist, wurde sie Ende des 16. Jahrhunderts auf der östlichen Seite des Roten Platzes aufgestellt und auf die Brücke über die Moskwa ausgerichtet, von woher häufig die Horden der Krim-Tataren den Kreml angriffen. Ein Schuß aus der breiten Mündung des Kanonenlaufs wäre geeignet gewesen, die Bewegung über die Moskwa völlig zum Stehen zu bringen und den Feind aufzuhalten. An dieser Stelle sah 1661–62 der österreichische Diplomat Augustin Meierberg die Zar-Puschka. Er hat zwei Riesenkanonen nicht nur beschrieben, sondern auch gezeichnet. Eine davon war nach seinen Angaben zur Zeit Iwan Wassiljewitschs (Zar Iwan Grosny) gegossen worden, die andere unter dessen Sohn Fjodor. Es besteht kein Zweifel, daß es sich bei letzterer um die Zar-Puschka handelt.

Auf dem Roten Platz war die Kanone bis zum Anfang des 18. Jahrhunderts aufgestellt. 1706 befahl Peter I., alle berühmten russischen Waffen im Kreml im und am neuen Arsenal zusammenzufassen. Hier befand sich das Geschütz, als das Gebäude 1812 von den französischen Truppen gesprengt wurde. Nach der Vertreibung der napoleonischen Armee aus Rußland und der Fortführung der Wiederherstellungsarbeiten kam die Idee auf, zu Ehren des Sieges der russischen Waffen ein Denkmal zu errichten, wofür die Zar-Puschka ausersehen wurde. Doch dieses wie auch andere Projekte, die vorsahen, das größte russische Geschütz in einen Memorialkomplex einzubeziehen, kamen nicht zur Ausführung.

Etwas später, Anfang der dreißiger Jahre des 19. Jahrhunderts, beschloß man, die bekanntesten russischen Geschütze auf gußeisernen dekorativen Lafetten aufzustellen. Die Lafetten für zwei Kanonen wurden 1835 nach Zeichnungen des namhaften Architekten Alexander Brüllow in der Schiffsbauwerkstatt Bedra in Petersburg angefertigt. Im selben Jahr fanden die alten Geschütze auf den neuen Lafetten am Haupteingang des Arsenals Aufstellung: die Zar-Puschka von Andrej Tschochow und das »Einhorn« von Martjan Ossipow. 1843 wurden Zar-Puschka und andere Geschütze zu dem damals gegenüber dem Arsenal befindlichen Gebäude der Rüstkammer umgesetzt (es handelt sich hier um den Bau von I. Jegotow von 1806–1810, während die heutige Rüstkammer von K. Thon später, 1844–51, erbaut worden ist). 1960, als anstelle dieses alten Rüstkammergebäudes die Errichtung des Kongreßpalastes begann, erhielt die Zar-Puschka einen neuen Platz: östlich von der Zwölf-Apostel-Kirche. Dort befindet sich das Geschütz noch heute.

Etwa vierhundert Jahre sind vergangen, seit die Zar-Puschka gegossen wurde. In dieser Zeit hat sie mehrfach ihren Platz gewechselt. Bei der Sprengung des Arsenals 1812 kam sie beinahe zu Schaden, und viele Male erhielt sie einen neuen Anstrich. Ihr ursprüngliches Aussehen und ihre später angefertigte Lafette wurden dadurch ziemlich entstellt. 1977 begann die Untersuchung der Kanonen und Lafetten, die im Moskauer Kreml aufbewahrt werden, darunter auch der Zar-Puschka. In fast zwei Jahre währenden experimentellen Arbeiten wurde die Restaurierung des bedeutenden Kremlgeschützes und seiner Lafette beendet. Die Restauratoren befreiten den Lauf von allen Farb- und Korrosionsschichten, füllten die schadhaften Stellen mit einer Masse aus und bedeckten alles mit einem besonderen Lack. Während der Lauf in Ordnung gebracht wurde, unterzog man auch die Lafette einer Reinigung und bedeckte sie mit einem in einer speziellen Technologie angefertigten Lack. Beschädigte und irreparable Ornamentdetails wurden erneuert. Seit dem Sommer 1980 kann diese größte mittelalterliche Kanone der Welt wieder im Kremlgelände besichtigt werden.

254 Die Riesenglocke Zar-Kolokol

255 Seit altersher ist die Rus berühmt für ihre Glocken, deren Geläut den Menschen von der Geburt bis zum Tod begleitete: am Morgen, am Mittag, am Abend; bei der Taufe, der Trauung, der Totenmesse, es erklang an den zahlreichen religiösen Feiertagen, rief zu Gemeindeversammlungen, gab Kunde von Feuersbrünsten oder feindlichen Überfällen – und bei jedem Ereignis hatte das Geläut eine besondere Frequenz und Tonalität. Manchmal vereinten sich Hunderte von Glocken in einer Stadt zu einem einzigen gewaltigen Chor, doch das geübte Gehör des Stadtbewohners vermochte in der Vielfalt an Tönen diese oder jene Glocke herauszuhören. Die weite Verbreitung der Glocken in der Rus und ihre große Mannigfaltigkeit sprechen für den hohen Stand der Kunst des Glockengusses.

Die erste Erwähnung russischer Glocken reicht ins 10. Jahrhundert zurück. In dieser Zeit waren die Glocken klein, nicht höher als einen halben Meter und nicht schwerer als 50 Kilogramm. Eines dieser frühen Beispiele fanden Archäologen in Kiew zwischen den Ruinen der Desjatinnaja-Kirche aus dem 10. Jahrhundert. Es ist anzunehmen, daß der Glockenguß bereits im 12. Jahrhundert im Zusammenhang mit dem Entstehen zahlreicher religiöser Bauwerke zu einer außerordentlich verbreiteten Erscheinung wurde.

Die Eroberungszüge der Horden Khan Batus in den russischen Landen während des 13. Jahrhunderts fügten dem gesamten Kunsthandwerk in Rußland unermeßlichen Schaden zu, darunter auch dem Glockenguß. Nach der Vertreibung der Feinde bemühten sich russische Handwerker, die Berufsgeheimnisse ihrer getöteten oder in die Sklaverei verschleppten Vorfahren »körnchenweise« aufzuspüren und wieder zu nutzen. Seit Mitte des 14. Jahrhunderts tauchten auf den Seiten der Chroniken erneut Nachrichten über hervorragende Werke von Gießern auf. So goß der Meister Borisko 1347 im Auftrag von Fürst Semjon Gordy in Moskau drei große und zwei kleine Glocken. Die Quelle gibt keine Kunde darüber, wie groß diese Glocken waren und wie schwer. Doch allein die Tatsache der Erwähnung »großer« Glocken läßt vermuten, daß sie andere Werke jener Zeit übertrafen.

Der Drang, große und später immer größere Glocken zu schaffen, ist für Rußland mit seinen unübersehbaren Weiten nur natürlich. Die gewaltige Stimme der Glocke mußte die Menschen aus großen Entfernungen zusammenrufen, ihnen drohendes Unheil ankündigen oder sie auf Feierlichkeiten hinweisen. Auch darf das Prestige dabei nicht übersehen werden. Der Besitz der mächtigsten Glocke rief Achtung, aber auch Neid hervor.

Die Entwicklung des Metallgusses in der zweiten Hälfte des 15. und den ersten Jahrzehnten des 16. Jahrhunderts führte zum massenweisen Gießen von Glocken, darunter wahren Giganten, wie zum Beispiel der Glocke »Blagowestnik« (Verkünder froher Botschaft – von dem Begriff blagije westi – gute Botschaften; Blagowestnik bedeutet im russischen Sprachgebrauch bezeichnenderweise auch ganz allgemein Kirchenglocke). Diese Glocke, bestimmt für den städtischen Glockenturm auf dem Hauptplatz des Kreml, wurde 1532 von Meister Nikolai Nemtschin gegossen und wog 16 Tonnen. Entschieden größer war die sogenannte Große Uspenski-Glocke, die 1599 auf Anweisung des Zaren Boris Godunow geschaffen wurde. Ihr Gewicht betrug etwa 18 Tonnen. Der Pole Samuil Maskewitsch sah sie 1611 auf dem nicht sehr hohen Holzturm; nach seinen Worten brachten 24 Menschen den Glockenklöppel in Schwung.

Mitte des 17. Jahrhunderts fiel die Glocke bei einer Feuersbrunst herab und zersprang. An ihrer Stelle wurde 1654 ein neuer Gigant gegossen, der die alte Glocke um einige Male übertraf. Die auf den Holzturm gehievte 128 Tonnen schwere Glocke barst durch einen der kräftigen Schläge des ebenfalls viele Tonnen wiegenden Klöppels. Doch schon ein Jahr darauf war an die Stelle der zersprungenen Glocke ein neuer Riese getreten, dessen Gewicht 182 Tonnen erreichte.

Die neue Glocke, gegossen von einem noch jungen Meister, dem zwanzigjährigen Alexander Grigorjew, übertraf wahrlich die damalige menschliche Vorstellungskraft. Der Archidiakon von Antiochia, Paul von Aleppo, schrieb über diese Wunder: »Es gibt nichts, was dieser Seltenheit, dieser großen, erstaunlichen und in der Welt einmaligen Seltenheit gleicht, es gab nichts und wird nichts geben; sie übersteigt die menschlichen Kräfte.« Die Glocke erregte nicht nur durch ihre Abmessungen und ihr Gewicht Bewunderung, sondern auch durch ihre hervorragende Ausstattung mit sechs feinen dekorativen Friesgürteln und mit Basreliefporträts des Zaren, der Zarin sowie der Patriarchen. Beeindruckend war ihr Klang, der mit Donnerschlägen verglichen wurde.

Den Giganten in dem hölzernen Glockenstuhl zu befestigen, erwies sich als recht schwierig. Nach einem Jahr fiel auch diese Glocke herab und wurde erst zwanzig Jahre später auf einem steinernen Anbau am Glockenturm Iwan Weliki wieder aufgehängt. Im Verlauf des letzten Viertels des 17. Jahrhunderts erregten seine Donnerschläge wie früher die Phantasie der Zeitgenossen. Die schreckliche Feuerbrunst von 1701, die fast die gesamte Holzbebauung Moskaus einäscherte, verschonte auch die Uspenski-Glocke nicht: Sie stürzte von dem brennenden Glockenstuhl herab und zerschellte.

Der Endpunkt in der Geschichte der beschwerlichen Herstellung der Glockenriesen wurde der Guß der größten Glocke der Welt – der Zar-Kolokol. 1730 erließ die Zarin Anna Ioanowna den Ukas, aus den kleinen Bruchstücken der alten zersprungenen Glocke eine neue mit einem Gewicht von 160 Tonnen zu gießen. Dafür wurde der bekannte Moskauer Gießer Iwan Fjodorowitsch Motorin ausgewählt, der Sohn des Glockenmeisters Fjodor Dmitrijewitsch Motorin. Seine Tätigkeit begann, wie die Forscher annehmen, bereits in den neunziger Jahren des 17. Jahrhunderts. 1701, in der für Rußland komplizierten Periode des Krieges gegen Schweden, wurde Iwan Motorin der Auftrag Peters I. anvertraut, 115 Waffenläufe anzufertigen. Nach weniger als einem Jahr war der Auftrag ausgeführt. Anfang des 18. Jahrhunderts erhielt Iwan Motorin außerdem die Anerkennung als Glockenmeister. Als Bestätigung dafür mag die Herstellung einer 53 Tonnen wiegenden Glocke für den Hauptglockenturm des Landes, den «Iwan Weliki», dienen. Von den zahlreichen Werken dieses Meisters haben sich nur wenige bis in unsere Tage erhalten, darunter eine 30 Tonnen schwere sogenannte »Alltagsglocke« und eine kleine 2 Tonnen schwere »Sturmglocke«, die gegenwärtig im Vestibül der Rüstkammer ausgestellt ist. Die Zar-Kolokol wurde das letzte Kind des berühmten russischen Metallgießers.

Die Schaffung einer Glocke von nie dagewesenem Ausmaß erforderte eine große Vorbereitungsarbeit. Es galt, eine Projektdokumentation aufzustellen und zu bestätigen, Vorräte an benötigtem Material zu speichern, die Form der künftigen Glocke herzustellen und einen Ofen für die Metallschmelze zu bauen. Mit der Gesamtleitung der Arbeiten wurde das Moskauer Artillerie- und Fortifikationskontor beauftragt, das Kupfer, Zinn und andere Materialien zur Verfügung stellte und die Lösung der technischen Fragen sowie die Erfüllung des Ablaufplanes der Arbeiten sicherte.

Zunächst fertigte Iwan Motorin ein Modell der Glocke mit einem Gewicht von etwa 200 Kilogramm an. Nach Petersburg geschickt, erhielt dieses Modell die Zustimmung des Senats. Der Guß des Giganten konnte beginnen. Ein Platz dafür wurde auf dem Kremlgelände vorbereitet, etwas östlich vom Glockenturm Iwan Weliki. Im Laufe des Jahres 1733 entstand in einer zehn Meter tiefen Grube nach Zeichnungen des Meisters aus Ziegeln und Ton die Form der künftigen Glocke, und im folgenden Jahr begann der Metallguß. Das Schmelzen des Metalls geschah in vier neben der Gießgrube errichteten Öfen. Aus jedem Ofen, der bis 50 Tonnen aufnehmen konnte, gelangte die Schmelzmasse über eine Rinne aus Ziegelstein in die Gießform. Das Schmelzen verlief nicht glatt, in den Öfen bildeten sich Lecks, es war nicht genügend hochwertiges Metall da. In dieser entscheidenden Etappe verstarb Iwan Motorin. Sein Sohn Michail setzte die Arbeit fort. Am 25. November 1735 begann die neue Schmelze, die 36 Stunden dauerte. Danach strömte das Metall abwechselnd mal aus dem einen, mal aus dem anderen Ofen in die Form. Dieser Vorgang nahm insgesamt eine Stunde und 12 Minuten in Anspruch. Damit war die größte Glocke der Welt entstanden. Ihre Höhe betrug 6,14 Meter, ihr Durchmesser 6,60 Meter und das Gewicht 201 Tonnen und 924 Kilogramm.

Nach dem Guß der Glocke und ihrer Lösung aus der Form begann die Arbeit an der dekorativen Ausstattung. Die Verzierung mit Basreliefporträts und Dekorfriesen war dem jungen russischen Bildhauer Fjodor Medwedjew anvertraut worden. Erst kürzlich ist es gelungen, seinen Namen in den Archivmaterialien festzustellen. Bis dahin war man im Verlauf von fast zwei Jahrhunderten in der Literatur nur auf die Namen der Gehilfen des Bildhauers gestoßen: Die Piedestal-Meister Wassili Kobelew, Pjotr Kochterew, Pjotr Galkin und Pjotr Serebrjakow; der Name des Bildhauers aber war in Vergessenheit geraten.

Fjodor Medwedjew hatte seine künstlerische Ausbildung in Italien bei dem bekannten venezianischen Meister Pietro Barratto erhalten, wohin er 1725 vom russischen Zaren Peter I. zusammen mit anderen begabten jungen Leuten geschickt worden war. 1730 nach Rußland zurückgekehrt, befaßte sich Fjodor Medwedjew mit der Ausschmückung Petersburger Gärten. Danach, 1732, wurde ihm als dem talentiertesten Bildhauer die Dekorgestaltung der Zar-Kolokol übertragen. Offenbar spielten für den Auftraggeber zwei lebensgroße Porträts im Basrelief die Hauptrolle: das der damals regierenden Zarin Anna Ioanowna und das des Zaren Alexej Michailowitsch, der fast sechzig Jahre vor dem Entstehen der Zarenglocke, 1676, gestorben war. Das Porträt dieses russischen Zaren erscheint nicht zufällig auf der Glocke. Galt doch die Zar-Kolokol bei den Zeitgenossen als Nachfolger eines anderen Riesen, der 1655 von Alexander Grigorjew gegossen worden war, also in den Jahren der Herrschaft Alexej Michailowitschs.

Über jeder der beiden Hauptdarstellungen befinden sich in Medaillons die Brustbilder von Heiligen eingeschrieben in einen dekorativen Gürtel, der von Engeln gehalten wird. Ein weiteres Schmuckelement bilden Blattgirlanden. Den unteren Teil der Glockenwandung ziert ein Dekorgürtel mit Blumenrosetten. In zwei großen, zwischen den Herrschergestalten angeordneten dekorativen Kartuschen ist ausführlich die Entstehungsgeschichte der Zar-Kolokol dargelegt, und unter dem Bildnis der Zarin Anna Ioanowna besagt eine Inschrift: »Diese Glocke hat der russische Meister Iwan Fjodorow Sohn Motorin mit seinem Sohn Michail Motorin gegossen.«

Über ein Jahr waren Fjodor Medwedjew und seine Gehilfen mit der sorgfältigen Bearbeitung jedes der gegossenen Details der Ranken, Linien und Buchstaben beschäftigt. Die Arbeit näherte sich gerade ihrem Ende, als am 20. Mai 1737 im Kreml ein verheerender Brand ausbrach. Das Feuer, das eine Reihe von Gebäuden erfaßte, setzte auch die Holzkonstruktion des Daches über der Gießgrube, in der sich die fast fertige Zar-Kolokol befand, in Flammen. Die brennenden Stämme und Bretter stürzten in die Grube. Aus Furcht, daß die Glocke schmelzen könnte, gossen die herbeigeeilten Menschen Wasser auf den rotglühenden Glockenkörper. Durch die rasche und ungleichmäßige Abkühlung entstanden auf der Oberfläche Risse, und ein 11,5 Tonnen schweres Stück sprang ab.

Die durch den Brand beschädigte Glocke war dazu verurteilt, viele Jahre in der Gießgrube zu bleiben. Nutzbar war sie ja nun nicht mehr, selbst wenn das abgesprungene Randstück eingesetzt und verfugt worden wäre. Einige Meister boten ihre Dienste zum Umgießen der Glocke an, doch die Regierung entschloß sich nicht zu dieser Maßnahme, die große Kraft und Mittel erfordert hätte. Auch andere Projekte wurden nicht realisiert. Zwei Versuche, die Glocke aus der Grube zu hieven – 1792 und 1819 – mißlangen. Damals wurde die Grube gesäubert und erweitert, ringsum mit Brettern ausgerüstet, mit einem Geländer umzäunt und schließlich eine Treppe gebaut, über die der Besucher des Kreml hinuntergelangen und die Glocke betrachten konnte. Ein neuerlicher Versuch, den

Riesen zu heben und auf einem speziellen Postament aufzustellen, wurde 1836 unternommen. Die Leitung hatte ein Architekt französischer Herkunft, der seit 1816 in Rußland arbeitete: Auguste Ricard de Montferrant. In den dreißiger Jahren des 19. Jahrhunderts hatte er sich als fähiger Baumeister und Ingenieur erwiesen. Nach seinem Projekt entstanden in Petersburg die grandiose Isaak-Kathedrale und die gewaltige Alexander-Säule, die zu Ehren des Sieges Rußlands im Vaterländischen Krieg 1812 über die Truppen Napoleons errichtet worden war.

Nach aufwendigen Vorbereitungen oberhalb der Grube wurde eine Konstruktion aus stabilen Holzstämmen gebaut und mit einem System von Winden, Seilrollen und Tauwerk versehen. Doch auch jetzt war der erste Versuch, die Glocke zu heben, nicht von Erfolg gekrönt: Einige Taue, die der Beanspruchung nicht standhielten, rissen. Die Hebekonstruktion wurde im Auftrag von Montferrant mit weiteren Balken und Tauen verstärkt. Am 23. Juli 1836 gelang es, die Glocke auf ein Gerüst zu heben, das mit Kufen und Rollen versehen war. Es bedurfte einer Zeit von 42 Minuten, um die Zar-Kolokol aus der Erdgrube zu hieven, in der sie 101 Jahre und 7 Monate gelegen hatte. Am 26. Juli wurde die Glocke auf einem oktogonalen Postament aus weißem Kalkstein neben dem höchsten Bauwerk des Kreml, dem Glockenturm Iwan Weliki, aufgestellt. Nach dieser gelungenen Aktion krönte Montferrant die größte Glocke der Welt mit dem Reichsapfel, dem Symbol der Zarenmacht – einer Kugel mit vergoldetem Kreuz, wie sie auch in den Händen der Monarchen zu sehen ist, die auf der Glockenwandung dargestellt sind.

Im Verlauf von zweieinhalb Jahrhunderten war die Zar-Kolokol nicht einer einzigen Restaurierung unterzogen worden. Dies erwies sich nun als dringend erforderlich, hatte das metallene Werk doch mehr als hundert Jahre in der Erde gelegen und danach ständig unter freiem Himmel gestanden. Die ersten Ausbesserungsarbeiten wurden 1979–80 durchgeführt. Ihnen gingen ausführliche Untersuchungen voran, die es ermöglichten, den gesamten Zustand der Glocke einzuschätzen und mit Hilfe von Ultraschall die Stärke und Ausdehnung der Risse zu bestimmen. Daraufhin arbeiteten die Restauratoren einen Maßnahmeplan zur Erhaltung dieses Denkmals aus. Die Oberfläche der Glocke wurde von den wiederholten Anstrichen befreit, die den feinen gegossenen Dekor bedeckten. Das abgesprungene Randstück, das inzwischen vierzig Zentimeter in die Erde eingesunken war, wurde erneut gehoben. Die Restaurierung gab der Zar-Kolokol ihre hohen künstlerischen Qualitäten zurück, die es erlauben, sich ein unverfälschtes Bild von diesem großartigen Beispiel russischer Glockengießerkunst zu machen.

ANHANG

1627

Schaffung des Ikonostas der Kirche der
Gewandniederlegung durch
Nasari Istomin

1636

Errichtung des Terempalastes

1643

Beendigung der neuen Ausmalung in der
Mariä-Himmelfahrts-Kathedrale

1644

Anfertigung der Wandmalerei in der Kirche der
Gewandniederlegung durch Sidor Pospejew,
Iwan Borissow und Semjon Abramow

1652

Errichtung des Palastes für I.D. Miloslawski
(Lustschloß)

1655

Schaffung des Kreuzgemachs im Patriarchenpalast
anstelle der abgetragenen Sossima- und Sawwati-
Kirche und anderer Palasträumlichkeiten

1656

Errichtung der Zwölf-Apostel-Kirche als Teil
des Patriarchenpalastes

1666

Ausmalung der heutigen Erzengel-Kathedrale

1667

Bau des Prikasgebäudes auf dem Iwanow-Platz

1681

Schaffung des Ikonostas in der
Erzengel-Kathedrale

1701

Große Feuersbrunst in Moskau

1702–36

Bau des Arsenal-Gebäudes

1712

Verlagerung des Regierungssitzes unter Peter I.
nach Petersburg

1737

Große Feuersbrunst in Moskau

1776–90

Bau des Senatsgebäudes durch Matwej Kasakow

1809

Fertigstellung des alten Rüstkammer-Gebäudes
durch Iwan Jegotow

1812

Besetzung des Moskauer Kreml durch
napoleonische Truppen

1849

Bau des Großen Kremlpalastes

1851

Bau des heutigen Rüstkammer-Gebäudes

1852

Anbau der Freitreppe an der Westseite des Glockenturms Iwan Weliki

1917

Einnahme des Moskauer Kreml durch revolutionäre Truppen

1918

Umsiedlung der Sowjetregierung aus Petrograd in
den Moskauer Kreml. Moskau wird Hauptstadt des
sowjetischen Staates

1934

Bau des Gebäudes der Militärschule

1961

Fertigstellung des Kongreßpalastes

RUSSISCHE FÜRSTEN, GROSSFÜR-STEN UND ZAREN. BIOGRAPHISCHE ANGABEN

**Wladimir Wsewolodowitsch Monomach
(1053–1125)**
Großfürst von Kiew (1113–1125), hervorragender
Staatsmann, Verfechter der Einigung der russischen
Lande, erfahrener Feldherr, Schriftsteller. Den
Beinamen Monomach erhielt er nach seiner Mutter
– einer Tochter des byzantinischen Kaisers Konstantin Monomach (Monomachos). Sein Fürstentum
war zeitweilig politisch und wirtschaftlich eine
Stütze Rußlands. Dem Großfürsten gehörten umfangreiche Gebiete, darunter das Territorium zwischen Oka und Wolga, das in der Folgezeit zu einem
beträchtlichen Teil in den Bestand des Moskauer
Fürstentums einging.

Juri Wladimirowitsch Dolgoruki (1090–1157)
Sohn Wladimir Monomachs; Fürst von Susdal und
Großfürst von Kiew (1151–1157). Den Beinamen
Dolgoruki (Langhand) erhielt er wegen seiner
ständigen Bemühungen, sich der fernen südlichen
Hauptstadt Kiew zu bemächtigen. In den Jahren seiner Herrschaft wird Moskau erstmals in den Chroniken erwähnt. Deshalb galt er bis in jüngste Zeit
als ihr Gründer.

Andrej Jurjewitsch Bogoljubski (um 1112–1170)
Sohn Juri Dolgorukis, herrschte in den südrussischen und den nordöstlichen Gebieten. Den Beinamen Bogoljubski (der Gott Liebende) erhielt er
wegen seiner Frömmigkeit und seines aktiven
Eintretens für den Bau von Kirchen. Nach dem Tode
seines Vaters (1157) wurde er offiziell zum Herrscher der Rostower, Susdaler und Wladimirer Lande ausgerufen, d.h. zum Großfürsten. 1158 verlegte
er die Hauptstadt der Rus von Kiew nach Wladimir
an der Kljasma. In die Jahre seines Aufenthalts in
der nordöstlichen Rus fällt die erste Erwähnung des
Kreml – d.h. der Errichtung der Festungsanlagen
um Moskau.

Wsewolod Jurjewitsch »Großes Nest« (1154–1212)
Sohn Juri Dolgorukis, herrschte in den südrussischen und nordöstlichen Landen und war Großfürst
von Wladimir (1176–1212). Den Beinamen Großes
Nest erhielt er wegen seines Kinderreichtums (er
hatte acht Söhne und vier Töchter).
Wsewolod Jurjewitsch erweiterte die Grenzen seines Herrschaftsbereichs erheblich und stärkte
dessen wirtschaftliches Potential. Während seiner
Regierungszeit gelangte die Kultur des Wladimirer
Fürstentums zur Entfaltung.

Wladimir Wsewolodowitsch (1193–1227)
Sohn des Wsewolod »Großes Nest«. In der Nachfolge
seines Vaters erhielt er nach dessen Tod Moskau. Er
herrschte über eine Reihe von Ländern; am Ende

seines Lebens wird er in Schriftquellen als Moskauer Fürst bezeichnet.

Juri Wsewolodowitsch (1188–1238)

Sohn des Wsewolod »Großes Nest«; Fürst von Wladimir (1212–1216, 1218–1238). Letzter Herrscher der nordöstlichen Rus in der vormongolischen Periode. Fiel im Kampf gegen die mongolisch-tatarischen Truppen.

Wladimir Jurjewitsch (geb. nach 1225, gest. 1238)

Sohn Juri Wsewolodowitschs, Fürst von Moskau. Wurde bei der Einnahme Moskaus durch die mongolischen Tataren gefangengenommen und 1238 vor der Stadt Wladimir getötet.

Michail Jaroslawowitsch Chorobrit (Geburtsdatum unbekannt, gest. 1248)

Enkel des Wsewolod »Großes Nest«, vielleicht eine Zeitlang Großfürst von Wladimir, unter dem Jahr 1247 in den Schriftquellen als Moskauer Fürst erwähnt. Der Beiname Chorobrit (auch Chrabry) bedeutet: der Tapfere.

Alexander Jaroslawowitsch Newski (1220–1263)

Enkel des Wsewolod »Großes Nest«, hervorragender Feldherr und Politiker, Fürst von Nowgorod, Großfürst von Wladimir (1252–1263), Nationalheld. Zeichnete sich bei der Verteidigung der Westgrenzen der Rus aus.

Seinen Beinamen Newski (von der Newa) erhielt er aufgrund ruhmreicher Siege an der Newa in den großen Schlachten gegen die eingedrungenen Heere schwedischer Feudalherren (1240) und auf dem Eis des Peipussees gegen den Deutschritterorden (1242). Gegenüber der Goldenen Horde betrieb er eine vorsichtige Politik. Der Überlieferung zufolge trat Alexander Newski 1262 als Organisator der Stadterhebungen gegen die Tributeinnehmer der Horde auf, woraufhin er ins Hauptquartier zum Khan geladen und dort vergiftet wurde, so daß er auf dem Heimweg starb.

Daniil Alexandrowitsch (1261–1303)

jüngster Sohn Alexander Newskis, Begründer der Dynastie der Moskauer Fürsten. Um 1276 gelangte das Moskauer Fürstentum unter seine Herrschaft, dessen Regent er bis zu seinem Lebensende blieb. Infolge der Fehden zwischen den russischen Fürsten gelang es ihm, seine politische Position entscheidend zu festigen und das Territorium seines Fürstentums zu erweitern. So wurden dem Fürstentum Moskau die Stadt Kolomna angeschlossen, – ein wichtiger strategischer Punkt am Zusammenfluß von Oka und Moskwa (1301) – sowie das benachbarte Fürstentum Perejaslawl (1303), das er als Erbfolger seines Bruders, des Fürsten Andrej Alexandrowitsch, erhielt.

Auf diese Weise wurde das Moskauer Fürstentum unter der Herrschaft Daniil Alexandrowitschs eines der größten Fürstenhäuser in der nordöstlichen Rus.

Juri Danilowitsch (Ende der siebziger/Anfang der achtziger Jahre des 13.Jhs. bis 1325)

– Sohn des Daniil; Moskauer Fürst. Erhielt 1325 als erster aus der Dynastie der Moskauer Herrscher den Titel Großfürst. Beteiligte sich aktiv am politischen Kampf der Fürsten um das Vorrecht, der Erste in den russischen Landen zu sein. Wurde von seinem politischen Gegner, dem Fürsten von Twer, getötet.

Iwan I. Danilowitsch Kalita (achtziger Jahre des 13.Jhs. bis 1340)

Sohn Daniils, Bruder Juris; Fürst von Moskau (seit 1325), Großfürst (1328–1340); hervorragender Politiker. Den Beinamen Kalita – Geldsack – erhielt er aufgrund seines Reichtums. Er spielte eine wichtige Rolle bei der Festigung des Moskauer Fürstentums und bei der Sammlung der Lande um Moskau. Während seiner Herrschaft verlegte das Haupt der russischen Kirche, der Metropolit Pjotr, seine Residenz von Wladimir nach Moskau, das zum Zentrum der russischen Lande wurde. Im Kreml erfolgte unter Kalitas Herrschaft eine in solchem Umfang bis dahin nie dagewesene Bautätigkeit.

Semjon Iwanowitsch Gordy (1316–1353)

ältester Sohn Iwan Kalitas'; Großfürst (1340–1353). Den Beinamen Gordy (der Stolze) erhielt er wegen seiner ständigen Bemühungen um die Unabhängigkeit in den innerrussischen Angelegenheiten. Während seiner Herrschaft wurde der Einfluß Moskaus auf andere Fürstentümer noch größer. In der Außenpolitik orientierte er sich auf eine entgegenkommende Haltung gegenüber der Goldenen Horde, indem er systematisch Tribute dorthin lieferte und auf diese Weise einen Konflikt mit dem Khan verhütete. Zugleich bestanden enge Beziehungen zu Byzanz. Semjon Iwanowitsch Gordy verstarb während einer Pestepidemie.

Iwan II. Iwanowitsch Krasny (1326–1359)

Bruder Semjon Gordys. Er herrschte zunächst in kleinen Ländern, die in den Bestand des Moskauer Fürstentums eingingen, und war 1353–1359 Großfürst. Seinen Beinamen Krasny (der Schöne) erhielt er aufgrund seiner Schönheit. Nach dem Tode von Semjon Gordy trachtete er danach, im Kampf gegen die Fürsten von Susdal-Nishegorod das Vorrecht auf den Großfürstenthron zu erlangen. In den inneren Angelegenheiten führte Iwan II. die frühere Politik Moskaus fort und erwies sich in vielen Fällen als entschlossener Staatsmann.

Dmitri Iwanowitsch Donskoi (1350–1389)

Sohn Iwan Krasnys; Großfürst (1359–1389), Feldherr und Politiker, Nationalheld. Ruhmreicher Sieger in der größten Schlacht des russischen Mittelalters, der Schlacht gegen die Truppen der Goldenen Horde auf dem Kulikowo-Feld 1380 am Oberen Don. Dafür erhielt er vom Volk den Beinamen Donskoi

(der vom Don). Organisierte den nationalen Befreiungskampf. Trug aktiv zur Vereinigung der Lande um das Moskauer Fürstentum bei. In der Zeit seiner Herrschaft wurde der grandiose Moskauer Steinkreml errichtet. Als erster russischer Fürst übertrug er das Großfürstentum seinem Sohn ohne Zustimmung des Khans der Goldenen Horde.

Wladimir Andrejewitsch Chrabry (1353–1410)

Enkel Iwan Kalitas; Vetter und nächster Kampfgefährte von Dmitri Donskoi; Fürst von Serpuchow und Borowka (mit Moskau verbündeten Ländern). Wegen seiner Tapferkeit während der Schlacht auf dem Kulikowo-Feld erhielt er den Beinamen Chrabry (der Tapfere). Er besaß ein Drittel Moskaus und einen Hof auf dem Kremlgelände. Nahm aktiv teil am Ausbau der Verteidigungsfähigkeit der russischen Lande, führte viele Kriegszüge an und ließ in der Stadt Serpuchow, einem strategisch wichtigen Punkt, eine Festung zum Schutz der südlichen Grenzen des Moskauer Fürstentums errichten.

Wassili I. Dmitrijewitsch (1371–1425)

Sohn Dmitri Donskois; Großfürst (1389–1425). Von ihm wurde die Vereinigung der russischen Lande fortgeführt, und weite Teile des Wolgagebietes sowie des Nordens wurden dem Moskauer Herrschaftsbereich angeschlossen. In seine Regentenzeit fällt der gewaltige Aufschwung des nationalen Selbstbewußtseins und der Kultur, den der Sieg auf dem Kulikowo-Feld ausgelöst hatte.

Wassili II. Wassiljewitsch Tjomny (1415–1462)

Sohn Wassilis I.; Großfürst seit 1425. Unter seiner Herrschaft hielt der Feudalkrieg im Lande die Vereinigung der Rus fast ein Vierteljahrhundert auf. Wiederholt fiel in dieser Zeit der Moskauer Thron in die Hände seiner politischen Gegner, und der Großfürst wurde 1446 ihr Gefangener und geblendet. Daher rührte sein Name Tjomny (der in Dunkelheit Versunkene). Anfang der fünfziger Jahre gelang es ihm dank der Unterstützung durch Adel, Städte und Kirche, einen Sieg über die Opposition zu erringen.

Iwan III. Wassiljewitsch (1440–1505)

Sohn Wassilis II.; Großfürst (1462–1505), hervorragender Staatsmann. In seine Regierungszeit fällt die restlose Befreiung Rußlands vom mongolischen Joch (1480) und die endgültige Herausbildung des einheitlichen russischen Staates mit dem Zentrum in Moskau sowie die Annahme wichtiger Gesetze. Ende des 15. bis Anfang des 16.Jahrhunderts nahm die staatliche Residenz Gestalt an: Die Festungsmauern und -türme wurden aus Ziegelstein errichtet (1485–1495) sowie ein ganzer Komplex weiterer wichtiger Bauten geschaffen.

Wassili III. Iwanowitsch (1479–1533)

Sohn Iwans III.; Großfürst (1505–1533). Unter ihm wurden dem russischen Staat eine Reihe angestammter russischer Länder angeschlossen, darunter Pskow, Rjasan und Smolensk. In der Innenpolitik stützte er sich auf den Adel niederer Herkunft und kämpfte für die Einschränkung der Rechte der fürstlichen Bojarenaristokratie.

Iwan IV. Wassiljewitsch Grosny (1530–1584)

Sohn Wassilis III.; Großfürst (seit 1533), Zar (seit 1547), großer Staatsmann und Schriftsteller. Herrschsüchtig und unausgeglichen, rechnete er energisch mit der oppositionell eingestellten fürstlichen und Bojaren-Aristokratie ab und duldete keinerlei Widerspruch von Seiten seiner Angehörigen (in einem Zornesausbruch tötete er zum Beispiel 1581 seinen ältesten Sohn Iwan). Wegen seiner tyrannischen Veranlagung erhielt er den Beinamen Grosny (der Schreckliche, der Gestrenge). Seitdem er als erster russischer Fürst den Titel Zar angenommen hatte (1547), festigte sich die Selbstherrschaft des Monarchen bedeutend. Es wurden umfangreiche Reformen durchgeführt, darunter auf dem Gebiet der zentralen und örtlichen Verwaltung, des Rechts und der Armee. Ein beachtlicher Fortschritt auf dem Gebiet der Außenpolitik war die Unterwerfung und Angliederung der beiden aggressivsten Khanate an Rußland: Kasan (1552) und Astrachan (1556). Andererseits erlitten die russischen Truppen in dem langen Livländischen Krieg (1558–1583), dessen Ziel der Zugang zur Ostsee gewesen war, eine Niederlage. Bestrebt, mit der Opposition im Innern des Landes abzurechnen, gründete Iwan IV. 1565 die sogenannte Opritschnina (von dem Wort »opritschny« – das Besondere oder das Abgeteilte) – staatliches Territorium, das der Zar als sein persönliches Eigentum ansah –, und die Semstschina (von dem Wort »semlja« – Erde), in die alles andere Land einging. Die künstliche Unterteilung des Staates in zwei Teile führte zu ständigen Konflikten, weshalb die Opritschnina bald darauf (1572) wieder abgeschafft wurde. In der Mitte und der zweiten Hälfte des 16. Jahrhunderts entstanden eine Reihe hervorragender Kulturdenkmäler.

Fjodor Iwanowitsch (1557–1598)

Sohn Iwan Grosnys; Zar (1584–1598), letzter Vertreter der Dynastie Moskauer Großfürsten. Sein Interesse beschränkte sich auf die Angelegenheiten im eigenen Palast, auf den Schutz der Klöster und der Kirchen. Die Verwaltung des Staates, der er sehr wenig Aufmerksamkeit widmete, wurde seinem Schwager – Boris Godunow – überlassen. Diese Zeit ist durch einen allmählichen Aufschwung der Wirtschaft Rußlands gekennzeichnet.

Dmitri Iwanowitsch (1582–1591)

Sohn Iwan Grosnys; Bruder von Zar Fjodor, letzter Sproß der Moskauer Herrscher, Zarewitsch und Fürst von Uglitsch. 1584 erhielt er Uglitsch (im oberen Wolgagebiet) als Teilfürstentum. Dort starb der an epileptischen Anfällen leidende Zarewitsch unter ungeklärten Umständen. Zeitgenossen vertraten die Meinung, daß er im Auftrag von Boris Godunow ermordet worden sei, dem es darum ging, nach dem Tod des kinderlosen Zaren Fjodor den Thron einzunehmen. Höchstwahrscheinlich verletzte sich der Zarewitsch bei einem Krankheitsanfall selbst tödlich. Anfang des 17. Jahrhunderts wurde er durch die russische Kirche kanonisiert.

Boris Fjodorowitsch Godunow (1552–1605)

Vertreter der Aristokratenfamilie Godunow aus dem Bojarengeschlecht der Sernow, nach dem Tod des kinderlosen Zaren Fjodor Iwanowitsch offiziell zum Zaren ausgerufen (1598–1605); großer Staatsmann. Unternahm energische Maßnahmen zur Bindung Sibiriens an Rußland, befaßte sich auch mit dem Bau einer Reihe von Städten an den südlichen Grenzen des Staates, wodurch deren Verteidigungsfähigkeit gestärkt wurde. Förderte die Gründung des russischen Patriarchats (1598). Unter Godunow erfolgte eine weitere Festigung der Selbstherrschaft und Knechtung der Bauern.

Fjodor Borissowitsch Godunow (1589–1605)

Sohn Boris Godunows; Zar (13.4.–1.6.1605). War klug, sehr gebildet und gut auf die Tätigkeit als Staatsmann vorbereitet. Wurde Zar nach dem plötzlichen Tode des Vaters, als die Truppen des Falschen Demetrius I. nach Moskau kamen. Nach ihrem Einmarsch in die Hauptstadt wurde Fjodor getötet.

Der Falsche Demetrius I. (Geburtsjahr unbekannt gest. 1606)

Hochstapler, Usurpator, der sich als vom Tode erretteter Zarewitsch Dmitri ausgab, Zar von 1605–1606. Einer allgemein angenommenen Version zufolge handelt es sich um den Mönch eines Kremlklosters, Grigori Otrepjew. 1601 tauchte er in Polen auf, wo er den polnischen Feudalherren als Dank für den russischen Thron eine Reihe russischer Länder versprach. Als er Zar geworden war, bemühte er sich um eine selbständige Innen- und Außenpolitik. Das Fehlen fester Verbindungen zu den russischen Menschen, die Unzufriedenheit der Polen und die Widersprüchlichkeit seiner politischen Maßnahmen führten zur Ermordung des Zaren.

Wassili Iwanowitsch Schuiski (1552–1612)

aus dem Geschlecht der Fürsten von Nishegorod-Susdal; Bojar, Zar (1606–1610). Einflußreicher Höfling, geschickter Politiker, Organisator einer Verschwörung gegen den Falschen Dmitri I., nach dessen Tode er von den Aufständischen zum Zaren ausgerufen wurde. Stand auf der Position der reaktionären Bojarenschaft. Während seiner Herrschaft fand unter Führung von Iwan Bolotnikow der sogenannte Bauernkrieg (1606–1607) als Gegenreaktion auf die Verstärkung der feudalen Unterdrückung statt, ferner die polnisch-litauische (1607–1609) und die schwedische Intervention (1609–1610). Die Unfähigkeit des Zaren, die politisch-wirtschaftliche Lage im Lande zu stabilisieren, führte zu seinem Rücktritt und seiner gewaltsamen Mönchsweihe.

Michail Fjodorowitsch Romanow (1596–1645)

Vertreter des Bojarentums ohne Titel, Zar (1613–1645), Begründer der Zarendynastie der Romanows. In der ersten Periode seiner Regierungszeit spielten seine nahen Verwandten eine entscheidende Rolle, vor allem sein Vater Filaret, der in den Rang des Patriarchen erhoben wurde (1619–1633). Unter Michail Fjodorowitsch entwickelte sich das System der Leibeigenschaft, der feudale Grundbesitz wuchs und die Abgabesteuern der Bevölkerung erhöhten sich. Das Land überwand allmählich die Folgen der Verheerung während der ersten Jahrzehnte des 17. Jahrhunderts.

Alexej Michailowitsch (1629–1676)

Sohn des Michail Fjodorowitsch; Zar (1645–1676). Widmete sich aktiv den Staatsangelegenheiten und der Profilierung der Innen- und Außenpolitik. Es war eine Zeit zugespitzter Klassenauseinandersetzungen (1648–1650, 1662, 1670–1671 u. a.), der Vervollkommnung des Systems der staatlichen Verwaltung und der Annahme des umfangreichen Gesetzeskodex »Sobornoje Uloshenije«, der über zwei Jahrhunderte in Kraft blieb.

Fjodor Alexejewitsch (1661–1682)

Sohn des Alexej Michailowitsch; Zar (1676–1682). Ein kluger und gebildeter Politiker, bemühte sich um eine Reihe von Reformen zur Vervollkommnung des Systems der staatlichen Verwaltung und zur Schwächung des Einflusses der Kirche. Auf besonderen Erlaß wurden die mittelalterlichen Privilegien der Feudalaristokratie abgeschafft (1682). Fjodor Alexejewitsch war einer der Initiatoren zur Schaffung einer slawisch-griechisch-lateinischen Akademie – der ersten Hochschuleinrichtung in Rußland.

Iwan V. Alexejewitsch (1666–1696)

Sohn des Alexej Michailowitsch, Zar (1682–1696). War krank und zur Führung von Staatsangelegenheiten nicht in der Lage. Wurde als »erster Zar« ausgerufen, während sein jüngerer Bruder Peter als »zweiter Zar« galt. Bis 1689 lagen die Regierungsgeschäfte faktisch in den Händen ihrer älteren Schwester Sophia Alexejewna und später in denen Peters I.

Peter I. Alexejewitsch (1672–1725)

Sohn des Alexej Michailowitsch, Zar (1682–1725), Imperator (1721–1725). Bedeutender Staatsmann; seine Reformen waren von großer historischer Bedeutung für Rußland. Unter seiner Herrschaft wurden eine reguläre Armee und Flotte geschaffen, eine Umgestaltung der höchsten und der örtlichen Verwaltungsorgane durchgeführt, das System der

Abgaben ausgefeilt und das Amt des Patriarchen der russischen Kirche abgeschafft, dessen Vollmachten speziellen Staatsorganen übertragen wurden. Im Ergebnis des langen Nordischen Krieges (1700–1721) verschaffte sich Rußland Zugang zur Ostsee. Peter I. trug viel zur Aufklärung in Rußland bei, rief eine Marine-Akademie und die Ingenieurschule ins Leben, unterschrieb einen Erlaß über die Eröffnung der Akademie der Wissenschaften, führte den allgemeinen Gebrauch einer bequemen und einfachen neuen Schrift ein usw. Alle seine tiefgreifenden Reformen waren von Gewalt und von schonungsloser Ausbeutung breiter Bevölkerungsschichten begleitet.

Peter I. war der letzte russische Herrscher, der seine Residenz im Moskauer Kreml hatte. 1703 gründete er die Stadt Petersburg am Zugang zur Ostsee (heute Leningrad), und 1712 verlegte er die Hauptstadt dorthin.

BEGRIFFSERLÄUTERUNGEN

Zu Sammlungen der Rüstkammer

Artschak Kleiner Sattel mit einem Kissen, das auf den Sitz geschnallt ist

Baidana Ringpanzerhemd in Form eines Hemdes aus flach geschmiedeten Metallringen, alte Form der Verteidigungsausrüstung russischer Krieger

Bratina Gefäß in Form eines kleinen Topfes für Met und Bier. Beim Gastmahl wurde es von einem Gast zum anderen weitergereicht

Fensteremail Eine Technik, bei der das Email unter Verzicht auf den Metallgrund als Schmelzträger ein von Drähten gebildetes Filigranmuster (s. Filigran) ausfüllt

Filigran Durchbrochener oder auf eine metallene Grundplatte aufgelöteter Dekor aus feinsten glatten oder zu einer dünnen Schnur gezwirnten Gold- oder Silberdrähten.
Diese Technik wird oft mit Granulation (s. dort) verbunden

Granulation Eine Technik, bei der winzige Kugeln aus Gold oder Silber auf eine metallene Grundplatte oder einen Filigrandekor gelötet werden

Hexamit Goldgewebe, eine Art Brokat

Hippokampen Mythologische Meereswesen mit menschlichem Kopf und Pferdekörper

Intaglio Edelstein oder Halbedelstein mit vertieft gearbeiteten Darstellungen im Gegensatz zur erhabenen Darstellung (Kamee). Beide Techniken sind bekannt unter dem Begriff Gemme – geschnittener Stein

Jendowa Bauchiges Gefäß mit Ausguß für Getränke

Kolt Anhänger an einem Kopfschmuck

Kowsch Altrussisches Trinkgefäß in Form eines fliegenden Vogels oder eines Nachens

Niello Die als schwarze oder schwärzliche Zeichnung sich abhebende Verzierung eines metallenen, vor allem silbernen Gegenstandes. Bei dieser im alten Rußland sehr beliebten Technik wird die aus Silber, Schwefel, Kupfer oder Blei bestehende leichtflüssige Niellomasse (vom lateinischen Wort nigellus = schwärzlich) in ein ins Metall eingraviertes Muster eingeschmolzen

Pallasch Eine Form der Handwaffen mit gerader Klinge

Sion Gegenstand des religiösen Kults, Gefäß in Form eines Kirchenmodells; Weihrauchgefäß

Straß Nachbildung von Edelsteinen aus stark lichtbrechendem Bleiglas

Suleja Weinflasche besonderer Form, die auf die Reiseflaschen der Pilger während der Kreuzzüge zurückgeht

Tauschierung Technik zum Verzieren von Gegenständen aus unedlen Metallen (Stahl, Eisen oder Bronze) durch Einlegen von Drähten oder Platten aus Edelmetall in entsprechend gearbeitete Furchen oder anderweitige Vertiefungen der Oberfläche

Tritonen Mythologische Meereswesen mit menschlichem Kopf und Fischkörper

Woronok Altrussische Bezeichnung für einen Krug, der mit Rosenwasser gefüllt wurde

Zellenschmelz Eine Technik, bei der die flüssige Emailmasse in Zellen gefüllt wird. Diese werden durch dünne Drähte gebildet, die auf eine metallene Grundplatte aufgelötet werden und als Kontur des Dekors dienen

Ziselierung Das Bearbeiten von Metall mit Meißel, Punze, Stichel und anderen Instrumenten, wobei Reliefdarstellungen verschiedenster Form herausgearbeitet werden können

Begriffe aus Geschichte und Architektur Altrußlands

Baskaken Zur Zeit der Tatarenherrschaft in den vom mongolisch-tatarischen Khan besetzten Ländern dessen Vertreter (in der Rus von der 2. Hälfte des 13. bis zum Anfang des 14. Jhs.). Die Baskaken übten die Kontrolle über die lokalen Herrscher aus und trieben die Tribute für den Khan ein

Bojar Vertreter des Hochadels. Berater der Großfürsten und Zaren

Bojarenduma Beratungsorgan der adligen Vasallen des Fürsten. Später (seit dem 15. Jh.) ständiges Organ der Ständevertretung beim Fürsten (seit 1547 am Zarenhof). Wörtliche Übersetzung: Bojarenrat

Bor Nadelwald. Darauf geht der Name Borowizki-Hügel zurück: dieser Teil des heutigen Kremlgeländes war einst Waldgebiet

Desjatinnaja Kirche Erste der Gottesmutter geweihte Kirche der Rus, erbaut in Kiew im Jahr 996 und so bezeichnet, weil der damals herrschende Fürst einen Zehnt (desjatina), d. h. den zehnten Teil aller Abgaben, für diese Kirche stiftete

Detinez Innere Stadtbefestigung um die Residenz eines Fürsten oder Bischofs. Seit Mitte des 14. Jhs. als »Kreml« bezeichnet

Diakonikon »Gerätekammer«, Nebenraum im Altarteil südlich der Zentralapsis zum Aufbewahren liturgischer Gewänder, Gerätschaften und Bücher und zum Ankleiden der Priester (ähnlich der Sakristei in westlichen Ländern)

Djak Leiter einer staatlichen Behörde oder Dienststelle, seit Mitte des 16.Jhs. Prikasleiter

Drushina Trupp freiwilliger Krieger aus den privilegierten Schichten, der im Dienst des Fürsten stand

Girka Detail der russischen Steinarchitektur, das an ein Gewicht oder einen Zapfen erinnert und an einer im Mauerwerk verborgenen eisernen Stange in der Mitte eines Zwillingsbogens befestigt ist; Schmuckwerk an Türen, Treppen und Fensteröffnungen

Gulbistsche (von dem Wort »guljatj« – spazierengehen), in der russischen mittelalterlichen Architektur eine Terrasse, die Kirchen oder Profanbauten auf mehreren Seiten umgibt

Isba Im allgemeinen Bauernhaus aus Holz

Jarlyk Ein Dokument, das der Khan seinen Vasallen aushändigte. Es legte deren Rechte auf Landbesitz und andere Privilegien fest

Kiot Holzrahmen oder Schrank für einzeln aufzustellende, besonders verehrte Ikonen

Kita Flechtzaun aus Zweigen. Wahrscheinlich kommt daher die Bezeichnung Kitai Gorod. Nach anderen Mutmaßungen bezieht sich der Name auf geflochtene Körbe, in denen an Stangen Erde für den Bau von Schutzwällen transportiert wurde

Kokoschniki In der russischen Architektur dekorative Blend- und Ziergiebel mit halbkreis- und kielbogenförmigem Abschluß im oberen Teil von Kirchen, meist um die Kuppeltrommel angeordnet. Die Bezeichnung ist von dem gleichnamigen und ähnlich geformten Frauenkopfputz abgeleitet, der zur russischen Nationaltracht gehört und an eine Krone erinnert

Kreml Die Bezeichnung kam im 14.Jh. auf (s. Detinez), und zwar für den zentralen Teil mittelrussischer Städte, der von Festungsmauern und Türmen, befestigten Wällen und Gräben umgeben war. Im weiteren Sinn des Wortes ein ganzer Komplex von Bauten, die sich innerhalb einer Mauerumfriedung befinden. Als Platz für den Kremlbau wurde eine Erhöhung am Ufer eines Sees oder eines Flusses gewählt. Zugleich wurde der Kreml Kern der weiteren Stadtbebauung und bestimmte die Planung und das architektonische Aussehen der ganzen Stadt. Kremlanlagen haben sich außer in Moskau in vielen anderen altrussischen Städten erhalten

Kut In der altrussischen Sprache Gelände, das sich auf einer Landzunge oder in einer Ecke befindet. Wahrscheinlich rührt die Bezeichnung Kutafja-Turm daher

Lemech Hölzerne Plättchen unterschiedlicher Form, die ähnlich den Dachziegeln für die Gebäudebedachung verwendet wurden

Lizewoi Swod Handschrift, aus der in der Einleitung zu diesem Band eine Reihe von Miniaturen wiedergegeben sind. Es handelt sich um eine gesamtrussische Chronik, wobei das Schwergewicht auf dem Moskauer Fürstentum und Moskau als der Hauptstadt des Staates liegt. Die Handschrift entstand in den siebziger Jahren des 16.Jahrhunderts unter Leitung höchster Persönlichkeiten, möglicherweise des Oberhauptes der russischen Kirche und des Zaren Iwan Grosny. Die Ausführenden waren Kalligraphen, die den Textteil geschaffen haben (ihre Zahl steht nicht fest), sowie mindestens zehn Künstler (deren Namen unbekannt sind). Zunächst wurde der Text vorbereitet, und zwar so aufgeteilt, daß der untere Teil – etwa ein Drittel – des Blattes davon eingenommen wird. Die Blätter mit den bereits darauf niedergeschriebenen Mitteilungen wurden an die Künstler gegeben, die dazu, sich auf diese Informationen und ihre eigenen Kenntnisse und Vorstellungen stützend, Zeichnungen ausführten. Zuerst wurde die Miniatur mit Bleistift gezeichnet, danach mit Tinte umrissen und ausgemalt

Die Arbeit an dem Lizewoi Swod gelangte nicht zum Abschluß. Im 17. und 18.Jahrhundert wurden die Blätter zu einzelnen Bänden zusammengefaßt und gelangten in die Hände einzelner Besitzer, z.B. der Familien Laptew, Golizyn, Schumilow und Osterman (die Vor- und Vatersnamen sind nicht genau bekannt). Erst Anfang des 20.Jahrhunderts wurden alle heute bekannten zehn Bände aufgefunden, in denen etwa 16 000 Miniaturen enthalten sind, und es wurde damals bereits festgestellt, daß sie zusammengehören. Die ersten drei Bände sind den Ereignissen der Weltgeschichte gewidmet, die zeitlich den sieben Bänden vorausgehen, welche sich mit der russischen Geschichte befassen und in der wissenschaftlichen Literatur allgemein als »chronographischer Teil« bezeichnet werden. Diese Bände werden nach den Besitzern benannt, z.B. Golizyn-Buch, Osterman-Buch, Synodal-Buch und Zaren-Buch. In ihnen sind Jahr um Jahr die Ereignisse von 1113 bis 1567 niedergeschrieben. An einigen Stellen ist die Reihenfolge nicht genau eingehalten und eher zufällig, vielleicht erfolgte die Zusammenstellung der Blätter je nach Fertigstellung der Arbeiten. Es liegt Grund vor zu der Annahme, daß es für die Zeit bis 1113 noch mindestens zwei weitere solcher Bände gab. Da es nicht möglich war, die Bände der Reihenfolge nach zu numerieren, wurde der Besitzername in der Bezeichnung der einzelnen Bände belassen.

Die Unterschriften unter den Miniaturen im Einleitungstext unseres Bandes enthalten also folgende Angaben: das dargestellte Ereignis, das Datum, unter dem in der Chronik darüber berichtet wird, und aus welchem Band (Besitzername) das betreffende Blatt mit der Miniatur stammt

Lopatka Lisene, flacher vertikaler Wandvorsprung

Maschikuli Ausguß- und Schießöffnungen im oberen Teil von Festungsmauern und Türmen

Met Beliebtes russisches Getränk

Nabat Glockengeläut bei Gefahr, Sturm- oder Alarmgeläut. Daher rührt der Name »Sturmgeläut-Turm« (Nabatnaja bashnja)

Okolny gorod Teil einer altrussischen Stadt, der den Kreml umgibt oder an ihn grenzt (kommt von okoliza = Einfriedung, Rand, bzw. okolo = neben)

Opritschnina Abgeteiltes Territorium im persönlichen Besitz des Zaren Iwan IV. Grosny, mit einem eigenen Heer und Staatsapparat

Palaiologische Renaissance Letzte Phase der byzantinischen Kunst nach der Rückeroberung Konstantinopels durch die Dynastie von Nikaia (1261) bis zum Untergang von Byzanz (1453), benannt nach der Herrscherfamilie der Palaiologen

Palata In der Regel großzügiges privates oder öffentliches Gebäude, auch großes Gemach. In der Pluralbildung (palaty) Bezeichnung für Palast

Possad Vorstadt, Handelsviertel außerhalb des Kreml

Potjocha Zerstreuung unterschiedlicher Art. Im 17. und beginnenden 18.Jh. wurden auch die ersten Theatervorstellungen so genannt. Daher stammt die Bezeichnung Potjoschny palaty = Lustschloß, ein Gebäude im Kreml, in dem zunächst Theaterstücke aufgeführt wurden

Prikas Organ der Zentralverwaltung oder Hofamt in Rußland des 16.–18.Jhs.

Sakomari In der altrussischen Architektur halbbogen- oder kielbogenförmiger oberer Abschluß von Gebäudewänden

Sarjadje Stadtteil in Moskau, den vornehmlich Händler und Handwerker bewohnten

Sbiten Heißes Honiggetränk mit Gewürzen wie Zimt, Kümmel, Ingwer und Lorbeerblättern

Semski Sobor Oberste Ständevertretung im Rußland des 16.–17.Jhs. Wörtl.: Landesversammlung (sobor = sobranie = Versammlung und semlja = Land)

Semstschina Hauptteil des Territoriums Rußlands, der nicht in die Opritschnina (s. dort) einbezogen war

Senat Dem Imperator unterstelltes höchstes staatliches Machtorgan in Rußland. Es existierte von 1711 bis 1917

Skorodom Ein 16 km langer Wall mit 50 Türmen, der Ende des 16.Jhs. als äußere Befestigungsmauer um Moskau in einer äußerst kurzen Zeit erbaut wurde. Die Bezeichnung geht offenbar auf die Zusammensetzung der beiden Wörter »skoro« = schnell und »dom« = Haus, Bauwerk zurück

Sobornoje Uloshenije Gesetzessammlung des russischen Staates, die 1648/49 vom Semski Sobor angenommen wurde und bis Mitte des 19. Jahrhunderts Gesetzeskraft hatte

Stolny gorod Hauptstadt eines Fürstentums. Die Bezeichnung geht auf das Wort »stol« oder »prestol« (Fürstenthron) zurück. Später entstand daraus die russische Form »Stoliza« = Hauptstadt

Strelitze (Von dem Wort »streljatj« = schießen): in der Moskauer Rus des 16.–17. Jhs. privilegiertes Mitglied der mit Feuerwaffen ausgerüsteten Leibwache des Zaren

Strelniza (Von dem Wort »streljatj« = schießen): Turm im Befestigungssystem, Schießturm

Tambour Trommel, Unterbau einer Kuppel

Terem Oberer, etwas zurückversetzter Wohntrakt eines größeren Hauses in der mittelalterlichen Rus. Oft wird auch das ganze Haus, das mit einem Terem ausgestattet ist, so genannt

Tschetwerik In der altrussischen Architektur Teil eines Gebäudes mit viereckigem Grundriß

Werst Russisches Wegmaß, etwa 500 »Faden« (1,067 km)

Wetsche Volksversammlung, die wichtige Angelegenheiten erörterte und entschied. In einer Reihe russischer Städte Form der Stadtverwaltung. Bestand vom Ende des 15. bis zum Anfang des 16. Jhs.

Wojewode Heerführer. Von der Mitte des 16. Jhs. bis 1775 war der Wojewode die wichtigste Amtsperson der Stadt und ihrer Umgebung

Religiöse Begriffe

Akathist (gr. akathistos) Lospreisungshymnus

Apokalypse Neutestamentliche Offenbarung über das »Ende der Welt«

Apokryphen Werke der jüdischen und frühchristlichen Literatur, die nicht zu den kanonischen Bibeltexten gehören

Christusporträt In der orthodoxen Kirche haben sich verschiedene ikonographische Formen herausgebildet, von denen hier die wichtigsten genannt seien:
- *Archeiropoietos* »Der Erlöser nicht von Menschen Hand gemalt«; bestimmter Typ der Darstellung des Christuskopfes. Einer der darauf bezogenen Legenden zufolge soll Veronika, die sich bei der Kreuztragung unter den Frauen um Maria befand, Christus, damit er sein schweißüberströmtes Gesicht trocknen könne, ihr Tuch gegeben haben, auf dem dann der Abdruck des Antlitzes für alle Zeiten erhalten geblieben sein soll
- *Emmanuel* auch Immanuel: Christus als Kind
- *Jary* zornig. Im Zusammenhang damit steht die

Bezeichnung der Ikone aus der Mariä-Himmelfahrts-Kathedrale »Spas Jaroe Oko« — »Der Erlöser mit dem zornigen Blick« oder noch wortgetreuer: »Der Erlöser zorniges Auge«. Die russischen Erlöserbilder trugen häufig derartige Beinamen
- *Pantokrator* Ikonographischer Typ der Darstellung Christi als Allherrscher und Weltenrichter (mit einem Buch in der linken Hand). Dieses Brustbild findet sich vorwiegend in der Wölbung der Hauptkuppel orthodoxer Kirchen

Diakon »Gehilfe«, Kirchendiener, unterster Stand im Kirchendienst

Festtage, religiöse Besondere Tage zu Ehren Christi, der Gottesmutter, bestimmter Heiliger und aus Anlaß von Ereignissen, die mit dem biblischen Geschehen und dem kirchlichen Leben verbunden sind. Zum Hauptzyklus der Festtage der orthodoxen Christenheit gehören zwölf Feste: »Geburt der Gottesmutter«, »Mariä Verkündigung«, »Mariä Tempelgang«, »Mariä Himmelfahrt«, »Geburt Christi«, »Darstellung Jesu im Tempel« (oder »Darbringung im Tempel«), »Einzug Christi in Jerusalem«, Pfingsten (wobei nach orthodoxem Verständnis der 1. Feiertag der Hl. Dreieinigkeit und der 2. Feiertag dem Hl. Geist gewidmet ist), »Verklärung Christi«, »Kreuzigung«, Ostern (»Auferstehung Christi«) und »Christi Himmelfahrt«. Eine Sonderstellung nimmt das Fest der »Kreuzerhöhung« ein. Weitere wichtige Feste sind: »Beschneidung Christi«, »Geburt Johannes' des Täufers« und »Fest des Schutzmantels Mariä«. Daneben gibt es noch eine Anzahl mittlerer und kleiner Festtage. Einige Feste, die in diesem Band erwähnt sind, seien hier kurz erläutert:
- *Christi Himmelfahrt (Wosnesenie)* Es findet am 40. Tag nach Ostern statt, an dem Christus den Glaubensvorstellungen zufolge in den Himmel aufgefahren sein soll
- *Christi Auferstehung (Woskresenie)* Wichtigstes Fest der Christenheit. Es findet jeweils am ersten Sonntag nach dem Frühjahrsvollmond statt (Ostern; Karfreitag ist der Tag der Kreuzigung). Der russische Begriff »Woskresenie« bedeutet auch Sonntag, d. h. allwöchentlicher Feiertag (neben dem Osterfest) aus Anlaß der Auferstehung Christi.
- *Darstellung Jesu im Tempel (oder Darbringung im Tempel – Sretenie = Begegnung)* Dieses Fest findet 40 Tage nach der Geburt Christi statt. Grundlage dafür ist ein jüdischer Brauch, demzufolge die Gottesmutter Jesus 40 Tage nach seiner Geburt in den Tempel brachte. Die russisch-orthodoxe Religion bezeichnet diesen Tag als »Begegnung mit dem Herrn« und die katholische Kirche als Tag der »Reinigung Mariä«
- *Dreieinigkeit (Troiza)* Eines der wichtigsten orthodoxen Feste (1. Pfingstfeiertag). Die Lehre, der zufolge Gott als »eine Natur von drei Hypostasen

oder Personen« angesehen wird – Gottvater, Gottsohn und Heiliger Geist –, gehört zu den Fundamentaldogmen des Christentums. Die Troiza in Gestalt von drei Engeln ist ein Sujet, das in der altrussischen Malerei sehr beliebt war, weil es der jahrhundertealten Sehnsucht des Volkes nach Einigkeit Ausdruck verlieh
- *Fest des Schutzmantels Mariä (Pokrow)* Die Einführung dieses Festes der russisch-orthodoxen Kirche, das später auch von der serbischen und bulgarisch-orthodoxen Kirche übernommen wurde, geht auf Fürst Andrej Bogoljubski zurück, dessen Namenspatron – Andreas der Gottesnarr, ein Heiliger slawischer Abstammung – in der Legende des Festes eine besondere Rolle zukommt und dessen Namenstag bzw. Patronatsfest bereits vor der Einführung des Pokrowfestes begangen wurde (am gleichen Tag). Der Überlieferung nach erschien die Gottesmutter in der Blachernen-Kirche in Konstantinopel vor den Betenden und breitete über ihnen einen weißen Umhang aus – das Zeichen geistlichen Beistandes (Pokrow) –, wobei sie sich an Gott wandte und um Erlösung der Welt vor Ungemach und Leid bat. Daher rührt die Vorstellung von der Schutzherrschaft der Gottesmutter über das Volk
- *Mariä Entschlafen (Uspenie)* Eingebürgert hat sich für diesen russischen Begriff auch die deutsche Bezeichnung Mariä Himmelfahrt (Wosnesenie), die in der römisch-katholischen Kirche üblich ist (grch. koimesis tes theotuku). Es hatte sich die Vorstellung herausgebildet, daß Maria auf besondere Weise dadurch ausgezeichnet wurde, daß unmittelbar nach ihrem Tode ihre Seele in den Himmel gelangte. Ikonographisch kommt das dadurch zum Ausdruck, daß Christus, hinter ihrem Todeslager stehend, ihre Seele in Gestalt eines Kindes in Empfang nimmt und in den Himmel trägt.
- *Mariä Verkündigung (Blagowestschenie)* Eines der meist dargestellten vorevangelischen Sujets. Dieses Fest steht im Zusammenhang mit der Legende vom Erscheinen des Erzengels Gabriel vor der Jungfrau Maria, um ihr die Nachricht über die bevorstehende Geburt des Gottessohnes zu bringen.
- *Niederlegung des Gewandes der Gottesmutter (Rispoloshenie)* Der Überlieferung zufolge brachten zwei Patrizier im Jahre 473 das Gewand der Gottesmutter als Reliquie aus Jerusalem nach Konstantinopel in die Blachernen-Kirche. Diesem Fest wurde auch im Moskauer Kreml eine Kirche gewidmet
- *Synaxis der Gottesmutter (Sobor bogorodizy)* Fest zu Ehren der Gottesmutter am 26. Dezember. Im byzantinisch-slawischen Bereich wird an diesem Tag der Flucht nach Ägypten gedacht. Die Ikonographie der Synaxis der Gottesmutter hat sich vom 11. Jh. an entwickelt. Auf den Darstellungen thront in der Mitte einer vielfigurigen Szene die

Gottesmutter mit dem Kind auf dem Schoß
– *Verklärung Christi (Preobrashenie)* Das Fest ist mit der Verklärung (dem »Gestaltwandel«) Christi verbunden: Dem Neuen Testament zufolge wandelte sich sein Antlitz, sein Gewand wurde weiß wie das Licht, und aus einer Wolke ertönte die Stimme Gottes: »Dieser ist mein auserwählter Sohn; den sollt ihr hören!« Dieses Ereignis soll sich zugetragen haben, als Christus auf dem Berg Tabor betete; drei seiner Jünger sollen Zeugen des Geschehens gewesen sein

Glaubensbekenntnis Formelhafte Zusammenfassung theologischer Glaubenssätze aus der Zeit der Ökumenischen Konzile des 4.–8. Jahrhunderts

Gottesmutter (Bogorodiza oder Bogomater) In der russischen Orthodoxie eine der am meisten verehrten Gestalten, die in verschiedenen ikonographischen Formen auftritt. Zum beliebtesten, aus Byzanz in die Rus gelangten Vorbild für die russische Ikonenmalerei wurde die »Gottesmutter von Wladimir« (heute Tretjakow-Galerie). Die auf S. 87 erwähnte, unbestätigte Annahme, daß sie vom Evangelisten Lukas gemalt worden sei, das Original also aus dem 1. Jahrhundert v.u. Z. stamme, geht auf die allgemein verbreitete Legende zurück, daß Lukas das allererste Bild der Gottesmutter selbst angefertigt habe. Einige der bekanntesten ikonographischen Gottesmutter-Formen in der Rus sind die
– *Gottesmutter Hodegetria* (grch. Wegführerin): Maria ist mit dem Jesusknaben im Arm dargestellt. Sein Antlitz ist dem Betrachter zugewandt, die Hand zum Segengestus erhoben
– *Gottesmutter Umilenie* (grch. Eleusa = die Barmherzigkeit Schenkende) Dieser Begriff wurde im Russischen etwas abgewandelt: Umilenie bedeutet Rührung. Maria beugt sich bei dieser Darstellung zu dem Knaben herab, der seine Wange an die ihre schmiegt
– *Panhagia* Allheilige. Auch Begriff für ein ihr Bild enthaltendes Enkolpion (Brustmedaillon)

Hagiographie s. Vita
Höllen- oder Hadesfahrt Christi (Soschestwie w ad) In der christlichen Überlieferung bedeutet der Aufenthalt Christi in der Hölle nach seinem Kreuzestod und der Grablegung seinen Triumph über den Tod und die Kräfte des Satans. Sehr verbreitet war dieses Sujet in der altrussischen Kunst: Christus verschafft sich Zugang zu dem Aufenthaltsort der Verstorbenen in dem mythischen Bereich der Unterwelt, der Hölle, was durch zersprungene, kreuzweise übereinander liegende Höllentürflügel verdeutlicht wird. Er ist in dem Augenblick wiedergegeben, in dem er das Handgelenk des niederknienden Adam ergreift, während Eva betend die Hände erhebt. Unter den Füßen Christi ist häufig der gefesselte Hades zu sehen. Im ostkirchlichen Raum ist die Höllenfahrt auch unter dem Begriff Anastasias (grch. Auferstehung) bekannt

Ikonostas In der orthodoxen Kirche eine durchgehende Bilderwand, meist in Form eines Holzgerüsts, die in mehreren Rängen Ikonen vereint. Der Ikonostas trennt den Altarteil vom Gemeinderaum. Als Verbindung dienen drei Türen bzw. Durchgänge (s.a. Zarentür). Die Ikonen sind nach einem komplizierten, religiös-hierarchischen Schema angeordnet. In der Mitte befinden sich die Darstellungen der am meisten verehrten Heiligen
– *Lokaler Rang* Untere Reihe des Ikonostas, die aus einzelnen, für die betreffende Kirche besonders bedeutsamen Ikonen besteht. Als zweite Ikone rechts neben der Mitteltür ist die sogenannte Orts- oder Hauptikone angeordnet, die demselben Feiertag oder Heiligen gewidmet ist wie die Kirche. Daher rührt der Name dieses Rangs
– *Monatsikonenreihe* Bei hohen Ikonostasen ein Rang mit kleinformatigen Ikonen
– *Deesisrang* Der aus dem Griechischen stammende Begriff bedeutet Fürbitte, Gebet. Es ist der wichtigste Rang eines Ikonostas in der orthodoxen Kirche. In der Mitte ist der thronende Christus angeordnet, seitlich davon und ihm zugewandt befinden sich die Ikonen, die – in Gebetshaltung – die Gottesmutter und Johannes den Täufer zeigen (kleine Deesis). Ihnen zu Seiten sind meist weitere Heilige zu sehen. Die Zahl der Ikonen dieser Reihe ist immer ungerade zwischen 3 und 21, manchmal sind es noch mehr
– *Prophetenrang* Eine der oberen Ikonostasreihen mit Ikonen, auf denen die alttestamentlichen Propheten dargestellt sind
– *Erzväterrang* Obere Ikonostasreihe mit Ikonen, auf denen die alttestamentlichen Patriarchen dargestellt sind

Kanon Vorschrift entsprechend dem kirchlichen Gesetz

Lobpreisung (Pochwala) Danach benannt ist die Pochwal-Kapelle, die es in zahlreichen russischen Kirchen und Kathedralen gibt

Phelonion Liturgisches Obergewand in Form eines langen Mantels ohne Ärmel

Refektorium (Trapesnaja) Speisesaal in einem Kloster sowie westlicher Anbau in manchen orthodoxen Kirchen

Reliquiar Behältnis für Reliquien

Sakkos Liturgisches Obergewand mit rundem Kragen und weiten Ärmeln. Nicht zu verwechseln mit dem deutschen Begriff Sakko, mit dem eine taillenlose Herrenjacke bezeichnet wird

Salböl (miro, grch. myron) Wohlriechendes, kostbares Öl, das aus Früchten des Olivenbaumes ge-

wonnen wird. Es wurde als äußeres Zeichen zum Vollzug verschiedener Sakramente benutzt, z.B. bei der Taufe, der Myronsalbung oder der Konsekration (Weihe) von Priestern und Bischöfen sowie bei der Thronbesteigung von Herrschern. Viele christlich-orthodoxe Darstellungen der Beweinung Christi (Grablegung) zeigen drei Myron tragende Frauen, die das Öl zum Salben des Gekreuzigten herbeibringen. Im Moskauer Patriarchenpalast befindet sich ein Saal, in dem Salböl zubereitet wurde und der daher den Namen Salbölsaal erhielt

Vaterschaft (Otetschestwo) Ikonographischer Typ der Darstellung von Gottvater (auf dem Thron als »Alter der Tage«) mit Gottsohn (Emmanuel auf dem Schoß des Thronenden) und Hl. Geist (in Gestalt einer Taube, die auf einem Medaillon zu sehen ist, das Emmanuel in den Händen hält). Bei diesem Typ der Dreieinigkeit (Auch Ineinandertyp genannt) sind die drei göttlichen Gestalten stärker differenziert als in der bekannteren Komposition der Troiza, der Dreieinigkeit (s. d. unter Festtagen)

Vita, Vitenikonen Schilderungen von Heiligenleben in Form kleiner Randbilder, die um die in der Mitte der Tafel dargestellte betreffende Gestalt angeordnet sind

Zarentür Fälschlicherweise im Deutschen eingebürgerter Begriff für die »heilige oder *Königstür*« in der Mitte des russischen Ikonostas. Die Bezeichnung ist durch den russischen Christustitel »Christus Zarja« – der Herrscher, der König – entstanden.

REGISTER

Kursive Ziffern verweisen auf Bildseiten. Künstler, Techniken und Material sind in der Regel nur mit Textseiten ausgewiesen, entsprechende Vermerke finden sich dort. Herrscher sind unter den Vornamen angeordnet.

375